察雅年鉴
CHAYA NIANJIAN
2020

察雅县地方志办公室 ◎ 编

方志出版社
Publishing House of Local Records

图书在版编目（CIP）数据

察雅年鉴. 2020/察雅县地方志办公室编. —北京：方志出版社，2020. 9

ISBN 978-7-5144-4397-4

Ⅰ. ①察… Ⅱ. ①察… Ⅲ. ①察雅县—2020—年鉴 Ⅳ. ①Z527. 54

中国版本图书馆 CIP 数据核字（2020）第 202123 号

察雅年鉴（2020）

编　　者：察雅县地方志办公室
责任编辑：王海荣

出 版 者：方志出版社
地址　北京市朝阳区潘家园东里 9 号（国家方志馆 4 层）
邮编　100021
网址　http：//www. zgfzcb. cn
发　　行：方志出版社图书经销中心
电话（010）67110500
经　　销：各地新华书店
印　　刷：北京时尚印佳彩色印刷有限公司

开　　本：889×1194　1/16
印　　张：18. 75
字　　数：634 千字
版　　次：2020 年 9 月第 1 版　2020 年 9 月第 1 次印刷
印　　数：001～300 册

ISBN　978-7-5144-4397-4　定价：220. 00 元

《察雅年鉴》编纂委员会

主　　　任：任厚明
常务副主任：其珠多吉
副　主　任：晏启文
成　　　员：罗旭峰　拉巴泽仁　谢江川　何世刚

《察雅年鉴》编辑部

常务副主编：晏启文
副　主　编：达立军
编　　　辑：王玉娇

编辑说明

一、《察雅年鉴（2020）》以马克思列宁主义、毛泽东思想、邓小平理论、“三个代表”重要思想、科学发展观、习近平新时代中国特色主义思想为指导，坚持辩证唯物主义和历史唯物主义的立场、观点和方法。力求真实、全面、系统地载录2019年察雅县政治、经济、文化、社会等方面的基本情况，为各级领导了解察雅县情，实施科学决策提供依据；为各行业、各部门、各单位查询资料，为国内外各界人士认识、研究察雅提供可靠的信息，是察雅精神文明建设和对外宣传的窗口。

二、《察雅年鉴（2020）》旨在体现察雅县委、县政府及各部门认真贯彻落实以习近平总书记为核心的党中央关于“治国必治边，治边先稳藏”重要战略思想和“努力实现西藏持续稳定、长期稳定、全面稳定”重要指示精神，按照“四个全面”战略布局，以促进民族团结、维护社会稳定为首要政治任务，以经济社会腾飞、建设幸福察雅为第一工作目标，持之以恒保稳定、持之以恒促发展、持之以恒惠民生、持之以恒强基础，实现察雅社会局势持续和谐稳定，经济健康发展，社会全面进步，群众真心拥护的良好局面。

三、《察雅年鉴（2020）》采用分类编辑法，由类目、分目、条目组成。条目是基本单位。

四、《察雅年鉴（2020）》的统计数据使用法定计量单位，价值指标绝对数凡未注明的，按察雅县2019年价格计算。

五、未免烦琐，凡直书月、日，未写年份，即指2019年时间。数据增减未说明与某一年份相比，即为记载2019年与2018年比较。

六、《察雅年鉴（2020）》所提供的内容和数据，均由察雅县各相关部门、乡（镇）人民政府及驻察雅部队提供，经提供单位领导审核。所用综合性资料、数据，一律截至2019年年底。因统计口径原因，部门和乡镇稿件中数据不尽一致，采用时请予注意。

2019·数字察雅

地域面积：8255.59 平方千米

总 人 口：65649 人

地区生产总值：14.75 亿元

第一产业：21933 万元

第二产业：73983 万元

第三产业：51566 万元

粮食产量：4597 万千克

牲畜存栏：23.11 万头（只、匹）

城镇登记失业率：<3%

全社会固定资产投资：14.5 亿元

社会消费品销售总额：3.74 亿元

农村居民人均纯收入：11245 元

城镇居民人均纯收入：31521 元

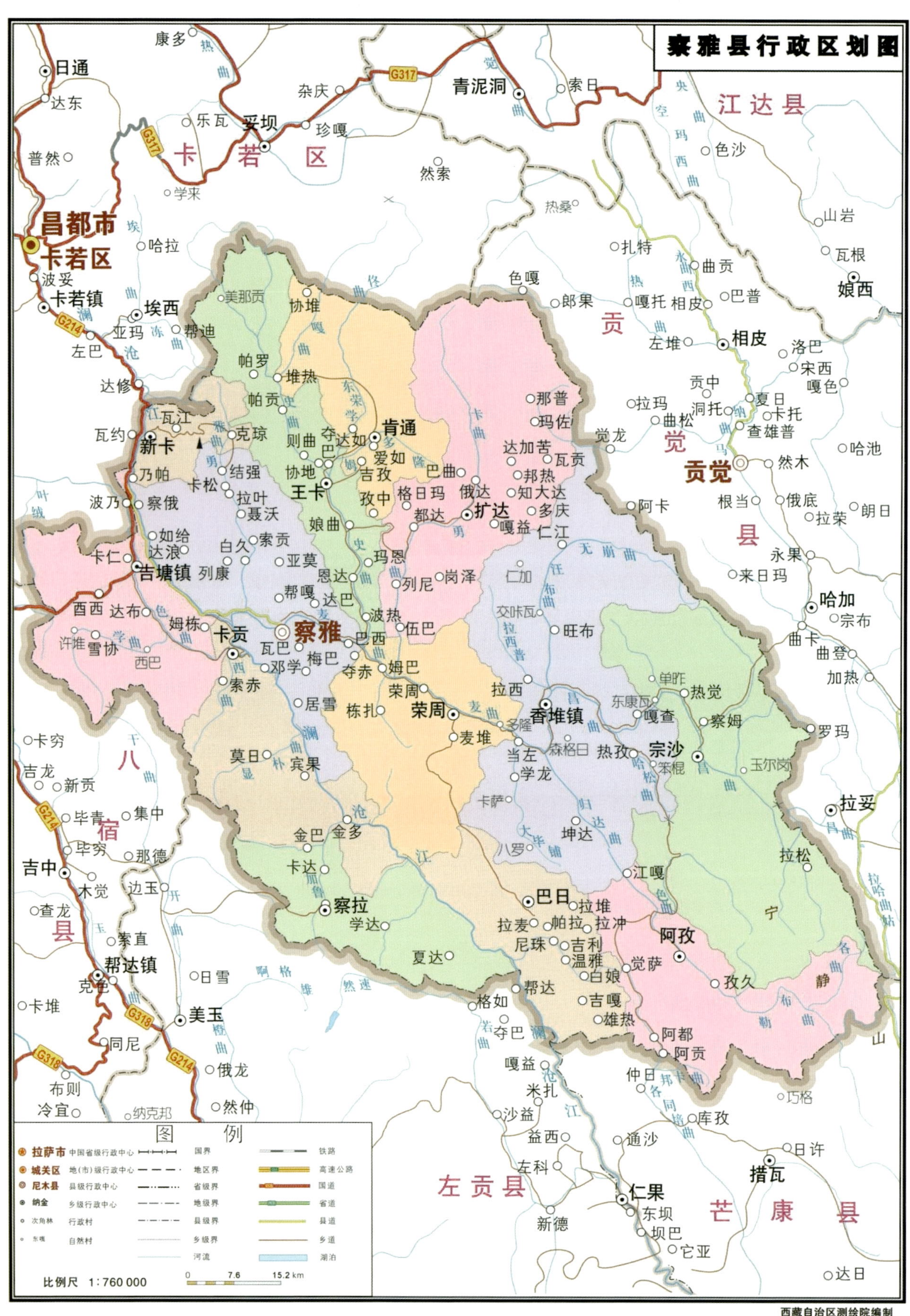

西藏自治区测绘院编制

审图号：藏S（2018）022号

领导关怀

2019 年 3 月 14 日，自治区政府副主席江白一行到察雅县督导调研精准扶贫等工作。图为在荣周乡迅佐通村易地扶贫安置点，察雅县委副书记、县长其珠多吉向江白副主席介绍安置点相关情况

2019 年 5 月，自治区党委副书记、人大常委会主任洛桑江村深入察雅县调研督导脱贫攻坚等重点工作，昌都市委书记阿布，昌都市政协副主席、察雅县委书记任厚明，察雅县委副书记、县长其珠多吉等陪同

2019 年 5 月 9 日，中国人事报刊社副社长丁向阳到察雅县调研采访脱贫攻坚等工作，察雅县委副书记、常务副县长杨鸥等陪同调研

2019 年 5 月 24 日，自治区党委副书记、政府主席齐扎拉深入察雅县调研督导脱贫攻坚等重点工作，昌都市委书记阿布，察雅县委副书记、县长其珠多吉等陪同调研。图为齐扎拉主席一行在调研察雅县扶贫产业园后，与察雅县相关单位负责人及在产业园就业的工人合影

2019 年 6 月，自治区党委副书记、常务副主席庄严到察雅县吉塘特色小城镇调研指导工作，昌都市政协副主席、察雅县委书记任厚明等陪同调研

2019 年 7 月，自治区党委常务副书记、政协党组书记丁业现到吉塘特色小城镇调研指导工作，昌都市委书记阿布，昌都市政协副主席、察雅县委书记任厚明等陪同调研

2019 年 7 月 15 日，自治区人大常委会副主任许雪光到察雅县开展“不忘初心、牢记使命”主题教育专题调研，图为许雪光一行在察雅县扶贫产业园查看相关产业发展情况，察雅县委常委、副县长任建利等陪同

2019 年 8 月，中央宣传部副部长蒋建国到察雅县调研指导工作，昌都市政协副主席、察雅县委书记任厚明等陪同调研

2019 年 8 月 12 日，教育部基础教育司调研员袁磊率工作组到察雅县吉塘镇中心小学调研义务教育工作开展情况，自治区教育厅基教处副处长耿喜哲，昌都市教育局（体育局）党组书记次仁，察雅县委副书记、县长其珠多吉，察雅县副县长四郎江村陪同调研

2019 年 9 月，昌都市委常委、组织部部长李斌到吉塘特色小城镇调研指导工作

2019年9月，中央纪委常委、组织部副部长姜信治到吉塘特色小城镇调研指导工作，昌都市政协副主席、察雅县委书记任厚明，察雅县委副书记、县长其珠多吉等陪同调研

2019年9月，自治区党委常委、组织部部长陈永奇到察雅县吉塘特色小城镇调研指导工作，昌都市委书记阿布，昌都市政协副主席、察雅县委书记任厚明等陪同调研

2019 年 9 月， 中铝集团总会计师叶国华一行到察雅县调研援藏工作， 昌都市副市长胡登孚， 察雅县委常委、 常务副县长韩宝云陪同调研

2019 年 10 月 2 日， 自治区政府副主席江白到察雅县烟多寺调研督导相关工作开展情况， 昌都市政协副主席、 察雅县委书记任厚明， 察雅县委副书记、 县长其珠多吉陪同

2019 年 8 月， 昌都市政协副主席、 察雅县委书记任厚明深入卡贡乡督导调研脱贫攻坚等工作开展情况

2019 年 11 月， 昌都市政协副主席、 察雅县委书记任厚明深入察拉乡察多寺督导调研相关工作开展情况

2019 年 2 月， 察雅县委副书记、 县长其珠多吉深入农牧市场了解农产品销售、 农牧民增收等情况

2019 年 6 月 13 日， 察雅县委副书记、 县长其珠多吉深入察雅县中学“小升初” 考点检查指导工作， 图为现场查看后勤保障情况

重要活动

2019 年 1 月 31 日，察雅县举行消防救援大队授衔和换装仪式，察雅县委副书记、县长其珠多吉等参加

2019 年 3 月 6 日，复旦大学附属中山医院到察雅县人民医院调研指导工作，并捐赠 5 万元的医疗设备及相关书籍

2019 年 3 月 23 日， 察雅县委经济、 农村暨脱贫攻坚工作会议召开

2019 年 3 月 24 日， 察雅县人民政府廉政工作会议召开

2019 年 3 月 28 日，察雅县举行文艺会演庆祝西藏民主改革 60 周年，昌都市委常委、宣传部部长赵建国等出席活动

2019 年 5 月 30 日，重庆市九龙坡区党政代表团到察雅县调研援藏工作，并向察雅县人民医院捐赠资金 10 万元

2019 年 7 月 2 日， 察雅县妇联举行第一次公益慈善捐赠奶粉发放仪式， 察雅县副县长四郎江村出席

2019 年 7 月 4 日， 重庆市綦江区人大常委会主任王前元率党政代表团到察雅县调研指导援藏工作，并与察雅县相关方面人员召开座谈会， 图为会后綦江区党政代表团与察雅县领导班子合影留念

2019 年 7 月 18 日，察雅县在澜沧江广场举行决战决胜脱贫摘帽誓师动员大会，部分县级领导及各单位、各乡镇干部职工参加大会

2019 年 8 月 26—30 日，重庆市地方志工作组到察雅县调研指导修志编鉴工作，并向察雅县捐赠志鉴出版经费 16 万元

2019 年 9 月 24 日，察雅县迎来脱贫三方评估验收组，对察雅县脱贫攻坚工作进行高标准验收

2019 年 9 月 30 日，察雅县委副书记、县长其珠多吉主持召开察雅县人民政府党组“不忘初心、牢记使命”主题教育部署会

2019 年 9 月 30 日，在国庆节来临之际，察雅县委副书记、县长其珠多吉，察雅县委常委、常务副县长韩宝云，察雅县副县长四郎江村、格列江村在澜沧江广场向环卫工人送去党和政府的关怀

2019 年 10 月 9 日，重庆市巴南区党委副书记、巴南区援藏领导小组组长何永革率党政代表团到察雅县调研指导援藏工作，并向察雅县捐赠资金 200 万元

2019 年 10 月 24 日， 重庆市大足区委常委、 宣传部部长蒋朝彬率党政代表团一行 9 人到察雅县开展医疗组团式帮扶， 并向察雅县人民医院捐赠价值 70 万元的医疗诊断设备

2019 年 11 月 7 日，《察雅县志》 终审工作会议在县政府二楼会议室召开

自然文化

建档立卡群众实施易地搬迁

掩映在桃花林间的新农村

荣周乡高标准万亩良田建设项目

万亩经济林初步成形

产业扶贫项目： 温室大棚种植

新建的县人民医院综合楼

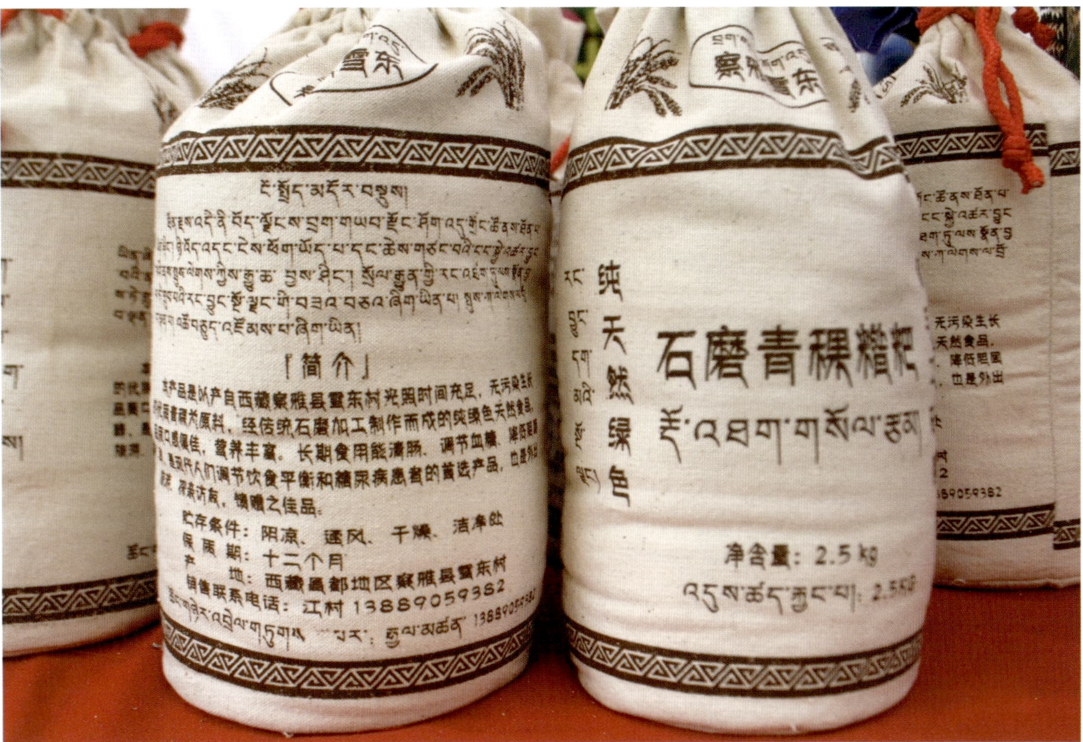

察雅石磨青稞糌粑

察雅县吉塘镇藏靴

察雅县全力开展“1369”“654321” 结对帮扶工作

深化“支部+协会” 发展模式， 发展集体经济

目　录

特　载

大事记

县情概要

中国共产党察雅县委员会

察雅县人民代表大会

察雅县人民政府

中国人民政治协商会议察雅县委员会

纪检监察

人民团体

法治 军事

自然资源管理

生态环境

交通　通信

交通运输

移　动

电　信

农业　农村

农牧业

林　草

阿孜乡

附　录

特　载

在中国共产党察雅县第九届委员会第五次全体会议上的工作报告

（摘要）

（2020 年 3 月 24 日）

昌都市政协副主席、察雅县委书记　任厚明

县委九届四次全会以来，在区党委、市委的坚强领导下，察雅县委始终坚持以习近平新时代中国特色社会主义思想为指导，增强“四个意识”，坚定“四个自信”，做到“两个维护”，深入学习贯彻党的十九大、十九届二中、三中、四中全会精神、中央第六次西藏工作座谈会精神和习近平总书记治边稳藏重要论述精神，严格落实自治区第九次党代会，九届三次、四次、五次、六次全会和市委一届七次、八次全会精神，深入开展“不忘初心、牢记使命”主题教育，不断强化政治责任，保持政治定力，把准政治方向，提高政治能力，全力以赴抓好了党建、发展、稳定、脱贫攻坚等各项工作，较好地完成了全年目标任务。

一、 党的建设不断加强

县委始终坚持把党的建设摆在首要位置，积极践行新时代党的组织路线，落实新时代党的建设总要求，加强支部标准化、规范化建设，全面推进党的政治建设、思想建设、组织建设、作风建设、纪律建设，切实把党的基层组织建成听党话、跟党走，善团结、会发展，能致富、保稳定，遇事不糊涂、关键时刻起作用的坚强堡垒。

（一） 加强组织领导， 健全组织体系，建强基层党组织。 一是抓严党建责任落实。树牢“抓好党建是本职、不抓党建是失职、抓不好党建是不称职”的观念，逐级签订党建目标责任书 260 余份，形成了县委统一领导、组织部门牵头协调、成员单位具体指导、乡镇和村（居）具体抓的基层党建工作领导机制。二是健全基层组织体系。及时调整优化涉改单位党组织，合并、更名、新建党支部 15 个。坚持问题导向，按照“一支部一方案”“一问题一对策”的工作原则，完成 31 个软弱涣散基层党组织晋位升级。三是加强村居干部队伍建设。按照“一村一档”要求，建立村情档案 138 套，完善村（居）干部档案 1150 份，储备后备干部 2484 名。552 名驻村干部与村两委班子成员结成帮扶对子，积极开展驻村干部传帮带工作。先后培训村（居）干部 600 余人次，党务工作者 250 余人次，村（居）干部能力得到有效提升。四是加强党员队伍建设。依托远程教育信息平台，实现“远程教育固定学习日”与“主题党日”有效结合。严格规范党组织关系转接，积极做好党费收缴使用管理，各级党组织2019年共缴纳党费27.47万元。五是排查解决发展党员违规违纪问题。成立排查解决发展党员违规违纪问题试点工作领导小组，制定《察雅县排查解决发展党员违规违纪问题试点工作实施方案》，组成5个调研组对发展党员工作进行全面摸排，发现不合规的内容10项，已逐项进行整改。六是推进村级组织活动场所标准化建设。按照“四性三化”“八个阵地”要求，对村级组织活动场所进行改扩建，对功能设置进行优化，已建成标准化村级活动场所94个，16个正在基础施工，28个已完成选址工作。

（二）加强人才引进，注重人才培养，提高干部综合素质。一是精准开展干部教育培训工作。2019年，紧紧围绕中心工作，聚焦重点业务，大力开展干部教育培训工作，选派干部参加区内外培训238人次，依托县委党校、县党员教育和干部测评中心开展培训12期，培训人数达1332人次，干部能力素质进一步提升。二是推动干部合理流动。根据《昌都市市直机关事业单位科级及以下干部公开遴选办法（试行）》，进一步规范工作程序，38名干部参加市直机关事业单位公开遴选考试，4人通过测试，到市直单位工作，畅通了基层干部向上合理流动的渠道。三是选好用好干部。按照习近平总书记提出的信念坚定、为民服务、勤政务实、敢于担当、清正廉洁的好干部标准，突出政治素质，把公道正派贯穿推荐、考察、遴选、确定人选的全过程，严格落实“凡提四必”和“双签字”制度，先后调整使用干部146名，专项审核干部档案146卷，干部选任的公信度、满意度越来越高。

（三）加强智慧党建，推动机构改革，理顺职责关系。一是积极推广使用“昌都智慧党建”。全面推进“互联网+智慧党建”新思路，举办“昌都智慧党建”培训班2期，大力推广党员服务平台、管理平台以及手机“智慧党建”APP微平台，依托网络拓展党建工作方式。二是全县机构改革顺利完成。严格按照区党委、市委要求，结合实际研究制定了《察雅县机构改革方案》，选齐配强15家新组建部门领导班子，130名干部转隶完成，12家新建部门顺利挂牌，制定下发42家单位“三定”规定。三是“放管服”改革有序推进。在转变政府职能的基础上，将机构改革同“放管服”改革相结合，进一步明确职责分工。改革后，调整职责76项。其中，整体调整20项，部分调整54项，职责优化2项。减少政府行政审批事项3项，进一步推进简政放权，激发市场活力。完成了21家单位的统一社会信用代码证书办理，确保了涉改单位正常运转，工作有效衔接。

（四）强化思想引领，做好帮扶工作，系紧干群联系纽带。一是深化干部群众教育。县委始终坚定不移地贯彻落实中央、区、市关于意识形态工作的重大决策部署，勇于担当、敢于作为，打好主动仗、唱响主旋律。坚持以“十个更加”为目标，以“五个认同”为最终落脚点，深入开展“四讲四爱”群众教育实践活动，各族群众“感党恩、听党话、跟党走”的意志更加坚定。依托微信公众平台、“学习强国”APP等载体，加强对习近平新时代中国特色社会主义思想的学习，全县1942名干部在线注册“学习强国”，每日学员活跃率达90.74%，成立二级组织16个，确保学习有人抓、有人管、有成效。二是开展“54321”结对帮扶。依托县级干部结对5户、副县级干部结对4户、正科级干部结对3户、副科级干部结对2户和一般干部结对1户的结对帮扶机制，实现了贫困群众结对帮扶全覆盖。2019年，全县干部累计投入结对帮扶资金165万元，电话联系5000余次，入户走访5000余次，开展宣讲活动3000余场次，群众受教育2.4万余人次。三是推动强基惠民活动。及时完善了《察雅县2019年度强基惠民活动干部驻村工作要点》，明确了9项重点工作、43项具体任务，细化分解各阶段、各环节工作要点74项，提出工作具体要求66条，逐一签订派驻单位目标责任书和驻村工作目标责任书，将主要工作直接责任到人，确保了干部驻村工作有人管、有人抓、有人落实。2019年，各驻村工作队用藏语、汉语两种语言向群众宣讲习近平新时代中国特色社会主义思想和党的十九大精神687场次，举办专题讲座252次。按照“五个一批”“六个精准”“七个强化”“八个到位”“九下功夫”的总要求，帮助村（居）两委制订实施年度脱贫计划171个，协助村（居）两委制定扶贫资金和项目公示制度181个，帮助村级组织健全村规民约234条。通过强基惠民、“四讲四爱”群众教育实践活动和结对帮扶让各族群众特别是贫困群众切身感受到了党和政府的温暖，拉近了党群干群关系，党在基层的执政基础得到了进一步夯实。

（五）加强作风建设，严格执纪问责，推动党风廉政建设。县委始终牢牢把握全面从严治党政治责任，旗帜鲜明惩贪治腐，从严从实正风肃纪，奋力营造清廉、务实的政治生态。一是加强组织领导，明确责任目标。调整充实党风廉政建设工作领导小组，签订《2019年度察雅县委落实党风廉政建设“一岗双责”目标责任书》12份，结合“两个责任”制订下发了《2019年度党风廉政建设和反腐败斗争工作计划》，细化重点任务12项。深入学习十九届中央纪委三次全会、九届区纪委四次全会、一届市纪委七次全会精神和吴英杰书记在全区“两个责任”培训班上的讲话精神，以高度的思想政治行动自觉做好党风廉政工作。二是加强作风建设，从严执纪问责。持续抓好中央“八项规定”精神贯彻落实，深入开展不作为慢作为集中整治，坚持“一案双查”和责任倒查，坚决查处发生在群众身边的“微腐败”，深化扶贫领域腐败和作风问题专项治理，开展领导干部利用名贵特产类特殊资源谋取私利问题专项整治工作，持续正风肃纪。2019年共受理各类问题线索44件。运用“四种形态”对80名党员干部进行了提醒、约谈或诫勉谈话，给予28人党纪政务处分，移交司法2人。办理违反中央“八项规定”精神问题2件。县委班子带头查摆不作为慢作为问题12条，制定整改措施40条。释放了失责必究的强烈信号，营造了风清气正的干事创业环境。三是加大巡察力度，做好风险防控。县委严格按照“四落实”工作要求，聚焦“全面从严治党”核心，紧扣“六项纪律”标尺，紧盯党的领导弱化、党的建设缺失、全面从严治党不力“三大问题”精准发力，先后开展6轮巡察工作，巡察单位党组织51个，覆盖率达68%。延伸至村（居）138个，覆盖率达100%。县委前6轮巡察发现并反馈问题539个，移交纪委监委18件。目前，已结案11件、立案1件、正在核实6件，5人受到党纪政务处理，巡察工作的“探头”作用发挥明显，起到了震慑、遏制腐败的良好效果。

（六）集中工作精力，坚持四轮齐驱，高质量开展主题教育。根据中央、区、市“不忘初心、牢记使命”主题教育安排部署，县委牢牢把握主题教育的主题、主线、目标和任务，围绕“守初心、担使命，找差距、抓落实”的总要求，坚持把“学习教育、调查研究、检视问题、整改落实”四项工作贯穿主题教育全过程，同安排、同部署、同推动、同落实。各级党组织及时成立主题教育工作领导小组和各类工作专班，形成了一把手抓总、一级抓一级、合力抓落实的工作格局。全县各级党组织结合实际制定“不忘初心、牢记使命”学习计划和安排表284份，制订个人学习计划1430余篇，县级干部带头学纲要、学重要论述、学法规汇编。扎实开展“七个专题”学习研讨，先后召开专题研讨会议620余场次，撰写研讨发言材料1860余份，849名党员干部在会上进行了交流发言。各县处级干部围绕

"脱贫摘帽"总目标，带头主动深入联系点乡镇、村居、分管部门开展调查研究工作，形成高质量调研报告48份。通过现场问政，收集有针对性的意见建议520余条，对照习近平总书记指出的4个方面20个问题、吴英杰书记强调的4个方面23个突出问题、昌都市查摆的4个方面14个具体问题，全县各级党组织及班子成员认领问题325条，并全力抓好整改工作，进一步拉近了干群距离，融洽了干群关系。广大党员干部通过主题教育有效增强了党性意识，强化了初心和使命。

二、 经济运行稳中有进

2019年，县委深入学习贯彻中央、区、市经济、农村、脱贫攻坚工作会议精神，正确处理经济社会发展"十三对关系"，积极融入昌都市发展战略，依托"狠抓河谷经济，破解瓶颈制约，加大对外开放，统筹城乡发展"基本发展思路，补齐基础短板、助推产业发展、扩大招商引资等各项工作，实现了经济长足发展。2019年，全县生产总值达到14.75亿元，同比增长8.2%，三产比重15：50：35。农村居民人均可支配收入达到11245元，同比增长13.6%；城镇居民人均可支配收入达到31521元，同比增长10.8%。社会消费品零售总额达到3.74亿元，同比增长10.3%。一般公共预算收入完成6180万元，同比增长18.48%。固定资产投资达到14.5亿元。2019年财政总财力为26.42亿元，同比增长51.6%。2019年，全县开复工项目共13大项208个子项（续建105个子项，新开工103个子项），计划投资14.75亿元，2019年完成投资14.5亿元，较去年同比增长18%，完成了今年预期目标。

（一） 河谷经济持续壮大。紧盯培育经济发展新动能的目标要求，深度对接昌都市"五大养殖基地""七大种植基地"战略，依托河谷地带优势，坚持以特色农牧业、河谷种植业、特色旅游业等开发为依托，加大构建开放型、创新型、集约型工作举措，推动农牧业由自给型向产业型、规模化、标准化方向发展。2019年，实施经济林、牦牛育肥等产业项目26个，总投资3.2亿元。全县粮食播种面积完成4.42万亩。实施二级种子田项目2009亩，积极推广"藏青2000""喜拉22"等优良品种。全年粮食产量达到2298.5万斤，蔬菜产量达到2695.1万斤。实施高标准农田建设项目1.9万亩，黄牛改良、牦牛育肥有序推进，牲畜存栏23.11万头（只、匹）。新种杂交构树1379亩，桃子、苹果等4817亩，"苗圃—种植基地—生产加工—市场销售"产业链和"农户—公司—市场"利益联结模式作用发挥明显。

（二） 民生保障更加有力。积极开展控辍保学工作，落实"三包"经费2700余万元，营养改善计划经费498万元，实施和推广学前教育集团化办园模式，加强学校基础设施和乡村学校教工之家建设，办学条件持续改善；大力实施"三个一批"工程，简化医疗报销程序，推行"一站式"服务，乡镇卫生院规范化建设有序推进，县人民医院建成投入使用，完成"二级"医院创建。免疫规划接种率达93.62%，新生儿死亡率11.28‰，同比下降9.7‰，孕产妇住院分娩率达到87.67%，同比增长15.3%，医疗卫生能力不断增强；建立三级就业服务平台，广泛开展技能培训，推广"支部+协会""支部+协会+农户"等增收模式。全县直接带动农牧民务工增收项目共有173个，总投资37.27亿元，带动4976人务工增收。登记注册农牧民专业合作社45家，开办技能培训班21期，对863名建档立卡户实施了技能培训，培训合格率达到100%，345人实现培训就业。全年转移就业14131人次，就业创收4000余万元，确保了年内新增"零就业家庭"动态消零，城镇登记失业率有效控制在3%以内；大力弘扬拥军优属、拥政爱民的光荣传统，采集完善各类优抚对象信息410人；加强文化管理，完成全县33家文化经营单位备案登记和16家经营性单位年度核验，开展文化执法检查56次；第三届“四讲四爱”主题教育活动暨五四赏花节文艺演出和庆祝中华人民共和国成立70周年文艺会演等活动圆满举办，创编的8部舞蹈精彩纷呈，非物质文化遗产传承工作有序推进，13个乡镇文化站实现基础公共文化设施全覆盖，文艺下乡让群众文化生活更加丰富。

（三）基建短板不断夯实。供电更加稳定，积极实施农村电网改造升级工程，主电网已覆盖12个乡镇，覆盖率92.3%，投资3.2亿元的吉塘、巴日等“三区两州”输变电工程有序实施。交通更加便捷，全县公路总里程达到1942公里，11个乡镇道路通畅，巴日、宗沙2个乡镇正在紧锣密鼓的实施中，预计今年8月左右乡镇道路通畅全覆盖；138个行政村道路47个通畅、61个通畅在建，通达率100%，自然村通达率73%，察芒公路全线贯通，察雅到芒康车程缩短至3个半小时，交通瓶颈得到了有效解决。饮水更加安全，实施农村安全饮水巩固提升工程290个，投入资金5991万余元，安全饮水实现全覆盖；手机网络信号行政村全覆盖；广播电视覆盖率98.2%；水、电、路、讯等基础设施短板不断夯实。

（四）招商引资大力推进。2019年来察考察企业58家，主要涉及特色产品开发、电子商务、冷链物流、风力发电等方面，实施招商引资项目10个，其中续建项目为7个，协议总投资5.55亿元，已到位资金3.62亿元，烟多镇如给村物流园、烟多镇帮嘎村光伏电站、德嘎纳加油站、德玛酒店等7个项目建成并投入使用。扶贫开发产业园引入民族手工艺、特色农产品等企业项目10个，注册资金达1.01亿元，年产值3000万元，带动建档立卡户186人就业增收。“双创”孵化池建成并投入使用，入驻企业13家。

（五）制度改革更加深入。继续推进注册资本认缴、先照后证、多证合一、一照一码等一系列改革措施，全面实施简易注销改革，有效实现了全县市场主体增量提质。2019年，全县共有各类市场主体1859户，注册资金20.7亿元，分别同比增长39%、42%。办理食品经营许可证65家，健康证200人，5家企业通过简易程序申请注销。政务服务进一步加强，组织公安、民政、医保等9个部门，集中进驻县政务服务中心，开设服务窗口18个，可办服务事项48个，“12345”政务服务热线正式开通。完成了13个乡镇政务服务中心建设，并在阿孜乡扎拉牧区增设了服务点。“互联网+政务”服务有序推进，通过政务服务网，32家县（中、区）直单位实现网上审批，涉及行政审批事项714项、公共服务事项183项，群众和企业办事更加便捷。

（六）援藏作用发挥明显。重庆市、广东省、中国铝业等援藏省市、企业深入贯彻落实东西部扶贫协作座谈会精神，主动融入察雅，不断加大援助力度。先后投入计划内援藏资金3.15亿元，实施了学校、卫生院、新农村等19个项目。投入计划外援藏资金6085万元，建成了綦江新村、南岸新村和重庆幼儿园等民生项目。依托援藏单位优质教育教学资源，安排察雅籍干部、农牧民群众450余人次，赴渝和中铝公司参加政策学习和技能培训，增强本领。“组团式援藏”取得重大突破，上海复旦大学附属中山医院、广东中山大学附属第三医院与大足区、巴南区、綦江区人民医院选派医疗专家55名，组织培训200余场次，治愈病人2400余人次，帮助建章立制220条。援藏单位积极协调，组织53名医生和教师到察雅开展短期援助，有效缓解察雅县医疗和教育短板。中铝集团自对口帮扶以来，每年固定投入格桑花教育资金50万元，资助师生共2000余人次，举办农牧民电子商务及实用技能培训班，培训人员80人次，为察雅在就业、培训、铝产业的应用合作等方面提供了平台和渠道。

（七）城镇建设统筹发展。 按照县委既定的“统筹城乡发展”基本思路，发挥规划引领作用，不断挖掘城乡发展潜力，统筹做好城乡规划，城镇面貌焕然一新。2019年，总投资7.3亿元的吉塘特色小城镇建成并投入使用，香堆特色小城镇完成规划并开始建设部分市政道路。投资3.13亿元的烟多卡片区棚户区改造完成，松德卡片区稳步推进，困难家庭的住房条件得到有效改善。老旧周转房小区完成改造提升，总投资1.7亿元新建公租房565套，总建筑面积4.2万平方米，投资1084万元完成了拥军路、林卡路、央庆路、林卡路二期等4条主要支路的新建和改扩建。城市美化、绿化、亮化工程有序推进，新增市政路灯382盏，主要道路路口增设红绿灯，投入资金400余万元打造了一支高效的环卫队伍，城镇卫生和绿化明显改善，环境更加优美宜人，人民群众的获得感、幸福感和满意度不断提升。

（八）生态保护持续加强。 严格落实环境保护“党政同责、一岗双责”，有序推进环保督察反馈问题整改工作和生态红线划定，大力实施生态安全屏障巩固和造林绿化工程，开展消除“无树单位”和提质增绿行动，投资140万元，种植当地柳、云杉、榆树等苗木2万余株。开展天然草原退牧还草工程，实施休牧围栏20万亩、种草改良3万亩，1.38万亩退耕还林工程项目作业设计、招投标等前置工作顺利完成。对4197亩集体林权进行外业勘界，林地产权更加明晰、责权利划分更加明确，群众造林、育林、护林的积极性得到了极大提高。推进农村综合环境整治，2019年新增城镇保洁员、环境监督员岗位100个，生态岗位累计达到835个。投资223万元实施农村垃圾收集设施建设工程，新建垃圾池17座。开展企业排污口治理，普查污染源企业82家，立案处罚8家，罚款26万元。依托“七边四美四化”助推环境“三整治、三提升”，积极申报自治区级生态村（居）11个，全县自治区级生态村累计达到34个。投入资金600余万元开展水源地保护和环保类基础建设，完成37条县级河流“一河一策”和“一河一档”编制工作，有效加强了河湖管理，共建美丽察雅。

三、社会局势持续稳定

深入贯彻落实习近平总书记关于治边稳藏的重要论述，坚持“稳”字当头，坚决贯彻落实区党委十项维稳措施、市委十五项维稳意见，党政主要领导主动担起维稳责任，打赢了大庆安保攻坚战，确保了虫草采集期、“三大节日”（元旦、春节、藏历新年）安全有序，全县社会局势持续和谐稳定。

（一）摸清底数，细化措施，防范化解涉稳隐患。 按照重点问题要防、难点问题要盯、热点问题要疏、一般问题要复的要求，定期召开各类分析研判会，主动防范化解涉稳隐患。2019年全县未发生大的矛盾。持续强化风险防控意识，通过宣传教育、集中摸排等方式，扎实推进“缉枪治爆”专项行动，及时消除了枪患和社会治安隐患。

（二）完善体系，切实提升维稳能力。 积极完善社会管理体系，建立健全社会服务网络，延伸和拓展社会工作内容，有序推进社会网格化管理工作。一是有序推进“雪亮工程”建设。大力实施视频监控系统“增点布面”工程，全县27个网格化点位坚持及时录入新信息，实现信息共享，信息化作战能力不断提高。二是发挥联防联户作用。积极构筑县、乡镇、村居三级维稳防控网络，确保案（事）件苗头能及时发现、快速处置。2019年，排查化解矛盾纠纷3起，消除安全隐患180起。

（三）各司其职，形成合力，从严惩治犯罪活动。 2019年，公安部门受理刑事案件33起，无重特大刑事、治安案（事）件发生。抓获犯罪嫌疑人47名，抓获网上逃犯8人，行政立案34起，行政拘留72人，处罚没金3.97万元。检察院不断加大批捕、起诉力度，受理审查批捕案件14件21人。法院加大审判工作力度，审理刑事案件14件，结案13件，结案率为92.86%；受理民事案件166件，已结110件，执行案件115件，立案准确率达到100%，信访回复率达到100%；车载流动法庭作用发挥明显，巡回办结案件15件。司法部门法律服务功能和安置帮教工作不断加强。累计提供法律咨询300余次，代写民事诉状269份，接收刑满释放人员12名，帮教率达到100%。受理并调解成功各类矛盾纠纷11件，深入开展普法宣传，广泛宣传建设“平安西藏”“平安察雅”的重要意义、目标任务和工作举措，察雅社会更加安定祥和，法治氛围更加浓厚。

（四）加强领导，注重结合，推进扫黑除恶专项斗争。按照中央、区、市扫黑除恶打非治乱专项斗争工作部署和“有黑扫黑、有恶除恶、有乱治乱”要求，全县上下自觉提高政治站位，把开展好专项斗争作为增强“四个意识”、坚定“四个自信”、做到“两个维护”的重大政治任务，作为深入贯彻落实习近平总书记关于治边稳藏重要论述特别是贯彻“依法治藏、富民兴藏、长期建藏、凝聚人心、夯实基础”重大原则的有力实践，作为治藏稳藏的基础工程和富民兴藏的保障工程，作为全面从严治党向基层延伸，巩固党执政根基的一个重要战场，始终与中央、区、市部署要求保持高度一致，精心组织、周密部署、齐抓共管，不断增强忧患意识，强化底线思维，强化“六个围绕”，自觉把专项斗争与反分裂斗争和维稳工作相结合，与加强和创新社会治理相结合，与打击非法组织专项工作相结合，与加强基层组织建设相结合，对重点案件、重点问题、重点领域集中攻坚、深挖彻查、逐一见底，做到一体推动。2019年县委先后6次通过县委常委会、专题会议传达学习上级部署要求，研究推进具体工作。累计摸排各类线索26条。其中，依法立案11条，移交县纪委线索3条，不符合立案条件或不属实7条，2条依法执行取缔，1条上报市局国保支队，2条正在核查，核查率92.3%。

四、脱贫攻坚成效突出

2019年，县委始终坚持把脱贫攻坚作为一项重要政治任务和第一民生工程，认真学习贯彻总书记在重庆解决“两不愁、三保障”突出问题座谈会上的重要讲话精神，按照“五级书记”抓扶贫和“区负总责、地市直管、县抓落实、乡镇专干”以及“党政同责”的要求，围绕“五个一批”“六个精准”，科学分析形势，积极应对挑战，加强组织领导，狠抓责任落实，注重分类施策，实现了4161户20852人建档立卡贫困户脱贫，138个贫困村居退出，贫困发生率从33%降至零，顺利脱贫摘帽。

（一）扶贫产业不断壮大。立足察雅区位优势和气候优势，以“五个一万”产业为载体，以“六个千万级”工程为龙头，按照大、中、小、微类型产业项目分别带动县、乡、村、户工作机制，紧抓县委、县政府既定的发展经济林果、苗木、蔬菜、牛羊育肥等特色主导产业不放松，先后实施产业项目85个，投入产业扶贫资金4.8亿元，带动建档立卡贫困群众5431人实现增收，发放土地流转费、打工工资、效益分红等扶贫收益1460余万元，贫困群众增收效果逐步显现。

（二）群众住房安全可靠。综合考虑局部与全局、扶贫与生态、搬迁安置与产业发展、近期与长远的关系，严格按照“六靠、五方便、两避让”原则，投入资金7.89亿元，建设易地扶贫搬迁安置点26个，帮助2406户12751名困难群众“挪穷窝”、搬新家、奔小康。投入资金3980万元，按照户均2.9万元的标准和“科学规划、统筹发展，政府引导、群众自愿，经济适用、确保公正”的原则，结合农牧区特点，确定“六改”措施，对1328户困难群众的危房进行了改造，困难群众住房安全得到了有效保障。

（三）**生态补偿作用明显。**坚持绿色发展、生态富民的可持续发展道路，让有劳动能力的贫困人口实现生态就业，既加强生态环境，又增加贫困人口就业收入。投资9834万元，实施了“万亩经济林”建设项目，种植经济林木1.17万亩，依靠种植杂交构树、苹果、桃子等经济苗木，帮助群众实现不离乡不离土在家门口就业的愿望。积极实施还林、还草、草场保护和减畜奖补政策，安排生态岗位21665个，其中安排符合条件的建档立卡户9577人。严格岗位人员招收标准，按照“定人定职、定职定责”原则和“一人一岗、设岗定责”要求，与符合条件的岗位人员一一签订合同，凭证上岗。制定完善《察雅县脱贫攻坚生态保护转移就业岗位考核管理办法（试行）》，进一步加强和规范生态保护转移就业岗位人员管理，切实发挥岗位作用。截至目前，累计兑现生态补偿资金2.48亿元，兑现率100%，帮助9577名建档立卡户脱贫，占全县总建档立卡户的46%。

（四）**义务教育持续改善。**扎实开展控辍保学工作，积极推行制度控辍、条件控辍，做到应招尽招。实施“县、乡、村、户”“局、校、班、户”双线控辍责任制和控辍保学“四书制”，将防流控辍和足额招生作为乡镇党政一把手工程，作为经济社会考核的重要指标。2019年，全县义务教育阶段共有在校学生7719人（含建档立卡3721人）。其中，小学在校生5940人（含建档立卡2617人），入学率为99.84%；初中在校生1779人（含建档立卡1104人），入学率为99.22%。全面落实教育“三包”政策，及时足额拨付学生“三包”经费和学生营养改善经费。加大教育基础建设，累计投入资金1.83亿元，新建学校3所，改扩建学校17所。全县各类学校增至39所，办学条件持续改善，贫困人口子女都能接受良好的基础教育，切断了贫困代际传递。

（五）**社保保障兜底共享。**根据《察雅县“十三五”社会保障脱贫实施方案》，结合每年社会保障工作实际，制订2019年度社会保障工作计划，明确工作内容，细化工作措施，健全完善特困供养、农牧区最低生活保障、社会救助体系，全县特困意愿集中供养率达100%，集中供养特困人员实现“老有所养、老有所医、老有所乐”。累计落实31226人次农村低保对象保障资金5608万元；落实8568人次困难“残疾人两项补贴”资金1633万元；困难群众临时救助2346人次，落实资金487万元；医疗救助5598人次，落实资金1804万元；向分散特困人员落实生活补贴资金802万元。目前，农村低保保障困难群众7852人，其中建档立卡7417人，占94%。无劳动能力3442人，占46%；特困人员保障392人，其中建档立卡372人，占94%。无劳动能力392人，占100%；残疾人两项补贴2348人，其中建档立卡881人，占38%。重度残疾人430人，占18%。有效解决了困难群众的后顾之忧。

在党中央、国务院的亲切关怀下，在重庆、广东、中铝等援藏省市、企业的无私援助下，在区、市党委、政府的坚强领导下，察雅县委、县政府带领全县上下齐心协力、齐抓共管，脱贫成效得到了区、市党委、政府的充分肯定，贫困乡镇、村居的基础设施条件明显改善，公共服务水平显著提升，发展环境进一步优化，困难群众思想观念进一步转变，自我发展能力有效增强，宗教消极影响逐渐淡化，经济得到了长足发展，社会实现了长治久安，群众不愁吃、不愁穿，住房更加安全，基本医疗和义务教育得到了有效保障，为推动乡村振兴战略打下了坚实基础。

五、 民主政治更加充分

人大、政协始终坚持党的领导，把服务全县大局作为工作的首要政治任务和政治责任，正确认识把握大局、积极聚焦融入大局、坚决维护服务大局。县人大创造性地以监督促进决定、任免和代表工作，把“全域监督”理念贯穿到人大依法履职的全过程和各方面。听取和审议11个专项报告、6项执法检查报告、7项调研报告、4个代表资格审查报告、6件人事任免案，上报7条审议意见。严格依照法律程序做好任免工作，共任命人大机关干部2人、政府系统干部16人、“两院”干部3人，免去政府系统人员7人、“两院”人员3人，补选代表3人，辞去代表职务4人，听取并评议被任命人员述职报告3个。县乡两级人大先后开展20余次代表视察活动，在县乡村治理上发挥了积极作用。县政协牢牢把握民主和团结两大主题，认真履行政治协商、民主监督、参政议政职能，抓好委员提案工作，积极办理提案46件。先后3次组织三级政协委员150余人次前往巴日、阿孜、吉塘等乡镇、行政村针对扶贫产业项目、引进人才发挥作用、护林员发挥作用、基层党建工作开展情况进行调研，撰写调研报告5篇。政协委员能人开办农牧民唐卡绘画培训班25次，无偿培训农牧民300余人次。成立了5家有限公司，传授木雕技艺、银器加工技艺，带领群众致富135户465人，为全县脱贫攻坚增添了政协力量。

六、 自身建设更加有力

县委班子始终以高标准、严要求来规范自身行为，自觉深入贯彻落实中央“八项规定”精神和区党委“约法十章”以及市委实施办法，主动做勤政的表率、善政的表率、廉政的表率，倡导清清爽爽的同志关系和规规矩矩的上下级关系，营造了正常化、纯洁化的党内关系，时刻保持对党忠诚。牢固树立了群众观念，站稳了群众立场，自觉践行群众路线，坚决纠正损害群众利益的行为，主动深入乡镇、村居开展调研，着力解决群众最关心最直接最现实的利益问题，切实服务好群众“最后一公里”。结合实际制定了《察雅县委理论学习中心组2019年度理论学习安排意见》，完善了理论中心组学习、考勤、考核制度，先后组织开展了17次理论中心组学习会议，集中对习近平新时代中国社会主义思想三十讲、《习近平谈治国理政》、脱贫攻坚、生态环保等各项重点内容进行了学习，集中传达学习各类典型案例通报，不断坚定政治立场，筑牢思想防线。结合“不忘初心、牢记使命”主题教育，县委班子围绕“理论学习有收获、思想政治受洗礼、干事创业敢担当、为民服务解难题、清正廉洁做表率”目标，以刀刃向内的自我革命勇气，收集意见建议41条，整理归纳问题22条，逐条明确了整改方向和措施。严格落实民主集中制，严格执行领导班子议事决策规则，落实“三重一大”决策监督机制，规范集体领导、民主集中、个别酝酿、会议决定议事程序，充分发扬党内民主，执行“末位表态”制，先后召开县委常委会、专题会议42次，充分调动了每个班子成员的积极性、主动性、创造性，营造了团结活泼的干事创业氛围。

以上报告是县委常委会一年来的主要工作。这些成绩的取得得益于中国特色社会主义制度的显著优势，得益于习近平新时代中国特色社会主义思想和习近平总书记关于治边稳藏重要论述的科学指引，得益于以习近平同志为核心的党中央的把舵定向，得益于区党委、市委的坚强领导，得益于援藏省市企业的无私援助，得益于四大班子、全县各族干部群众的团结协作和奋力拼搏。在此，我代表县委向大家表示衷心的感谢！在总结工作的同时，我们也清醒地看到工作中还存在一些不足和问题，一是基础设施和产业扶贫短板弱项还比较多。县域经济实力不强，产业总量少、规模小、链条短，产业规模、效益和抗风险能力不强，发展水平还不高，带动效应还不明显，主导产业还未形成规模效益和竞争优势。地方财力仍然薄弱，公共服务供给不足，民生保障总体水平还不高。二是维稳形势依然严峻。毗邻四县一区，边界线长，纠纷隐患较多。扫黑除恶专项斗争还有待纵深推进。三是干部作风建设仍待进一步提高。不作为慢作为、形式主义、官僚主义问题仍不同程度存在。需要在今后的工作中加以克服和改进，也请同志们对常委会工作积极提出意见建议，通过集体智慧的结晶和大家的共同努力，把察雅各项工作做得更好，以优异的成绩欢庆昌都解放70周年，和全国、全区、全市人民一道全面建成小康社会。

政府工作报告

——在察雅县第十二届人民代表大会第六次会议上

（摘要）

（2020年4月1日）

察雅县委副书记、县长　其珠多吉

回顾2019，后发赶超步伐稳健

2019年是新中国成立70周年、西藏民主改革60周年，一年来，我们坚持以习近平新时代中国特色社会主义思想为指导，在县委的坚强领导和县人大、县政协的监督支持下，紧紧围绕“狠抓河谷经济、破解瓶颈制约、加大对外开放、统筹城乡发展”战略和“六县六化”强县工作举措，全县经济社会、脱贫攻坚、民生改善、城乡面貌、发展环境等取得较好成绩。全县地方生产总值完成14.75亿元，同比增长8.2%（可比价）；一般公共预算收入完成6180万元，同比增长18%；固定资产投资完成14.5亿元，同比增长18%；农村居民人均可支配收入达到11245元，同比增长13.6%；城镇居民人均可支配收入达到31521元，同比增长10.8%；社会消费品零售总额完成3.74亿元，同比增长10.3%。一年来，我们主要抓好以下十个方面工作：

——脱贫攻坚取得历史性成就。2019年实现138个贫困村退出，4161户20852人脱贫。建档立卡贫困人口实现“两不愁、三保障”，贫困发生率从33%降至零。2019年12月23日西藏自治区对外发布公告批准察雅县退出贫困县。

围绕“两不愁、三保障”，紧盯2019年全县脱贫摘帽目标，一是全面完成安全饮水工作。总投资5991.42万元，对306个自然村290个工程点，采取新建、改造、升级等措施实施安全饮水巩固提升工程，高寒区域采取水井、暖箱等有效措施，解决冬季供水难题。完成358个水源点水质检测，全县农村饮水均达到《西藏饮水安全评价准则》标准，切实保障农牧民群众饮水安全。二是住房安全得到有效保障。投入资金7.89亿元，建设易地扶贫搬迁安置点26个，入住群众2406户12751人，入住率达100%。投入资金3980万元，对全县1328户（含建档立卡户374户）群众实施农村危房个性化“六改”工程，困难群众住房安全得到有效保障，同时群众通过靠投工投劳，每户增收9300元。三是医疗保障实现全覆盖。将1271人纳入全县大病集中救治、慢病签约服务管理、重病兜底保障。家庭医生签约服务率达100%。累计投入资金1.4亿元，实施县人民医院、藏医院、疾控中心和11个乡镇卫生院的基础能力提升、新建、改扩建工程，对138个村卫生室提质改造，每个村卫生室配备2名村医，全县医疗条件显著提升，将群众“因病致贫、因病返贫”风险降到最低。四是教育保障扎实有效。加强建档立卡户在校生管理，切实做到一生一档。建档立卡户中小学生2617人，入学率100%。全面落实“县、乡、村、户”“局、校、班、户”双线控辍责任制和控辍保学“四书制”，疑似失学儿童复学率100%，义务教育阶段“三残”适龄儿童义务教育入学率100%。投入“三包”经费3031.88万元，营养改善计划经费552.28万元，推进义务教育城乡一体化均衡发展，全面完成农村薄弱学校提质改造，坚决切断贫困代际传递。五是政策保障落实到位。针对残疾人、单亲母亲、一孩双女等易返贫的弱势群众制定并实施帮扶方案，累计为2782名残疾人办理残疾证，累计发放价值50万元的辅助性器械771件。累计投入589万余元，成立“察雅县福志商贸有限公司”，第一期40个“短平快”项目全部投入使用，累计带动1420余人就业增收。协调各方扶持资金2900万元，新建集体经济54个，在全县138个村（居）建立劳务输出合作社，消除集体经济“空壳村”。

——民生保障不断夯实。坚持以人民为中心的发展思想，着力补齐民生短板。教育方面。总投资2.8亿元，占财政总支出16.34%。推进城乡办学条件均衡化发展，推广学前教育集团化办园模式，新建第二小学、第二幼儿园，在高海拔学校实施集中供暖项目，新建公共体育场馆1座。为18所学校补充完善学校信息化教学设备，争取重庆援藏投资500万元建设县中学数字化校园，全县各类学校办学条件得到持续改善。紧紧围绕实现“五个100%”教育工作目标和质量提升计划，全面推进控辍保学工作，努力促进全县教育事业健康和谐发展。组织130多名教师赴重庆南岸区、綦江区参加培训，10余名幼教教师参加“粤藏同心”幼教教师和保育员培训，全县校长、教师交流人数达到54人次，教师队伍建设不断加强。医疗卫生方面。包虫病综合防治和“六病”筛查圆满完成，荣获“全市包虫病防治先进单位”“昌都市卫生健康工作先进集体”。全县孕产妇住院分娩率提高到87.67%，同比增长15.3%；新生儿死亡率降低到11.28‰，同比下降9.7‰。县级公立医院医疗服务能力不断提升，投资1.02亿元，县人民医院综合大楼、传染科病区、妇幼保健楼等投入使用，成功完成二级乙等综合医院创建工作。“组团式”医疗援藏取得重大突破，上海复旦大学附属中山医院、綦江区人民医院、大足区人民医院、巴南区人民医院、广东中山大学附属第三医院等对口支援医院派出65名医疗专家来察援助，组织培训200余场次，帮助建章立制300余条。全年累计开展义诊7121场次，实施抢救214人次，治愈病人2400余人次，手术数、救治数远超往年，群众生命安全得到保障。文化事业方面。完成文艺演出活动20场，开展各类文化惠民活动60余场，创编舞蹈8部。完成《察雅年鉴（2018）》《精准扶贫在察雅》《美丽察雅》出版工作，《察雅县志》顺利通过市级终审。基础公共文化设施进一步完善，察雅县电影院建成投运，13个乡镇文化站功能更加完备，38个行政村配齐一般文化设备（包括26个安置点）。非物质文化遗产传承工作更进一步，格萨尔铠甲颂和勉唐画派绘画技艺已列入市级非物质文化遗产项目名录，金属锻制技艺（麦堆金银锻制技艺）、面具制作技艺（烟多羌姆面具制作技艺）、羌姆（烟多德穆贡羌姆）、藏靴制作技艺（吉塘藏靴制作技艺）列入自治区级非物质文化遗产项目名录。仁达拉康纳入全国重点文物保护单位。就业创业方面。全年累计实现转移就业1.41万人次，人均年收入增长3958元以上。

协调援藏省市、企业和实际资源，累计开发就业岗位170余个，城镇新增就业380人，实现295名高校毕业生就业创业。开办技能培训班21期，完成建档立卡群众863人技能培训，实现培训就业345人；新型农业经营主体不断增多，登记注册农牧民专业合作社45家，辐射带动349名农牧民群众。社会保障方面。全县城乡居民基本养老保险参保人数达到1.91万人次。完成社保卡信息采集5.89万人。新型农村合作医疗保险参保人数达5.72万人。累计兑现城乡医保、残疾人两项补贴、临时救助、特困救助等社会救助资金2557万元，保障13273名困难群众基本生活；在新中国成立70周年之际向9465名困难群众增发救助资金168.74万元。基层政权建设探索推进，有序推进6个大中型易地搬迁安置点增设村（居）民委员会工作。

——收官“十三五”、谋划“十四五”顺利进行。2016年至2019年，全县基本建设项目555个，总投资64.72亿元，累计完成53.38亿元，未完成投资9.63亿元。其中：规划内项目68个子项，总投资7.24亿元，累计完成投资4.75亿元元，未完成投资2.49亿元；规划外项目487个子项，总投资57.48亿元，累计完成投资48.62亿元，未完成投资8.86亿元。“十三五”期间年均完成投资13.35亿元，年均增速26.8%。为确保我县“十三五”规划圆满收官，为“十四五”规划开好局，编制完成《察雅县乡村振兴战略总体规划（2018—2022年）》。成立“十四五”规划编制工作领导小组，积极开展前期调研等工作，完成《察雅县“十四五”规划编制工作技术建议书》。“十四五”期间，我县计划实施1527个项目，规划投资392.32亿元。主要围绕粮食产能提升、农牧业科技信息、乡村产业基础设施、天然林资源保护、澜沧江流域沿岸经济林产业、农村安全饮水改善、农业灌溉、防洪减灾、水土保持及水利改革、小型产业、小型基础设施、污水处理、垃圾分类、乡村垃圾处理设施、断头路连通、路网改造、交通枢纽、幼儿园及小学新建、乡镇小学改造升级、矿产开发勘察、土地开发、市政道路、两房建设、市政基础设施、垃圾填埋、乡镇自来水厂等农牧、林草、水利、扶贫、生态环境、交通、教育、卫生15个方面进行项目申报、实施。

——产业发展稳中向好。围绕“五个一万、六个千万”产业发展布局，培育壮大优势产业集群。精准扶贫产业方面。累计投入产业扶贫资金4.84亿元，实施精准扶贫产业项目85个，覆盖建档立卡贫困群众5431人，扶贫收益累计达1379.34万元，贫困群众增收效果逐步显现。农牧林业方面。实施荣周、香堆等高标准农田1.9万亩，加大“藏青2000”等良种推广工作，完成粮食播种面积4.42万亩，全年粮食产量达到2298.5万斤，全年蔬菜产量达到2695.1万斤。达成万亩经济林目标，种植经济林木1.17万亩，构树茶、构树饲料初具规模。延长苹果产业链，实施苹果醋加工，注册“雪域菓源”苹果醋饮料品牌，取得QS食品认证。实施宗沙牦牛育肥、阿孜绵羊育肥等重点养殖项目，全县牲畜存栏23.11万头（只、匹），出栏4.23万头，奶产量0.93万吨，肉产量0.9万吨。文化旅游业方面。《察雅县全域旅游发展规划》通过终评。依托察芒公路，全力打造香堆景区。累计开发旅游业就业岗位720个，直接带动农牧民群众增收496.5万元。全年累计接待游客5.77万人次，实现旅游收入968.5元，同比分别增长1.4%、3.8%。

——基础设施不断完善。全县开复工项目共13大项208个子项，总投资38.73亿元，累计完成投资14.5亿元。重点项目有序推进，投入3.2亿元，顺利实施巴日、吉塘输变电工程及中低压配电工程等项目。全年累计完成供电量2238.76万千瓦，同比增长43.97%；全县新续建交通建设项目115个，总投资11.64亿元，新增公路里程478公里。川藏铁路察雅段前期团队全面入驻，可研编制方案完成并上报国家发改委。全县水利工程续建在建工程13个，总投资1.396亿元。荣周灌区、烟多镇给如村、吉塘镇居委会等防洪工程已全部完工。总投资1.7亿元，修建公共租赁住房1220套，建筑面积5.06万平方米，进一步解决新进就业无房职工和在城镇稳定就业的外来务工人员、未就业大学生的住房问题。向城镇低保户64户106人、低收入家庭237户312人发放资金127.91万元，切实解决城镇低保户、低收入家庭的住房困难。总投资2.7亿元，建成标准化村级活动场所94个，建强凝聚人心、服务群众的前沿阵地，确保党在农牧区的执政根基得到全面巩固。

——城乡面貌日新月异。特色镇建设有成效。总投资7.3亿元，建成吉塘特色小城镇，开发商业房产5.05万平方米，自来水厂、垃圾填埋场、市政道路等基础设施和藏东科技示范园、循环农业等产业配套项目投入使用。同时利用良好地热资源，投资1.5亿元建成特镇温泉酒店，并投入使用。加快推进香堆特色小城镇建设项目报批工作。投资1.06亿元新建香堆镇生活垃圾填埋场、自来水厂、市政道路等基础设施，并进行香堆镇老城区基础设施改造，香堆镇基础设施建设更加完备，群众生产生活更加便捷，为香堆特色小城镇建设奠定了坚实基础。棚户区改造有成果。投入资金3.13亿元，实施察雅县旧城（棚户区）改造项目第一期烟多卡片区、松德卡片区工程，烟多卡片区项目已竣工交付，建筑面积达3.5万平方米，松德卡片区即将竣工，建筑面积达6.7万平方米，城市品位再次得到提升。城市公共服务功能更加完善，总投资6348.8万元，建设县城污水处理厂、垃圾填埋场，实施拥军路、林卡路、央庆路市政道路改扩建工程，安装700余盏市政路灯，安置垃圾箱、市政垃圾桶等。投入150万元，划定全县15个停车区规范县城停车秩序；投入220万元用于周转房小区维修、绿化、提升改造。城市绿化面积达4.14万平方米，同比增长31%，城市环境得到优化和改善，居民满意度不断提升。

——生态环境明显改善。污染防治攻坚战成效显著，全年生态建设累计投入2196.74万元。建设一支117人的强力环卫队伍，改善县城卫生环境。为各乡镇、易地搬迁安置点购置环卫设施，实施农村垃圾收集设施建设工程，新建17座垃圾池。完成8个水源地保护工作，全面落实生态保护红线划定工作，完成察雅县第二次污染源普查，普查污染源企业82家，处罚8家，罚款26万元。完成37条县级河流“一河一策”和“一河一档”编制工作，完成全县河道采砂规划编制，进一步维护我县河湖水域健康。中央、自治区环保督察反馈问题整改均达到时序要求。顺利完成自治区生态环境考核，察雅县荣获2019年度全区生态环境保护优秀等级。完成4197亩集体林权外业勘界工作，持续推进生态安全屏障巩固工程和藏东横断山脉造林绿化工程，21665个生态补偿岗位积极开展“一人一年五棵树”环境绿化活动，全面落实消除“无树单位”和提质增绿行动，生态立县、生态文明化持续推进。

——发展活力显著增强。持续深化“放管服”改革，稳步推进政府部门权责清单调整工作，全县共调整职责76项。深入推进简政放权，对应市级减少行政审批事项3项。进一步加强政务服务，组织公安、民政、医保等9个部门，集中统一进驻察雅县政务服务中心，设立18个服务窗口，可办事项48项；“12345”政务服务热线正式开通，群众和企业解决问题更加方便，完成13个乡镇政务服务中心建设，并在阿孜乡扎拉牧区增设政务服务点，真正做到小事不出村、中事不出乡、大事不出县。“互联网+政务服务”工作有序推进，目前，群众通过西藏政务服务网可以在网上办理全县32家县（中、区）直单位行政审批事项714项，公共服务事项183项，全年累计网上服务业务量达5.2万件，网上办结率99.85%，进一步方便了群众。减税降费成效明显。全面落实减税降费政策，依法依规征税收费，全年累计减税4874.93万元，惠及纳税人1587户次，企业生产运营成本和群众负担大幅度降低。多渠道、多方位开展招商引资工作。全年招商引资项目10个，协议总投资5.55亿元，到位资金3.62亿元，荣获昌都市2019年度招商引资先进单位荣誉。察雅县扶贫开发产业园、“双创”孵化池引入各类企业25家，带动扶贫建档立卡户186人就业增收，年产值达到3000万元。筹措资金1100万元加快推进产业园二期项目建设。总投资1.06亿元的麦曲综合产业城建成并投入使用，县域营商环境进一步改善。圆满完成第五届“三江茶马文化艺术节”特色产品展销工作，销售业绩达17万元，察雅县构树茶获得“最佳产品创新奖”。援藏项目协调对接落实有力。累计到位计划内援藏资金1.99亿元，19个援藏项目顺利落地实施，积极争取计划外援藏资金450万元，推进中铝新村人居环境整治、县人民医院体检中心建设等项目。依托援藏单位优质教育教学资源，450余人次赴重庆和中铝公司参加政策学习和技能培训。平安集团西藏昌都分公司捐赠签约随访医疗箱13台，价值65万元。中铝集团每年固定投入格桑花教育资金50万元，资助师生2000人次，53名医生和教师到察雅开展短期援助，有效缓解察雅县医疗和教育短板。

——社会大局和谐稳定。坚持把维护社会稳定作为首要政治任务，投入维稳各项经费2025.62万元，增强维稳力量。扎实开展社会综合治理。累计投入150万元补齐基础设施短板，发放“双联户”户长工资149.6万元，建立健全奖惩制度，投入表彰资金75.49万元，优化整合群防群治力量，构筑起县、乡（镇）、村（居）三级维稳防控网络，荣获2019年度昌都市先进双联户创建活动先进集体荣誉。突发事件应急处置预案不断完善，信访案件办结率达95%。扎实开展“遵行四条标准、争做先进僧尼”教育实践活动，发放奖金200余万元，表彰先进僧尼1980人、先进驻寺干部33人。深入推进“扫黑除恶打非治乱”专项斗争。摸排各类线索27条，受理刑事案件39起、行政案件39起。扎实推进“缉枪治爆”专项行动，集中整治行业乱象，建筑施工、娱乐场所、旅游市场等领域11类19个突出问题得到有效治理。强化扫黑除恶宣传力度，受教育群众达6万余名，有效凝聚社会共识。“七城同创”加快推进。“七城同创”各项创建指标达标257项，达标率66.4%。调整充实我县“七城同创”组织机构，严格按照年度工作路线图狠抓落实，聘请第三方对符合条件的村（居）进行水质、噪音等指标监测，成功创建自治区级生态村（居）34个。大力推进民族团结“九进”工作，打造县城藏戏广场民族团结主题墙，民族团结进步示范县通过自治区验收。严格落实环境卫生长效管理责任制、门前“三包”责任制，集中整治机动车乱停乱放、违规行驶等问题，道路装灯率达到100%，亮灯率达到96%以上。健全完善应急管理体制机制。道路交通、建筑施工、危险化学品、消防火灾、食品药品、特种设备等重点领域治理成效明显，开展应急演练30余次，全年无重大安全事故和受灾情况发生。

——疫情防控取得全面胜利。自新冠肺炎疫情发生以来，察雅县众志成城，树牢“一盘棋”思想，严格落实“五不、五要、五个一律”防控要求。一是建立完善疫情防控体系，建立健全县乡村三级疫情防控指挥体系，投入200万元专项经费，设定疫情防控功能室，设立预检分诊点、发热门诊、2个隔离观察区和22个隔离床位，定点3家宾馆223张床位为预备隔离区。投入326万元采购疫情防控应急储备物资。二是积极动员捐款捐物，我县向重庆市红十字会捐赠10万元；

发放防控一线加班补助46万余元。疫情发生以来，我县接受捐赠用于本县疫情防控物资折合金额约40.1万元；接受捐赠现金88.45万元，其中汇入西藏自治区青年基金会32.99万元，向湖北武汉捐赠1.98万元。三是联防联控，打赢疫情防控阻击战，各乡镇、各部门形成联动机制，全面投入疫情防控工作。此次疫情防控，是对我县干部职工的一次“大考”，最应该感谢的是卫生、疾控、公安、留守值班人员和冲在一线的工作人员。此次疫情防控，更加体现出我县干部的凝聚力、向心力和号召力，更加体现出在“察雅精神”指引下，干部敢于担当、敢于负责、敢于碰硬的品质。

各位代表，知之非艰，行之惟艰。一年来，我们不曾有一丝懈怠、一刻停顿，坚持以奋斗的姿态立足县情实际，奋力跨越，加速赶超，在百舸争流的发展浪潮中抢占先机。一年来，我们深刻体会到，做好政府工作，必须坚决贯彻落实中央和自治区党委、政府，市委、市政府决策部署，统筹兼顾，精准发力，才能在新发展理念的指引下行稳致远；必须坚持问题导向，强基础、补短板，全面夯实各领域各环节基础条件，才能让跨越赶超的步伐更加铿锵有力；必须保持久久为功的工作定力，咬定目标，聚沙成塔，才能把发展蓝图一步一步变成美好现实；必须坚持以人民为中心，心系群众，服务群众，才能广泛凝聚共商共建吉祥察雅的磅礴力量！一年来取得的成绩，是习近平新时代中国特色社会主义思想在察雅生动实践的结果，是县委坚强领导的结果，是县人大、县政协监督支持的结果，饱含了各位代表、委员的智慧和奉献，凝聚了全县人民的心血和力量。成绩来之不易，经验弥足珍贵，这些成绩的取得，更是察雅人以“察雅精神”撸起袖子干出来的，挥洒汗水拼出来的。在此，我代表县人民政府，向全县人民，向所有关心、支持察雅发展的社会各界人士，表示衷心的感谢和崇高的敬意！

各位代表，船到中游浪更急，人到半山路更陡。我们清醒地认识到，当前察雅发展仍然面临不少困难和挑战，主要是：发展不充分、经济总量小的基本县情没有大的改变；政府财政收支能力与干部群众对加快发展的迫切愿望之间的矛盾依然突出；公共服务、基础设施建设、脱贫攻坚巩固提升等还需要大量资金投入，民生改善和增强我县经济实力双重任务依然很重；产业不优不强，经济质量仍然不高；农牧民持续增收难度较大，脱贫攻坚成果巩固任务艰巨；少数部门和公务人员适应新形势、解决新问题的能力不强、担当不够，干部队伍工作能力和素质与当前的发展速度和工作要求不相适应；政府自身建设有待进一步加力。同时，要重点考虑到新冠肺炎疫情影响下，全面夺取疫情防控和实现经济社会发展目标双胜利面对的实际困难，要清楚认识到公共卫生和应急管理体系建设存在的短板弱项，公共卫生应急管理管理体系高效协作机制有待加强、公共卫生人才队伍相对薄弱等问题依然存在，应急管理打恶仗、打硬仗准备还不够充足。对此，我们将坚持问题导向，采取有力措施，认真加以解决。

奋斗2020，决战决胜全面小康

2020年是全面建成小康社会之年，是与全市、全区、全国一道彻底告别绝对贫困之年，是“十三五”规划收官之年，是实现第一个百年奋斗目标、为“十四五”良好开局打下更好基础的关键之年。也是庆祝昌都市解放70周年的喜庆之年，总之，是激动人心的一年。我们要充分认识到，我们面临着更为有利的发展机遇：一是国家发展重要战略机遇期没有变；二是察雅县经济社会发展向上向好态势更趋明显；三是各级党委、政府赋予了一系列推动发展稳定和保障改善的特殊政策，为我们保障改善民生提供了有力支持；四是区党委、政府，市委、市政府聚焦实体经济、脱贫攻坚巩固提升、乡村振兴、生态保护和扩大有效投资等，给予大力支持，为我们增强高质量发展提供了有力支撑；五是随着川藏铁路察雅段开工建设，水电资源开发步伐不断加快，对口援察力度的持续加大，为我们转变发展方式、优化发展路径、增强发展后劲奠定了有力基础。我们要坚定信心、下定决心，更加坚实地做好经济社会发展各项工作，以更饱满的精神状态、更昂扬的斗志、更自信骄傲的步伐迈入察雅发展新的历史阶段。

2020年我们既要抓住机遇，又要增强忧患意识，做好我们自己的事情，抓住重点工作，纲举目张，真抓实干。

今年政府工作的总体要求是：2020年政府工作的总体要求是：以习近平新时代中国特色社会主义思想为指导，全面贯彻党的十九大和十九届二中、三中、四中全会精神，认真贯彻习近平总书记治边稳藏重要论述和“加强民族团结、建设美丽西藏”重要指示，坚决贯彻党的基本理论、基本路线、基本方略，增强“四个意识”，坚定“四个自信”，做到“两个维护”，紧扣全面建成小康社会奋斗目标，牢牢把握底线性任务，坚持稳中求进工作总基调，坚持新发展理念，坚持以供给侧结构性改革为主线，坚持以改革开放为动力，坚持抢抓机遇、发挥优势，坚持抓重点、补短板、强弱项，坚决打赢三大攻坚战，全面做好“六稳”工作，正确处理好“十三对关系”，持续巩固脱贫摘帽成果，以“狠抓河谷经济、破解瓶颈制约、加大对外开放、统筹城乡发展”发展战略，推动“六县六化”工作再上一个新台阶，确保与全国全区全市同步全面建成小康社会。

综合考虑，全县2020年经济社会发展的主要预期目标是：全县地区生产总值达到15.95亿元以上，同比增长8.2%以上（可比价）；固定资产投资15.95亿元以上，同比增长10%以上；社会消费品零售总额达到4.13亿元以上，同比增长10.3%以上；一般公共预算收入达到6489万元以上，同比增长5%以上；农村居民人均可支配收入达到12774.3元以上，同比增长13.6%以上；城镇居民人均可支配收入达到34925.27元以上，同比增长10.8%以上；城镇登记失业率控制在3%以内。

围绕上述目标任务，重点抓好以下七个方面工作：

（一）全力打好攻坚战，在标本兼治中持续夯实发展基础

三大攻坚战是全面小康必经的关口，必须坚决打赢脱贫攻坚、污染防治和风险防范三大攻坚战。

巩固提升脱贫攻坚质量成效。继续坚持以脱贫攻坚巩固提升统揽经济社会发展为抓手，继续把打赢脱贫攻坚战作为重大政治任务、头等大事和第一民生工程来抓，以“四不摘”为原则，按照“既不降低标准，也不吊高胃口”的要求，始终坚持问题导向，把脱贫质量放在首位，严格落实《察雅县巩固提升脱贫攻坚成果严防返贫风险实施方案》和《察雅县防范返贫分级预警机制实施办法》，全面落实“五个紧扣”措施，稳定解决住房、饮水安全问题，义务教育阶段无因贫失学、辍学学生，基本养老保险和基本医疗保险、大病保险实现全覆盖，最低生活保障实现应保尽保全面提升巩固脱贫成果实效。138个贫困村基础公共设施管理规范、良性运行，人居环境干净整洁。

持续聚焦重大风险防范化解。全面落实金融政策措施，强化金融风险属地管理责任，继续开展银行不良贷款风险化解、非法集资风险等风险隐患专项整治。规范和加强地方政府债务管理，遏制增量、化解存量，坚决守住不发生政府债务风险的底线。

全面展开污染防治攻坚行动。继续打好“蓝

天、碧水、净土”保卫战，进一步提升生态立县、生态文明建设水平。严格落实河长制，继续推进澜沧江流域综合整治。强化集中饮用水水源地保护，确保水源水质达标率100%。狠抓中央环保督察“回头看”和自治区第二环保督察问题整改，确保问题整改到位不反弹。大力推进国土绿化，生态岗位履职工作，全面加强区域绿化力度，持续推进生态恢复。持续推进城市绿化提质增效，因地制宜、科学绿化，有效增加绿化面积，加大净化、绿化、美化、靓化力度。坚守生态保护红线，建立环境准入负面清单，实行最严格的水资源保护、土地用途管制，从源头上筑牢环境保护屏障。

（二） 着力把好质量关，在项目建设中持续积聚发展动能

强化精准招商。充分利用特色农牧产业、高原生物科技、清洁能源、农村土地优惠政策等资源，聚焦乡村振兴、特色小镇、文化旅游、农产品深化加工等方面取得新突破，组织开展各类农产品展销、宣传推介活动，积极参加区内外重大节会，积极引进项目，助力县域经济社会发展，确保完成2020年招商引资2亿元目标任务。

强化项目建设。计划投资26.54亿元，启动12大项184个子项基本项目建设（其中续建项目117个，新开工项目67个）。进一步健全完善重大项目领导包抓责任制，完善重点环节协调、督办检查跟进等推进机制，强化要素资源保障，突出抓开工、抓推进、抓竣工等关键节点，确保项目建设进度跟上投资计划。重点衔接上级相关部门，确保澜沧江光电互补项目、川藏铁路施工便道及配套工程尽快落地实施。积极争取援藏计划外项目、“十四五”规划提前实施项目和防疫专项资金配套项目。

强化项目谋划。瞄准国家政策导向，紧盯中央预算内资金等资金投向，突出抓重点、补短板、强弱项，聚焦产业、基础设施、社会化服务设施、生态环保、乡村振兴等重点领域，结合县情谋划一批打基础、利全局、管长远的项目，重点布局推进公共服务体系均等化项目，侧重应急防控体系和公共卫生补短板建设，高质量完成“十四五”规划重点项目库建设。

（三） 合力奏好和谐曲，在补齐短板中推进民生改善事业

提高社会保障水平。完善社会保障体系，推进全民参保扩面，强化医保基金监管，将城乡基本养老保险、基本医疗保险参保率分别稳定在95%和99%以上。继续做好全民参保工作，尽快实现社保卡全覆盖。加大农村低保动态管理，对实际生活困难群众，及时识别纳入保障。强化临时救助力度，及时为遭遇突发事件、意外伤害、重大疾病等困难群众予以救助，确保社会保障工作落实到位。加强社会事务管理，投资500万元完成日间照料中心项目，投资500万元推进香堆镇社会福利中心改造项目。加强老年人、残疾人关爱保护工作，全力推进就业创业工作，提高农牧民转移就业技能培训针对性，提高新增就业水平，突出做好高校毕业生、退役军人、农民工等群体就业，确保新增城镇就业500人、转移农业劳动力9600人次，确保全年转移就业14000人次。完成机关事业单位养老保险清算工作，改善社保卡使用环境，落实建档立卡贫困人口、易地搬迁群众等特殊人群社保待遇。

全面推进社会事业。继续巩固教育均衡发展和教育脱贫工作成效。持续做好控辍保学和疑似失学儿童劝返工作，严格落实控辍保学“四书制”，力争完成学前教育毛入园率达到80%以上，小学入学率达到99.8%以上，初中入学率达到98.8%以上，全县义务教育巩固率达到95%以上。持续加大投入，不断改善办学条件，投入913万元，加快推进阿孜乡、扩达乡、巴日乡小学和宗沙乡一小、二小集中供暖工程。投资2070万元，加快推进香堆镇第一小学、巴日乡、阿孜

乡小学改扩建项目。继续落实好教育工作“5个100%”目标，严抓教师队伍建设和教学质量管理，加强校园及周边环境综合治理，维护校园平安稳定。提升医疗服务水平。持续开展包虫病防治和“六病”筛查防治工作，免疫接种覆盖率达到95%以上，统筹推进卫生与健康扶贫各项工作，继续实施14大类41项基本公共卫生服务项目和农村孕产妇住院分娩补助、适龄妇女“两癌”（宫颈癌、乳腺癌）筛查等重大公共卫生服务项目。深化拓展“组团式”医疗对口帮扶工作，着力培养全科医生，力争实现乡镇卫生院拥有至少一名全科医生目标。加强基础设施建设和人员配置工作，提升医疗救治水平，实现“两降一升”目标。持续巩固和完善二级乙等综合医院创建成果，进一步加强内涵建设。尽快实现藏医院、疾控中心、阿孜乡卫生院、吉塘镇卫生院运营，加快扩达乡卫生院新建和荣周乡卫生院改扩建项目建设，全面提升公共卫生服务能力和管理水平。强化疾病预防控制机构和基层预防保健组织建设，建立完善高效的突发公共卫生事件应急机制，采取定期和不定期相结合的形式，组织开展突发公共卫生事件应急演练。繁荣发展文体事业。发挥好文化产业扶贫项目效益，加大非遗保护项目、传承人和文物保护单位申报、保护及挖掘工作。加大公共文化服务领域资金投入，加快推进村级文化活动室和13个乡镇综合文化服务站设备配发和更新工作。完成录制5个自治区级非遗项目及其传承人宣传片，奠定申报国家级非遗项目基础。着力建设吉塘和香堆旅游示范区，立足214国道线横贯东西、新建349国道纵通南北、察芒公路出藏大道区位优势，依托扎拉牧场、仁达摩崖石刻、特色小城镇等优势资源，培育一批A级景区，着力打造全域旅游精品路线，完成全年接待游客6.8万人次以上，实现旅游收入1100万元以上。

加强基础设施建设。交通方面，积极申报行政村通畅项目和自然村、断头路及牧场转场公路项目，配合做好川藏铁路察雅段前期规划建设。成立交通专业养护公司，做好农村公路养护工作。加快推进察雅县至贡觉县三级油路、巴日三级油路、宗沙三级油路项目建设，力争完成投资1.99亿元。水利方面，计划投资2477.64万元，实施2020年农村饮水安全巩固提升冬季保通工程；计划投资3300万元，建成香堆镇供水工程；整合各类维护资金598万元，全面做好防汛抗旱水毁、公益性水利工程等项目维护养护。电力方面，加快“三区两州”及增补项目建设进度，确保各项目于2020年6月竣工投运，结束乡（镇）不通电历史，进一步提高电网覆盖率。扎实开展新一轮农网升级改造回头看工作，尽快完成整改工作，加快推进电力公司国网“直管”划转工作。通信方面，抓好“宽带西藏”“智慧察雅”建设，推进农村光纤入户工程。计划投资3800万元，完成15座网络基站4G改造升级，在察芒公路沿线新建12座基站。进一步落实网络提速降费惠民政策，满足群众日益增长的网络应用需求。

（四）精心布好统筹局，在提升管理中持续改善城乡面貌

坚持统筹发展理念，完善基础设施配套，抓好运营管理，形成常态长效机制，着力打造舒适宜居的城乡环境。

加快提升城市品质。计划投资4085.97万元，开工建设如意路、央庆路（南段）市政道路、烟多中路步行街二期项目，扩宽县城空间。抓紧实施县城污水处理厂等项目。加快完成2020年公租房建设、廉租房维修改造项目，有效解决群众住房刚需。全力治理公共空间，持续开展城乡“两违”清理整治工作，坚决打击各类非法占地、非法交易及乱修乱建行为，积极构建土地规划和建设管理长效机制。加强城市管理，推动城市管理从“治标”到“治本”转变，推进环卫作

业借力市场成立专业环卫公司，加大环卫设施密集度、合理度，推广“垃圾不落地”模式，全面推进车辆停放、经营秩序等突出问题整治行动，激发全民环境卫生意识；加强市政管理，管好广场、停车场、市场、路灯、公厕等公益设施，加大户外广告专项整治力度，维护好县城地下综合管廊、给排水等设施。

统筹推进乡村发展。全面落实乡村振兴战略，建立健全长效机制，持续推进美丽乡村建设。计划投入5179.04万元，实施香堆镇、香堆镇坤达村、达巴村、宗沙乡宗沙村、肯通乡多雄村、阿孜乡扎拉牧区、扩达乡伍巴村和果巴村深度贫困村基础设施提升工程。深化农村人居环境整治，改善乡、村及寺庙周边环境卫生，持续推进“厕所革命”，强化农村生活垃圾治理。统筹抓好农村道路、农田水利等基础设施建设，加快自然村通水泥（沥青）路、安防工程和渡改桥工程建设，推进村庄硬化亮化、绿化美化，完成“四好农村路”，补齐农村交通短板，计划投入7.3亿元，完成26个建制村332公里通畅工程，计划投入4926万元，完成23座渡改桥工程，计划投入2亿元，完成13项91.8公里寺庙通畅工程，计划投入4.5亿元，推进10项207公里自然村通畅工程，计划投入6404万元，推进18项59.8公里自然村通达工程。持续开展城乡绿化行动，充分发挥生态岗位职责，做好统一维护和管理。

全力打造高品质特色小城镇。我县将在香堆、荣周、王卡三个乡（镇），因地制宜、因城而规，特色突出规划建设特色小城镇。不断提高小城镇的基础设施建设和生态化建设水平，逐步形成我县布局有序、内外连动、功能互补的特色城镇体系。突出重点、彰显特色，打造产业发展新平台。坚持标准，完善功能，强化基础设施新支撑。在基础设施建设上，全面提高小城镇的各项功能。分类实策，提升质量，探索城镇发展新路径。继续完善基础设施和公共服务，发展成为服务农村、带动周边的综合性小城镇。进一步完善公共服务特别是较高质量的教育医疗资源供给，增强小城镇人口集聚能力，提高我县城镇化率。

（五） 打造良好环境圈，在发展突破中持续深化改革开放

坚定不移地全面深化改革，以改革增活力、强动力，以开放促改革、促发展。深化重点领域改革。深化“放管服”改革，持续开展“减证便民”行动，进一步发挥县一站式政务服务中心功能，健全完善乡级、村级政务服务体系，努力优化政务服务和营商环境。深入推进农村“三变”改革，持续释放“三农”发展活力。深化农村集体产权制度改革，拓展农村土地确权成果应用。做好第四次全国经济普查，统筹推进教育体制、医药卫生、投资审批等领域改革。抓好财税金融体制改革。深化财税体制改革，落实减税降费措施，减轻企业税收负担。全面实施修改后的个人所得税法，落实个人所得税专项附加扣除惠民政策。正确处理减税降费与依法组织收入的关系，强化税源分析管理，细化征管措施，堵塞征管漏洞，做到依法征收，应收尽收。健全财政收支预算管理，继续盘活财政存量资金，强化项目审核和财政资金使用情况绩效评估，切实提高财政资金使用效益。优化财政支出结构，严格压缩“三公”经费支出，加大对脱贫攻坚、民生保障、重大项目等重点领域支持力度，提高资金配置效率。扩大对外开放。充分发挥对口援藏优势，主动加强与重庆市、广东省、中国铝业集团沟通衔接，加快落实援察规划项目，确保援察资金按时拨付到位。围绕我县特色农业产业建设、农产品深加工、文化旅游产业开发等方面，加强交流合作。深化改革攻坚。强力推进“放管服”改革，调整优化县、乡两级权责清单和公共服务清单，完善行政权力中介服务清单，持续精简行政许可事项。

扎实推进商事制度改革，全面实施“证照分离”改革。深入推进“一网一门一次”改革，加快推进“互联网+政务服务”县乡村三级建设，简化审批手续，推行社会事务“无差别综合受理”，实现企业注册电子化、注销登记简易化。积极稳妥做好县、乡各领域综合行政执法机构改革，为推进法治政府建设提供有力体制机制保障。

（六）坚决打好稳定战，在县域治理中持续加强社会治理

坚决维护社会稳定。深入推进“平安察雅”建设，扎实做好中央扫黑除恶督导组督导“回头看”反馈问题整改工作，强力整治行业乱象，加大涉黑涉恶案件侦办查处力度，坚决铲除黑恶势力滋生土壤，进一步筑牢社会和谐根基。持续提升社会管理和公共服务水平，统筹发展科教文卫、环境保护等社会事业，进一步完善覆盖城乡的公共服务体系，扩大优质公共服务供给，全面构建和谐城区。坚持和发展新时代“枫桥经验”，完善矛盾纠纷排查、预警、调处、化解机制，全力打造“阳光信访，责任信访、法治信访”，有效防范、化解影响社会安定问题。

强化应急管理建设。深化重点行业领域安全专项整治，将执法检查作为日常监管的主要手段，严防各类重特大事故发生。构建运行顺畅的统筹协调机制，建立风险监测预警、救援统一调度的应急管理综合指挥体系。健全公共卫生应急管理体系，立足当前、放眼长远，落实好公共卫生法治保障，改革完善好疾病预防控制体系、重大疫情防控救治体系、重大疾病医疗保险和救助制度、“互联网+医疗健康”体系，提高应对突发重大公共卫生事件的能力水平。推进应急管理信息化建设，建设应急物资保障体系，完善各类应急预案，做好应急抢险物资储备，加强应急救援队伍建设，加快推进县、乡、村三级避灾安置场所建设工作，不断提高防灾减灾能力。加强食品药品质量安全监管，健全完善质量安全检测体系，全力保障人民群众生命健康安全。

巩固发展民族团结。坚决守好促进民族团结的“生命线”。全县各族群众要以民族团结模范区建设为契机，积极践行习近平总书记“加强民族团结，建设美丽西藏”重要论述精神。广大干部群众要自觉树牢“三个离不开”思想，将“五个认同”“四个自信”内化于心，积极参与民族团结建设“九进”活动，筑牢民族团结这一发展底板。

创新引导宗教管理。全面贯彻党的民族宗教政策，进一步建立健全依法管理宗教事务长效机制，引导群众把思想和精力转移到发展生产、追求健康文明生活方式、过好今生幸福生活上来，严厉打击非法宗教活动。

健全退役军人服务保障体系，全力维护好退役军人合法权益。加强国防动员和后备力量建设，统筹推进新形势下国防教育、兵员征集、双拥优抚等工作，做好第七次全国人口普查工作。

（七）坚持练好精气神，在提速提效中持续加强自身建设

各位代表！不忘初心担使命，重整行装再出发。我们将坚持为人民服务、对人民负责、受人民监督，创新行政方式、提高行政效能，建设人民满意的服务型政府。

坚持党的领导。坚持党的集中统一领导，自觉增强“四个意识”，坚定“四个自信”，做到“两个维护”。坚持以习近平新时代中国特色社会主义思想为指导，强化政府系统各级党组织党建主责主业意识，提高政治站位，强化政治担当，加强意识形态工作，扎实推进主题教育常态化制度化。深入贯彻落实党的十九届四中全会精神，围绕“13 个坚持和完善”要求，找准政府工作结合点、切入点，以制度创新推进工作落实，全力推动中央及区、市、县委决策部署落实落地。

突出高效服务。理顺改革后政府部门职能，健全部门协调配合机制，构建更加科学规范、职责明确的政府治理体系。加快建设数字型政府，提升行政管理效能和服务水平。打造“互联网+”政务服务平台，努力实现政务服务“就近办、网上办、自助办”。持续推进“最多跑一次”改革向基层延伸。深入推进“基层减负年”活动，精简优化文件会议，腾出更多精力抓落实。

强化法治思维。深入推进“七五”普法，增强全民法治观念，完善公共法律服务体系，夯实依法治县群众基础。不断提高依法治县和依法行政能力，严格规范文明公正执法。自觉接受县人大及其常委会的法律监督、工作监督和政协的民主监督，严格落实人大及其常委会的决议决定和审议意见，高质量办理人大代表议案、建议和政协提案，积极推动人大、政协调研成果转化。

筑牢廉政防线。严格落实政府党组党风廉政建设主体责任，强化廉洁从政教育，努力营造风清气正的政治生态。加大权力运行监管力度，推动审批监管、工程建设、资源开发、公共资源交易、公共财政支出等重点领域监督机制改革和制度建设。健全决策机制，加强重大决策的调查研究、科学论证、风险评估，强化决策执行的源头指导、过程监督。落实政策跟踪审计和经济责任审计，纵深推进政府系统廉政建设。牢固树立过“紧日子”思想，严格预算执行，强化财政绩效，严控“三公”经费和一般性支出。

释放温暖力量。始终把人民对美好生活的向往作为奋斗目标，驰而不息推进作风建设，用好“四不两直”“一线工作法”，扎实为民办实事、解难题，推动主题教育成效转化为群众可见可享的发展成果。扎实推动社会治理和服务重心向乡和村下移。大力推进政务公开，优化提升便民服务办理质量。坚持严管与厚爱结合、激励与约束并重，建立健全关怀机制，关心爱护干部，让干部“辛苦心不苦”。

“徒法不足以自行”。此次抗击新冠肺炎疫情，是对治理体系和治理能力的一次考验。我们要结合县域实际，把制度优势转化为治理效能，把制度意识转化为治理水平。提高应对突发重大公共卫生事件的能力和水平，增强忧患意识，时刻保持如履薄冰的谨慎、见叶知秋的敏锐，既要高度警惕和防范自己所负责领域内的重大风险，也要密切关注全局性重大风险；必须提高制度执行力，严格按照制度履行职责、行使权力、开展工作，充分发挥制度指引方向、规范行为、提高效率、维护稳定、防范化解风险的重要作用；必须提高工作本领，增强综合能力和驾驭能力，学习掌握自己分管领域的专业知识，使自己成为内行领导，增强狠抓落实本领，积极担当作为、勇于攻坚克难，以钉钉子精神做实做细做好各项工作。

各位代表，6 万察雅儿女既是改革发展的受益者，也是新时代的建设者。我们将更加注重发挥人民群众主人翁作用，大力营造全县上下拧成一股绳，团结一致干事业的良好氛围。我们要进一步振奋全县人民精神，保持昂扬斗志，争当时代尖兵；我们要进一步集中全县人民智慧，共商发展大计，共绘美好蓝图；我们更要进一步凝聚全县人民力量，勇担神圣使命，携手同行，共创辉煌！

各位代表，让我们更加紧密团结在以习近平同志为核心的党中央周围，在区党委政府，市委市政府的坚强领导下，不忘初心、牢记使命，自强不息、砥砺前行，为实现察雅赶超发展不懈奋斗！

察雅县人民代表大会常务委员会工作报告

——在察雅县第十二届人民代表大会第六次会议上

（2020年4月2日）

察雅县人大常委会主任（人选） 陈友华

过去一年主要工作

2019年，是新中国成立70周年和西藏民主改革60周年，也是常委会工作有所作为的一年。一年来，在县委的坚强领导下，县人大常委会坚持以习近平新时代中国特色社会主义思想为指导，深入贯彻落实党的十九大和十九届二中、三中、四中全会精神，贯彻落实总书记关于治边稳藏的重要论述和关于西藏工作的一系列重要指示批示精神，贯彻落实区党委九届五次、六次全会精神，贯彻落实市委一届七次、八次全会精神，按照县委九届四次全会的部署和县十二届人大五次会议确定的目标，坚持党的领导、人民当家做主、依法治国有机统一，紧紧围绕县委贯彻落实党中央、区党委、市委重大决策的部署要求，创造性地开展工作。

一、在聚焦改革发展稳定大局中谋划落实人大工作

常委会始终把服务大局作为首要政治任务和政治责任，正确认识把握大局、着力在助力经济社会发展中发挥作用、贡献力量。

（一）从信念上向初心聚拢。按照察雅县“不忘初心、牢记使命”主题教育实施方案要求结合人大工作实际，人大党组制定了具体的“不忘初心、牢记使命”主题教育实施方案，并按照主题教育的根本目标和总体要求，坚持“四个到位”，把握“四个环节”，把学和做结合起来，把查和改贯通起来，突出读原著悟原理，集中精力研读《习近平关于“不忘初心、牢记使命”重要论述选编》、《习近平新时代中国特色社会主义思想学习纲要》和党章等规定书目，召开专题研讨会6次和问题检视分析会1次、民主生活会1次，即知即改解决一批代表反映强烈的问题。真正实现理论学习有收获、思想政治受洗礼、干事创业敢担当、为民服务解难题、清正廉洁做表率的目的。

（二）从思想上向大局聚焦。牢牢把握学习贯彻习近平新时代中国特色社会主义思想这个主题主线，坚持领导带头学、党组集中学、党员干部全员学，层层示范、层层带动，依托党组理论中心组、党支部“三会一课”等载体，深刻学习领会这一科学内涵和实践要求，持续推动学习往深里走、往实里走、往心里走。对习近平总书记对地方人大及其常委会工作作出的重要指示精神和总书记在党的十九届四中全会上所作的重要报告、重要讲话、重要论述以及全会作出的重要决定，对全国人大、自治区人大及市委、县委有关会议精神，常委会都率先集中进行学习。一年来，共召开人大党组理论中心组学习会13次，领导干部讲党课6次。通过各种学习活动，使广大党员代表和党员干部进一步锤炼了忠诚干净担当的政治品格，思想得以升华，精神得到洗礼，强化法治意识，维护了法治权威。

（三）从政治上向大局聚焦。坚持把增强“四个意识”、坚定“四个自信”、做到“两个维护”作为检验和衡量工作成效的重要标尺，

体现在贯彻落实党的路线方针政策和党委重大决策部署的行动上，体现在履职尽责、做好各项工作的实效上。坚持从全局谋划一域、以一域服务全局，主动自觉将人大工作放到大局中研究部署，做到县委重大决策部署到哪里、人大工作就跟进到哪里。严格执行重大事项请示报告制度，研究制订常委会工作计划、召开重要例会、组织重要视察、开展重要检查，都及时向县委请示报告；全局性工作推进情况、重要活动开展情况、法定例会召开情况都及时向县委报告。全年，县委主要领导对人大工作作出重要批示6次；常委会党组向县委请示报告工作4次，上报检查、视察、调研报告9篇；常委会领导牵头督促检查工作，上报督导和调研报告11篇。

（四）从行动上向大局聚焦。紧紧围绕县委决策部署和全县中心工作，依照法定权限和程序，在常委会会议上依法听取审议了计划执行情况、预算执行情况、财政预算调整情况等一批专项报告，经认真梳理，形成工作建议8条，为县政府工作顺利推进提供了有力支持。同时，常委会领导勇于担责、善于履职、全力尽责，积极参与维护稳定和脱贫攻坚工作，圆满完成70周年大庆维稳督导、重点工作综合督查、年底综合考评、河长巡河等县委交办的各项任务。

二、在依法履行各项法定职责中构建大监督格局

常委会坚持重大事项决定、干部选举任命与监督工作相互贯通、有机融合，既注重运用多种方式依法实施监督，又注重对作出的决定、任命的干部跟踪监督，着力构建大监督格局。

（一）推动人大监督由“以程序性监督为主”向“程序性监督和实质性监督并重”转变。严格按照组织法规定召开6次常委会例会。每次会议都严格依照常委会工作规则和议事程序进行，坚持围绕常委会工作报告和年初工作计划统筹安排常委会会议、听取审议各项议题，围绕开好每次常委会会议谋划部署阶段性工作，始终把开好常委会例会作为依法履职的中心环节，把会前调研作为听取专项报告的必备程序。在开展执法检查和专题调研、专项视察过程中，坚持上下联动、同步进行、分层开展，既注重“解剖麻雀”归纳梳理问题，又注意发现典型和总结经验；既注重发挥专委会的职能作用、调动专委会的工作积极性，又注意让各乡镇人大主席团参与其中；既注重事前对相关政策的法律法规的学习，又注意事后同县政府的反馈座谈。力争尽可能多地掌握第一手资料，保证摸透情况、搞准问题、提出对策建议。常委会会议结束后，及时将各项报告上报县委、转送县政府，并专门向县委汇报会议召开情况。全年听取和审议专项报告11项、执法检查报告6项、调研报告7篇、代表资格审查报告4份、人事任免6件，报告县委审议意见7条。

（二）推动决议决定由“以程序为主”向“作出决议决定和跟踪问效并重”转变。完善常委会联系一府一委两院工作制度，推动相互支持配合更加紧密、更加规范。跟踪问效代表大会和常委会作出的决议决定执行情况，积极推动县十二届人大五次会议作出的“六大决议”和闭会期间常委会作出的2份批准预算调整决定落地落实。在听取计划预算执行和预算调整报告、开展预算执行调研期间，高度关注年初确定的各项指标和重点工作、主要任务完成情况，严格审查调整后的预算执行情况。

（三）推动人事选举任命由“以任命为主”向“任命和监督并重”转变。积极探索纠正重选举任命轻跟踪监督的情况，有效破解监督缺位、失位、不到位难题，一方面严把代表资格审查关，严防代表性、广泛性、先进性不强的人员进入代表队伍；一方面加强被任命人员

的全过程、全覆盖监督，积极推动由单纯任命向任后监督转变。2019年，常委会坚持落实党委意图与实现人民意志的有机统一，严格依照法律程序做好任免工作，共任命干部21人，免职10人，补选代表18人，辞去代表职务20人，听取并评议被任命人员述职报告3个。所有被任命人员都经过了任前听取情况说明、充分酝酿、民主表决和任后宪法宣誓等各个环节和程序。专项工作评议的开展，政府职能部门增强了政治意识、人大意识和接受监督意识，增强了人大监督工作的实效性，促进了人大监督由程序性向实质性的转变。

三、在推动问题解决和工作改进中提升监督实效

（一）加强经济运行监督，致力于推动经济持续健康发展。针对经济从快速发展向高质量发展的实际，开展经济运行情况、非公有制经济发展情况、预算执行情况调研，提出“加强经济运行调控”“拓宽非公企业融资渠道”“持续增强财政保障能力”“调整优化财政支出结构”的决议。注重对预算编制、预算执行、预算调整和决算的审查。

（二）加强民生监督，致力于推动提升人民群众的获得感、幸福感。坚持以人民为中心，紧盯人民群众的烦心事、操心事、揪心事，全力做好民生领域监督。开展交通安全法及自治区安全条例跟踪检查，建议加强道路基础设施和配套设施建设、加大道路交通违法行为的打击力度、加强道路交通安全管理。开展传染病防治法跟踪检查，促进传染病防控队伍建设、法律宣传普及、防控机制建设、疫苗接种得到加强。开展预防未成年人犯罪法及自治区实施办法跟踪检查，针对发现的思想认识有待提高、教育疏导和主动应对能力不强、预防帮教体系不健全等5个方面的问题，分别提出整改建议。

（三）加强司法监督，致力于推动维护社会公平正义。积极回应社会关切，大力推动解决影响司法公正、制约司法能力的突出问题。开展治安管理处罚法执法检查，提出提升执法水平、加大执法力度、维护执法权威等建议，依法听取法院破解“执行难”情况报告和检察院公益诉讼工作情况报告，针对发现的案件执行不见人不见财、公益诉讼机制不健全等突出问题，分别提出建议意见，为促进司法公正提供了有力支持。

（四）加强生态环保监督，致力于推动美丽察雅建设。坚定扛起维护察雅生态安全的政治责任、法律责任、工作责任，主动把生态文明建设作为重点工作领域、摆上突出位置，审议和批准《西藏自治区昌都市察雅县生态文明建设规划》，助力打好蓝天、碧水、净土三大保卫战。开展水污染防治法、可再生能源法、草原法及自治区实施办法执法检查和“中华环保世纪行——西藏行”活动，聚焦流域自然灾害频发、城乡环保基础设施建设滞后、“河长制”落实不够有力等突出问题，提出意见建议，推动生态环境保护工作良好发展。

四、在为人民谋利益中践行初心使命

常委会始终坚守为人民履职、为人民用权、为人民服务的初心使命，努力把初心使命转化成锐意进取、开拓创新的精气神和埋头苦干、真抓实干的自觉行动，广泛深入开展代表活动，着力为群众解难事、办实事、做好事。

（一）强化代表意见建议办理。县十二届人大五次会议召开后，及时召开代表意见建议交办会，将征集到的73件代表意见建议全部转交县有关部门办理。同时注重中途跟踪督导，确保了意见建议的办理质量和办理实效，截至2019年底，73件意见建议全部办理完毕，且办复率达100%。

（二）助力脱贫攻坚服务人民。根据县委的统一安排部署要求，负责王卡乡包干帮扶工作，工作中，严格落实“54321”干部结对帮扶措施，常委会领导经常、主动深入王卡乡指导脱贫工作，采取慰问物资帮扶、思想教育帮扶、医疗帮扶、教育帮扶、其他帮扶等措施，对王卡乡开展了扎实有效的对口帮扶工作。对35户人大结对帮扶户帮扶资金共计18000元。同时认真组织开展“聚力脱贫攻坚、人大代表在行动”活动，广大基层代表积极协助党委政府做好群众工作，560多名代表踊跃参与精准扶贫，为王卡乡顺利实现脱贫了目标贡献了力量。

（三）积极议政建言服务人民。大力推荐人大代表担任廉政监督员、脱贫攻坚监督员，统筹安排人大代表参加各单位民主生活会和有关座谈会、听证会，使人大代表的监督作用不断显现。扩大代表对常委会工作参与的广度和深度，累计安排21名代表列席常委会会议，安排560多名代表参加执法检查、集中视察、专题调研等活动，广大代表在参加各类会议和活动期间，多途径多方式代表人民反映了很多关系群众切身利益的实际问题，提出了很多宝贵建议。

（四）创造代表履职条件服务人民。积极组织代表走出去，在县委、县政府的高度重视和大足区援藏领导大力协调下，组织15名人大代表和人大干部到云南丽江、重庆大足考察学习。组织35名代表视察我县的重点民生项目建设，促进代表知情知政。召开纪念西藏民主改革60周年座谈会，引导基层代表深切感受社会主义制度的显著优越性和强大生命力，坚定感党恩、听党话、跟党走。

一年来，常委会高度重视加强自身建设，自觉增强“四个意识”，坚定“四个自信”，做到“两个维护”，自觉接受县委领导，始终同县委保持一个声音、一个步调、一个提法，始终同人大代表和人民群众想在一起、干在一起，做到县委关注什么、上级人大要求什么人民群众期盼什么、长远发展需要什么，我们就尽职尽责、尽心尽力地抓什么、干什么。我们着力加强人大机关党的建设，压紧压实管党治党的政治责任、领导责任和主体责任，完善党建责任链条，严格执行党章规定，严明政治纪律和政治规矩，严肃党内政治生活，认真召开主题教育专题民主生活会，严格落实民主生活会、“三会一课”、双重组织生活会、民主评议党员、谈心谈话等制度，不断提升人大机关党建工作。认真贯彻落实中央“八项规定”及其实施细则和市委关于为基层减负的十五项措施，坚决抵制“四风”问题，坚持“四不两直”工作法，坚持调研先行、调研开路、调研开局，把调研作为履行职责的常规方式和做好各项工作的重要手段，形成了调研报告，为县委决策提供了很好的参考。

各位代表，常委会一年来各项工作成绩的取得，根本在于习近平新时代中国特色社会主义思想的科学指引，是县委总揽全局、正确领导的结果，是我县各级人大、全体代表不懈努力、积极履职的结果，是县“一府一委两院”密切配合、协同奋进的结果，是全县人民和社会各界人士热情参与、大力支持的结果。在此，我代表县人大常委会，向大家表示崇高的敬意和衷心的感谢！

成绩来之不易，经验弥足珍贵。回顾一年来的工作实践，我们深深体会到：必须坚持和加强党对人大工作的领导，始终把党的领导贯穿于人大工作的全过程和各方面，有效发挥常委会党组把方向、管大局、保落实的政治领导作用，做到一切重要工作、重要事项都在党的领导下进行，确保各项工作毫不动摇地体现党的全面领导；必须坚持观大势、识大局，先布棋后落子、谋定而后动，始终与党委中心工作同步合拍、同频共振，确保既为一域争光又为全局添彩；必须坚定制度自信，严格执行制度、坚决维护制度，坚持一切工作和活动都依照人民代表大会制度展开，强化人民代表大会制度在坚持和完善人民当家做主制度体系中的首位首责作用，有效促进制度优势向治理效能转化；必须坚持依法而行、循法而为，保证开展的每一项监督、作出的每一个决定、行使的每一次任免权都符合宪法法律规定；必须坚持以人民为中心，做到一切为了人民、一切依靠人民，顺应人民群众对美好生活的新期待，不断推动提升人民群众的获得感幸福感安全感。

在总结工作的同时，我们也清醒地看到，常委会工作还存在一些薄弱环节。主要是：会议的审议质量还有待提升，监督成果转化还没有实质性突破，决定任免机制还亟须健全，发挥代表主体作用还不够充分，自身建设还需要进一步加强。对这些问题，我们将在今后的工作中认真研究，下大力气加以解决。

2020 年主要任务

2020 年是全面建成小康社会和“十三五”规划收官之年，也是全面贯彻落实党的十九届四中全会精神的开局之年和昌都解放 70 周年。做好今年各项工作，意义重大、使命光荣。我们要坚持以习近平新时代中国特色社会主义思想为指导，深入学习贯彻落实党的十九届四中全会和习近平总书记对地方人大及其常委会工作作出的重要指示精神，厚植党的领导制度优势，落实党的领导制度要求，服从服务县委重大发展战略、重要决策部署和重点工作任务，聚焦聚力改革发展稳定大局，积极适应国家制度和治理体系建设要求，坚持和完善人民当家做主制度体系，充分发挥人民代表大会制度在社会治理能力和治理体系建设中的制度优势和制度功效，认真履行宪法法律赋予的各项职责，推动人大依法履职各项工作高质量开展，努力在推进察雅经济长足发展和长治久安进程中展现新担当、实现新作为。

一、 抓重点，着力增强监督实效

聚焦坚持和完善党和国家监督体系，推动形成决策科学、执行坚决、监督有力的权力运行机制，确保党和人民赋予的权力始终用来为人民谋幸福。牢固树立人大一切工作都是监督工作的理念，坚持依法用权、依法履职，始终在法律范围内、法治轨道上，依照制度规则和法定权限程序开展监督工作。发挥国家根本政治制度的特点和优势。聚焦高质量发展、三大攻坚战、七城同创等重大战略，综合运用多种监督方式，精准切入、精准发力，积极做好经济发展、民生改善、脱贫攻坚、乡村振兴、社会治理、生态文明建设等重点领域的监督工作，促进制度优势向治理效能转化。加强全口径预算审查和监督，推动政府性收支全部纳入预算管理。提高常委会会议审议和执法检查、专项视察、专题调研质量，增强发现问题的能力、督促问题解决的定力，强化监督的政治效果、社会效果和法治效果，善始善终、善作善成，全力打造一批监督精品。

二、 补短板，依法履行好决定和任免职权

及时跟进落实县委重大决策部署，按照《察雅县人大常委会议事规则》明确的重点、范围和程序，坚持抓大事、议大事、决大事，积极主动、认真负责地做好重大事项决定工作，及时跟踪监督决定执行情况。坚持党管干部与人大依法行使任免权相结合，健全干部任免程序，有效履行法定职责，全力确保党委组织意图顺利实现。认真总结十二届人大常委会履职经验，适时召开经验交流现场会。将 2020 年确定为“乡（镇）人大工作提升年”，加大对乡镇人大工作的指导、培训力度，推动基层人大工作提档升级、提质增效。

三、 夯基础，进一步加大代表工作力度

始终把人大代表作为最坚实的依靠力量，把

人民群众作为最大的底气，把实现好、维护好、发展好最广大人民的根本利益作为始终不渝的价值追求，做到依靠代表和人民、为了代表和人民。提升代表意见建议办理水平，推动重点意见高质量地办理落实。加强人大代表履职能力建设，提升人大代表综合素质和履职水平。搭建人大代表履职平台，激发人大代表履职活力，有序安排人大代表参与常委会会议和活动，积极引导人大代表执行好人大代表职务、履行好人大代表职权，推动人大代表由“要我履职”向“我要履职”转变。注重发挥基层人大代表在基层社会事务中的“调节器”功能和党委政府联系群众的桥梁纽带作用，引导基层人大代表深入宣传党的富民惠民政策、积极参与村务管理、及时反映群众愿望呼声、倾力扶贫济困，广泛凝聚人心、汇集民意、传递正能量，切实当好政策宣传员、民意反馈员、民生信息员、村务监督员、矛盾纠纷调解员。加强落实“双联系”制度，着力解决联系代表和服务群众“最后一公里”问题。

四、扬优势，持续强化常委会自身建设

党的十九届四中全会，首次用一次中央全会专门研究国家制度和国家治理问题并作出决定，标志着我们党对国家制度和治理体系的认识上升到了新的高度，是一次具有开创性、里程碑意义的重要会议。我们要把学习贯彻党的十九届四中全会精神，作为当前和今后一个时期的重要政治任务，与学习贯彻习近平总书记关于坚持和完善人民代表大会制度的重要思想紧密结合起来，持续掀起学习热潮，做到全面系统学、自觉主动学、联系实际学、深入思考学，确保把握精神实质、掌握实践要求、笃信笃学笃行。通过扎实有效的学习，深刻领会“十三个显著优势”和“十三个坚持与完善”的科学内涵、内在逻辑、精神实质，深刻认识中国特色社会主义制度的本质特征和优越性，进一步增强制度自信和制度意识，更好把握毫不动摇坚持和巩固、与时俱进完善和发展国家制度和治理体系的前进方向，不断强化人大在推进国家治理体系和治理能力建设中的使命担当。

人大及其常委会是党领导下的重要政治机关，必须旗帜鲜明讲政治。我们要坚定自觉将人大工作置于县委的领导之下，坚定“四个自信”，增强“四个意识”，做到“两个维护”，按照县委对人大工作的要求，围绕县委重大决策部署，认真谋划、创造性地做好监督等各项工作，坚定扛起保证县委重大决策部署落实的政治责任和确保法律法规正确有效实施的法定职责，做到凡是改革发展稳定需要、人民群众期盼、属于人大职权范围内的事项都积极参与、不遗余力。坚持以政治建设引领人大“两个机关”建设，提升人大机关党的建设质量。持续巩固深化主题教育成果，提高人大机关办文办会办事效率和综合协调服务，打造高素质人大干部队伍。坚持以人民为中心，密切同人民群众的联系，接地气、察民情、聚民智，努力使人大工作更好地体现人民利益、反映人民意愿、增进人民福祉。健全人大组织制度和工作机制，提高依法履职能力和水平，增强工作整体实效。加快预算联网监督平台建设，健全人大工作机构。

各位代表，人民代表大会制度是社会主义制度四梁八柱的重要组成部分，人大及其工作是国家治理体系和治理能力建设的重要内容和重要力量。建设更加成熟更加定型的社会主义制度和更加完善的社会治理体系，是我们的使命所系、职责所在。让我们更加紧密地团结在以习近平同志为核心的党中央周围，在县委的坚强领导下，依法履行职责，扎实开展工作，不忘初心、牢记使命，为夺取全面建成小康社会伟大胜利、再创察雅新辉煌而努力奋斗！

政协第七届察雅县委员会常务委员会工作报告

——在政协第七届察雅县委员会第五次会议上

（2020 年 3 月 31 日）

察雅县政协主席　平措

2019 年工作回顾

2019 年是打赢脱贫攻坚战、全面建成小康社会的关键之年，县政协常委会在县委的坚强领导和县政府的大力支持下，在市政协的精心指导下，带领全县各级政协委员和各参加单位，牢牢把握团结和民主两大主题，全面贯彻落实党的十九大、十九届三中、四中全会精神，贯彻落实习近平总书记治边稳藏重要论述和“加强民族团结、建设美丽西藏”重要指示精神。坚持党的治藏方略，以新发展理念为遵循，以全国、自治区、昌都市相关政协会议精神为准绳，严格按照县委经济工作会议以及扩大会议相关要求，认真履行政治协商、民主监督、参政议政职能，圆满完成了七届四次会议确定的各项目标任务，为察雅的社会稳定、经济发展做出了应有的贡献。

一、坚持提高认识、统一思想，政治站位高度不断提升

一年来，县政协按照新时代政协工作提出的新要求，聚焦时代特点，高度重视学习，不断加强学习，有效贯彻落实新时代党的建设任务，不断加强党建在政协系统的引领作用。内强素质，外树形象，在新时代作出了政协的新作为。

（一）坚守政治原则，党的领导得到强化。坚持和加强党的领导是以习近平同志为核心的党中央推进人民政协事业发展的鲜明特点。县委把政协工作纳入县委总体工作部署，完善县政协党的领导体制，支持人民政协依照章程开展工作。县政协党组认真执行请示报告制度，对召开政协全体会议、组织政协委员专题学习、组织委员集中调研考察等事项进行专题书面请示报告，每季度针对工作开展情况由政协党组向县委、县政府主要领导口头汇报。确保了党的集中统一领导在政协的贯彻落实。县政协常委会认真学习贯彻落实中央《关于加强新时代人民政协党的建设的若干意见》精神及市委下发的《关于加强昌都人民政协协商民主建设的实施意见》精神。聚焦县委、县政府中心工作，紧扣扶贫产业项目建设、加强生态环境保护、加强基础设施建设、促进民族和谐团结深入调研、重点视察增强了履职增效。

（二）把握性质定位，政治方向得到巩固。紧紧围绕习近平总书记提出的“有事好商量，众人的事情众人商量”的新思想，加强和改进政协工作的新论断，发展社会主义协商民主的新要求，深刻理解政协工作的时代特点、重要意义和实现途径。准确把握政协工作的性质定位，毫不动摇坚持中国共产党的领导，做到“两个维护”，增进“五个认同”，坚持“四个全面”，积极履行协调关系、汇聚力量、建言献策、服务大局的职责，确保政协工作始终沿着正确的方向不断发展、不断进步。

（三）落实治党要求，廉政建设得到推进。按照县委的统一安排部署，结合政协工作实际，认真组织开展“四讲四爱”学习常态化制度化，整治不作为、慢作为等形式主义和“不忘初心、牢记使命”主题教育活动。强化政协机关党员干部和政协委员遵纪守法、履职为民的政治

责任感和历史使命感。不断转变工作作风，做好政策宣传工作，协调化解基层矛盾，畅通社情民意表达渠道，提高政协机关的服务意识和工作效率。严格按照中央“八项规定”精神和自治区、市委、县委的相关要求抓好落实。按照相关规定和要求，召开党组民主生活会，召开党组学习会。定期组织常委会成员、机关干部、委员中的党员集中学习，把党风廉政建设工作同政协工作同安排同部署，时刻警醒政协系统干部清清白白做人，干干净净做事。

二、坚持围绕中心、服务大局，协商议政深度不断推进

县政协始终围绕全县发展目标和工作中心，组织党员干部和政协委员认真履行政治协商、民主监督、参政议政职能。

（一）召开七届四次全委会议协商议政。在2019年4月13日至4月17日，组织召开了察雅县政协七届四次会议。会上，委员们听取、审议了常委会工作报告和提案工作报告，听取、讨论了政府工作报告和县检察院、法院工作报告。大家聚焦全县精准脱贫工作和县城旧城区改造、扶贫搬迁点建设等热点、难点问题，通过上交提案大会发言、分组讨论等形式认真履行职能，积极议政建言。会议讨论期间，委员们就加强县城周边环境卫生整治、加快扶贫搬迁点产业配套发展、改善乡镇医疗卫生条件等等问题提出了意见和建议63条。会后，针对这些意见和建议，政协办及时归纳整理，及时上报相关部门协调解决。

（二）深入基层，有序开展调研工作。2019年，县政协先后4次组织三级政协委员90人次深入乡镇、行政村针对扶贫产业情况、寺庙管理情况、基层党建工作开展情况进行调研，撰写调研报告7篇，得到了上级部门、领导的肯定。经县委、县政府同意，在11月上旬，组织县政协委员代表到类乌齐县就引进人才情况开展学习调研，在11月中旬，组织县政协委员代表16人到阿孜乡、巴日乡就教育均衡发展、扶贫工作开展情况进行考察调研。针对学习调研情况，形成了有价值的专题调研报告，上报给县委、县政府。

（三）结合实际，抓好委员提案工作。充分发挥提案在履行职能中的重要作用，积极鼓励委员撰写提案。七届四次会议期间，委员们围绕扶贫搬迁、基层基础设施建设、公路建设、环境保护、卫生医疗服务、教育发展等方面的问题，坦诚进言，共提出提案45件。5月初，县政协联合县人大、县政府组织召开提案交办会，会议总结了2018年提案办理情况，安排部署了2019年的提案办理工作，将县政协七届四次会议期间收集到的45件提案，正式移交给县政府办。目前，45件提案也答复完毕。

（四）注重学习交流，提升履职能力。在上级党组织的关怀下，2019年，县政协党组分别选派了两名主要领导参加自治区党校培训和市委党校专题学习；在“不忘初心、牢记使命”主题教育期间，组派在家的政协领导到昌都市红色教育基地参观学习；委派了政协办公室2名人员赴拉萨进行了短期的业务知识培训提高；组织了90余人次县三级政协委员到各乡镇考察调研；在强化宣传教育及信息报送方面，县政协把宣传工作列为常委会的一项重要工作常抓不懈，指定分管办公室的副主席主抓宣传工作，注重宣传栏制作和信息撰写报送。一年来，制作宣传栏2个，撰写报送简报信息77期，选送民生信息59条，政协“双联户”工作得到有效开展，获得了县级2019年“双联户工作先进集体”的称号。充分体现了我县政协的履职能力和委员们高尚纯洁的思想觉悟。

（五）突出特色，做实文史资料收集整理工作。根据县政协实际，在没有正式专委会及编制情况下，政协党组为扎实开展好文史资料收集整理工作，经政协党组的多方努力，抽调3

名责任心强、精通藏汉文的工作人员成立了文史办公室，对察雅县域内的名胜古迹、特色乡村、红色文化、名人事迹、宗教传承等内容进行了收集整理，2019年主要开展的工作为：一是收集了大量的原始资料。编著《察雅文史资料》第一、二册，字数达60万字。挖掘出世代相传说唱艺术格萨尔文艺《荣周铠甲舞》和农耕表演艺术《荣周开渠仪式》。二是发现了大批文化遗迹。发掘了察雅县阿孜乡境内遗存的赞普时期石刻，提供了察雅境内赞普时期石刻与唐蕃古道、茶马古道石刻艺术相关联的有力依据。挖掘了公元12世纪后弘期时代的佛教壁画共存处1处。这对研究我县境内赞普时期时刻艺术的分布情况与研究吐蕃古道沿路情况提供了证据。三是挖掘了许多红色革命事迹。2019年1月以来，走访县域解放时期牺牲烈士家属情况，收集了大量的烈士事迹，进行了文字及语音记录。四是文史资料工作初见成效。在8月21日，我县文史办工作人员代表察雅县参加昌都市人民政府举办的首届昌都锅庄艺术高峰论坛，并在研讨会上发表题为《察雅荣周铠甲舞的发展与现状》的主旨演讲，获得了强烈反响。

（六）加强督导，推进乡镇各项工作上新台阶。2019年，按照县委安排，县政协常委会成员分别联系吉塘镇、新卡乡、肯通乡、荣周乡、香堆镇，积极开展监督与指导工作。一是全力做好维护社会稳定工作。在春节、藏历新年、全国“两会”期间，政协常委会成员深入联系乡镇蹲点开展维稳督导工作，其间，召开维稳工作安排部署会议5次，深入行政村等督导检查52次，为全县的和谐稳定做出了贡献。二是全力助推乡镇重点工作。一年来，政协党组领导对扶贫攻坚工作专项蹲点10次，累计达200余天。对扶贫搬迁、结对帮扶、政策宣讲、产业建设、档案资料等方面的工作，按照县委、县政府要求严格抓好督导检查，确保顺利通过国家第三方评估验收。三是扎实党风廉政监督指导工作。一年来，政协各主席在每次下乡开展工作中，对联系乡镇的党风廉政工作，针对每月工作情况、季度工作情况、半年工作小结等环节都进行了现场指导和监督，提出了切实可行的意见和建议。

（七）不断深化改革，协商民主得到创新。深入学习贯彻中央和区党委、昌都市委关于加强人民政协协商民主建设的意见精神以及习总书记在庆祝全国政协成立70周年上的讲话精神。根据我县实际，建立政协委员联络员制度。县委组织部专门下发文件，确定乡镇政协委员专职联络员13人，明确工作职责，定期联系偏远乡村政协委员督导履职开展情况，加强对乡镇委员的日常管理和监督，按月汇报工作开展情况，有力推动了委员履职，为及时准确向上级反映民生信息、民主监督政府各项工作起到较大作用。以机构改革为契机，提出了增设县政协文史办公室和增加人员编制的合理化建议意见，为进一步完善政协工作体制、理顺关系提供了保障。

三、坚持拓宽渠道，在服务改善民生福祉上取得新成效

县政协常委会始终坚持为民情怀的光荣传统。政协常委会成员积极投身县委、县政府重点工作，认真践行“老西藏精神”，主动为党和群众分责担忧。

（一）抓牢稳定与发展，全心投入县委、县政府重点工作。2019年，按照县委的安排部署，政协一名副主席负责唐琼孜管委会管理工作，自管委会成立以来，按照“管理、服务、教育、引导”的工作方针，成立党支部，加强班子成员学习，提高自身素质。成立搬迁点联防巡逻队，开展值班巡查，工作开展扎实有效。组织各乡镇农牧民建档立卡1018户5267人进行搬迁，入住率达100%。归档整理建档立卡户档资料1018份。开展扶贫相关政策宣讲13场次，联系

协调务工就业213人。狠抓精细化管理，重新筛选确定双联户户长91户，负责搬迁点的环境保护及卫生治理工作。工作开展有序，成效显著；政协一名副主席协助负责县后勤服务中心管理工作，长期以来，认真执行中央“八项规定”精神和实施办法以及区党委约法十章、九项要求。规范后勤管理制度，提升服务质量，加强接待工作审批程序监管，体现勤俭节约、服务周到的精神风貌；政协一名副主席负责县民宗统战工作，工作中，创新寺庙管理，认真组织开展“遵循四条标准，争当先进僧尼”活动，确保了我县宗教领域佛事和顺，次序和谐；政协一名党外副主席负责其分管片区宗教领域广大僧尼及信教群众的教育引导工作，积极参加自治区政协、市政协、县政协会议，先后十余次参加自治区、市委、县委统战民宗部门组织的高僧大德座谈会、茶话会，会上能代表察雅宗教领域积极发言，发言通篇体现了爱国情怀和感恩情怀。

（二）聚焦脱贫攻坚，全力做好结对帮扶工作。2019年，县政协各主席严格按照县委相关要求指导各乡镇脱贫攻坚工作及项目监督工作，带领政协干部职工按照县委提出的“54321”工作机制开展帮扶。在工作中，走访调研30次，宣传党的政策20余次，提供培训信息、就业信息40余条，投入帮扶物资折合人民币5.3万余元，为贫困户办实事9件。教育引导群众解放思想、转变观念，协助制订家庭脱贫发展计划，有效发挥人民政协与农牧民“连心桥”作用。

四、发挥统战作用，在巩固共同思想基础上迈出新步伐

常委会充分发挥人民政协统一战线的组织优势，坚持民主和团结两大主题，不断加强同各界人士的联系，扩大团结面，增强包容性，寻求最大公约数，把各方面的智慧和力量最大限度地凝聚起来，为脱贫攻坚和发展稳定筑牢共同思想基础。

（一）政协界别科学合理，社会治理能力得到提升。按照我县政协三级委员的分布情况及自身特点，政协界别设置共有10个，分别涵盖了教育、农牧、医疗、宗教、经济等行业。政协委员都是这些行业中的中坚力量代表，有一定的影响力和号召力。在脱贫攻坚工作中，委员代表利用自身技术优势累计开办了农牧民唐卡绘画培训班25次，无偿培训建档立卡户农牧民300余人次。成立了5家有限公司，专门吸收建档立卡青壮年无偿传授木雕技艺、银器加工技艺、颜料加工技艺等，带领群众致富135户465人，为全县脱贫攻坚贡献了力量，实现了农牧民靠自己的双手勤劳致富；在维护社会稳定中，宗教界委员佩戴红袖章成立护寺队25个，与寺庙管委会干部职工一道进行值班巡逻，确保寺庙和谐安宁。民族界委员在乡党委政府的统一安排下成立护村队、护校队，对村庄周边及学校周边等重点部位进行定时定点巡查，确保了社会和谐稳定。

（二）发挥统战优势，民生信息收集效果明显。2019年，多渠道拓宽委员履职渠道，切实加强民生信息收集工作，成立了政协委员信息交流群，指定专人负责委员反映信息的收集、整理工作。将委员们反映的有价值信息及时向县政法委汇总上报，一年来，上报民生方面、社会治理方面、扶贫搬迁方面、环境保护方面、维护稳定方面等信息59条，被县直相关部门采纳7条，充分体现了基层农牧民的所思、所想、所盼。

（三）体现组织优势，画出最大同心圆。2019年，县政协5名正副主席主动与社会各界人士沟通联系，深入一线广泛开展共画“最大同心圆”活动。在春节和藏历新年、全国“两会”、西藏“3·28”农奴解放日、全国政协成立70周年、自治区成立60周年等关键时段，组织各界人士、各单位开展爱国主义、民族团结、不忘初心牢记使命、“五个认同”、“老西藏精神”等为

主题的座谈会、茶话会共计13场次，进一步统一了思想，凝聚了力量。

五、注重务实创新，自身建设力度不断加大

按照习近平总书记“懂政协、会协商、善议政”“守纪律、讲规矩、重品行”的要求，常委会始终把提高履职能力作为重要抓手，以加强学习、健全制度、开展培训的方式，切实加强自身建设。

（一）扎实开展主题教育活动，提升理论水平。以推进“不忘初心、牢记使命”主题教育活动为契机，坚持学习与调研相结合，查摆与整改相结合。在活动中，党员干部集中参与学习6次，下基层调研5次，讲党课5次，集中研讨6次，撰写心得体会9篇；政协党员委员参与集中学习1次，畅谈体会80余人次。通过理论和业务学习，政协干部的思想政治素质、守纪律意识和整体服务水平有了明显的提高。

（二）加强政协队伍建设，提升服务水平。县政协进一步加强党对政协工作的领导，充分发挥党组的核心作用，全面加强党的建设，认真开展讲党课活动，定期督导党组成员党风廉政工作开展情况及党支部日常工作开展情况。今年，政协党组制定和修改了常委会议事规则、党组会议制度、主席会议制度及《政协机关工作人员职责和考勤办法》，年初拟定考察、调研及工作方案，对政协工作人员下达工作任务，实行按月考核，年终全面考评。在政协委员管理方面：实行“三机制一带动”。分别为“分片包干管理机制”、“政协委员联络员制度”、“委员量化管理机制”和“委员能人带动效应”。实施以来，政协党组书记与委员谈心谈话63人次，鞭策激励进步委员5人。将政协党员委员按区域、按类别分成2个党小组（包括机关政协委员党小组、农牧民政协委员党员党小组），定期开展学习教育、开展组织活动，引导党员委员增强党的意识、严守党的纪律，积极影响和带动党外委员守纪律、讲规矩、重品行、做表率，进一步规范了政协党建责任和各项任务落实。

各位委员，同志们：

回顾过去的一年，县政协常委会紧紧围绕县委、县府中心工作切实履行政治协商、民主监督、参政议政职能，在履职中，广大政协委员和机关干部的能力素质得到锤炼和提升，工作有变化、有创新、有成效，得到了社会各界的认可。2019年8月县政协常委会代表昌都市政协十一县区参加自治区政协基层政协工作交流会，并在会上做了《建言资政促振兴 凝聚共识谋发展》的发言。2019年12月县政协常委会获得昌都市政协颁发的“提案工作先进组织单位”称号，县域两名政协委员的提案获得“提案先进个人”称号。这些成绩的取得，是县委正确领导的结果，是县人大、县政府大力支持的结果，是全体政协委员、各参加单位及社会各界人士共同努力的结果。在看到成绩的同时，我们也清醒地认识到工作中存在的问题和不足，距离政协新章程的规定和市委、县委的要求，还有一定的差距，还有很长的一段路要走。这些问题主要表现在：调查研究还不够深入；提案工作质量还有待进一步提高；协商议政、民主监督的作用发挥得不够明显；政协委员履职的积极性和主动性不够；政协机关管理工作有待加强；政协党的建设工作比较薄弱等。针对这些问题，我们将在2020年的工作中认真研究并加以改进，我们将以党的十九大精神为指导，以习近平新时代中国特色社会主义思想为指引，再接再厉，开拓创新，不断加强政协自身建设，开创政协工作新局面。

2020年主要任务

2020年是我县脱贫巩固的第一年。在新的一年里，县政协要在县委的坚强领导下，以习近平新时代中国特色社会主义思想为指导，以学习宣传贯彻党的十九大精神为主线，认真贯彻落实全区、市委、县委经济工作会议精神，紧紧围绕县委、县政府提出的全年工作任务，坚持团结和民主两大主题，高度关注民生，在稳定发展上献计献策，在加强自身建设上求突破，努力开创政协工作新局面。重点做好以下八个方面的工作。

一、深入学习领会贯彻十九大会议精神和十九届四中全会精神

党的十九大是在全面建成小康社会决胜阶段、中国特色社会主义进入新时代关键时期召开的一次十分重要的大会。大会开启了党和国家改革发展的新征程，描绘了全面建成小康社会、实现中华民族伟大复兴中国梦的宏伟蓝图。全县政协机关干部及政协委员要把学习宣传好党的十九届四中全会精神作为当前和今后一段时期首要政治任务，掀起学习贯彻的热潮。通过学习贯彻党的十九届四中全会精神和习近平总书记在庆祝全国政协成立70周年上的讲话精神，切实增强政协工作的紧迫感和责任感，为察雅的经济建设和长治久安凝聚强大合力。

二、强化政协党的建设工作，夯实政治基础

自治区办公厅《关于加强新时代西藏政协系统党的建设工作的实施意见》和市委制定的《实施意见》，是我县政协系统强化党的建设的根本遵循。在今后一个时期，我们将进一步加强党对政协工作的全面领导，树牢“四个意识”，坚定“四个自信”，践行“两个维护”。政协党组要以自治区政协基层政协工作座谈会精神为指导，做好相关工作。

三、发挥政协优势，巩固和发展安定团结的政治局面

工作中，我们将认真贯彻执行党的民族政策和宗教政策。坚持维护社会稳定工作在我县的重要地位不变，维护稳定的政策措施不变，维护稳定的职责不变，牢牢把握反分裂斗争的主动权。

四、重视调研和视察工作，加强民主监督

调研和视察是政协工作的重要体现形式，2020年我们将继续组织区市县三级政协委员组成视察调研组，对党和政府关注，群众关心的热点、难点问题进行调研和视察。做到针对“扶贫项目发挥效益情况”“基层组织发挥作用情况”“环境治理及生态文明建设情况”开展重点调研，助力察雅经济社会发展。

五、全方位提供外出学习考察机会

在县委的支持下，县政协对委员的外出学习考察活动给予积极组织安排。积极与市政协、县委组织部、重庆、中铝援藏单位沟通协调，组织政协常委、委员外出学习考察，学习先进县市政协工作的先进做法和经验，开阔眼界。

六、加强完善对政协工作、委员履职日常管理考核

一是把委员履职情况进行量化，完善委员履职档案，把委员参加活动、提交提案、反映社情民意信息、撰写调研报告等情况都记录进履职档案。二是建立完善一套委员履职激励机制。三是推行提案奖励制度，对提案委员会确定的优秀提案都给予一定的奖励。鼓励委员多撰写建言文章。四是充分发挥制度的引导作用。完善委员管理办法、委员视察工作条例等规章制度。五是搭建丰富的履职载体。组织委员围绕全县经济发展问题，民生热点问题建言献策。六是精选科学的履职主题。积极引导和要求委员把履职与实践工作结合起来，与服务发展和民生的大局吻合起来，最有效地提炼出独到的真知灼见。七是谋求最大的履职成果。在提案督办上形成主席会议重点督办、分管主席领衔督办、承办单位专人办理的工作机制。

七、强基固本，加强机关作风建设

要加强机关作风建设，深入整治“四风”问

题，进一步加强廉政建设，持之以恒强素质，锲而不舍抓作风，努力培养一支政治上“觉悟高、靠得住、扛得起、行得正”，工作上“开口能说，提笔能写，遇事能办”政协干部队伍。

八、积极完成县委、县政府及上级部门交给其他工作任务

各位委员、同志们：

新的征程已经开启，奋进的号角已经吹响，我们一定要紧跟时代步伐，不辜负党和人民的重托，不忘初心，认真履行职能，大胆作为，一心一意做好政协工作。让我们在县委的坚强领导下，团结带领全县各族各界人士为实现察雅的脱贫摘帽和长治久安而努力奋斗。

大事记

1月

1日 察雅县干部职工、群众、僧尼代表齐聚澜沧江广场，共同参与察雅县“庆元旦 迎新年 升国旗 唱国歌”活动，县委、县人大、县政府、县政协以及部分县级领导出席并参加升旗仪式，中铁一院陕西铁道工程勘察有限公司在察雅施工人员参加升旗仪式，县委副书记、县长其珠多吉致辞，县委常委、副县长任建利主持仪式。

2日 昌都市政协副主席、察雅县委书记任厚明深入双创产业园督导检查产业入驻、加工、生产、营销等工作推进情况。任厚明强调，精细化管理是企业适应激烈竞争环境的内在需求，是企业超越自我、超越竞争者、谋求基业长青的必然选择，同时也是企业进一步创新管理、增强核心竞争力所必须跨越的一道门槛。

同日 察雅县2018年冬季至2019年春季森林草原防火工作电视电话会议在县人大四楼会议室召开。察雅县政府办主任谢江川主持会议，副县长次仁顿珠出席会议并作讲话。察雅县各森林草原防火成员单位负责人和护林员代表参加主会场会议，各乡镇设分会场。

3日 为消除冷鲜肉各环节的安全隐患，保障县域内冷鲜肉市场安全，确保消费者吃上放心冷鲜肉，根据昌都市食品药品监督管理局《关于加强冷鲜肉经营管理的通知》要求，察雅县食品药品监督管理局组织执法人员对县城的3家冻制品店及菜市场进行冷鲜肉专项检查工作。

5日 在察拉乡党委、乡政府的组织下，察拉乡开展精准扶贫产业项目效益分红仪式。察拉乡党委书记拉巴桑珠，乡党委副书记、乡长惠飞，乡人大主席团主席阿旺旦巴，各村两委班子成员，卡达村、金巴村和察拉村的村民代表共计40余人参加此次产业分红仪式。

8日 由察雅县副县长四郎江村带队，县安委办、消防大队、食药监局、公安局、商务局、文化局、旅游局、物价局、电视台9家单位，共计13人联合组成节日期间安全生产检查小组，在察雅县县城内开展市场安全生产大检查行动。

9日 为进一步贯彻落实烟多镇达巴村精准扶贫战略，打赢脱贫攻坚战，按照脱贫攻坚工作任务要求，烟多镇达巴村举行温室大棚和生态养殖场分红仪式。察雅县委常委、副县长任建利，产业负责人、达巴村驻村工作队以及达巴村建档立卡贫困户代表20余人参加分红仪式。

同日 在新春佳节来临之际，察雅县委常委、县人大常委会主任觉昂泽仁一行在拉萨召开退休老干部迎新春座谈会，觉昂泽仁与在拉萨的察雅籍退休老干部共聚一堂，共叙情谊，共话发展。会上，觉昂泽仁代表察雅县委、县政府向各位退休老干部、老同志致以节日的问候和衷心的祝愿，并就过去一年来察雅县经济社会发展情况进行了介绍，向到会老干部代表敬献了哈达，并送去了慰问金。

同日　察雅县委巡察工作领导小组召开听取第四轮巡察工作汇报会议。察雅县委常委、纪委书记、监委主任、县委巡察工作领导小组组长刘春燕出席会议，会议由县委常委、组织部部长、县委巡察工作领导小组副组长陈刚主持。察雅县纪委副书记、监委副主任、县委巡察工作领导小组成员杨琳，县委组织部常务副部长、县委巡察工作领导小组成员马德光，县委巡察工作领导小组成员、县委巡察办主任李程辉，县委第四轮巡察组、巡察办全体成员参加会议。

10日　察雅县委机要局举办了2019年度县乡党政信息网新设备、新系统培训会，全县43家县直单位、13个乡镇相关负责人参加了培训。

同日　县纪委、县监委、县委组织部、县委党校联合举办了2019年第一期干部职工廉政教育培训班。察雅县委常委、纪委书记、监委主任刘春燕出席并授课，组织部常务副部长、党校校长马德光主持，13个乡镇党委书记、乡镇长、财务人员和县直各单位负责人共计80余人参加培训。

13日　察雅县卫计委举办基层医疗机构卫生人才能力提升培训班。

14日　察雅县组织召开2019年度草原生态保护补助奖励机制工作暨牲畜清点工作部署会，县委常委、副县长、县草奖办主任任建利出席会议，县农牧局、县林业局、县草奖办相关负责人、各乡镇主要领导和草奖专干参加会议。

15日　察雅县委副书记、县长其珠多吉主持召开察雅县人民政府党组学习会，对近期上级通报的违纪案件进行传达学习。察雅县委常委、常务副县长田翠平，县委常委、副县长任建利，县人大常委会副主任美珠卓嘎，副县长陆方、次仁顿珠，县政协副主席格桑卓玛出席会议，县（中、区）直各单位负责人参加会议。

16日　察雅县委班子召开民主生活会。会议主题是，强化创新理论武装，树牢“四个意识”，坚定“四个自信”，勇于担当作为，以求真务实作风坚决把党中央决策部署、区党委九届三次、四次全会和市委一届六次、七次全委会精神的各项要求落到实处。会议由昌都市政协党组成员、副主席，察雅县委书记任厚明主持并作总结。市委常委、宣传部部长赵建国，市纪委第二纪检监察室副主任朗杰扎西，市委组织部研究室主任白艳军到会指导，为高标准、高质量地开好民主生活会提供了坚强保障。

17日　昌都市政协副主席、察雅县委书记任厚明主持召开县委九届四十六次专题会议，审议了《察雅县关于中央脱贫攻坚专项巡视反馈意见的整改方案》，并对整改工作进行安排部署。同时，对脱贫攻坚工作以及近期各项重点工作进行了安排部署。县委副书记、县长其珠多吉，县委副书记、政法委书记、公安局党委书记、局长泽仁尼玛，县委常委、纪委书记、监委主任刘春燕，县委常委、副县长任建利出席会议。部分县级领导、县（中、区）直各单位主要负责人和吉塘、烟多、卡贡、新卡、王卡、肯通等乡镇党委或乡镇政府主要负责人参加会议。

18日　团县委全体干部带着来自金苹果学校的220件衣物赴唐琼孜易地扶贫搬迁安置点为小朋友发放暖冬爱心衣物。春节、藏历新年将近，希望通过此次发放爱心衣物活动，给小朋友们一个快乐、温暖的新年。

21日　一届昌都市委第九轮巡察一组分别向察雅县扩达乡党委、阿孜乡党委、县脱贫攻坚指挥部、县卫计委反馈了巡察意见。在巡察反馈会上，察雅县委常委、纪委书记、巡察工作领导小组组长刘春燕传达学习了昌都市委书记阿布在第九次市委书记专题会上的讲话精神。一届昌都市委第九轮巡察一组副组长肖成斌分别反馈了四家被巡察党组织在扶贫领域专项巡察中存在的问题。

22 日 察雅县委宣传部联合县委统战部、县司法局、县农牧局、县卫生局，深入中铝新村开展察雅县 2019 年文化、科技、卫生、普法、爱国爱教“五下乡”宣传服务活动，为农牧民群众送去党和政府的温暖，烟多镇中铝新村驻村工作队以及中铝新村村民共计 102 人到场参加宣传服务活动。

23—24 日 自治区人大常委会副主任许雪光一行深入察雅县开展建档立卡贫困户慰问，并调研精准扶贫工作。调研组先后深入烟多镇、荣周乡、香堆镇等乡镇全面了解察雅县脱贫攻坚产业项目工作进展情况，走访慰问建档立卡贫困户，将自治区党委、政府的关心、关怀送到精准扶贫建档立卡贫困群众的心坎上。昌都市人大常委会副主任贡嘎泽仁、察雅县人大常委会副主任美珠卓嘎、察雅县副县长次仁顿珠，以及县人大办、扶贫办、农牧局负责人随行调研。

24 日 察雅县委、县政府召开退休干部座谈会。昌都市政协副主席、察雅县委书记任厚明，县委副书记、县长其珠多吉，县委副书记、政法委书记、公安局党委书记、局长泽仁尼玛及部分县级领导出席会议，会议由县委常委、组织部部长陈刚主持。

25 日 察雅县委副书记、县长其珠多吉深入唐琼孜易地扶贫搬迁安置点看望慰问巴日乡贫困户，县政府办、烟多镇相关负责人随行。在群众家中，其珠多吉详细了解群众的生活状况和存在的困难，询问家中劳力、外出务工、收入等情况，鼓励群众坚定信心，早日脱贫致富，并为他们送去节日的祝福，发放大米、面粉、油、藏茶等慰问品。

26 日 昌都市政协副主席、察雅县委书记任厚明主持召开县委九届四十六次专题会议，审议了《察雅县关于中央脱贫攻坚专项巡视反馈意见的整改方案》，并对整改工作进行安排部署。同时，对脱贫攻坚工作以及近期各项重点工作进行安排部署。察雅县委副书记、县长其珠多吉，县委副书记、政法委书记、公安局党委书记、局长泽仁尼玛，县委常委、纪委书记、监委主任刘春燕，县委常委、副县长任建利出席会议。部分县级领导、县（中、区）直各单位主要负责人和吉塘、烟多、卡贡、新卡、王卡、肯通等乡镇党委或政府主要负责人参加会议。

28 日 察雅县委宣传部联合县文化局前往香堆镇、荣周乡、察拉乡和卡贡乡开展节前“五下乡”文艺演出活动。来自察雅县艺术团 32 名演员，用舞蹈和歌声为基层干部群众献上了节日的祝福。“五下乡”慰问演出活动深入基层农牧区，不断给基层群众送去文化、卫生等多种“大餐”，让人民群众不断从中受益，广受农牧民群众的喜欢和认可。

2 月

14 日 察雅县税务局及时组织召开干部职工收心会。会议对 2018 年工作进行了概要总结和回顾，并对 2019 年工作提出要求。

24 日 昌都市 2019 年脱贫攻坚指挥部第一次会议召开，会议旨在学习贯彻全国扶贫开发工作会议和自治区党委农村暨脱贫攻坚工作会议精神，对全市脱贫攻坚工作进行再强调、再部署。会上，昌都市委副书记、市长、市脱贫攻坚指挥部总指挥长陈军明确指出，2019 年是昌都市决战决胜脱贫攻坚的一年，全市各级各部门要扎实推进各项工作，昌都市 2019 年计划实现八宿、左贡、芒康、贡觉、察雅五县脱贫摘帽，实现贫困村居退出 414 个，计划减贫 6.7 万人。

25 日 察雅县脱贫攻坚指挥部召开关于脱贫攻坚问题县（区）复核工作安排部署会，会议由县委常委、常务副县长、县脱贫攻坚指挥部常务副指挥长田翠平主持，县委常委、副县长、县脱贫攻坚指挥部副指挥长任建利，县委办、县政府办、县脱贫攻坚指挥部办公室、指挥部各专项小组、扩达乡、阿孜乡、县水利局主要领导及十三个乡镇上挂扶贫专干参加会议。会议的主要内容是对近期察雅县脱贫攻坚问题县（区）复核工作进行安排部署。

26日 一届昌都市委第九轮巡察一组分别向察雅县扩达乡党委、阿孜乡党委、县脱贫攻坚指挥部、县卫计委反馈了巡察意见。会上，各被巡察党组织负责人就切实抓好巡察整改工作作表态发言，均表示，对于市委巡察一组提出的意见和要求，诚恳接受，照单全收，坚决落实，并及时召开专题会议，对存在的问题进行整理，逐条整改，确保整改工作按时落实到位。

27日 察雅县统计局、察雅县经普办组织开展了PDA业务培训会，13个乡镇普查员共计14人参加培训。会上，察雅县经普办主任仁青卓嘎强调了此次PDA使用上报数据准确的重要性。随后，察雅县农普办工作人员对PDA安装使用及“四经普”数据处理工作进行了讲解，并详细介绍了PDA程序安装、数据的录入及系统升级工作，重点就PDA报表填报以及数据录入和上报做了演示说明。参训人员就操作中遇到的问题进行了讨论与交流。

29日 在察雅县新卡乡党委、乡政府安排部署下，全乡各村认真落实关于坚持农业农村优先发展做好“三农”工作的若干意见要求，立足“早计划，早部署，早落实”，多措并举全力做好春耕备耕各项工作。新卡乡乃帕村、达也村陆续开展春耕备耕工作，为保障蔬菜供应打下坚实基础。

3月

2日 察雅县民政局副局长红英与察雅县脱贫攻坚指挥部专干益西次仁一行赴察拉乡督导检查精准扶贫工作，并重点对察拉乡精准扶贫的乡、村、户脱贫验收程序及户表等相关材料进行全面检查。

2—8日 察雅县人大常委会主任觉昂泽仁深入王卡乡12个行政村，对值班备勤、精准扶贫工作、村级活动场所建设等方面进行了全方位的督导检查，并提出了指导性的意见建议。同时，组织各村驻村工作队、村委会主任、村医、“双联户”户长召开座谈会，用简单朴实和通俗易懂的语言对精准扶贫的各项政策、实施精准扶贫的意义以及党的各项方针政策等进行了宣讲。

3日 察雅县香堆镇仁江村驻村工作队到贫困户家中，对25户建档立卡贫困户的生产生活进行详细了解，对各项内容逐一进行再调查、再核实，确保数据的真实性，为下一步的工作提供准确依据。此次走访活动，通过宣传党的好方针、好政策，增强了群众对生活的获得感、幸福感和满足感，同时也使仁江村驻村工作队对建档立卡贫困户的基本情况有了更深入的了解。

5日 复旦大学附属中山医院医务处处长孙湛与第六批援藏医疗队，调研指导察雅县人民医院二甲医院创建工作。

同日 察雅县脱贫攻坚指挥部召开了迎接昌都市2019年脱贫攻坚专项督导工作安排部署会。察雅县委常委、常务副县长、县脱贫攻坚指挥部常务副指挥长田翠平主持会议。察雅县副县长、县脱贫攻坚指挥部副指挥长、教育脱贫组组长四郎江村，察雅县人大常委会副主任、香堆镇党委书记赵玉林出席会议。察雅县十三乡镇主要领导，县委办、政府办、指挥部办公室、县脱贫攻坚指挥部各专项组和有关成员单位负责人参加会议。

6日 察雅县副县长刘书获主持召开复旦大学附属中山医院对口帮扶察雅县人民医院座谈会。察雅县政协主席平措，复旦大学附属中山医院医务处处长孙湛，第五批、第六批援藏医疗队队员，察雅县直各单位主要负责人参加会议。

同日　察雅县新卡乡党委书记普布丁真主持召开新卡乡脱贫攻坚专题工作会议。新卡乡党委副书记、乡长赵波强调，全乡干部、驻村工作队要以朝气蓬勃的精神面貌开展好脱贫攻坚工作，服从上级安排，不拖沓行事，及时完成上级交付的各项工作任务。

8日　察雅县副县长次仁顿珠组织召开察雅县易地搬迁安置点绿化工作推进会，主要对察雅县26个安置点绿化工作进行详细安排部署。会上，次仁顿珠听取了26个安置点绿化总体情况，并就开展好下一步工作进行了安排部署。

同日　察雅县副县长陆方主持召开察雅县城街道地名标志工作征求意见会，县民政局、县住建局及人大代表、政协代表、老干部代表、烟多居委会、烟多镇代表参加了此次征求意见会。

9日　察雅县吉塘镇亚许村大棚蔬菜种植扶贫产业项目举行2018年度分红仪式，县委常委、副县长任建利出席仪式，县农业银行行长布勇、吉塘镇党委书记郑江涛、亚许村驻村工作队、村两委班子成员和亚许村60户建档立卡贫困户代表参加仪式。

同日　昌都市委常委、宣传部部长赵建国联合市强基惠民办公室人员深入察雅县扩达乡检查指导各项工作。扩达乡党委书记陈强，乡党委副书记、乡长登巴全程陪同。赵建国一行人通过查阅资料、现场提问、交流座谈的方式对扩达乡精准扶贫、意识形态、精神文明、政治理论中心组学习等方面的各项重点工作进行了全面的了解。

11日　昌都市委常委、宣传部部长赵建国一行深入察雅县检查指导脱贫攻坚、基层党建工作开展情况等。赵建国通过深入各乡镇查阅资料、现场提问、交流座谈的方式对察雅县精准扶贫、意识形态、精神文明、政治理论中心组学习等方面的各项重点工作进行了全面的了解。同时，对各乡镇和各村的人员在岗情况及值班备勤进行了实地检查指导。

同日　察雅县中学举办“弘扬雷锋精神 争做新时代志愿者”主题雷锋月活动。县委副书记、常务副县长杨鸥，团县委、县教育局、县中学相关负责人出席活动，活动由县中学副校长王世平主持。

同日　察雅县委副书记、县长其珠多吉深入香堆镇督导检查脱贫攻坚工作，县人大常委会副主任、香堆镇党委书记赵玉林，县消防救援大队队长普珠，县政府办、县住建局、县财政局等单位主要负责人随行。

12日　察雅县税务局组成慰问组，对县城内11个警务站和检查站的公安民警进行慰问。慰问组对坚守在一线岗位的公安民警表达了崇高的敬意，对不分昼夜辛苦巡逻、保一方平安的公安民警表示了真挚的谢意，在送去慰问品的同时，向一线公安民警送上了税务人的关怀与关爱。

同日　察雅县农行信贷部部长平措加布、王卡乡农行营业所主任洛松郎加在肯通乡开展金融精准扶贫相关政策宣讲活动，县委常委、副县长任建利，肯通乡党委书记桑郭洛，肯通乡多雄、堆热村两委、第一书记、双联户户长等参加宣讲。

13日　察雅县副县长次仁顿珠深入阿孜乡扎拉牧场交通设卡点、扎拉牧场灾后重建点、邓普村、乡镇派出所、乡中心小学等进行督导检查。通过走村入户、实地查看、面对面交流等方式，集中开展精准扶贫入户走访调查工作，详细了解建档立卡户的基本情况，并宣传党的扶贫政策。在与贫困户交流时，详细了解了他们家庭收入来源、生产生活、子女教育等情况；通过查阅户卡、村册、乡簿等，认真核对整理了各级资料。

同日　察雅县委副书记、县长其珠多吉组织召开专题会议，就察雅县2019年基本建设项目开复工工作进行安排部署。副县长刘书获、陆方、次仁顿珠出席会议，政府办、组织部、发改委、公安局、财政局、水利局、国土局、环保局、林业局、农牧局、交通局、住建局、卫计委、教育局、文广局、民政局、民宗局、旅游局负责人参加会议。

14—15日 由自治区副主席江白率队的督导组深入察雅县荣周、阿孜、巴日、香堆、卡贡等乡镇及烟多镇帮嘎村光伏扶贫电站、万亩杂交构树作业区、羊毛加工厂、扶贫产业园区等地督导检查脱贫攻坚各项工作。昌都市副市长欧珠达瓦，昌都市政协副主席、察雅县委书记任厚明，察雅县委副书记、县长其珠多吉陪同。

16日 察雅县发改委召开巡察整改专题组织生活会和民主评议党员。会议由支部书记廖绍华主持，发改委党支部全体党员、县纪委第四轮巡察组组长陈康才、县纪委干部凌永丰参加会议。

同日 昌都市政协副主席、县委书记任厚明主持召开县委九届五十次常委会，会议传达学习了习近平总书记在全国“两会”期间参加代表团审议时关于脱贫攻坚工作的重要论述，自治区党委书记吴英杰重要批示精神，昌都市委书记阿布的《关于进一步加强重大事项请示报告等制度执行的通知》《保密违法违纪行为处分建议的通知》《关于次仁扎西严重违纪违法案的通报》《关于个别单位在集中整治不作为慢作为、文山会海等形式主义、官僚主义突出问题自查工作中弄虚作假的情况通报》。县委副书记、县长其珠多吉，县委副书记、常务副县长杨鸥，县委副书记、政法委书记泽仁尼玛，县委常委、县人大常委会主任觉昂泽仁，县委常委、纪委书记、监委主任刘春燕，县委常委、统战部部长加永旦增，县委常委、常务副县长田翠平，县委常委、常务副县长张永强，县委常委、宣传部部长晏启文，县委常委、副县长任建利出席会议，部分县级领导及县（中、区）直各单位主要负责人列席会议。

17日 察雅县召开2019年住建工作会议，副县长陆方出席会议并作讲话。会议传达学习了市住建局局长永忠达瓦《关于在2019年全市住房和城乡建设工作会议上的报告》；县住建局局长洛松曲登总结了2018年察雅县住建工作，并对2019年全县住建重点工作进行详细的安排部署，切实做到任务到人、责任到人。

同日 市政协副主席、察雅县委书记任厚明主持召开县委九届四十九次专题会，专题听取了机构改革工作汇报，研究安排机构改革工作。县委副书记、县长其珠多吉，县委副书记、常务副县长杨鸥，县委副书记、政法委书记、公安局党委书记、局长泽仁尼玛，县委常委、县人大常委会主任觉昂泽仁，县委常委、纪委书记、监委主任刘春燕，县委常委、统战部部长加永旦增，县委常委、常务副县长田翠平，县委常委、常务副县长张永强出席会议，部分县级领导及县（中、区）直各单位主要负责人参加会议。

18日 察雅县特困人员集中供养服务中心协调察雅县藏医医生扎加开展“关爱老人，守护健康”诊疗活动。扎加医生携带着血压计、体温计等医疗设备及一批药物到敬老院，给老人们把脉、量血压、配药，并进行面对面指导，包括服药要求、生活起居的引导、合理饮食、积极锻炼等方面的健康知识，耐心解答老人们的疑问，提高自我保健能力。

同日 察雅县开展了全民义务植树造林活动，参加此次义务植树活动的干部群众、驻察雅官兵等共300余人，种植各类苗木1500余株，栽种树木以红叶李、当地杨为主。为加快察雅县生态文明建设步伐，全力推进“七城同创”，打造“康巴江南，昌都花园”，把察雅建成一个美丽、生态、和谐的家园，根据察雅县“一带、两线、一圈”的区域造林规划，2019年察雅县将把造林绿化与脱贫攻坚、易地扶贫搬迁点产业建设紧密结合，积极开展林业产业扶贫项目建设，进一步推进国土绿化和产业增效步伐，助力全县脱贫摘帽，力争早日建成全国生态园林城市，全面提升察雅生态文明建设水平。

19日 昌都市政协副主席图嘎深入察雅县开展扶贫领域督导检查，昌都市政协副主席、察雅县委书记任厚明，县政协党组书记、主席平措一同督导检查。

20日 察雅县召开中央巡视整改自治区督导组督导意见反馈会。自治区人力资源社会保障厅党组成员、副厅长、督导组总协调人邵昌，区人力资源社会保障厅农工处副处长丁进步，区党委组织部组织二处干部宋贺鹏，区发展改革委研究中心主任科员王阳，区交通运输厅副主任科员郭飞，昌都市人力资源社会保障局副局长杨海生，市扶贫办副主任、脱贫攻坚指挥部办公室副主任张斌，市政府副市长秘书杨重钧，察雅县委副书记、县长、脱贫攻坚指挥部总指挥长其珠多吉，县委常委、常务副县长、脱贫攻坚指挥部常务副指挥长田翠平，县委常委、常务副县长张永强，副县长、脱贫攻坚指挥部副指挥长四郎江村出席会议，察雅县脱贫攻坚指挥部各专项组负责人、巡视整改各成员单位负责人参加会议，会议由昌都市副市长胡登孚主持。

20日 昌都市脱贫攻坚专项督导组联合市聘请专家深入察雅县开展脱贫攻坚工作督导检查及模拟第三方评估入户调研。

21日 昌都市政协副主席图嘎深入察雅县开展扶贫领域工作督导检查，昌都市政协副主席、察雅县委书记任厚明，县政协党组书记、主席平措一同督导检查。图嘎一行先后深入卡贡乡、烟多镇督导检查，看望慰问了烟多镇贫困户3户，烟多镇政协委员代表2人，卡贡乡贫困户4户。同时，为乡镇干部职工和贫困户、委员代表发放了慰问金和慰问物品。

22日 察雅县生态环境保护工作会议召开，县委副书记、县长其珠多吉出席，副县长次仁顿珠主持，各乡镇、县（中、区）直各部门主要负责人参加会议。

23日 察雅县委经济、农村暨脱贫攻坚工作会议召开。昌都市政协副主席、察雅县委书记任厚明出席，察雅县委副书记、县长其珠多吉主持，部分县级领导、各乡镇党委书记、乡镇长，各寺管会负责人，部分驻村工作队、选派支部书记，县（中、区）直各单位参加会议。

同日 察雅县委常委、常务副县长、安委会副主任田翠平主持召开察雅县2019年安全生产工作会议，县委副书记、县长、安委会主任其珠多吉，部分县级领导出席会议，安委会各成员单位、13个乡镇、重点企业等主要负责人参加会议。

23—25日 在察雅县小学多媒体教室举办了为期三天的农业技术业务培训。参加此次培训的主要有县农牧局干职、乡镇农牧综合服务中心农技人员，共计68人，为察雅县指导农业生产与开展农民科技培训工作提供了师资力量，提高了县、乡农技人员专业水平和综合素质，增强了指导农业生产的能力。

25—26日 昌都市应急管理局调研员胡斌带队的昌都市安全生产第一季度巡查督导组暨省级安全生产国考检查组深入察雅县检查指导安全生产及省级国考相关工作，察雅县副县长次仁顿珠、县应急管理局、消防救援大队相关负责人随行。

28日 察雅县各乡镇、各村居举行西藏民主改革60周年暨西藏百万农奴解放纪念活动。各乡镇干部群众师生、派出所干警、僧尼等共计2万余人参加各项庆祝活动。活动内容包括“升国旗·唱国歌”、国旗下讲话、集中收看纪念西藏民主改革60周年大会、文艺演出、宣讲“中国共产党是全国各族人民的大救星”、趣味游戏、观看新旧西藏对比展板、观看电影等。

同日 察雅县在澜沧江广场举行“升国旗·唱国歌”仪式。昌都市委常委、宣传部部长赵建国，市政协副主席、察雅县委书记任厚明，以及县委、县人大、县政府、县政协等部分县级领导出席仪式。

29日　察雅县召开减税降费工作会议，察雅县委常委、副县长任建利，县委办、政府办、财政局、纪检委等单位主要负责人参加会议。察雅县税务局负责人就全县减税降费工作开展情况进行了汇报，并就进一步做好全县减税降费工作进行了说明。察雅县减税降费工作领导小组成员对减税降费各项税收政策进行了详细解析，并就全县涉及较多的税收政策，如小规模纳税人起征点提高、增值税税率调整、不动产进项税抵扣等进行了重点阐释，确保参会人员熟知减税降费工作推进方向。

4月

1日　察雅县组织召开未就业高校毕业生座谈会，会议由县人社局副局长吉村旺姆主持，县商务局、县人社局等单位负责人，未就业高校毕业生及人社局相关工作人员共计20余人参会。此次座谈会，充分激发了未就业高校毕业生就业创业激情，通过面对面帮扶方式，现场推荐就业岗位9个，彻底打通未就业高校毕业生就业稳岗“最后一公里”，为推进察雅县双创孵化基地培育和未就业高校毕业生尽早、尽快实现全面就业奠定坚实基础。

2日　昌都市生态环境局党组成员、副调研员陈德洪带队昌都市第一生态环境督察组到察雅县检查指导中央、自治区环保督察相关问题整改、2018年全区生态环境保护考核现场核查准备和县城集中式饮用水水源地保护等工作。工作组一行深入察雅县垃圾填埋场、县人民医院、县城集中式饮用水水源地进行实地查看，在实地查看中，工作组详细问询了垃圾填埋场填埋情况和医院危险废物及污水处理情况，指出了存在的问题，提出了可行的指导意见。同时，对察雅县屠宰厂、富兴建材厂、吉塘镇华辰砂石厂、吉塘镇福临砂石厂4家企业污染防治工作开展情况进行了检查。

3日　昌都市委常委、宣传部部长赵建国带队，县委常委、宣传部部长晏启文陪同，深入察拉乡督导检查脱贫攻坚工作。赵建国详细查看察拉乡脱贫攻坚相关材料，肯定了察拉乡工作的同时提出了几点要求。

9日　察雅县开展了察雅县2019年“讲党恩爱核心、讲团结爱祖国、讲贡献爱家园、讲文明爱生活”群众教育实践活动动员部署会议。动员部署会以电视电话会议形式召开，县城设主会场，各乡镇设分会场。县（中、区）直各单位负责人，参加分会场会议的有乡镇主要负责人，乡镇全体干部职工、就近驻村、驻寺干部及群众代表等，共150余人参加了此次会议。县委常委、宣传部部长晏启文作动员讲话，宣传部副部长李燕主持并作动员部署。

同日　察雅县委常委、纪委书记、监察委主任、扩达乡联系点领导刘春燕深入扩达乡岗卡、果巴、嘎莫、那普等7个行政村督导检查脱贫攻坚、易地搬迁、巡视巡察、控辍保学、河长制等工作，乡党委书记陈强，乡党委副书记、乡长登巴全程随行。

11日　察雅县2019年宗教工作领导小组第一次会议在县政府第四会议室召开。昌都市政协党组成员、副主席、察雅县委书记任厚明出席会议并作讲话，会议由县委副书记、县长其珠多吉主持，县委副书记、政法委书记、公安局党委书记、局长巴桑扎西，县政协主席平措，县委常委、统战部部长加永旦增，县委常委、宣传部部长晏启文，县人大常委会副主任、香堆镇党委书记赵玉林，县人大常委会副主任、荣周乡党委书记巴桑出席会议，各乡镇主要负责人、宗教工作领导小组成员单位负责人、各片区长、统战民宗部分干部参加会议。

12 日　昌都市教育局督导组深入察雅县检查指导失学辍学儿童核查和劝返复学工作，县教育局局长土洛随行。督导组通过听取工作汇报、查阅佐证资料、师生交谈等方式，详细了解了察雅县失学辍学儿童核查和劝返复学情况，同时，对“四书”制度执行、建立健全保障机制等方面工作开展情况进行了认真检查，仔细听取了各乡镇、县教育局、学校在失学辍学儿童核查及劝返复学工作的具体做法和存在的实际困难，并对检查过程中发现的问题及整改建议作了现场反馈。

同日　察雅县委副书记、县长其珠多吉深入卡贡乡督导检查脱贫攻坚各项工作。县政府办、县扶贫办及卡贡乡党委、乡政府负责人随行。其珠多吉一行查看了金多村建档立卡贫困户住房现状，并向建档立卡户详细了解了生产生活及扶贫惠民政策享受情况。

13 日　察雅县扩达乡组织各驻村工作队、寺庙、特派员机构、学校和教学点等部门，召开扩达乡 2019 年“四讲四爱”群众教育实践活动动员部署会，县人大常委会副主任、扩达乡联系点领导美珠卓嘎出席会议，扩达乡党委、乡政府主要负责人，各驻村工作队选派支部书记、各寺庙特派员机构负责人以及学校和教学点的负责人等共 34 人参加会议。

15 日　中国人民政治协商会议第七届察雅县委员会第四次会议召开。县政协主席平措，副主席梅勇、格桑卓玛、达瓦扎巴在主席台前排就座。县委、县政府领导到会指导。开幕大会由县政协副主席格桑卓玛主持，应到政协委员 54 人，因病因事请假 11 人，实到 43 人，符合政协章程规定。邀请自治区政协委员和昌都市政协委员共 8 人列席会议。

同日　察雅县召开第十二届人民代表大会第五次会议主席团第一次会议，会议由县委常委、县人大常委会主任觉昂泽仁主持，应到主席团成员 37 名，因事因病请假 12 人，实到代表 25 人。会议推选了大会主席团常务主席；表决通过了会议日程（草案）；表决通过了大会全体会议的执行主席分组名单（草案）；表决通过了大会议案的办法和代表提交议案截止日期；决定了大会副秘书长名单。

16 日　察雅县第十二届人民代表大会第五次会议召开，会议应到代表 126 名，因事因病请假 16 人，实到代表 110 名，出席人数符合法定人数。县人大常委会主任觉昂泽仁主持开幕会，第一次全体会议执行主席其珠多吉、杨鸥、巴桑扎西、美珠卓嘎、田杰、赵玉林、巴桑，县政协主席平措在主席台前排就座。

17 日　政协第七届察雅县委员会第四次会议完成各项议程后闭会。县政协党组书记、主席平措，副主席梅勇、格桑卓玛、达瓦扎巴在主席台前排就座。审议通过了政协第七届察雅县委员会第四次会议关于常务委员会工作报告的决议；审议通过了政协第七届察雅县委员会第四次会议关于常务委员会提案工作情况报告的决议；审议通过了政协第七届察雅县委员会第四次会议政治决议。

同日　察雅县第十二届人民代表大会第五次会议举行第二次全体会议。会议应出席代表 126 人，因事因病请假 30 人，实际到会代表 96 人，出席人数符合法定人数。县人大常委会副主任田杰主持大会，第二次全体会议执行主席仁厚明、其珠多吉、杨鸥、巴桑扎西、美珠卓嘎、赵玉林、巴桑、县政协主席平措在主席台前排就座。察雅县直有关单位负责人、部分不是县人大代表的县级领导、出席县政协第七届四次会议的政协委员等 122 人列席会议。

同日　察雅县第十二届人民代表大会第五次会议第三组举行第二次讨论会，人大代表们紧紧围绕《察雅县人大常委会工作报告》《察雅县人民法院工作报告》《察雅县人民检察院工作报告》进行讨论。代表们一致认为，三个报告都突出了一个“实”字，内容充实、思路清晰、重点突出，紧密联系察雅实际，具有很强的操作性，并就人民群众关心的教育、医疗卫生等热点问题提出了意见和建议，为察雅发展建言献策。

18日 察雅县第十二届人民代表大会第五次会议闭会。会议表决通过了六大决议草案。县人大常委会副主任美珠卓嘎主持闭幕会，第三次全体会议执行主席任厚明、其珠多吉、杨鸥、巴桑扎西、觉昂泽仁、赵玉林、巴桑，县政协主席平措在主席台前排就座。县人大常委会主任觉昂泽仁致大会闭幕词。为期三天的察雅县第十二届人民代表大会第五次会议，经过全体代表和与会人员的共同努力，顺利完成各项议程。

19日 察雅县召开2019年冬虫夏草采集交易管理工作安排部署会。主要任务是学习贯彻市委国家安全委员会第一次会议和4月14日昌都市虫草采集交易管理工作安排部署会议精神，安排部署2019年察雅县虫草采集交易管理工作。会议以电视电话形式召开至乡镇一级，主会场设在县政府四楼第三会议室，四大班子部分县级领导、各乡镇一名党政主要领导、县（中、区）直单位负责人、驻察雅各部队主官在主会场参加会议，其余乡镇干部、派出所民警、驻村干部在各分会场参会，会议由县委常委、县人大常委会主任觉昂泽仁主持，县委副书记、县长其珠多吉参加会议并对虫草采集交易管理工作进行安排部署。

20日 察雅县人民医院举行新综合大楼落成启用庆典仪式。察雅县副县长刘书获，江达县副县长黄珂，边坝县人民医院参观交流团、察雅县各部门负责人、乡镇卫生院负责人、病员代表、县人民医院全体干部职工共300余人参与，仪式由县卫健委主任赵长超主持。

同日 察雅县烟多镇卡松村组织扶贫产业分红，由县项目办唐琪带队，烟多镇精准扶贫办专干、颜料加工厂老板一同对卡松村颜料加工厂中带动建档立卡贫困户进行慰问分红，此次分红大会为带动建档立卡贫困户11户。

21日 察雅县2019年宗教工作领导小组会议第一次会议召开。市政协副主席、县委书记任厚明出席会议并作重要讲话，会议由县委副书记、县长其珠多吉主持，县四大班子主要领导，各乡镇、宗教工作领导小组成员单位负责人、各片区长、统战民宗部分干部参加会议。

22日 察雅县文广局组织全体在岗干部学习了《党政领导干部选拔任用工作条例》，县文广局副局长桑邓卓玛主持会议并发言。

24—25日 自治区交通厅副厅长陈朝率工作组一行对察雅县农村公路建设进行了检查指导，并对察雅县交通领域脱贫攻坚作了详细调查。昌都市交通运输局局党委委员、副局长、调研员林清华，察雅县副县长格列江村、交通运输局局长张勇及副局长普布次仁全程陪同调研。陈朝对察雅县香堆镇至芒康县公路（以下简称察芒公路二期）进行全面督导检查，对沿线前期工作充分肯定，并现场提出工期及质量要求，明确指示，2019年察芒公路必须全面完工投入使用。

26日 检察院联合县团委、县农行深入肯通乡开展以“弘扬宪法精神，增强法治观念”为主题的法治宣传教育活动。通过进行法律法规政策宣讲和咨询服务，进一步密切与群众的联系。

同日 自治区政协文史委副主任李映洲带队调研组到察雅县就政协文史质料办公室及唐卡绘画基地开展调研视察工作，昌都市政协副主席图嘎，察雅县委副书记、县长其珠多吉，县政协党组书记、主席平措，县政协副主席格桑卓玛陪同调研。在政协文史办公室，调研组听取了办公室工作人员就察雅文史资料工作开展情况的汇报，查阅了文史办编写的《察雅文史资料》第一、二册及《察雅藏历汇编》。针对文史办开展的工作，调研组给予了充分肯定。

28日 召开察雅县政法系统学习贯彻《中国共产党政法工作条例》动员部署暨培训会。县政法委、县公安局、县检察院、县法院、县司法局主要领导共23人参会，会议由县法院院长丹增索朗主持，县委副书记、政法委书记、公安局党委书记、局长、督察长巴桑扎西出席并讲话。

同日 察雅县人大召开人大财经工作开展情况汇报会，县财政局、发改委、国资委、审计局、税务局、自然资源局、人大办、人大财经委负责人参加会议。县人大常委会副主任田杰主持会议，自治区人大常委会财经委办公室主任陈道明出席并讲话。

29日 以自治区人大常委会党组成员、副主任维色为组长的检查组到察雅县开展关于水污染防治法实施情况、生态环境保护工作执法检查，就大学生就业情况及基层医疗队伍建设进行调研。检查组一行深入吉塘特色小城镇、县城以及烟多镇水源地保护区、乃奎村植树造林水土流失治理情况、自来水厂运行情况、迪嘎拉山万亩经济林、中石油、县医院等实地进行检查指导，并召开座谈会。县委常委、县人大常委会主任觉昂泽仁主持会议，昌都市人大常委会副主任公嘎泽仁，副市长欧珠达瓦及市相关部门负责人参加，县委副书记、县长其珠多吉，副县长古金容，县政府办、环保局、人社局、水利局、农业农村局、住建局、卫健委、林业草原局主要负责人参加座谈会。

30日 察雅县“四讲四爱”主题教育实践活动暨五四赏花节活动在吉塘镇藏东农牧业科技示范园开幕，活动主要包括观看察雅县旅游宣传片、文艺演出、赏花游玩等。此次活动由县委、县政府主办，县旅游发展局承办，县（中、区）直单位、企业干部职工及商户、群众共同参与。

5月

5日 察雅县总工会召开巡察专题部署会议，研究部署巡察工作。会上，县总工会主席江珍指出，此次巡察工作将工会列入巡察范围，对于加强工会党的建设，严肃党内政治生活，推动工会系统建设具有十分重要的指导意义。

同日 察雅县副县长古金容一行深入察拉乡进行督导检查，昌都市生态环境局察雅县分局局长王金辉、察雅县行政审批和便民服务局局长陈辉等陪同督导检查。古金容一行先后深入察拉乡沙石场、花岗岩开采与加工厂、易地搬迁安置点等地，通过听取展板解说、实地查看、调阅资料等形式，详细了解察拉乡各项工作开展情况，对在现场督导检查过程中发现的问题提出具体整改要求，进一步坚定了察拉乡打赢脱贫攻坚战的信心决心，为下一步做好察拉各项工作注入了强大动力。

同日 察雅县副县长古金容带领昌都市生态环境局察雅县分局工作人员前往察拉乡开展环保督察调研工作，调研期间，古金容重点查看察雅县察拉乡花岗岩采石加工厂场运行情况，详细了解察拉乡花岗岩采石加工厂产品出售情况，环评手续是否齐全等基本情况，察雅县生态环境局局长王金辉指出采石厂有土地污染和沉淀池不规范等问题，要求察拉乡花岗岩采石厂立行整改，并制定相应的环境保护预案，对采石厂产生的工业废料要及时处理，要着力减轻环境污染，做到创收和环境治理同步进行。

6日 察雅县香堆镇党委、镇政府组织召开学习会议，会议主要对习近平总书记关于扶贫工作重要论述、精准扶贫知识、纪委典型案例、驻村工作等内容进行传达学习，会议由察雅县人大常委会副主任、香堆镇党委书记赵玉林主持，全镇机关干部、驻村工作队参加学习会议。

7日 察雅县多雄村驻村工作队联合村两委班子入户进行开展“讲党恩爱核心”主题教育宣讲活动。活动中，宣讲人员用通俗易懂的语言重点讲解核心内容、核心地位，以惠民政策、新旧西藏对比为例，深层次宣讲党中央对西藏工作的重视，对西藏人民的深切关怀，并把党的好政策与自力更生结合起来，教育引导广大群众要靠自己的勤劳、靠自己的双手脱贫致富，全面消除“等、靠、要”的思想。

7—8日　中国人事报刊社副社长丁向阳一行深入察雅县调研采访就业扶贫工作，自治区人社厅副厅长王志强，昌都市副市长胡登孚，市人社局局长袁兴成，察雅县委副书记、常务副县长杨鸥，及区、市、县相关工作人员陪同调研采访。

9日　察雅县中学第四届校园文化艺术节隆重开幕。县教育局党总支副书记、局长土洛应邀出席开幕式并讲话。县中学党支部书记、校长任毅在开幕式上致辞。团察雅县委、县小学、县幼儿园等单位主要领导应邀参加开幕式。

10日　察雅县公安局扫黑办召集各乡（镇）派出所扫黑专干开展培训会，会议由公安局副局长扎西元旦主持，县委副书记、政法委书记、公安局党委书记、局长、督察长巴桑扎西出席会议并对相关工作进行强调，公安局党委委员、治安大队队长汪远洋出席会议，扫黑办全体民警及各乡镇派出所扫黑专员参加会议。

同日　察雅县“喜迎中华人民共和国成立70周年、西藏民主改革60周年”暨第四届教师课堂教学技能大赛总结表彰大会在察雅县第一小学阶梯教室举行。参赛教师、赛事评委、县中学、县小学县、县幼儿园、各乡镇学校主要负责人及县教育局全体干部参加总结表彰会。县教育局党总支副书记、局长土洛主持会议。会议对此次比赛进行总结，对获奖教师及学校进行了表彰奖励。

11日　察雅县公安局党委委员、纪委书记、办公室主任陆继承带领政工督察室、警务保障室、治安大队、特警大队、扫黑办民警开展娱乐场所清查行动。对各娱乐场所营业情况开展清查整治，对各类娱乐场所从业人员进行排查，对出入各类娱乐场所人员是否存在非法携带管制刀具或易燃易爆危险品进行检查，对娱乐场所内是否存在卖淫嫖娼、赌博等问题进行排查。此次清查未发现异常情况。

12日　察雅县公安局第二党支部在公安局党员活动室召开《中华人民共和国宪法（民族团结篇）》、《习近平谈治国理政》（第二卷）、习总书记2019年在中央政法工作会议讲话精神学习会，此次会议由第二党支部书记泽仁旺姆主持，第二支部在岗党员、民警参加会议。会上，泽仁旺姆组织参会人员先后学习《中华人民共和国宪法（民族团结篇）》中民族团结部分规定、《习近平谈治国理政》（第二卷）中的“守纪律，讲规矩”内容、习总书记2019年在中央政法工作会议讲话精神。

同日　察雅县应急管理局联合消防大队、民政局等单位在烟多中路开展了以“提高灾害防治能力，构筑生命安全防线”为主题防灾减灾宣传活动。

14日　察雅县公安局第五党支部书记扎西元旦组织公安局第五党支部在职党员干部针对开展党务知识交流和学习《习近平谈治国理政》上了一次专题党课。党课中扎西元旦对政治纪律和政治规矩是什么、做什么、怎么做系统阐述和深入解读并详细讲解党的政治纪律、政治规矩的基本内涵和主要特性，教育引导全体党员民警清醒地认识到党的纪律是党的意志的集中反映，遵守党纪党规就是公安机关对党忠诚的内在要求和重要保证。

16日　察雅县委办公室、县政府办公室联合印发《关于支持检察机关依法开展公益诉讼工作的意见》，要求全县各有关单位结合实际认真贯彻执行实施。

20—22日　昌都市政协副主席杨建平一行工作组到察雅县检查指导虫草采挖及寺庙管理工作。其间，杨建平副主席分别深入香堆镇向康寺管委会、王卡乡及肯通乡虫草采集点、烟多寺管委会检查指导。县政协副主席格桑卓玛、达瓦扎巴陪同进行。

24日　察雅县文化局（文物局）组织全体干部职工前往帮扶点荣周乡荣周村开展力所能及帮扶措施。同时为群众送上一场扶贫政策宣传宣讲会。通过与结对帮扶对象亲切交谈拉家常的方式，主要以宣传支农惠农政策、脱贫攻坚政策等内容为主，旨在增强和巩固贫困群众对政策的知晓率，不断丰富群众对各项政策的知识面。

25日　县发改委召开周末例会，专题学习《关于全区2018年脱贫攻坚工作成效考核存在突出问题单位约谈情况的通报》，部分干部参加会议。

27日　六一国际儿童节来临之际，察雅县检察院开展以“携手关爱，共护明天”为主题的检察开放日活动，邀请县人大代表、县政协委员，共青团、妇联、教育局、小学、幼儿园等单位负责相关工作人员，共8人参加活动。

28日　察雅县纪委监委召开理论学习会议，通报当前工作中存在的问题，并就下一步的工作进行安排部署。自治区纪委监委第六纪检监察室副主任解彬参加会议。

29日　察雅县幼儿园开展“你运动，我健康”主题运动会。运动会有吹气球、大脚踩小脚等5个项目，每个家庭可以任选2个游戏参加。在比赛中，兴奋的孩子们和自己的爸爸妈妈齐心协力，奋勇争先，都为争取最好成绩而努力。

同日　察雅县委副书记、县长其珠多吉率队深入香堆镇政府、仁达村、旺布村及扩达乡旺达村、嘎益村、玛多苦村、多庆村、邦热村、第十五村督导调研虫草采挖管理等重点工作开展情况。县人大常委会副主任、香堆镇党委书记赵玉林及县政府办、交通局、住建局、公安局、扩达乡等单位负责人随行。

6月

5日　察雅县委常委、县人大常委会主任党昂泽仁深入王卡乡和肯通乡检查督导虫草采挖工作，了解虫草采挖点的社会局势稳定情况和群众虫草采集情况。在王卡乡、肯通乡，党昂泽仁分别听取了王卡乡及肯通乡关于近期虫草采挖的详细情况汇报，同时到个别采集点进行调研。

6日　察雅县文化局开展以“保护非遗，传承文化”为主题的文化遗产、和谐之源系列宣传活动。此次活动主要以展示非遗佛像、唐卡、木雕、藏靴、藏香、颜料、藏饰和发放非遗宣传手册为主，同时还邀请相关文化企业人员现场进行讲解宣传。据统计，此次参展作品共有78件，现场发放宣传手册147册，吸引前来参观的干部群众达450余人。

10日　察雅县召开扫黑除恶打非治乱专项斗争工作推进会议。主要针对当前工作形势及时分析研判，安排部署下一阶段扫黑除恶专项斗争重点工作任务。

同日　昌都市政协副主席、察雅县委书记任厚明，察雅县委副书记、县长其珠多吉深入察雅县扫黑办、县公安局扫黑办检查指导“扫黑除恶打非治乱”专项斗争工作推进情况。县委副书记、政法委书记、公安局党委书记、局长、督察长巴桑扎西陪同，对专项斗争工作落实情况、深入芒康县交流学习心得、存在的问题及整改情况、下一步工作计划等内容进行介绍。

同日　察雅县组织召开“扫黑除恶、打非治乱”迎检工作推进会，县委副书记、政法委书记、公安局党委书记、局长、督察长巴桑扎西主持会议，各成员单位主要领导出席会议。会上，巴桑扎西传达学习中央“扫黑除恶、打非治乱”专项斗争督导检查内容，并就察雅县“扫黑除恶、打非治乱”专项斗争工作进行再安排，再部署，再强调，再细化。

11日　由昌都市人大常委会党组成员、副主任齐飞任组长的调研组深入察雅县开展法院“基本解决执行难”工作情况及检察机关公益诉讼工作情况专题调研。县委常委、县人大常委会主任党昂泽仁，县人大办公室主任拉巴泽仁，县人大法制委员会、县人大财经委员会、县人大教科委负责人参加调研。

14日 察雅县人民代表大会常务委员会召开第十五次会议。应出席常委会组成人员23名，因事因病请假3名，实际出席会议20名。副县长格列江村，县监察委副主任杨林，县法院副院长高红亮，县检察院副检察长杨大刚，县委组织部、县人社局、县民政局、县住建局负责人以及部分县级人大代表列席了会议。会议由县委常委、县人大常委会党组书记、主任党昂泽仁主持。

同日 察雅县妇联组织全体妇联干部开展了扫黑除恶线上统一考试。考试通过手机网上答题的方式，紧紧围绕扫黑除恶专项斗争的目标、意义、重点等内容，进一步增强了干部职工对扫黑除恶专项斗争的理解和认识。县妇联3名干部职工全部参加了考试。全体干部纷纷表示，通过此次考试，大家充分认识到了扫黑除恶专项斗争的重要性。在以后的工作中，将进一步加强学习，增强参与扫黑除恶专项斗争工作的责任感和使命感，扎实推动扫黑除恶专项斗争深入开展。

15日 察雅县召开西部计划志愿者考核评优工作会议，会议由察雅县大学生志愿服务西部计划项目管理办负责人周艳主持，2018—2019年在岗志愿者以及服务单位领导10人参加会议。

16日 察雅县安委办围绕“防风险、除隐患、遏事故”主题，积极组织纪委、公安局、交通局、水利局、旅游局、统计局、疾控中心及烟多镇等9个部门15人，在澜沧江广场开展安全生产月咨询日活动。

17日 察雅县委常委、纪委书记、监委主任、县委巡察工作领导小组组长刘春燕主持召开察雅县委巡察工作领导小组会议，听取第五轮巡察组巡察工作阶段性汇报。领导小组成员、各巡察组组长、组员、巡察办相关人员参加会议。

21日 由察雅县委政法委牵头，县公安局、扫黑办、应急管理局、卫健委、市场监督管理局、统战部、扶贫办协同的第一宣传小组；由县司法局（普法办）牵头，县法院、检察院、交通局、扫黑办、文广局、宣传部、国税局协同的第二宣传小组分别在县澜沧江广场和察乐广场等人员密集场所开展以扫黑除恶、打非治乱为主要内容的“6月综治宣传周”集中宣传活动。

同日 察雅县人民法院同司法局、宣传部、税务局等相关单位，联合开展“扫黑除恶”专项斗争普法宣传活动。

24日 重庆市公共卫生医疗救治中心党委副书记、主任池祥波一行到察雅县人民医院进行调研指导，重庆市綦江区红十字会向医院无偿捐赠医疗设备。察雅县副县长刘书获，察雅县卫健委主任赵长超，察雅县人民医院院领导、援藏医疗队、传染病诊疗小组等30余人参加调研及捐赠仪式。

25日 团市委副书记张愿松率工作组到察雅县吉塘镇小学开展“公益先锋·爱在昌都·圆梦微心愿”爱心书包、衣物捐赠仪式。察雅县常务副县长张永强，团县委书记周艳，吉塘镇纪委书记尼玛扎西参加捐赠仪式。

同日 察雅县召开“四讲四爱”第一节点总结会暨第二节点部署会议。县城设主会场，各乡镇设分会场，县（中、区）直各单位负责人参加主会场会议。会上察雅县委书记仁厚明作重要讲话，察雅县委常委、宣传部部长晏启文主持会议。

26日 由察雅县公安局牵头组织，联合察雅县司法局在烟多中路人流集中地组织开展以“开展禁毒斗争、消除毒品祸害”为主题的禁毒宣传活动。

27日　察雅县妇联深入敬老院开展“讲党恩爱核心 讲团结爱祖国 讲贡献爱家园 讲文明爱生活”为主题的教育活动。在敬老院院长次仁央宗的主持下，妇联主席宣讲“民族团结一家亲”，告诉老人们相互要团结，要互助，要建成一个和谐的关系，形成共同学习进步的良好家园氛围。之后敬老院老人桑吉分别从个人经历、生产生活条件等方面讲述旧西藏农奴制下的悲惨经历和西藏民主改革以后的美好生活。

7月

1日　为庆祝中国共产党成立98周年，察雅县纪委监委党支部组织党员干部重温入党誓词。支部书记杨琳以共产党人的初心和使命为主题，结合第十七期中青年干部培训班心得，为广大党员干部上了一堂精彩的党课。

同日　县人民法院党组书记、院长丹增索朗围绕“不忘初心、牢记使命”主题教育的精神实质和科学内涵，人民法官的“初心”和“使命”等方面，为全院干警上一堂专题课党。全面履行党章规定的权利义务，政治上、思想上、行动上同以习近平同志为核心的党中央保持高度一致。明确使命担当，在新的历史条件下完成好党的使命，贡献一名法院人应有的智慧与力量，真正做到“权为民所用，利为民所谋，情为民所系”。树立底线思维，保持清醒的头脑，时刻牢记党纪党规，自觉遵纪守法，严格按纪律办事，切实司法为民。

2日　察雅县总工会参与由发改委牵头，环保局、农牧局、商务局团委等多家单位共同开展的节能减排宣传活动。

同日　察雅县烟多镇严格按照县委宣传部工作要求，组织干部职工认真观看警示教育片《非法组织的危害》《让冲突止步》《谁骗走了我的钱》《血路之殇》，切实强化了干部职工自觉防范和抵制电信诈骗、远离非法组织、遵守交通法规和妥善处理矛盾纠纷的意识。普法办也将加大反传销、防电信诈骗、交通安全、基础法律法规宣传，进一步强化群众法治意识，切实营造人人学法、懂法、守法、用法的良好氛围。

2—8日　察雅县各驻村工作队利用6天的时间，以集中宣讲的形式对辖区的农牧民群众宣讲精准扶贫、精准脱贫的相关政策。通过6天扎实有效的宣传工作，使得扶贫政策进一步深入贫困户人心，有效地提高了农牧民群众对精准扶贫政策和惠农惠民资金知晓率，为决战2019年脱贫攻坚奠定坚实的基础。

3日　察雅县妇联举行第一次公益慈善捐赠奶粉发放仪式，由察雅县副县长四郎江村发放公益慈善捐赠的婴幼儿奶粉，以补充孩子们的营养需求。

4日　中国残联调研组在察雅县召开残疾人代表座谈会和蹲点调研情况反馈会。会议由西藏自治区残联党组书记、理事长江拥洛追主持。察雅县委副书记、县长其珠多吉介绍察雅县脱贫攻坚和残联工作开展情况；调研组反馈调研情况。调研组充分肯定察雅县脱贫攻坚和残疾人工作所取得的成效。

同日　察雅县察拉乡召开自发搬迁户扫黑除恶、打非治乱宣讲会，会议由乡党委书记、派出所所长拉巴桑珠主持，自发搬迁户户主、乡全体干部、派出所民警、各驻村工作队队长参加会议。会议主要对自发搬迁户进行扫黑除恶打非治乱内容宣讲，并对扫黑除恶打非治乱工作进行全方面细致部署安排。

同日　察雅县委巡察工作领导小组听取第五轮巡察工作汇报，县委巡察工作领导小组成员杨琳，县委巡察工作领导小组成员、县委巡察办主任李程辉，县委第五轮巡察组、巡察办全体成员参加会议，会议由县委巡察工作领导小组成员马德光主持。

5—6日 为大力促进察雅县察拉乡人大常委代表认真履职尽责、积极参政议政、踊跃建言献策，经请示察拉乡党委，察雅县察拉乡第十三届人民代表大会四次会议召开，乡人民代表大会主席阿旺旦巴主持会议，会议听取察拉乡副乡长嘎玛伦珠代表察拉乡人民政府所作的政府工作报告，乡人大代表、列席代表共40余人参加会议。

10日 在察雅县政府四楼会议室召开察雅人民医院创建二甲医院冲刺动员大会，会议由察雅县卫健委副主任卓玛措姆主持，副县长刘书获，县卫健委副主任措姆以及察雅县人民医院全体职工120余人参会。

11—18日 对城市出厂水和末梢水3个监测点和12个乡镇（烟多镇、香堆镇、吉塘镇、宗沙乡、阿孜乡、荣周乡、肯通乡、扩达乡、卡贡乡、察拉乡、新卡乡、王卡乡）监测点以及3个乡镇学校（吉塘镇完小、察拉乡完小、新卡乡完小）进行水质监测，共有18个采样点36份样品，乡镇监测覆盖率为92%，保质保量完成了监测工作各项任务，于7月19日送往市疾控中心理化科。

15日 察雅县法院举办提高裁判文书制作水平培训班。此次培训由院党组成员、民事审判庭长向巴群措进行授课，他用丰富的理论知识和多年积累的实践经验对裁判文书制作的结构、格式、写作技巧等方面进行深入浅出的详细讲解，并对法院裁判文书中存在的问题进行了评析。

16日 自治区统计局副局长多吉战都，昌都市统计局党组书记刘治成一行到察雅县开展工作。察雅县委常委、常务副县长田翠平，统计局局长仁青卓嘎，商务局局长袁慧娟陪同。工作组先后前往察雅县烟多镇帮嘎村光伏电站、中央广场、察雅县扶贫产业园区进行实地查考。

18—20日 中国农科院质量标准与检测技术研究所所长、研究员钱永忠，研究室主任、研究员金芳，科技管理处副处长冯忠华，研究室主任、研究员佘永新在察雅县农业农村局局长朱雪琼的陪同下，先后参观吉塘特镇规划馆、藏装厂等。为深入了解察雅县农牧业产业发展情况，为下一步工作开展打牢基础，工作组还实地考察了香堆镇、荣周乡青稞基地、莫东村杂交构树繁育推广基地和卡贡乡苹果种植基地；在荣周乡和香堆镇调研期间，走村入户，访贫问苦3户建档立卡贫困户，发放慰问金1800元，在贫困户家中与当地农牧民群众进行交谈。

18日 察雅县召开决战决胜脱贫摘帽誓师动员大会，昌都市政协副主席、察雅县委书记任厚明出席会议并讲话，大会由县委副书记、县长其珠多吉主持。县委副书记、政法委书记、公安局党委书记、局长巴桑扎西，县政协主席平措，县人大常委会副主任田杰等四大班子部分县级领导出席会议，大会由县委副书记、县长其珠多吉主持。13个乡镇党政主要领导，县直各部门、各单位主要负责人，公安、教育、医疗系统、驻村工作队等800余人参加会议。

同日 全国总工会经费审查委员会常委、广西壮族自治区总工会党组成员、经审会主任黄海华、自治区总工会经审会、市总工会一行到察雅县总工会，就帮扶资金、送温暖资金分配管理使用情况进行专项审计。昌都市副市长胡登孚，昌都市政协副主席、察雅县委书记任厚明，县委常委、副县长任建利，县政协副主席格桑卓玛陪同审计工作。审计会上，任厚明代表县委、县政府热烈欢迎全国总工会、自治区总工会审计组一行的到来，简要介绍察雅县的基本情况，并汇报近年来县总工会送温暖和职工帮扶工作情况。

19日 山南市加查县委副书记、县人大常委会主任扎西一行10人，在察雅县人大常委会副主任田杰、县人大常委会办公室主任拉巴泽仁的陪同下，到察雅县考察交流特色产业发展情况、城市建设和环境保护工作、人大常委代表工作开展情况、人大常委监督开展情况。

19日　自治区人民检察院党组成员、副检察长陈宏东一行到察雅县人民检察院开展“不忘初心、牢记使命”主题教育调研活动，昌都市人民检察院党组成员、正县级检察员何庆陪同调研。陈宏东一行首先实地查看察雅县人民检察院“12309”检察服务中心及案件管理中心、视频会议室、业务办公室、综合办公室、党建活动室、健身房、干警食堂等基础设施建设情况，了解了人员、机构、检察业务、队伍建设等基本情况。

22日　察雅县委政法委常务副书记、县扫黑办副主任红梅主持召开县委政法委、县扫黑办集中学习会，县委政法委、县扫黑办全体干部参加会议。

23日　察雅县委副书记、县长其珠多吉深入新卡乡，对交叉检查组工作开展和全乡脱贫攻坚各项工作进展情况进行实地督导检查。每到一户群众家中，其珠多吉采取看、听、问的方式，对交叉检查组工作开展、群众“两不愁、三保障”等脱贫攻坚各项工作落实情况进行详细的了解。

24日　察雅县委九届六十一次专题会议召开，专题研究察雅县宗教领域工作。昌都市政协副主席、察雅县委书记任厚明主持会议，县委副书记、政法委书记、公安局党组书记、局长巴桑扎西，县人大常委会主任觉昂泽仁，县政协主席平措，县委常委、统战部部长加永旦增，县委常委、宣传部部长晏启文，县委常委、副县长任建利出席会议，13个乡（镇）党委书记、宗教办负责人，22个片区宗教工作领导小组组长，县委办、人大办、政府办、政协办、纪委、组织部主要负责人参加会议。

25日　察雅县市场监督管理局召开扫黑除恶行业乱象整治工作会议。为进一步推进整改，扎实将中央扫黑除恶第十三督导组第一、第二阶段反馈的问题落到实处，察雅县市场监督管理局局长卓玛拥宗就行业乱象市场菜价、物价虚高的问题强调两点意见，要总结经验，查找问题。要坚持“有黑扫黑、有恶除恶、有乱治乱”，把扫黑除恶专项斗争与市场领域治乱工作紧密结合，在广泛发动、全面排查、协作配合、强化保障上精准施策。要积极协调相关职能部门，坚决排查整治市场菜价、物价虚高等问题。要按照全县统一部署，联合相关职能部门在扫黑除恶与市场乱象上深度融合，要突击检查与常态检查相结合，采取有力有效措施，整治市场菜价、物价虚高等现象，维护市场秩序，为察雅美好的营商环境发挥作用。

同日　自治区宗教局党组副书记、局长拉巴次仁一行赴察雅县香堆镇向康寺就宗教领域工作开展调研，市宗教局副局长永花拉姆、县委统战部部长加永旦增陪同前往。拉巴次仁首先组织向康寺寺管会片区干部召开座谈会，就中央宗教工作督导反馈意见的整改落实情况、遵行四条标准争做先进僧尼、寺庙活佛履职、寺管会人员配备、干部学习情况等方面进行了解。

25—28日　察雅县人大常委会党组书记、主任觉昂泽仁到王卡乡，采取实地查看、入户调研、群众满意度测评等多种方式对王卡乡脱贫攻坚工作完成情况进行全面的督导检查，并深入精准扶贫建档立卡户家中进行走访慰问。觉昂泽仁深入自己联系五户扶贫对象家中与他们拉家常，面对面交谈，心贴心交流，详细了解他们的生活状况和贫困原因，为他们送上了慰问金。

26日　察雅县委宣传部文化执法大队联合公安局、文化局、市场监督管理局共5人对辖区内娱乐场所开展清查行动。

同日　察雅县医疗保障局组织干部职工在局长陈世军的带领下，深入香堆镇居委会，采取召开群众大会、进村入户、走访座谈等形式，就医疗保障政策进行宣讲，并对结对帮扶户送上帮扶物资。

27日　察雅县政协办公室与文史资料办公室

积极与两名政协委员沟通联系，召开多次工作协调会，工作内容为传达了此次评选活动的目的，商议确定委员的亮点相关事宜，对委员风采的相关要求作了详细的讲解。工作协调会强调指出，入选代表要珍惜这次来之不易的机会，充分发挥政协委员职能，积极提高政协委员的履职能力，为进一步打造一支懂政协，会协商、善议政协的政协人队伍而努力，为推进察雅县发展稳定，在2019年全县脱贫摘帽做出自己应有的贡献。

28日　察雅县孔曼多村两委班子、驻村工作队利用集中群众农闲时间，组织村民开展脱贫攻坚政策宣讲活动。驻村工作队队长多吉向群众宣讲了各类贫困对象的脱贫标准，有关扶贫政策的扶持范围、扶贫标准以及卫计、就业、民政、教育、残联、农牧、边境等精准扶贫的相关政策，让群众最大化、最深入地了解各方面的扶贫知识。在宣讲中，对农牧民提出的问题一一作答，争取让群众清楚每一项政策，明白每一个知识点，弄懂每一个问题，做到扶贫政策深入人心。

29—30日　昌都市政协党组副书记、副主席杨建平一行到察雅县就新修订的《宗教事务条例》及自治区宗教领域“五项管理意见”的学习贯彻情况“1拖N”工作落实情况进行督导检查，县政协主席平措、县政协副主席达瓦扎巴全程陪同。

30日　察雅县人社局举办室内小型招聘会。人社局通过走访了解，得知聚生源、爱华勘测等4家企业因找不到办公室文员和销售人员而困惑，企业发展和产品销售都受到一定影响，人社局主要领导在得知这一情况后，主动前往企业沟通对接，共同开发就业岗位12个。

同日　由察雅县阿孜乡党委书记伍勇组织召开此次交叉检查工作发现问题整改工作安排部署会。

31日　察雅县委副书记、常务副县长覃波率队前往新卡乡调研考察。在乡政府会议室，新卡乡书记普布丁真向覃波汇报新卡乡的基本情况与各项工作开展情况，并着重对近期精准扶贫工作的基本情况、脱贫具体措施、脱贫工作思路、产业发展、易地搬迁工作等逐项等进行了详细汇报。

同日　由昌都市类乌齐县文化局（文物局）牵头，联合察雅县统战部、县应急管理局、县消防大队等部门前往烟多寺、多瓦寺、罗荣拉康等自治区级文物保护点开展排查文物安全隐患工作。

8月

2—4日　察雅县人大常委会副主任田杰，德松寺管委会副主任边巴次仁及县应急管理局局长旺加深入四个行政村开展督导检查。召集建档立卡贫困户及非建档立卡户再次对感恩教育、“两不愁三保障”、环境卫生整治、小额信贷政策、健康扶贫、控辍保学、结对帮扶等方面进行集中宣讲，并通过与群众沟通交流和现场提问方式了解群众政策知晓率，通过宣讲，进一步消除群众等靠要思想，激发群众内生动力。实地检查各村就乡与乡交叉检查反馈问题整改情况，村居资料规定完善情况。

2—8日　由察雅县副县长蔺锡峰带领县市场监管局、卫健委、人民医院负责人，深入香堆镇居委会、坤达村、达巴村、当佐村、学龙村等12个村居开展扶贫政策宣讲活动。

4日　察雅县巴日乡召开脱贫攻坚评估验收总结会议，通报国务院扶贫办委托第三方机构评估验收情况，总结成绩，查摆问题，安排部署下一阶段脱贫攻坚工作。副县长格列江村出席会议。格列江村强调脱贫攻坚工作是一项政治工程，亦是一项民生工程，自脱贫攻坚工作启动以来，面广，事繁，责重。全乡上下要切实增强责任感和紧迫感，积极承担起脱贫攻坚的重要责任，在查找和解决问题中巩固脱贫成效。确保全乡脱贫攻坚持续有力有序推进，确保2019年脱贫攻坚验收任务圆满完成。

同日 察雅县扩达乡党委在乡活动室举办“我的驻村故事”主题演讲比赛，为干部职工提供一个展示和锻炼的平台，扩达乡党委书记陈强，乡党委副书记、乡长登巴出席活动，驻村干部、派出所干警、卫生院代表、教师代表共90余人参加。经过激烈角逐，共评出一等奖1名、二等奖2名、三等奖3名、鼓励奖17名，来自岗卡村的工作队员白如玉获第一名。

5日 察雅县检察院组织召开扫黑除恶专项斗争工作推进会，传达学习相关文件精神，并就开展中央督导组反馈问题整改工作做出部署安排，会议由察雅县检察院党组书记、检察长冯天让主持。

6日 以市妇联党组成员、副调研员、市妇儿工委办公室主任黄莉为组长的市妇儿工委“两规”中期督导组一行3人，对察雅县开展“两规”中期评估情况进行实地评估督导，在察雅县副县长韩宝云、县妇联主席尼嘎的陪同下，深入察雅县吉塘镇人民政府、卡贡乡人民政府、卡贡乡卫生院、县小学、县人民医院、便民警务站、县妇儿工委办公室对“两规”工作开展情况进行全面督查。

同日 察雅县公安局党委副书记、政委李兴虎召集辖区各行业领域负责人开展行业乱象整治工作推进会，治安大队全体人员、公安局扫黑办全体成员、县城相关行业领域102位负责人参加会议。

7日 察雅县委政法委组织召开察雅县“政治建警”专项教育整顿活动推进工作会议，县公安局、检察院、法院、司法局专项活动负责人共10人参会，县委政法委副书记李孝出席并讲话。

8日 昌都市政协副主席、察雅县委书记任厚明深入卡贡乡检查指导工作，在听取乡党委政府近期关于脱贫攻坚等重点工作汇报后，任厚明带队深入村居进行实地调研并开展结对帮扶工作，乡党委书记仁青贡布陪同。

11日 重庆市总工会党组成员、副主席杨军波率考察组，在昌都市委组织部副部长杨选民，昌都市总工会党组成员、副主席泽旺欧珠，昌都市总工会党组成员任志勇、经开区党组成员杨柯的陪同下，赴察雅县就援藏项目开展考察。察雅县副县长韩宝云、县总工会主席江珍陪同考察。

12日 察雅县人民医院组织召开“不忘初心、牢记使命”主题教育会议。会议由察雅县人民医院院长顿珠主持，医院内所有党员干部参加。会议中，县人民医院院长其美宣读《察雅县“不忘初心、牢记使命”主题教育工作计划》以及接下来的工作安排。

同日 昌都市2019年“送岗下乡千里行”人力资源招聘会察雅县专场招聘会在澜沧江广场举行。此次招聘会由昌都市人力资源和社会保障局、察雅县人力资源和社会保障局、察雅县总工会、团委、妇联、扶贫办联合举办，包含援藏省市岗位、拉萨市区岗位、昌都市岗位以及察雅县岗位四大类共2500余个工作岗位。此次招聘会的举办有效拓宽了农牧民工群众的就业渠道，促进了城乡劳动者早日实现就业。

同日 察雅县人民检察院开展河道采砂监督专项行动，院党组书记、检察长冯天让带队对察雅县境内的部分河道采砂点进行仔细摸排。

12—16日 察雅县农村公路项目办在副主任普布次仁的带领下深入察雅县S303线“K65+304.617”至宗沙乡公路工程现场，通过驻守现场解决了协调纠纷，督促施工单位加快施工进度，提高工程质量。经过5天的现场督导蹲点，对全线遗留下来的征迁全部进行了妥善协调，已征迁到位；协调市交通运输局质监站相关技术人员全程参与了17千米路基的转序检测工作；经过四方单位现场踏勘完善了全线的变更方案；对全线结构物进行了抽检巡查，对质量不达标的构造物进行了现场返工；对安全生产工作进行了全面的摸底排查，并明确提出了整改要求。

15日 察雅县人社局积极协调昌都市职业技能培训学校，充分发挥专业培训机构资源优势，在香堆镇开展“送培下乡”活动，同时开办挖掘机操作、装载机操作、中式烹调培训班。出席开班仪式的有人社局主要负责人，香堆镇党委主要负责人。

15—17日 察雅县人社局主要负责人带队，在全县范围内开展了为期3天的“根治欠薪夏季行动”。

16日 察雅县委政法委党支部结合“全面加强政治建警、打造过硬政法队伍”（下称“政治建警”）专项教育整顿活动第三阶段开展实际，召开中共察雅县委政法委党支部“政治建警”专题组织生活会，政法委全体党员参加，县委组织部常务副部长马德光、纪委旦真多吉受邀到会指导。

同日 察雅县唐琼孜临时管委会组织全体唐琼孜搬迁户召开会议，开展脱贫攻坚政策宣讲和“扫黑除恶，打非治乱”教育宣讲活动，县政协副主席、唐琼孜临时管委会主任梅勇及管委会全体干部和唐琼孜管委会警务站人员参加了此次宣讲活动。

同日 察雅县教育局深入卡贡乡小学检查指导工作，督导组一行由县教育局党总支书记、副局长卢建波带队，卡贡乡党委副书记、乡长刘继武，乡小学党支部书记沙涛陪同。导组一行通过听取汇报、查阅资料的方式对卡贡乡小学秋季招生、控辍保学、素质教育、党建、维稳等各项工作开展情况进行了详细检查，卢建波书记对卡贡乡小学各项工作开展情况给予充分肯定。

17—18日 察雅县市场监管局坚持“安全第一，预防为主”的方针，对辖区内使用电梯的酒店、宾馆的安全生产情况进行督导检查并对察雅县农贸市场、超市、食品加工小作坊、餐饮小吃店进行检查。

18日 察雅县卫健委近期组织县妇幼保健院及乡（镇）卫生院工作人员对2019年上半年孕产妇死亡及5岁以下儿童死亡情况进行入户调查，再一次核实相关信息，召开县级死亡评审会议。县卫健委主任、分管副主任，县人民医院（妇保院）院长、分管副院长、妇产科主任及援藏指导专家、妇幼专干、13个乡镇卫生院院长等21人参加了会议。

同日 由察雅县检察院党组成员、副检察长杨大刚带队前往王卡乡夺巴村、恩达村开展结对帮扶和法律及政策宣讲活动。察雅县检察院党组高度重视结对帮扶工作，号召大家带着感情、带着责任，走访宣讲扶贫政策，与贫困农户面对面沟通对接，力所能及帮助结对帮扶户解决实际困难，不折不扣把党和国家的扶贫政策落到实处。

19—25日 为期7天的昌都市第五届三江茶马文化艺术节“蓝天圣洁”品牌产品展销会活动在昌都市茶马广场茶马城二层平台昌都市虫草及特色产品交易市场举办，副县长任建利带队，县商务局牵头，联合县农牧局圆满完成察雅县展销工作。

20日 察雅县商务局积极筹备工作，重点推介，参加昌都市第五届三江茶马文化艺术节招商引资项目推介会。会上，听取昌都市副市长赵明的致辞，昌都市委常委梅方权对投资环境、优惠政策等作了精彩发言，让各位企业家更深一步了解昌都市，投资昌都，扎根昌都，发展昌都。共发放宣传册210份，台下签订项目1个，总投资3000万元。

27—31日 重庆市农科院工作组到察雅县开展乡村振兴战略调研和评审活动，工作组由重庆市农科院农经所副所长沈琦担任组长、农经所相关科室主任及专家共7人组成，县委常委、副县长任建利及县发改委负责人、有关乡镇负责人陪同调研。

28—30 日 重庆市农科院调研组一行分组先后深入宗沙乡、察拉乡、巴日乡、阿孜乡等乡镇和县扶贫开发产业园区，通过收集有关资料、乡村干部座谈、入户走访调查等方式，实地了解乡镇现状、基层干部对乡村振兴战略方案编制的意见建议、农牧民群众对乡村振兴的所想所盼等情况，为《察雅县乡村振兴战略总体规划》的进一步修改完善奠定了基础。

28 日 察雅县检察院召开保密工作专题会议，从保密责任、机制、意识及技术保障四个方面进一步细化保密安全工作措施，扎实做好检察院保密工作。加强组织领导，强化保密责任。成立以检察长为组长、办公室主任为副组长、保密重点岗位人员为成员的保密领导小组，定期研究部署保密工作，并把保密工作纳入“一岗双责”范围，落实到检察工作的每个岗位、每一环节，与年终岗位目标责任制一并考核，做到业务工作延伸到哪里，保密工作就跟进到哪里。要求分管领导、部门负责人认真落实保密管理主体责任，保密办严格履行保密管理监督职责。

29 日 察雅县公安局党委委员、副局长泽仁旺姆率交警大队联合县交通局、水利局、国土局、应急管理局等相关行业监管单位，分成 3 组，深入 13 个乡（镇）开展扫黑除恶专项斗争交通领域整治行业乱象法制教育活动。

30 日 察雅县组织召开了《察雅县乡村振兴战略总体规划（2018—2022）》第一次评审会，组织部、发改委、农牧局、扶贫办等县直有关部门及 13 个乡镇有关负责人参会。评审会上，规划编制团队首先简要介绍了总体规划编制情况及主要内容，各参会单位立足单位本职提出了很好的意见、建议。

同日 由重庆市卫健委党委委员、副主任周林带领白内障、先心病专家一行赴察雅开展“渝藏情深 心眼相连”活动，对察雅县 200 余例初筛白内障患者进行复筛和手术先心病专家对已康复回藏的患儿进行复诊，并接第三批共 5 名先心病患儿回渝手术。

9 月

1 日 察雅县公安局组织召开近期重点工作推进会，公安局党委副书记、政委李兴虎主持会议，部分局领导出席会议，各科室、警务站负责人及民警代表参加会议，各乡（镇）派出所设分会场。

同日 察雅县公安局宗沙派出所派遣民警联合乡卫生院深入辖区进行食品安全生产大检查。检查中，民警主要针对商铺、超市、餐馆销售的食品是否为正规生产厂家，是否存在无证、违规经营、保质期是否有效以及食品质量是否合格等情况进行检查，对达不到标准的，执法人员没收其产品进行统一销毁，并责令法人限期整改。

2 日 察雅县中学举行 2019 级新生军训开训仪式。参加开训仪式的有察雅县特警队有关领导及教官、县中学校级领导及七年级全体师生，开训仪式由察雅县中学副校长海峰主持。

同日 察雅县市场监管局牵头，联合商务局、应急管理局、城市管理局、环保局等各部门，在辖区内开展餐饮服务环节自制泡酒专项检查。通过专项检查的开展，切实维护人民群众的身体健康和生命安全，进一步维护了消费者的合法权益。

同日 察雅县委统战部、县民宗局组织开展民族团结暨“五项意见”知识竞赛活动。活动由县政协副主席达瓦扎巴主持，察雅县副县长四郎江村出席活动，13 个乡（镇）、县统战民宗部门、22 个片区宗教工作领导小组各选派一名参赛选手共 36 人参赛。

3 日 自治区公安厅外派督导组第三小组组长洛桑诺布一行到察雅县公安局检查指导工作。

察雅县公安局党委副书记、政委李兴虎以及公安局在家局领导陪同。其间，洛桑诺布一行工作组先后深入察雅县公安局办公室、国保大队、治安大队检查指导工作。通过听汇报、实地查看、现场提问的方式详细了解察雅县公安局关于新中国成立70周年安保维稳各项工作的开展情况，对取得的成绩予以充分肯定，对存在的问题予以批评指正，对下一步工作提出宝贵的建议和意见。

4日 察雅县司法局党支部召开了巡察整改专题组织生活会。参会的有察雅县委组织部、纪检委、巡察办、巡察组和司法局党支部班子成员。

同日 察雅县卡贡乡联系点领导、察雅县副县长四郎江村深入卡贡乡督导调研脱贫攻坚工作。在听取乡党委、乡政府工作汇报后，四郎江村带队深入卡贡乡各村进行实地指导，卡贡乡党委副书记、乡长刘继武陪同。

5日 察雅县商务局联合县环保局、应急管理局、市场监督管理局、城市管理与综合执法局等单位8人组成联合检查组，开展了废铅蓄电池污染防治专项检查行动。检查了摩托车维修点及废品回收站点，进行全覆盖防治排查。

5—6日 察雅县残联举办为期两天的残疾人基本服务状况和需求信息数据动态更新培训会，各乡镇残联工作人员共15人参加此次培训。会上，民政局还组织13个乡镇专干对民政政策进行了相关培训。

6日 察雅县香堆镇组织召开9月份重点工作推进会议，会议由察雅县人大常委会副主任、香堆镇党委书记赵玉林主持，香堆镇党委副书记、镇长旦巴扎西作总结。参加会议的有全镇机关干部、驻村工作队员，学校、卫生院等负责人共32人。

同日 察雅县召开2019年食品安全委员会第一次全体会议，副县长蔺锡峰出席会议并作讲话，察雅县市场监管局局长卓玛拥宗主持会议，县食安委成员单位相关负责人参加会议。

11日 昌都市妇联和察雅县妇联联合组织巾帼志愿者，前往察雅县敬老院开展“不忘初心、牢记使命”主题党日活动。昌都市妇联党组副书记、主席王英红，昌都市民安医院医生，美狄亚美容美发国际抗衰中心，县妇联参加此次活动。民安医院医生为察雅县养老院五保老人和单亲母亲免费发放日常药品，检查身体等。

16日 察雅县委政法委积极动员各方面力量投身平安察雅建设，充分结合“国家网络安全宣传周”主题，深入开展“9·16平安西藏宣传日”及“民族团结月”宣传活动，广泛宣传平安建设有关法律法规知识。

同日 察雅县组织开展“我的驻寺生活”演讲比赛活动。活动由察雅县统战部常务副部长靳晓军主持，县政协副主席达瓦扎巴出席活动，邀请县委组织部、县委宣传部、团县委领导担任评委，22个片区宗教工作领导小组各选派一名参赛选手参赛。

17日 察雅县组织召开2019年上半年“遵行四条标准 争做先进僧尼”教育实践活动表彰大会暨民族团结创建工作推进会。会议由察雅县委副书记、常务副县长覃波主持，市政协副主席、县委书记任厚明及部分四大班子和寺庙管委会县级领导出席会议，13个乡镇负责人、22个片区宗教工作领导小组组长、县直各单位主要负责人、获评“遵行四条标准 争做先进僧尼”教育实践活动先进集体及个人代表、县统战民宗部分干部参加会议。

同日 察雅县公安局联合县教育局、应急管理局、食药监局、消防大队对察雅县中小学开展安全大检查。此次检查，察雅县公安局共出动警力4人，车辆1台，检查学校2所，商铺9家。通过此次安检查，有效提高辖区校方的安全管理意识，强化辖区各校的安全防范措施，加固校园广大师生的安全屏障，提升在校师生的安全感和满意度，为辖区校园的持续稳定打下坚实的基础。

同日 共青团察雅县委员会开展慰问送温暖活动，为大学生志愿服务西部计划志愿者送去诚挚的问候。此次慰问更让志愿者感受到关心和厚爱，表示将踏实工作、扎根基层、吃苦耐劳，运用自己的专业和智慧，圆满完成志愿服务任务。

19日 察雅县卫生健康委员会组织单位5名干部职工及1名群众共同收看德耀中华——第七届全国道德模范颁奖仪式。节目分为“见义勇为”“诚实守信”“助人为乐”“孝老爱亲”“敬业奉献”5个篇章，每个篇章包含播放短片、现场访谈、颁发奖章、致敬礼赞、文艺表演等环节展示全国道德模范的先进事迹。颁奖仪式充分体现庄重感、荣誉感、仪式感，生动展示道德模范的感人事迹，深刻阐发道德模范的崇高精神，大力弘扬崇尚模范、学习先进的鲜明价值追求。

20日 为庆祝中华人民共和国成立70周年，将党和政府对职工群众的关心、关爱传递给广大职工群众，增强职工群众的归属感和幸福感，营造团结奋进的节日氛围，察雅县委召开理论学习中心组2019年度第十三次学习会暨第二批“不忘初心、牢记使命”主题教育第一次专题研讨会。昌都市政协副主席、察雅县委书记任厚明主持并讲话。县委领导覃波、觉昂泽仁、刘春燕、加永旦增、晏启文、田翠平、任建利出席会议。部分县处级干部、各乡镇党政主要负责人、寺管会片区负责人、县（中、区）直单位负责人参加会议。

同日 察雅县委召开理论学习中心组2019年度第十三次学习会暨第二批“不忘初心、牢记使命”主题教育第一次专题研讨会。昌都市政协副主席、察雅县委书记任厚明主持并讲话。县委领导覃波、觉昂泽仁、刘春燕、加永旦增、晏启文、田翠平、任建利出席会议。部分县处级干部、各乡镇党政主要负责人、寺管会片区负责人、县（中、区）直单位负责人参加会议。

23日 察雅县检察院召开“不忘初心、牢记使命”主题教育集中学习研讨活动动员部署会。县检察院在家全体干警参加会议。会上院党组书记、检察长冯天让全文传达《察雅县“不忘初心、牢记使命”主题教育专题研讨方案（讨论稿）》。

24日 团重庆市委对口援助察雅团委工作交流会暨物资捐赠仪式在吉塘首驿3号会议室举行。察雅县副县长韩宝云出席会议并作重要讲话，团重庆市委党组成员、副书记，市青联主席叶力娜带队的团重庆市委援藏代表及青年企业家代表一行19人出席会议。

27日 察雅县总工会开展“喜迎新中国成立70周年工会服务在基层”为主题的庆国庆送温暖活动，集中慰问察雅县环卫工人、临时工、聘用干部、公益性岗位人员等。

28日 由察雅县委、县政府主办，县农业农村局承办，县委宣传部、卫健委、文化局、自然资源局、生态环境局、教育局、县人民医院等7家单位协办的察雅县2019年农民丰收节暨科普宣传日活动启动仪式在澜沧江广场举行。

29日 察雅县发改委积极组织开展市场物价检测调查，从检查调查表数据反映情况来看，察雅县物价整体情况如下，部分商品价格与2018年同期相比有所变化，由于受气候变化的影响，察雅县蔬菜9月价格较上年有所上涨。总的来看，察雅县粮食类、糌粑类、食用油类、肉禽蛋类、副食品等商品价格比较稳定。

30日 察雅县在澜沧江广场举行“不忘初心、牢记使命”主题教育活动暨热烈庆祝中华人民共和国成立70周年文艺会演。昌都市政协副主席、察雅县委书记任厚明，县委副书记、政法委书记、公安局党委书记、局长巴桑扎西，县委常委、县人大常委会主任觉昂泽仁，县委常委、常务副县长韩宝云，县人大常委会副主任美珠卓嘎，县委常委、宣传部部长晏启文，副县长蔺锡峰、古金容、次仁顿珠等部分县级领导观看演出。

10月

1日　察雅县举行烈士纪念日公祭活动。昌都市政协副主席、察雅县委书记任厚明，县委副书记、政法委书记、公安局党委书记、局长巴桑扎西，县委常委、县人大常委会主任党昂泽仁，县委常委、常务副县长韩宝云，县人大常委会副主任美珠卓嘎，县委常委、宣传部部长晏启文，副县长蔺锡峰、古金容、次仁顿珠，县政协主席平措等县级领导与广大干部群众一同参加烈士纪念日活动，深切缅怀革命先烈们的丰功伟绩。公祭仪式由察雅县委副书记、常务副县长覃波主持。

3日　察雅县在澜沧江广场举行2019年农民丰收节暨科普宣传日活动启动仪式。启动仪式由察雅县委、县政府主办，县农业农村局承办，县委宣传部、县文化局、县自然资源局、县卫健委、县生态环境局、县教育局等单位协办。

4日　察雅县公安局组织召开中央扫黑除恶督导“回头看”迎检工作部署会，县委副书记、政法委书记、公安局党委书记、局长、督察长巴桑扎西主持会议，公安局部分局领导出席会议，各科室负责人、扫黑办民警代表参加会议。

8日　察雅县为进一步巩固提升脱贫攻坚成果，补齐贫困户群众物质和精神双短板，决胜全面建设小康社会。香堆镇于组织建档立卡贫困户，举行建档立卡贫困户电视机发放仪式，仪式由察雅县人大常委会副主任、香堆镇党委书记赵玉林主持并发表重要讲话。

9日　根据中央、区党委、昌都市委，关于开展“不忘初心、牢记使命”主题教育工作要求，进一步深化“不忘初心、牢记使命”主题教育工作，察雅县纪委监委党支部召开“不忘初心、牢记使命”主题教育活动讨论会。会议由察雅县纪委监委党支部书记杨琳组织，纪委监委党支部全体党员参加。

同日　察雅县政协党组组织全体党组成员，召开察雅县政协党组“不忘初心、牢记使命”主题教育学习研讨会，会议由察雅县政协党组书记、主席平措主持，县政协副主席梅勇、格桑卓玛、达瓦扎巴，政协办公室、文史办及政协和员全体人员参加会议。

10日　察雅县人大机关党支部以“不忘初心、牢记使命”为主题组织开展10月份“主题党日”活动暨支部集体学习会。察雅县人大常委会党组书记、主任党昂泽仁及党组副书记、副主任美珠卓嘎以普通党员的身份参加活动。

15日　察雅县人民法院党支部组织开展“不忘初心、牢记使命”主题教育测试。通过以测促学，进一步强化察雅县人民法院党支部党员干部的党性修养，促进党员学思用贯通、知信行统一，使察雅县人民法院党支部党员干部的党性修养、政治品格得到进一步锻造和提升。

16日　昌都市公安局党委副书记、政治部主任刘显明到察雅县公安局检查指导“不忘初心、牢记使命”主题教育和党建相关工作，察雅县委副书记、政法委书记、公安局党委书记、局长、督察长巴桑扎西陪同检查。

同日　察雅县矿植物颜料有限公司一次性签订了80多万元的销售大单，成为当天昌都市的销售冠军。

同日　察雅县香堆镇达巴村驻村工作队召集全村干部群众在党群活动中心开展“群防群治 净美达巴”卫生清洁动员活动，活动要求村“两委”班子成员做好表率示范作用、积极引导农牧民群众树立良好生活习惯、讲文明爱生活；要求村民群众改变生活陋习，重视卫生健康和家园生态保护。

18 日　根据县委“不忘初心、牢记使命”教育活动安排部署，副县长次仁顿珠组织分管部门自然资源局、住房和城乡建设局、林业和草原局开展“不忘初心、牢记使命”主题教育党课授课活动，此次授课主题为“牢记初心，忠诚干净担当干事”。

21 日　察雅县人大常委会党组举行“不忘初心、牢记使命”主题教育专题党课。县人大常委会党组书记、主任党昂泽仁以《增强党员意识发挥党员作用，以新时代新担当新作为推动察雅县人大工作不断向前发展》为题为大家讲党课。县人大党组成员及县人大机关党员干部参加。

22 日　察雅县卡贡乡卡贡村工作队组织村民开展“四讲四爱”群众教育实践活动之“讲贡献爱家园”宣教活动。此次参加人员有驻村工作队、村两委班子、村民共 15 人。通过观看专题片，干部们不仅能从张富清、李连成、黄文秀、唐真亚、李萌、隋耀达为代表的个人和嫦娥四号工程党组织为代表的先进集体学习到共产党为中国人民谋幸福、为中华民族谋复兴的初心和使命，还能从他们平凡而伟大的默默奉献中学习到该如何践行入党初心和誓言。

29 日　察雅县检察院党组书记、检察长冯天让以《铭记初心、聚焦标准，争当新时代优秀共产党员》为题，给全体干警讲一堂既“上接天线”又“下接地气”的党课。

11 月

1 日　经察雅县人民政府批准，组织召开察雅县永久性基本农田补划方案、永久基本农田储备区划定方案审查会，会议由察雅县副县长次仁顿珠主持召开，县自然资源局、发改委、林业和草原局等有关部门参加会议。

同日　察雅县组织召开迎接区、市综治考评动员部署会暨第二期政法工作业务培训会开班式，察雅县委副书记、政法委书记、公安局党委书记、局长、督察长巴桑扎西主持会议，部分县级领导、各综治成员单位负责人、各乡镇党政主要领导及综治专干共 70 余人参加会议，昌都市政协副主席、县委书记任厚明出席。

同日　昌都市教育局组织开展了昌都市第三届中小学生电脑制作活动暨第七届中小学生电脑运动会（移动杯），比赛为期三天。

3 日　为充分展示察雅县产业扶贫丰硕成果，加大产业扶贫宣传推介力度，促进产业扶贫成果与市场有效对接及消费扶贫，持续巩固脱贫成效，察雅县积极组织扶贫企业参加自治区扶贫产业成果展，并取得不俗成绩。察雅县共推荐察雅县吉祥农林建设投资有限公司、察雅县矿植物颜料有限公司等两家扶贫企业参展，共带去构树茶、构树植物蛋白粉、构树青贮饲料及配方颗粒饲料等系列产品，矿植物颜料及黑陶等系列制品，深受广大拉萨市民喜爱，参观、咨询、购买者络绎不绝。

4 日　针对城市发展中衍生出一系列涉及群众生产生活的问题，县委副书记、县长其珠多吉一行深入县城周边开展“不忘初心、牢记使命”主题教育专题调研活动，并召开现场办公会提出解决方案，随后深入信访大厅、市场监管局、县城菜市场等处督导检查，进一步将“不忘初心、牢记使命”主题教育推向深入，真正做到“将实惠与方便留给群众，把问题和困难交给政府”，不仅要做大事，还要顾上民生小事。副县长四郎江村，县政府办、发改委、住建局、水利局、市场监管局、城管局等单位负责人一同调研。

同日　察雅县副县长蔺锡峰召集分管部门讲授了生动活泼的一堂党课，县商务局、市场监管局、人民医院等部门近 20 人参加。蔺锡峰围绕“不忘初心、牢记使命”主题教育，结合近期学习《习近平关于“不忘初心、牢记使命”重要论述选编》、《习近平新时代中国特色社会主义思想学习纲要》、习近平总书记最新重要讲话文章的收获和感悟，与大家一起交流如何运用习近平新时代中国特色社会主义思想指导实践。

5日 察雅县四大班子县级领导、40余个部门在察雅县藏戏广场开展“不忘初心、牢记使命”为民服务解难题活动，就广大群众反映突出、急需急盼、意愿强烈的热点难点问题进行现场征集并解决。昌都市政协副主席、县委书记任厚明到察雅藏戏广场，就为民服务解难题进行现场接访。

6日 察雅县高标准农田建设项目推进会在县政府二楼会议室召开。会议由县农业农村局局长朱雪琼主持，项目监理单位及施工单位相关负责人参加会议。察雅县2019年高标准农田建设项目由县农业农村局负责组织实施，共涉及香堆、荣周、扩达、王卡和烟多等5个乡镇的26个村，建设农田规模为1266.67公顷。

7日 察雅县委副书记、县长其珠多吉主持召开察雅县人民政府贯彻中共十九届四中全会精神专题学习会议。县委副书记、常务副县长覃波，县委常委、副县长任建利，县人大常委会副主任、香堆镇党委书记赵玉林，副县长古金容、蔺锡峰、四郎江村、次仁顿珠，政协副主席格桑卓玛出席会议，县委办、人大办、政府办、政协办、县纪委、发改委、财政局等单位负责人参加会议。

同日 《察雅县志》终审工作会议在县政府二楼会议室顺利召开，昌都市委党史研究室（市地方志办公室）主任杨英奎出席指导。察雅县委副书记、县地方志编纂领导小组常务副组长、县长其珠多吉，县委常委、县地方志编纂领导小组副组长、统战部部长加永旦增，县委常委、县地方志编纂领导小组副组长、宣传部部长晏启文，县地方志编纂领导小组副组长、副县长四郎江村，县地方志编纂领导小组副组长、政协副主席达瓦扎巴出席会议，县地方志编纂领导小组相关成员单位负责人及退休老干部代表参加会议。会议由县委副书记、县地方志编纂领导小组副组长、政法委书记、公安局党委书记、局长巴桑扎西主持。

8日 察雅县委副书记、县长其珠多吉主持召开察雅县人民政府党组学习会议。县委副书记、常务副县长覃波，县委常委、副县长任建利，县人大常委会副主任、香堆镇党委书记赵玉林，副县长古金容、蔺锡峰、四郎江村、次仁顿珠，政协副主席格桑卓玛出席会议，县委办、人大办、政府办、政协办、县纪委、发改委、财政局等县直各单位负责人参加会议。

同日 察雅县人民代表大会常务委员会第十六次会议召开。应出席常委会组成人员25名，因事因病请假8名，实际出席会议17名。县委常委、副县长任建利，县人民检察院检察长冯天让，县人民法院副院长高红亮，县委组织部、监察委、发改委、财政局、生态环境局负责人以及部分县级人大代表列席了会议。会议由县人大常委会党组书记、主任觉昂泽仁主持。

8—10日 察雅县委常委、宣传部部长晏启文赴察雅县察拉乡开展“不忘初心、牢记使命”主题教育督导及调研，晏启文先后深入到察拉乡人民政府主题教育办公室、中心小学、察拉村、卡达村，与各负责人及工作人员面对面沟通交流，了解主题教育开展具体情况，听取察拉乡党委主要负责人、各部门负责人、部分工作人员介绍主题教育进展，上级部署工作的落实情况、存在的问题、遇到的难题、干部群众反映的突出问题，以及希望得到的支持等，最后对察拉乡抓好下一阶段的主题教育等工作提出意见建议。

10日 察雅县委副书记、县长其珠多吉主持召开控辍保学工作专题会议，通报了察雅县控辍保学工作开展情况，就控辍保学巩固提升工作进行强调部署。县政府办、教育局、发改委、公安局、团县委等单位负责人参加会议。

同日　昌都市水利局2019年水利工程竣工验收领导小组赴察雅县开展为期6天的验收工作，并于11月15日上午组织验收项目的参建各方召开了察雅县2019年度水利项目竣工验收会。

11日　察雅县副县长、加鲁脚曲县级河长古金容开展巡河工作，察雅县河长办负责人等陪同巡河。古金容一行来到加鲁脚曲所在地察雅县察拉乡金巴村段，查看水体环境、沿河两岸卫生、岸线管理等情况，详细听取了关于河湖清“四乱”整治工作情况汇报，指出存在的问题并现场交办，对整改工作提出具体要求和指导意见。

15日　察雅县召开道路交通安全隐患整治联席会，进一步推进辖区道路交通安全工作有序进行。为切实消除道路交通安全风险隐患，有效预防和遏制交通事故发生。

同日　为规范察雅县出租车运营市场，进一步巩固好脱贫攻坚工作成果，切实解决好建档立卡搬迁户脱贫后就业问题，按照中央提出的“脱贫不脱政策、脱贫不脱责任、脱贫不脱帮扶、脱贫不脱监管”要求，经请示县委、县政府主要领导同意，察雅县交通运输局牵头开展察雅县扶贫出租车抽签仪式。

18日　察雅县举办自然资源局执法大队执法人员专场招聘会，副县长次仁顿珠出席，县人社局、自然资源局主要负责人参加。通过前期广泛宣传，共16人到现场应聘，并逐一参加招聘面试。

同日　由昌都市林业局调研员边巴泽仁及市消防支队二级指挥员廖坤带队的昌都市2019年安全生产和消防交叉考核工作组到察雅县就2019年安全生产工作开展考核，副县长次仁顿珠及县应急管理局、林草局、消防大队主要负责人陪同考核。

19日　西藏自治区党委“不忘初心、牢记使命”主题教育第五巡回指导组到察雅县检查指导工作。召开察雅县“不忘初心、牢记使命”主题教育工作情况汇报会，县委副书记、县长其珠多吉主持会议并汇报了全县主题教育开展情况及漠视群众利益专项整治工作开展情况，区党委第五巡回指导组组长熊刚毅询问了四大班子、县纪委监委、组织部、教育局、卫健委等部门工作开展情况，充分肯定了察雅县主题教育工作。

同日　察雅县委副书记、县委政法委书记、公安局党委书记、局长、督察长巴桑扎西主持召开察雅县2019年平安建设（综治）工作问题整改暨迎接自治区考评工作部署会。全县13个乡镇党委、政府负责人、派出所所长及县（中、区）直32个综治成员单位负责人、综治专干人员参加会议。

20日　察雅县委副书记、县长其珠多吉主持召开察雅县人民政府党组“不忘初心、牢记使命”主题教育调研成果交流暨对照党章党规找差距专题会。会议传达学习了《中国共产党章程》《关于新形势下党内政治生活的若干准则》《中国共产党纪律处分条例》。县委副书记、常务副县长覃波，县委常委、常务副县长田翠平，县委常委、常务副县长韩宝云，副县长古金容、蔺锡峰、四郎江村、次仁顿珠出席会议，县委办、人大办、政府办、政协办、县纪委、组织部、发改、财政等单位负责人参加会议。

同日　察雅县委副书记、县长其珠多吉主持召开察雅县人民政府第六次常务会议，县委副书记、常务副县长覃波，县委常委、副县长任建利，人大常委会副主任、香堆镇党委书记赵玉林，副县长古金容、蔺锡峰、次仁顿珠，政协副主席格桑卓玛出席会议，县直各单位负责人参加会议。

21日　自治区民委党组成员、副主任黄云素一行，带领5个地（市）民委工作人员赴察雅县对创建全国民族团结进步示范县工作进行了互观互检。昌都市副市长高学文，市民委党组副书记、主任嘎玛达吉，察雅县委副书记、县长其珠多吉等陪同检查验收。

22日　察雅县公安局第一党支部组织全体党员民（辅）警学习研讨中共十九届四中全会精神，学习研讨会由察雅县公安局党委委员、副局长，第一党支部书记李兴虎主持，并对中共十九届四中全会公报进行原文传达学习，支部班子成员作了交流发言。

同日　察雅县在藏戏广场举行西藏自治区“一网通办”政务服务网宣传推广、引导注册活动。县委副书记、县长其珠多吉，副县长古金容参加，公安局、行政审批和便民服务局等单位积极参加。察雅县正在采取各种形式，进一步在全县范围引导广大群众和相关企业注册西藏自治区“一网通办”政务服务网。

同日　察雅县司法局联合县委政法委、县公安局、县扫黑办深入察雅县中铝新村开展了以“‘双联户’法治宣传”为主题的法治宣讲活动。此次宣讲共发放宣传材料100余份，受教育人数达63人。

23日　察雅县脱贫攻坚指挥部召开昌都市脱贫攻坚普查县级交叉检查见面会。卡若区人大常委会副主任吕素忠，察雅县委常委、常务副县长、县脱贫攻坚指挥部常务副指挥长、县脱贫攻坚指挥部办公室主任田翠平，副县长、脱贫攻坚指挥部副指挥长四郎江村出席会议，副县长、脱贫攻坚指挥部副指挥长古金容主持会议。县委办、人大办、政府办、政协办、县脱贫攻坚指挥部办公室、十三个专项组负责人及交叉检查组成员参加会议。

25日　由察雅县委宣传部牵头，联合县行政审批和便民服务局、司法局、农业农村局、统战部、卫健委等相关部门共同组成的文艺、科技、卫生、法律、爱国爱教宣传“五下乡”在唐琼孜安置点开展活动。

同日　察雅县人民法院举办“不忘初心跟党走、牢记使命勇担当”主题演讲比赛，县法院各庭（科）室派一名干警结合工作生活实际，用生动的语言，倾情讲述在法院的成长经历和感人故事。

同日　察雅县应急管理局组织所有干部学习中共十九届四中全会精神，会议由应急管理局局长索朗旺加主持。

26日　察雅县委副书记、常务副县长覃波主持召开巡察工作领导小组会议，听取第六轮巡察组巡察工作阶段性汇报。领导小组成员杨琳、马德光、李程辉参加，第六轮各巡察组成员、巡察办相关工作人员参加。

同日　察雅县妇联党支部联合县总工会党支部组织全体党员干部职工在总工会办公室深入学习贯彻中共十九届四中全会精神，会议传达了《中国共产党第十九届中央委员会第四次全体会议公报》《中共中央关于坚持和完善中国特色社会主义制度推进国家治理体系和治理能力现代化若干重大问题的决定》，以及习近平总书记在中共十九届四中全会上的重要讲话。

同日　察雅县市场监督管理局组织开展特种设备（电梯）安全知识培训，德西林卡物业公司及6家酒店特种设备（电梯）管理人员和作业人员参加，县市监局全体干部参加。

同日　察雅县举办“不忘初心、牢记使命”主题教育干部讲堂，特邀中共重庆市大足区委党校讲师、教育学硕士李远丹作主题讲座。县委副书记、常务副县长覃波主持讲座。县四大班子、县级寺庙管委会部分领导干部，13个乡镇党政主要负责人、县直部门全体干部共240余人参与讲座。

27日　察雅县肯通乡各村驻村工作队利用村民闲暇时间入户开展“四讲四爱”第四节点“讲文明爱生活”群众教育宣讲活动。

28日　察雅县教育工会第三次代表大会在教育局四楼会议室召开，县教育工会主席、副主席、各学校工会主席、县教育局相关负责人、各校校长等50余人参加会议，县总工会副主席仁青卓玛到会指导。

29日 自治区宣讲团深入昌都开展宣讲活动。部分县级领导、县直各单位除值班人员全体干部、农牧民群众、在校学生、寺庙僧人，共380余人参加了此次中共十九届四中全会精神报告会。县委副书记、常务副县长覃波主持，自治区党委干部理论教育讲师团成员、拉萨市委干部理论教育讲师团成员、拉萨市委马列教研室讲师、西藏党史硕士、西藏历史博士陈乐老师做宣讲报告。

同日 在察雅县农村公路总承包项目办的组织下，召开了2019年度总结大会，察雅县农村公路总承包项目各参建单位主要管理人员共26人参会。

12月

1日 昌都市政协副主席、察雅县委书记任厚明深入察拉乡、察多寺、曲瓦寺、烟多寺等地督导调研“不忘初心、牢记使命”主题教育和创新寺庙管理相关工作，并看望慰问基层干部职工和爱国爱教先进僧尼。

同日 察雅县自然资源局深入香堆镇香堆居委会兑现香堆镇三期道路建设项目用地征地补偿费。兑现现场，香堆镇负责人及自然资源局工作人员向被征地群众深入讲解了相关政策及征地补偿标准，认真核算、仔细校对后，县自然资源局按照程序，向被征地群众兑现征地补偿款223155元，涉及9户被征地群众。

2日 察雅县人力与社会保障局举行了察雅县精准扶贫巡游出租车驾驶员岗前培训开班仪式，昌都市运管局特聘专家出席并作指导。为规范察雅县出租车运营市场，进一步巩固好脱贫攻坚工作成果，切实解决好建档立卡搬迁户脱贫后就业问题。

同日 察雅县人民法院联合县司法局邀请县中学和县小学各50名学生，共计100余名师生走进法院开展“模拟法庭”活动。县人民法院党组副书记、副院长高红亮，县司法局局长洛松达吉等领导参加庭审观摩活动。

3日 昌都市政协副主席、察雅县委书记任厚明主持召开“不忘初心、牢记使命”主题教育学习贯彻中共十九届四中全会精神专题研讨会。会上传达学习了中共十九届四中全会精神。县委副书记、县长其珠多吉，县委常委、统战部部长加永旦增围绕中共十九届四中全会精神作交流发言。

4日 察雅县委副书记、县长其珠多吉深入阿孜乡、香堆镇就主题教育、脱贫攻坚普查、民生改善等工作进行督导调研，县政府办、住建局、香堆镇、阿孜乡等相关单位负责人一同调研。

6日 昌都市政协副主席、察雅县委书记任厚明主持召开九届察雅县委第七次书记专题会，听取第六轮巡察情况汇报。县委副书记、县长其珠多吉，县委副书记、常务副县长覃波，县委副书记、政法委书记、公安局党委书记、局长巴桑扎西出席会议，县委办主任罗旭锋、县委巡察工作领导小组成员杨琳、马德光、李程辉，县委第六轮巡察一组组长柴世录、副组长张晓华、信息员、联络员、县委巡察办相关人员参加会议。

同日 察雅县人民政府党组以“不忘初心、牢记使命”为主题召开专题民主生活会。县委副书记、政府党组书记、县长其珠多吉主持。县委副书记、常务副县长覃波代表县委巡回指导组全程指导并作点评。部分县政府党组班子成员及部分县级领导，各乡镇主要负责人、县直相关单位负责同志、农牧民“两代表一委员”参加会议。会上，其珠多吉带头作个人检视剖析和自我批评。其他党组成员逐一进行对照检查，以严肃认真的态度、较真碰硬的精神开展了批评和自我批评。

7日 察雅县王卡乡夺巴村莫多畜牧养殖农民专业合作社举行分红仪式，县委常委、副县长任建利，王卡乡党委副书记、乡长骆鹏宇，夺巴村驻村工作队负责人，合作社财务负责人及全体参与合作社代表20多人参加分红仪式。

8日 察雅县委常委、纪委书记、监委主任、县委巡察工作领导小组组长杨成超主持召开巡察整改集中提醒谈话会，认真贯彻落实县委主要领导批示精神，切实履行县纪委监督责任、巡察工作领导小组组长主体责任，进一步传导巡察整改政治压力，进一步压实巡察整改政治责任，确保巡察整改取得实实在在的政治效果和社会效果。

10日 昌都市政协副主席、察雅县委书记任厚明组织召开“景观亮化工程”过度化等政绩工程、面子工程专项整治工作安排部署会议。县纪委书记杨成超，副县长次仁顿珠出席会议，县委办、县纪委监委、县委组织部、县自然资源局等相关部门负责人参加会议。会上，对区、市《关于在主题教育中整治“景观亮化工程”过度化等“政绩工程”“面子工程”问题的通知》精神进行了原文传达学习，并结合实际成立了县专项整治工作领导小组，统筹开展相关工作。

11日 为进一步做好察雅县就业创业工作，促进察雅县高校毕业生及群众尽快尽早实现就业。察雅县人社局举行室内小型招聘会，就圣成凯装饰公司、天足道足疗两家企业21个就业岗位召开招聘。

12日 察雅县组织召开全县安全生产电视电话会议，县委常委、常务副县长、安委会常务副主任韩宝云出席会议并讲话，县安委会各成员单位、企业负责人等55人参加会议，各乡镇设立分会场。

14日 自治区消防救援总队防火部副部长扎西江措带领自治区安全生产和消防工作现场考核巡查第五巡查组到察雅县检查指导2019年度安全生产和消防安全目标责任制考核相关工作。昌都市副市长高学文，市应急管理局党组书记、副局长王泽培，察雅县委常委、常务副县长韩宝云及相关部门负责人参与。

15日 察雅县民间艺术团在县中学、小学开展演出并教授学生学习基本动作，让全体师生了解藏戏、唱响经典，深受全校师生及民众的喜爱。活动累计观众人数达2000余人，参与学习的学生达600余人。传承和弘扬中华民族优秀传统文化，进一步丰富校园文化生活，增强青少年文化自信。

17日 察雅县在澜沧江文化广场举行雅达扶贫出租车运营启动仪式。县委常委、副县长任建利出席仪式，县公安局交警队、县农业农村局、扶贫办、信访局、城管局、电视台等多家单位参加。

18日 共青团察雅县第一次代表大会召开，昌都市政协副主席、察雅县委书记任厚明出席并讲话，团昌都市委副书记扎西卓玛，察雅县委副书记、组织部部长张原松，县政协主席平措，县委常委、纪委书记、监委主任杨成超出席会议，会议由县委常委、常务副县长韩宝云主持，县总工会主席江珍代表人民团体致贺词。

19日 根据《西藏自治区农业农村厅关于开展2019年西藏自治区农牧民补助奖励政策验收工作的通知》要求，按照自治区农牧民补助奖励政策领导小组办公室的安排和部署，自治区农牧民补助奖励政策交叉验收工作组于12月17日、18日对察雅县2019年度农牧民补助奖励政策落实情况进行了全面细致的检查验收。县委常委、副县长、县草奖办主任任建利，县农业农村局局长、县草奖办副主任朱雪琼以及县草奖办工作人员参与验收。

同日 自治区2019年度河长制、水资源管理制度考核暨水利重点工作督查组组长、自治区水利厅党组成员、总工程师周建华一行到察雅县开展考核督查工作，考核督察组先后前往吉塘镇、新卡乡现场检查农村饮水安全运行管理“三个责任”“三项制度”落实情况、农村供水工程冬季防冻措施、河长制工作等工作进行现场督察，县委常委、副县长任建利，县水利局副局长黄毅参与。

21日 察雅县委常委、纪委书记、监委主任杨成超深入扩达乡就落实脱贫攻坚成效考核、昌都市委巡察整改、医疗卫生、教育发展、机关工作、党员干部政治理论学习等重点工作开展调研。

同日 在察雅县委、县政府的正确领导下，在援藏专家的大力支持下，在全院干部职工的共同努力下，县人民医院成功创建二级乙等综合医院，全面提升了医院的综合能力，进一步满足了人民群众多层次的医疗服务需求。察雅县人民医院召开2019年工作总结表彰暨2020年工作部署会。副县长蔺锡峰、县卫健委主任赵长超、县人民院院长顿珠出席会议，县人民医院常务副院长、援藏专家何晓梦主持会议，县人民医院全体职工参加会议。

22日 为提高广大妇女儿童的法律素质和依法维护自身权益的能力，察雅县妇联联合察雅县司法局开展了妇女儿童维权法律宣传活动。

23日 西藏自治区脱贫攻坚指挥部发布公告：2019年12月9日，经自治区人民政府研究，批准日喀则市谢通门县、江孜县、萨迦县、萨嘎县、拉孜县、南木林县，昌都市八宿县、左贡县、芒康县、贡觉县、察雅县，那曲市色尼区、巴青县、尼玛县、双湖县、申扎县，阿里地区措勤县、改则县、革吉县共19个县（区）退出贫困县（区）。

同日 在察雅县委、县政府的大力支持和巴日乡党委、乡政府的积极牵头下，察雅县冠丰商贸有限公司深入巴日乡中心小学开展冬季“送温暖”活动。此次活动，爱心企业察雅县冠丰商贸有限公司为巴日乡中心小学捐赠校服461件，价值15万元。

26日 察雅县组织召开2019年全县教学质量分析会。会议在察雅县第一小学报告厅召开。县教育局在家领导、局机关全体干部、各学校所有校级领导、教务处人员、各教研组（年级组）正副组长、各学科教师及全县六年级任课教师共400余人参会。

县情概要

察雅概览

【概　况】察雅县位于西藏自治区昌都市东南部，地处横断山脉北段，地理坐标为北纬30°04′~30°59′，东经97°11′~98°29′。北连昌都，东邻贡觉县，南与芒康县、左贡县接壤，西与八宿县毗邻。版图呈东西窄、南北长的菱形。察雅县山脉河流呈西北至东南走向，西北部（吉塘镇、卡贡乡）最高处海拔达5630米，巴日乡则松村（澜沧江出境处）现代河床水面海拔仅2870米，平均海拔3500米。境内东中部由高原、丘状高原和山原地貌相依而成；西部是高山峡谷，沟壑纵横。澜沧江由西北而东南蜿蜒出境，麦曲作为澜沧江一级支流由东南向西北横穿县境腹部滋润两岸土地。因纬度、地势差异等影响，依次出现高原温带半干旱气候、高原寒温带半湿润气候等气候类型。适于耐寒、耐旱、早熟作物生长，有利于林、牧、果树生产的发展。距昌都市90千米，辖13个镇乡，143个行政村（居），476个村民小组（自然村），总人口65649人，其中农牧业人口62078人。地域面积8255.59平方千米，主要以第二产业为主，农业主产青稞、春小麦、冬小麦、玉米、油菜、豌豆、马铃薯、大白菜、小白菜等，畜牧业主要有牦牛、黄牛、犏牛、绵羊、山羊、马、骡、猪、鸡等。耕地面积3345.3公顷，粮食播种面积2953.3公顷。林地面积3451.69公顷，林地覆盖率41.8%。国家级野生保护动物有雪雉、藏马鸡等，已探明矿产资源有铜、钼、铅、锌、银、白云岩、石灰岩等。主要旅游景点有卓玛温泉、德玛雪山、仁达摩崖石刻等，特色产品有察雅干杏、察雅黑青稞、察雅苹果、阿孜绵羊等。2019年，完成地区生产总值14.75亿元，同比增长8.2%；其中，第一产业完成21933万元，同比增长10.5%；第二产业完成73983万元，同比增长7%；第三产业完成51566万元，同比增长14.5%。全社会固定资产投资14.5亿元，同比增长18%。社会消费品零售总额完成3.74亿元，同比增长10.3%。地方财政收入6180万元，同比增长18%。农村居民人均可支配收入达到11245元，同比增长13.6%；城镇居民人均可支配收入达31521元，同比增长10.8%。实现城镇就业14131人，城镇登记失业率小于3%。截至年底，参加城乡居民基本养老保险26377人，参加城乡医疗保险2357人，参加城乡养老保险2357人，参加城乡失业保险1237人，参加城乡生育保险2357人，参加城乡工伤保险2357人，2019年享受城乡居民基本养老保险60岁以上待遇51996人次，待遇支付9874955.9元。

2019年实现138个贫困村退出，4161户20852人脱贫。建档立卡贫困人口实现“两不愁、三保障”，告别绝对贫困。2019年12月23日，西藏自治区对外发布公告批准察雅县退出贫困县。

【人口民族】 截至2019年年底，全县总人口65649人，其中农业人口44753人，牧业人口17325人，非农业人口3571人。除藏族外，还有汉族、回族、蒙古族等。

【民俗宗教】 察雅县烟多“热巴”有“活化石”之称，是久负盛名的“热巴”流派之一。烟多“热巴”的代表艺人桑登培曾为西藏歌舞团和昌都市歌舞团传授“热巴”技艺。察雅县又是昌都市盛行藏戏的四个县之一，其中流传在新康的藏戏最具地方特色。宗教艺术中，以玛贡寺的“第穆古美”、萨迦派宗沙寺的“多吉普巴羌”等神舞最出名。其中位于荣周乡的学寺为玛仓噶举的祖寺，位于香堆镇的角克寺是西藏东部最大的尼姑寺。石刻艺术历史悠久，技艺很高。位于香堆镇的仁达摩崖造像，雕刻于唐贞元二十年（804年），它融藏族、汉族石刻艺术于一体，有着很高的历史和艺术价值；郎荣石雕和宗萨迦“日朝”灵塔群的石雕也极具特色。

地理环境

【地　质】 察雅县位于三江（金沙江、澜沧江、怒江）弧形构造中段，按构造分区属昌都准地名、昌都—芒康台陷，构造行迹总体是向北突出的弧形褶皱带。中部主要有他念他翁复背斜和芒康山复向斜纵贯察雅。东侧有甲丕拉—康沙背斜伸入。

1. 他念他翁背斜主体沿澜沧江与北怒江之间分布，卷入地层有碳系、叠系、上三叠和侏罗系，近核心部的东翼，有一条由西南向北东逆冲断裂，称北澜沧江断裂带，裸露处有岩浆岩。

2. 芒康山复向斜分布于他念他翁复背斜以东，槽部位于昌都、香堆一线，主要由侏罗系、白垩系组成。芒康山复向斜次级褶皱发育较多。由东至西有察雅背斜、龚卡—竹卡断层、阿孜向斜、香堆向斜、那松背斜、业瓦向斜、金达背斜等褶皱群。

3. 甲丕拉—康沙背斜。位于芒康山复向斜东侧，背斜主体分布在妥坝，其南段延伸至察雅东北，在王卡一带倾伏，由上古生代地层构成核心部，翼部露出上三叠统地层。

【地　形】 察雅县地处横断山脉北段，属西藏东部干山河谷地区、三江流域高山深谷区、三江北部河谷亚区。山脉河流呈北西至南东走向。县内山脉属唐古拉山的东延部分，西有他念他翁山，东有宁静山，其间有澜沧江峡谷。呈以下四个特征：

1. 总体地势高，地面切割深

察雅县地势西北部（吉塘镇、卡贡乡）高，最高海拔5630米，最低处在巴日乡则松村（澜沧江出境处），现代河床水面海拔2870米。总体地势2900～4000米，西部他念他翁山海拔5000米以上，如卡贡舍拉（5604米）、吉塘草坡西（5347.8米）、然堆（5386米）；东部宁静山海拔5000米以上的山头不多，仅见于北部的肯通、扩达、王卡等乡。

2. 层状地貌发育

从第三世纪开始，西藏高原进入大幅度、分阶段的强烈隆起，急速的抬升运动，影响着现代地貌发育。首先，高原上的古地形，尚未被后期的剥蚀力量破坏，保留至今。如察雅境内明显可见两级古夷平面：第一级海拔5000～5200米，以等高的山顶面及宽坦的山地垭口等形态，保留夷平面特征，与现在高原的高差为300　～500米；第二级海拔4500～5000米，为分布较广的山原面，普遍经受后期的地形切割，内部又分布有海拔4000～4500米的宽谷，为发育不充分的盆地面。其次，河谷地带常见一至二级谷肩，海拔分别为3300～3400米、3600～3700米。局部宽谷河段如吉塘、烟多、荣周、香堆等地，发育有三至四级阶地。在烟多明显可见四级：一级阶地，高山近代河床水面 12～15 米，二级阶地，相对高差约 30～35 米，二者多成堆积阶地，因受近代洪积扇和坡积裙影响，致使阶面物质成分、粒度等变化较大。三至四级阶地，相对高差分别为 40～50 米、60～65 米，为基座阶地，阶面主要为洪积物覆盖，其厚度 1～5 米，夹砾石较多，砾石组成与沟石岩相同，形状多呈半滚圆状。

3. 构造地貌明显

地貌是地质内营力和外营力综合作用的产物，察雅县地貌的形成亦是如此，如海拔 4300 米（森林上限）以上地带，寒冬风化占主导，地貌不易反映构造特征，多成起伏平缓的宽谷，海拔 4300 米以下地带，流水侵蚀作用较强，形成的地貌，反映构造特征突出，特别是芒康山复向斜内的次级褶皱，由抗蚀能力不均的紫色砂、页岩组成，经侵蚀后，构造地貌异常发育。如香堆宽谷是香堆向斜所成的向斜谷；烟多坝子是察雅背斜侵蚀而成的背斜谷；芒康山复向斜内的次级褶皱，其翼部均成的单斜地貌。

4. 峡谷地貌典型

澜沧江源于北部高原面，自昌都进入县境后，除吉塘附近河谷较宽外，绝大部分河段呈典型的深切 V 形谷地，如卡贡以下河段，六水通过坚硬岩层（结晶灰岩和石英岩），形成陡峻的 V 形峡谷，谷坡上因物理风化及重力作用，物质移动至坡麓形成大量泄流坡、倒石堆等堆积形态，对河床演变产生很大影响，如 1976 年 8 月中旬，在察雅大桥附近的澜沧江右岸，一次不大的泄流崩坍，将澜沧江河床推向左岸，使河道显著变窄，并在河中产生壅水。

【地　貌】 察雅县地貌由东中部的高原和西部的高原和西部的高山峡谷两大基本形态单元构成，同时高原又有丘状高原和山原地貌之别。按照地貌划区，境内可分为丘原区、山原区、高山深谷区。

（1）丘状高原分布在察雅东部，包括阿孜、宗沙、香堆、扩达等乡镇，占全县面积的 33.36%。丘状高原海拔多在 4000 米以上，原面辽阔，切割微弱，相对高差 100～150 米，丘体浑圆，丘坡平缓，坡度均在 25 度以下，河谷宽浅，为浅丘宽谷地貌。由于地面平坦，麦曲的几条支流（坤达曲、昌曲、旺布曲）曲流十分发育，高原内部地势低洼处，常有沼泽化现象。因地势高亢、气候寒冷，无森林分布，植被主要为亚高山草甸和高山草甸。与其环境条件相应的广泛分布着亚高山灌丛草甸土、高山草甸土、高山灌丛草甸土。农业利用以畜牧业为主。

（2）山原区，分布在察雅中部，丘状高原北西的麦曲流域，包括烟多、荣周、香堆、王卡、扩达等乡镇，占全县面积的 34.24%。为丘原向高山峡谷的过渡地带，海拔 3000～4000 米，相对高差 500～1000 米，河流下切程度，由南、东而北、西逐渐加深，使高原面被分割，呈岭平谷宽的地貌特征，即谷底仰望是山，山顶四顾如原。同时，谷坡上可见一至二级谷肩，谷底出现面积较小的三至四级河谷阶地和洪积扇。利用方式以农牧业为主，草地分布于山顶和谷坡，农耕地集中分布在海拔 3700 米以下的坡麓和谷底。

（3）高山深谷位于察雅县西部，包括吉塘、卡贡、新卡等乡镇，占全县面积的 32.41%。地势高低悬殊，相对高差 1500 米以上，山岭海拔 4000 米以上，其中半数以上山头海拔 5000 米以上，如卡贡舍拉（5604 米）、吉塘草坡西（5347.8 米）、然堆（5386 米）等。峰峦叠嶂，坡表切割破碎，峡谷幽深，河流深切，水流湍急。岭谷间高差深达 1500～2000 米，复杂的地形引起地表水热状况再分配，导致气候千差万别，呈现出“一山四季”“十里不同天”的明显垂直差异。同时也引起植被分布的差异和坡面物质的重要特征。

【气　候】 察雅县地处中纬度，按纬度分属亚热带气候，但由于西藏高原的作用，打破了地球路面自然地域维向分异的一般规律，又由于县城内部地形、地势差异这一固有地理因素的影响，依次出现高原温带半干旱气候和高原寒温带半湿润气候等气候类型。

县境内地形复杂，地势高亢，气候以寒冷为基本特点，降水分布受地形的影响较大，干季雨季分明，多阵性降水，季节分布不均匀，降水量北多南少。夏季温和湿润，冬季气候干冷，气温日较差大，年较差小，年平均气温 8.2℃，月平均气温 16.7℃，最冷月平均气温 2℃。日平均气温 5℃ 以上持续期 209.2 天，0℃ 以上持续期 278.8 天。霜期最多 293 天，最少 169 天，平均 233.9 天，年平均无霜期 130 天。年平均降水量 472.4 毫米，集中在 5—9 月。

察雅县境的农业气候是在其独特的自然地理环境下形成的。特点：日照充足，光合生产潜力大，有利于农作物的高产稳产；热量水平不高，气温年较差小，日较差大，生长期长，热量资源有效性高，适宜多种作物生长；雨热同期，水热资源利用率高，但地域分布不平衡；农业气候类型复杂多样，小气候资源丰富，适宜农林及多种经营；季风气候不稳定，水热资源年际变化大。光、热、水等是县境主要的农业气候特征值。

境内降水，在时间上分布不均匀，干季、雨季差异明显。冬春至初夏这段时间，降水稀少，10 月至翌年 5 月，降水量占全年降水 15% 以下，而 6—9 月降水量明显增加，占全年降水量 85% 以上，雨季开始时，气温回升，即温度最高之时，降水量也最大。

【水　文】 察雅县水资源，主要由地下水、冰雪融水和雨水构成。全县流域均属于澜沧江水系，麦曲河和金河分别为澜沧江左岸的一级支流。麦曲河由史曲、勇曲和麦曲汇合而成由东南向西北横穿县境腹部，在县城以西 12 千米处大拐弯向东南注入润沧江，全长 138 千米。金河在县境内仅 30 千米，在卡贡乡汇入澜沧江，澜沧江由西北向南纵穿全县，县境内 114 千米。全县水系呈扇形枝状分布。

全县河流径流量中，其中澜沧江年总径流量为 11.35 亿立方米，金河年总径流量为 23.69 亿立方米，其他溪流为 13.75 亿立方米。

【土　壤】 察雅县河谷地带为暖温带丰湿润气候，形成明显的基带土壤——褐土。随着海拔升高和植被变化，形成明显的垂直带谱，即褐土—灰褐土—亚高山草甸土—高山草甸土—高山寒漠土，另在阴坡下部形成棕壤和暗棕壤。

土地主要有耕地、园地（果园）、林地（有林地、灌木林地）、牧草地、交通用地、水域、未利用土地等类型。

【自然资源】 动物资源。察雅县家养动物主要有牦牛、黄牛、马、绵羊、山羊、猪、狗、鸡、鸭等。主要野生脊椎动物有豹、猴、熊、鹿、小熊猫、雾、岩羊、兔、松鼠、旱猴、猛禽、野鸡、野鸭及蛙、蛇、鱼类等。

植物资源。海拔 3900 米以下是干旱河谷灌丛带；海拔 3900 ~ 4400 米是森林带，在森林地带阳坡多为大果园柏和草地，阴坡一般为川西云杉林；林线以上一般坡苑，地势稍凹，水湿条件较好，主要为大面积高草、苔草及杂类草草句，次为灌丛，灌丛高约 50 厘米，多由雪层杜鹃、金露梅、窄叶鲜卑花、小集、柳等组成；海拔 4900 ~ 5100 米，由于海拔高，生长环境严酷，植物种类稀少，并形成垫状，根系发达，多以营养繁殖为主的特殊植被，主要有短办备缀、垫状点地梅、绢毛菊、凤毛菊及苔藓、地衣等。

水能资源及矿产资源。全县水能资源理论蕴藏量 172.16 万千瓦，其中澜沧江水能理论蕴藏量为 101.24 万千瓦，麦曲河水能理论蕴藏量为 2.12 万千瓦，全县可供开发利用水能资源 120.51 万千瓦。矿产资源矿产主要有铁矿、煤矿、大理石矿、花岗矿、银矿、硝矿、砂金矿、铜矿、水晶石矿等，有待开发和利用。

沿革区划

【建置沿革】 根据考古发掘的昌都卡若遗址、小恩达遗址和察雅烟多江钦遗址等，表明在5000年前的新石器时代，察雅原始先民已进入以农业生产为主的定居生活阶段。其粟类谷物和贝饰的发现，表明同黄河流域原始文化和沿海地区有一定的接触，反映了以血缘为纽带的原始村落形态。据史料记载，公元前4世纪初，秦献公“兵临渭首”，原居于青海黄河河曲赐支一带的羌人，避强秦之威，举重向西南迁徙，进入四川西北部和西藏东南部，与当地居民融合，繁衍发展为许多部落、部族，大部分散居于青藏高原东南部，史称“西羌”，为康巴藏族前身。

苏毗时期，察雅为珠氏部族属地。吐蕃东扩时期，察雅划归苏毗如，归吐蕃管辖。唐末至宋时期，随着吐蕃王朝崩溃，察雅处于地方势力割据时代，形成了以“恰”为中心，“恰”“姜”“娘”三域分治的局面。元朝时，察雅成为亦思马尔甘万户府的属地。明朝初年，察雅隶属于摩尔堪招讨司。明永乐年间，贡觉僧人斡郡南哥巴藏卜被封为护教王，其管辖范围包括察雅。

明末清初，察雅由恰仲巴进行管理。清康熙五十八年（1719年），康熙皇帝册封玛贡寺第四世活佛罗桑朗杰“讲习黄法诺门汗”名号，赦封察雅全部土地为其采邑，百姓为其属民。清乾隆十一年（1746年），驻藏大臣在该地设置守备一员，把总二员并派兵驻守。乾隆皇帝赦封玛贡寺第五世活佛为“黄教传法呼图克图诺门汗”，设拉章政府，管理僧俗事务。清咸丰五年（1855年），为嘉奖玛贡寺第六世活佛随征有功，著赏给“廓罗奇博波郭鄂布哈禅师”名号。清朝末年，赵尔丰推行改土归流，察雅亦在改土归流之列，在察雅设理事通判衙门。清宣统三年（1911年），设察雅县，隶属昌都府。

1918年，西藏地方政府派兵进驻察雅，削弱了察雅地方权力，将原察雅拉章政府纳入西藏地方政府管理。康藏战争结束后，西康省政府自顾不暇，无力过问康区金沙江以西事宜，但仍将察雅纳入行政序列当中。

昌都地区解放后，鉴于当时特殊的历史背景，成立了由政务院领导的昌都地区人民解放委员会，察雅呼图克图罗登西绕当选为昌都地区解委会副主任。1951年2月，昌都地区人民解放委员会派郝吾民等4人到察雅开展工作。1952年2月，中国共产党察雅宗临时工作委员会组建。同时，在宗军事代表的主持下，召开了察雅宗第一届各族各界代表会议。4月，协商选举产生察雅宗解委会，隶属昌都地区解委会领导。在宗解委会成立后，不仅允许旧政权继续存在，对原地方官员均让其照常供职，并吸收其中有声望的人进入解委会。1954年1月，根据中共昌都分工的指示，成立中共察雅中心宗工作委员会，下辖察雅、宁静、三岩、左贡4个宗。在党中央“慎重稳进”方针的指导下，以积极稳妥的方法宣传党的统战、民族、宗教政策，争取团结上层宗教界人士，开展以上层为主的统战工作，向贫苦农牧民发放无息贷款、货种、救济，开办学校，设立卫生院、兽防站，为群众免费医疗，为牲畜防疫治病，调解民间纠纷。1956年9月，成立了中共察雅宗委员会。

1959年7月，中共察雅县委正式成立，将全县划为6个区30个乡，以自然村为基础划出行政村。1960年夏至1961年冬，在建立30个乡农（牧）协会的基础上，相继建立乡人民政府。1962年全县进行普选，建立各乡人民委员会。这一时期，对区、乡的建制和行政区划作了较大的调整：原卡贡区所辖德尼更雄、崩玉、扎卡3个牧业村划归左贡县；1962年9月将原来的6个区调整为9个区，30个乡调整为42个乡；1963年下半年，原昌都县莫列乡划归察雅县。至此，全县共有9个区43个乡。

1968年6月，成立县革命委员会。1969—1972年，各区公所陆续成立革命委员会，取代原区公所的职权，总揽党、政、财、文等一切大权。1971—1975年，全县由原来的43个调整为52个乡，并陆续成立人民公社，原行政村改为生产大队，自然村改为生产队。1974年年初至1975年冬，相继成立公社革命委员会，1980年成立了公社管理委员会，其隶属关系不变。增加的9个乡（公社）：列尼乡（公社）隶属王卡区；木日乡（公社）、达日乡（公社）隶属卡工区；原拉松乡改为前进公社和团结公社，隶属宗沙区；嘎孜公社隶属烟多区；德娘公社隶属则松区；达巴公社、珠纳公社隶属香堆区；克穷公社隶属扩达区。

1984年10月后，各公社恢复为乡人民政府，大队恢复为行政村，队恢复为自然村。1987年3月，地、县联合工作组在旺布乡进行了基层组织建设改革试点，将原香堆区的旺布、仁达两乡并建为一个乡——旺布乡，配备了国家干部，享受区级待遇，隶属县人民政府直接管辖。1988年1月，全县开展开展了改区为乡和并乡撤区工作。撤并后，全县共划分为1个镇10个乡、237个行政村，保留2个区公所，即香堆镇、烟多乡、肯通乡、扩达乡、宗沙乡、王卡区（王卡乡、岗卡乡、新卡乡）、则松区（巴日乡、则松乡、阿孜乡）。1992年12月26日，经昌都地委批准，王卡区、则松区分别与王卡乡、巴日乡合署办公。至此，两个保留区成为虚设机构。1999年6月，察雅县乡镇级行政区划调整为9个乡3个镇。改乡为镇2个，烟多乡改为烟多镇，吉塘乡改为吉塘镇，合并镇1个、乡3个：旺布乡并入香堆镇，则松乡并入巴日乡，岗卡乡并入扩大乡，察拉乡并入卡贡乡。保留6个乡，为阿孜乡、宗沙乡、荣周乡、王卡乡、新卡乡、肯通乡。2002年，恢复察拉乡乡级行政区划建制，下设5个村委会。至此全县乡镇级行政区划调整为10个乡3个镇，下设150个村委会，3个居委会。2007年经察雅县村级建制整合工作，全县调整为135个行政村，3个居委会。

【行政区划】 2019年，察雅县辖3个镇10个乡143个行政村（居）。

烟多镇辖烟多居委会、居雪村、列康村、中铝新村、聂欧村、白久村、色嘎村、梅巴村、索贡村、帮嘎村、雪东村、亚莫村、帮隆村、瓦巴村、聂沃村、达巴村、达浪村、拉叶村、奶奎村、如给村、卡松村、巴西村、察俄村、结强村、夺赤村、给如村、幸福重庆村27个行政村（居）。

吉塘镇辖吉塘居委会、亚许村、达布村、色·热西村、西西村、卡仁村、雪协村、雪德村、姆栋村、吉祥库新村10个行政村（居）。

香堆镇辖香堆居委会、嘎查村、旺布村、拉西村、达巴村、仁达村、果日村、坤达村、仁江村、热孜村、学龙村、当佐村、筑梦新村13个行政村（居）。

卡贡乡辖村帮村、依然村、莫日村、卡贡村、宾果村、索赤村、邓学村、金多村8个行政村。

察拉乡辖察拉村、夏达村、金巴村、卡达村、学达村5个行政村。

新卡乡辖达也村、瓦江村、克琼村、乃帕村、新卡村5个行政村。

扩达乡辖孔曼多村、瓦贡村、果巴村、岗泽村、玛佐村、宗多村、达加苦村、那普村、岗卡村、履治村、多庆村、俄达村、知大达村、射热村、巴曲村、面穷苦村、格日玛村、列尼村、巧名苦村、多桑村、伍巴村、嘎莫村、都达村23个行政村。

巴日乡辖白西村、拉冲村、仁堆村、罗北村、尼珠村、白娘村、拉麦村、吉利村、吉厦村、拉堆村、俄宗村、德娘村、帕拉村、温雅村、雄热村15个行政村。

荣周乡辖佐通村、荣周村、栋扎村、麦维村、姆巴村、青山中铝新村6个行政村。

王卡乡辖王吉村、帕贡村、娘曲村、夺巴村、则曲村、协地村、恩达村、波热村、则努村、益热村、玛恩村、帕罗村、绿水新村13个行政村。

肯通乡辖多雄村、达如村、堆热村、吉牧村、爱如村、协堆村6个行政村。

宗沙乡辖宗沙村、然觉村、察姆村、拉松卡4个行政村。

阿牧乡辖邓普村、觉萨村、阿贡村、阿村、珠扎村、江嘎村、阿都村、孜久村8个行政村。

中国共产党察雅县委员会

综　述

【概　况】2019 年以来，在区党委、市委的坚强领导下，察雅县始终坚持以习近平新时代中国特色社会主义思想为指导，树牢“四个意识”，坚定“四个自信”，做到“两个维护”，深入学习贯彻中共十九大、十九届二中、三中、四中全会精神、中央第六次西藏工作座谈会精神和习近平总书记系列重要讲话精神，严格落实区党委九届五次、六次全会和市委一届八次全会精神，不断强化政治责任，保持政治定力，把准政治方向，提高政治能力，全力以赴抓好党建、发展、脱贫攻坚等各项工作，较好地完成了全年目标任务。

【党的建设】加强组织领导，健全组织体系，建强基层党组织。抓严党建责任落实。树牢“抓好党建是本职、不抓党建是失职、抓不好党建是不称职”的观念，逐级签订党建目标责任书 260 余份，形成了县委统一领导、组织部门牵头协调、成员单位具体指导、乡镇和村（居）具体抓的基层党建工作领导机制。健全基层组织体系。及时调整优化涉改单位党组织，合并、更名、新建党支部 15 个。坚持问题导向，完成 31 个软弱涣散基层党组织晋位升级。加强村（居）干部队伍建设。按照“一村一档”要求，建立村情档案 138 套，完善村（居）干部档案 1150 份，储备后备干部 2484 名。552 名驻村干部与村两委班子成员结成帮扶对子，积极开展驻村干部传帮带工作。先后培训村（居）干部 600 余人次，党务工作者 250 余人次。加强党员队伍建设。依托远程教育信息平台，实现“远程教育固定学习日”与“主题党日”有效结合。严格规范党组织关系转接，积极做好党费收缴使用管理，各级党组织 2019 年共缴纳党费 11.75 万元。排查解决发展党员违规违纪问题。成立排查解决发展党员违规违纪问题试点工作领导小组，制定《察雅县排查解决发展党员违规违纪问题试点工作实施方案》，组成 5 个调研组对发展党员工作进行全面摸排，发现不合规的内容 10 项，并逐项进行整改。推进村级组织活动场所标准化建设。按照“四性三化”“八个阵地”要求，建成标准化村级活动场所 85 个，6 个正在施工，19 个正在进行主体建设，28 个已完成选址工作。

加强人才引进，注重人才培养，提高干部综合素质。精准开展干部教育培训工作。2019 年，选派干部参加区内外培训 238 人次，依托县委党校、县党员教育和干部测评中心开展培训 12 期，培训人数达 1332 人次。推动干部合理流动。38 名干部参加市直机关事业单位公开遴选考试，4 人通过测试，到市直单位工作。选好用好干部。按照好干部标准，把公道正派贯穿推荐、考察、遴选、确定人选的全过程，严格落实“凡提四必”和“双签字”制度，先后调整使用干部146名，专项审核干部档案146卷，干部选任的公信度、满意度越来越高。

加强智慧党建，推动机构改革，理顺职责关系。积极推广使用“昌都智慧党建”。全面推进“互联网+智慧党建”新思路，举办“昌都智慧党建”培训班2期，大力推广党员服务平台、管理平台以及手机“智慧党建”AAP微平台，依托网络拓展党建工作方式。全县机构改革顺利完成。选齐配强15家新组建部门领导班子，130名干部转隶完成，12家新建部门顺利挂牌，制定下发42家单位“三定”规定。“放管服”改革有序推进。调整职责76项。其中，整体调整20项，部分调整54项，职责优化2项。减少政府行政审批事项3项，进一步推进简政放权，激发市场活力。完成了21家单位的统一社会信用代码证书办理，确保了涉改单位正常运转，工作有效衔接。

加强作风建设，严格执纪问责，推动党风廉政建设。察雅县始终牢牢把握全面从严治党政治责任，旗帜鲜明惩贪治腐，从严从实正风肃纪，奋力营造清廉、务实的政治生态。加强组织领导，明确责任目标。调整充实党风廉政建设工作领导小组，签订2019年度察雅县委落实党风廉政建设“一岗双责”目标责任书12份，结合“两个责任”制订下发了《2019年度党风廉政建设和反腐败斗争工作计划》，细化重点任务12项。深入学习十九届中央纪委三次全会、九届区纪委四次全会、一届市纪委七次全会精神和自治区党委书记吴英杰在全区“两个责任”培训班上的讲话精神，以高度的思想自觉、政治自觉、行动自觉做好党风廉政工作。加强作风建设，从严执纪问责。持续抓好中央“八项规定”精神贯彻落实，深入开展不作为慢作集中整治，坚持“一案双查”和责任倒查，持续正风肃纪，2019年共受理各类问题线索32件。运用“四种形态”对61名党员干部进行了提醒、约谈或诫勉谈话，给予31人党政纪处分，移交司法2人。办理违反中央“八项规定”精神2件。县委班子带头查摆不作为慢作为问题12条，制定整改措施40条，释放了失责必究的强烈信号，营造了风清气正的干事创业环境。加大巡察力度，做好风险防控。先后开展6轮巡察工作，巡察单位党组织51个，覆盖率达68%。延伸至村（居）138个，覆盖率达100%。县委前四轮巡察发现并反馈问题298个，移交纪委监委17件，其中已结案9件、立案1件、正在核实7件。约谈提醒1人，受到党纪政务处理5人，巡察工作的“探头”作用发挥明显。

集中工作精力，坚持四轮齐驱，高质量开展主题教育。根据“不忘初心、牢记使命”主题教育安排部署，全县牢牢把握主题教育的主题、主线、目标和任务，围绕“守初心、担使命，找差距、抓落实”的总要求，坚持把“学习教育、调查研究、检视问题、整改落实”贯穿主题教育全过程。第一时间成立了县委书记为组长，班子成员为副组长，各单位主要负责人为成员的主题教育领导小组。领导小组下设办公室，安排县委副书记兼任办公室主任，并设综合组、联络组、宣传组、专项整治组，承担主题教育日常工作，形成一把手抓总、一级抓一级、合力抓落实的工作格局。全县各级党组织结合实际制定“不忘初心、牢记使命”学习计划和安排表280余份，制订个人学习计划1430余份，县级干部带头学纲要，学重要论述，学法规汇编。扎实开展“六个专题”学习研讨，先后召开专题研讨会议620余场次，撰写研讨发言材料1860余份，840余名党员干部在会上进行了交流发言。各级党组织班子成员主动深入联系点乡镇、村居、分管部门开展调查研究工作，深入检视查摆问题325条问题，并全力抓好整改落实，广大党员干部通过主题教育增强了党性意识，密切了干群关系，找准了问题和不足，强化了初心和使命。

【经济运行】 2019年，察雅县深入学习贯彻中央、区、市经济、农村、脱贫攻坚工作会议精神，正确处理经济社会发展“十三对关系”和“二十一对关系”，积极融入昌都市发展战略，依托“狠抓河谷经济，破解瓶颈制约，加大对外开放，统筹城乡发展”基本发展思路，实现了经济长足发展。

基建短板不断夯实。2019年，全县开复工项目13大项208个子项，总投资38.73亿元，计划完成投资18.01亿元，累计完成投资13.72亿元，完成年度计划的76.18%。吉塘、巴日等“三区两州”项目、农村公路道路硬化、藏医院、冷链物流库、高标准农田等项目有序实施，13个乡镇道路全部通达，行政村通畅率将达78%，自然村通达率87%，农村安全饮水全覆盖。

招商引资大力推进。2019年，察雅县招商引资项目10个，其中续建项目为7个，协议总投资5.55亿元。已到位资金3.19亿元，7个项目已完成投资。扶贫开发产业园引入民族手工艺、特色农产品等企业项目9个，年产值3000万元，带动建档立卡户186人增收。双创孵化池建成并投入使用，入驻企业13家。

制度改革更加深入。推进“互联网+政务”服务，全面实施简易注销改革。2019年，全县共有各类市场主体1814户，注册资金19.6亿元，分别同比增长27.2%、12.6%。办理食品经营许可证65家，健康证200人。5家企业通过简易程序申请注销。

援藏作用发挥明显。重庆、广东、中国铝业公司投入计划内援藏资金3.15亿元，先后实施了学校、卫生院、新农村等19个项目。投入计划外援藏资金6045万元，建成了綦江新村、南岸新村和重庆幼儿园等民生项目。上海复旦大学附属中山医院、綦江、大足、巴南区人民医院、广东中山大学附属第三医院先后选派55名医疗专家开展医疗组团式援藏。

城镇建设统筹发展。总投资7.3亿元的吉塘特色小城镇建成，香堆特色小城镇完成规划。烟多卡片区棚改完成，松德卡片区2019年11月完工。县城垃圾填埋场建成并投入使。老旧周转房小区完成改造提升。安装市政路灯382盏，主要道路路口增设红绿灯，环卫队伍作用明显，城市绿化有序推进，城镇环境更加优美宜人。

生态保护持续加强。严格落实环境保护“党政同责、一岗双责”，有序推进环保督察反馈问题整改工作和生态红线划定，大力实施生态安全屏障巩固和造林绿化工程，积极开展“一人一年五棵树”环境绿化活动，加快推进县城污水处理厂建设，推进农村综合环境整治，开展企业排污口治理，依托“七边四美四化”助推环境“三整治、三提升”，投资600余万元开展水源地保护，加强河湖管理，共建美丽察雅。

民生保障更加有力。积极开展控辍保学工作，落实“三包”经费2700余万元，营养改善计划经费498万元，实施和推广学前教育集团化办园模式，加强学校基础设施和乡村学校教工之家建设，办学条件持续改善；大力实施“三个一批”工程，简化医疗报销程序，推行“一站式”服务，乡镇卫生院规范化建设有序推进，县人民医院建成投入使用，顺利通过二级医院初评。免疫规划接种率达93%。新生儿死亡率12.30‰，同比下降7.77‰，孕产妇住院分娩率81.43%，同比增长9.09%，医疗卫生能力不断增强；建立三级就业服务平台，广泛开展技能培训，推广“支部+协会”“支部+协会+农户”等增收模式。2019年，全县直接带动农牧民务工增收项目共有173个，总投资37.27亿元，带动4976人务工增收。登记注册农牧民专业合作社42家，开办技能培训班16期，培训贫困群众650人，实现培训就业300人。实现全县转移就业6700人次，人均年收入增长2600元以上；健全完善社会救助体系。2019年，发放各类社会保障资金3000余万元，有效解决了困难群众后顾之忧。加强文化管理，完成全县33家文化经营单位备案登记和16家经营性单位年度核验，开展文化执法检查56次。第三届“四讲四爱”主题教育活动暨“五四”赏花节文艺演出和庆祝中华人民共和国成立70周年文艺会演等活动圆满举办，创编的8部舞蹈精彩纷呈，非物质文化遗产传承工作有序推进，13个乡镇文化站实现基础公共文化设施全覆盖，文艺下乡让群众文化生活更加丰富。

【脱贫攻坚】 2019年，全县围绕“两不愁、三保障”目标，按照“五级书记”抓扶贫和“区负总责、地市直管、县抓落实、乡镇专干”以及“党政同责”的要求，全力以赴抓好脱贫攻坚工作。狠抓扶贫产业项目。立足察雅区位优势和气候优势，以“五个一万”产业为载体，以“六个千万级”工程为龙头，按照大、中、小、微类型产业项目分别带动县、乡、村、户工作机制，先后实施产业项目92个，投入产业扶贫资金4.8亿元，让群众通过土地流转费、打工工资、效益分红稳定增收。狠抓义务教育保障。扎实开展控辍保学工作，全面落实教育“三包”政策，新建、改扩建学校20所，投入资金1.83亿元，教学条件持续改善，贫困群众子女均能接受良好的基础教育。狠抓基本医疗保障。大力实施“三个一批”工程，简化建档立卡贫困户患者医疗报销程序，推行“一站式”服务，建立起了“基本医保+大病保险+医疗救助”三重医疗保障防线，投入资金1.4亿元，对乡镇卫生院、村卫生室进行改造升级，医疗条件显著提升。狠抓住房安全保障。按照“六靠、五方便、两避让”原则，建设易地扶贫搬迁安置点26个，投入资金9亿余元，帮助2406户12751名困难群众“挪穷窝”、搬新家、奔小康，对1328户困难群众的危房进行了改造，困难群众住房安全得到了有效保障。狠抓基础设施建设。以“水电路讯网、教科文卫保”为主要内容的十项提升工程全面实施，困难群众行路难、吃水难、用电难、通信难、上学难、就医难、住危房等问题得到了有效解决。截至2019年年底，全县已实现4162户20857名贫困人口脱贫，138个贫困村退出，贫困发生率由最初的33%降至零，顺利完成了三方评估和2019年脱贫攻坚成效考核。

【自身建设】 县委班子始终以高标准、严要求来规范自身行为，自觉深入贯彻落实中央“八项规定”精神和区党委“约法十章”以及市委实施办法，主动做勤政的表率、善政的表率、廉政的表率，时刻保持对党忠诚，维护核心。牢固树立群众观念，主动深入乡镇、村居开展调研，着力解决群众最关心最直接最现实的利益问题。始终注重学习，先后开展17次理论中心组学习会议，集中对习近平新时代中国社会主义思想、《习近平谈治国理政》、脱贫攻坚、生态环保、扫黑除恶等各项重点内容进行了学习，集中传达学习各类典型案例，筑牢了思想防线。严格落实民主集中制，严格执行领导班子议事决策规则，落实“三重一大”决策监督机制，规范集体领导、民主集中、个别酝酿、会议决定议事程序，充分发扬党内民主，执行“末位表态”制，先后召开县委常委会、专题会议35次，充分调动了每个班子成员的积极性、主动性、创造性，营造了团结活泼的干事创业氛围。

组织工作

【概　况】 2019年以来，县委组织部严格按照新时代党的建设总要求，贯彻落实中央、区党委、市委关于全面加强基层党建工作的一系列安排部署，切实推动各项基层党建工作任务落地见效。全县共有基层党组织287个，其中党委21个、党总支7个、党支部259个［51个县直机关党支部、13个乡镇机关党支部、16个乡镇中心小学党支部、9个乡镇派出所党支部、138个村（社区）党支部、29个寺管会党支部、3个退休干部党支部]。共有党员4728名，其中妇女党员1090名，在岗职工党员1564名，农牧民党员2943名，离退休党员134名，其他党员87名，少数民族3856名。“三老”人员305名，其中农牧民老党员263名，老干部40名，老劳模2名。

【工作职责】 结合实际制定党建工作目标责任书，县、乡、行业系统、机关单位层层签订工作目标责任书260余份，明确年度工作任务，压实工作职责。根据人员变动，及时调整充实党建工作领导小组，并下发《中共察雅县委员会关于调整县委常委班子分工的通知》《中共察雅县委办公室 察雅县人民政府办公室关于调整察雅县县级干部联系点的通知》，落实好县委抓乡促村责任制。

【思想政治】 持续深化“两学一做”学习教育，在县处级干部中积极开展“不忘初心、牢记使命”主题教育，通过召开专题会议、开展摸底调研、梳理查摆问题、强化宣传报道等方式，学习中共十九大精神和习近平总书记系列重要讲话，进一步坚定党员“不忘初心、牢记使命、永远跟党走”的信念。认真执行县委理论学习中心组制度，截至2019年年底已开展12次理论学习中心组学习，涉及习近平新时代中国特色社会主题思想、脱贫攻坚等内容，共有15名县级领导和29名科级领导作交流发言。

【基层组织】 根据昌都市机构改革方案，结合察雅实际，及时调整优化涉改单位党组织，合并党支部5个，更名党支部8个，新建党支部2个。各乡镇、村居在传统领域党组织规范设置基层上，建立党小组，确保党的覆盖。在“两新”领域，县个体工商户党支部积极发挥“两个作用”，在助力脱贫攻坚工作中主动发力，为建档立卡贫困户提供就业岗位，多次组织开展各类募捐活动，与贫困学子结成帮扶对子2对。坚持问题导向，整顿软弱涣散基层党组织，实行党支部末位倒排制度，找准原因，发现问题，对31个软弱涣散基层党组织按照“一支部一方案”“一问题一对策”的整顿原则，对症下药，开展整顿升级工作，已全部完成整顿验收，实现晋位升级。

【素质提升】 按照“一村一档”要求，建立村情档案138套，完善村（居）干部档案1150份，按照村（居）正职1∶2，其他干部1∶1.5的比例要求储备后备干部2484名。制订察雅县党员教育、村（居）干部教育培训工作计划，积极开展党员政治教育、村（居）党组织书记培训和党务知识培训班，共培训村（居）干部600余人次，党务工作者250余人次，发放培训资料1100余册，同时积极选派各级干部参加区内外各类培训，其中区内培训186人次、区外培训57人次。持续深化驻村工作“传帮带”工作方面，552名驻村干部按照一名驻村干部结对帮带1～2名村（居）干部的标准组建帮扶对子，实现村干部覆盖，截至2019年年底，各乡镇组织培训109场次，培训村两委班子成员和后备干部7700余人次，各工作队指导村（居）两委召开各类会议1149次，开具证明823份，代办实事1622件。

【队伍建设】 依托远程教育信息平台，确定每月第一个周五为“播放日”，有针对性地组织学习，切实增强教学灵活性，满足党员群众学习需求，实现“远程教育固定学习日”与“主题党日”有效结合。规范党员党组织关系转接，共转出39名党员，转入36名党员，县内转接57名党员，并对13个乡镇的党员组织关系进行细致排查。抓好党费收缴使用管理，按照《昌都市党费收缴、使用和管理工作实施细则》要求，再次明确党费收缴要求、计算方式等内容。截至2019年年底，各级党组织共缴纳党费117532.81元。

【违规违纪】 抓好组织领导，成立由县委书记任组长，组织部部长任副组长，各级党委书记为成员的排查解决发展党员违规违纪问题试点工作领导小组，并结合实际制定《察雅县排查解决发展党员违规违纪问题试点工作实施方案》。抓好动员部署，分别于4月27日、5月20日召开试点工作动员部署和安排部署会议，邀请市委组织部领导到会指导，全县286个党组织负责人全部参会，确保工作领导有力、统一部署、扎实推进。抓好业务培训，组织开办党务工作者专题培训班，针对发展党员5个阶段、25个步骤对全县各乡镇党委、县直机关、村（居）党支部242名党组织书记和党务工作人员开展专题培训。抓好摸底调研，由部务会成员组成5个调研组赴各基层党组织对2014年5月以来发展党员工作进行全面摸排，共梳理出与《中国共产党发展党员工作细则》不符的规章制度10项，确保工作情况清、底数明。

【组织生活】 按照“四性三化，打造八个阵地”建设要求，全县已建成标准化村级活动场所85个（含2018年之前建成的12个），6个正在附属施工，19个正在进行主体建设，28个已完成选址工作。定期或不定期对活动场所建设质量进行进行监督检查，并组织各乡镇党委、驻村工作队、村两委等基层力量，对工程项目实行全程监督，确保工程进度和质量。注重发挥阵地作用，借助已建成标准化活动场所完善的硬件设施和软件文化，创新服务举措，着力打造能够体现各村特色的为民服务综合阵地。

【脱贫攻坚】 扎实开展“54321”牵手结对帮扶工作，全县2250名干部帮扶3505户贫困户，共投入资金65.875万余元，电话联系5961次，帮扶活动中走访5377次，开展宣讲活动场次1237场次、14100余人次，在开展“百企帮百村”工作中在察雅企业共帮扶了18户建档立卡贫困户，送去慰问品和资金共计3万余元。发展壮大村集体经济，协调各方新建集体经济36个，同时争取自治区村级集体经济扶持项目18个，并灵活运用上级政策，将村（居）劳务介绍所纳入村级集体经济，由村党支部、书记主任负责运行，全县有集体经济村（居）数已达100个。

【智慧党建平台】 开展两期“昌都智慧党建”系统管理员及相关操作人员专题培训，全面推进“互联网+智慧党建”新思路，推广党员服务平台管理平台以及手机APP微平台全面使用。各级党组织“智慧党建”系统管理员已陆续录入基础信息、“三会一课”、党组织班子成员等各项工作内容。积极引导全县党员下载、使用西藏党员教育APP，关注西藏先锋、西藏组工、昌都党建和察雅县基层组织建设综合频道等微信公众号，并利用“察雅县基层组织建设综合频道”做好基础党建工作的宣传推广和党务工作者培训工作。截至2019年年底，累计推送各类党务信息633条。

老干部工作

【概　况】 察雅县退休支部在上级党组织的带领下，着手抓好党建工作，充分发挥退休支部的战斗堡垒作用，不断提高退休党员的政治素质和思想水平，为察雅县退休党员营造良好和谐氛围。

截至2019年11月，全县共有退休干部共236人。退休人员中：男169人，女67人，机关单位退休145人，事业单位退休91人，其中党员170人；有退休干部党支部1个。

【政治理论学习】 察雅县退休党支部以强化政治学习、提高党性修养为长期思想重点工作，主要集中学习马克思列宁主义、毛泽东思想、邓小平理论、“三个代表”重要思想、科学发展观、习近平新时代中国特色社会主义思想，深入贯彻中共十九大精神，使察雅县退休党员的思想与党中央保持高度一致，与县委、县政府的中心工作和发展思想保持高度一致。扎实推进退休党支部建设，夯实党支部党建工作基础，按照老干局“党建突破充实加强年”的活动要求，和县委对党建工作的总基调，提出新任务、新要求，认真组织学习新党章、宪法，使支部的工作一直处于常态化和制度化中。

按照老干部局工作要求，退休支部定期、不定期地组织学习，特别是主题党日的学习，做到有计划、有主题、有心得、有体会、有集中交流。支部有些老党员虽然年龄大，但是他们党性坚定、党员自觉性很强，不论刮风还是下雨哪怕是拄着拐杖也要来坚持学习，尽管有些党员不能及时赶到但是也都做到了有事请假。支部的党员学习率达到85%以上，充分发挥了老党员的带头作用。严格按照要求落实了“三会一课”制度，支委会每周定期不定期地利用微信群沟通支部工作情况，遇到急事电话沟通，力争把退休支部工作日常化。按照支部工作计划每年按时召开民主生活会、讲党课，退休老干部老党员们积极参与发言，既开展了学习又开展了批评与自我批评，又对察雅的发展积极建言献策，2019年七一、十一期间举行了重温入党誓词和“不忘初心、牢记使命”的主题党日活动、老干部座谈会等，使老干部进一步坚定信念、激发革命激情，积极为察雅县经济事业和支部的健康发展增添正能量。同时，根据《区党委老干部局关于全面兑现落实离退休干部党组织书记工作补贴的通知》精神，老干部局认真落实了退休干部党支部书记每月不低于300元、副书记每月不低于200元、委员每月不低于100元的工作补贴。

【组织生活】 为抓好“老年党员”这块阵地，不断推进支部工作建设，促进老年人身体健康，关心关爱老干部，让老干部们老有所乐，退休支部不断丰富老干部的文化生活，使老党员既感受到了组织的关怀和温暖，也增强了凝聚力和向心力。利用夏季天气温暖的契机，把老干部们集中起来，让他们走出家庭，带到树荫和草地上开展有益身心的跳锅庄、象棋、围棋、牌类等比赛。

“一个支部就是一个堡垒，一名党员就是一面旗帜”，退休老支委积极探索老干部服务管理内在规律，努力将老干部工作做到制度化、规范化。组织老干部召开座谈会，邀请县委四大班子主要领导参加，与老干部畅谈，通报察雅县经济社会发展情况，听取老干部的意见和建议。县里在召开人大会、政协会，党代会、人代会等重大会议和研究制定察雅县经济社会等重大决策或改革措施时，也邀请退休干部代表参加，十分注意征求老干部的意见。年初以来，集中学习8场次，参加人数600余人次。组织20余名老干部参观了吉塘小城镇建设、吉塘镇藏东现代农业示范园、卓玛温泉等，为老干部讲解当前社会经济发展形势，让老干部亲身感受社会发展新变化、产业提升转型发展新成就。积极和有关部门协调邀请消防专业人员对60余名老干部进行了消防安全知识讲座和灭火演练。坚持经常、灵活、方便的原则，及时向退休老党员发放中共十九大报告、新修订的党章等学习资料，采取入户、微信推送、网络下载等方式，为行动不便的退休干部“送学上门”30余人次，帮助老干部养成良好的学习习惯。利用上门走访、电话、微信等方式和他们交心谈心，了解和掌握退休老干部生活、身体情况，及时掌握他们的所想、所盼、所困，真心实意为老干部办实事、办好事。2019年以来，开展交心谈心20余次，解决实际困难10余件。对长期卧床不起或年龄大、腿脚不便等问题的老同志，坚持做到“四必访”原则，面对面同他们交谈10余人次，送去慰问金4000余元。解决身患重病的老干部在生活和就医方面的问题10余件，全程代办医保报销10人次，开具相关证明50余件。对安置在乡镇的老干部，按照属地管理原则，交由乡镇进行统一管理和服务，并坚持做到组织学习和政策宣传工作。同时，老干部局工作人员和老支委代表利用业余时间进行上门看望慰问6人次，电话慰问50余人次，使他们进一步感受到组织的关怀和温暖。老干部生病出行不便的，老干局派车接送。遇到退休人员病重或去世时，县委、县政府部分领导都去看望和慰问。退休人员去世后，及时妥善完成了病逝退休干部的后事处理事宜。同时，察雅县委、县政府以专项经费的形式落实每人每年1000元的护工费，落实每人每年1350元的体检费。坚持为老干部进行健康体检。察雅县为确保离退休干部有一个健康的身体，能更好地享受改革开放发展成果，每年为退休老干部进行身体检查，做到及时发现病情、及时治疗，对体检结果予以保存，2019年为老干部的健康状况建立健康档案100余件。

宣传工作

【概　况】 2019年以来，在县委的坚强领导和市委宣传部的大力指导下，察雅县宣传工作坚持以习近平新时代中国特色社会主义思想和中共十九大精神为指导，以增强“四个意识”，坚定“四个自信”，自觉承担起举旗帜、聚民心、育新人、兴文化、展形象的使命任务为根本出发点，以树立正确的理想信念为价值导向，能够在基础性、战略性工作上下功夫，能够在关键处、要害处下功夫，能够在工作质量和水平上下功夫。深入贯彻落实习近平总书记关于宣传思想工作和治边稳藏的重要论述，贯彻落实全国、全区、全市宣传思想工作会议精神，特别是习近平总书记关于做好宣传思想工作“九个坚持”的根本遵循和五项使命任务，落实区党委九届三次、四次全会精神和市委一届六次、七次全委会精神，牢固树立上下一盘棋思想，紧紧围绕学习宣传贯彻习近平新时代中国特色社会主义思想这个首要任务，紧扣庆祝新中国成立70周年、纪念西藏民主改革60周年这条主线，把握统一思想、凝聚人心这一中心环节，认真做好各项宣传思想文化工作。

【理论学习】 始终坚持做到早安排、早部署，做到干部政治理论学习年初有计划，年中有检查，年终有总结。组织广大党员干部以集中学和自学相结合的方式再一次系统学习毛泽东思想、邓小平理论、“三个代表”重要思想、科学发展观以及习近平谈治国理政重要论述；要求做到一般干部掌握的，领导干部先掌握，充分发挥党员领导干部的先锋模范作用；不断增强各族党员干部对习近平新时代中国特色社会主义思想和习近平谈治国理政等重要论述的领会，使各族干部进一步增强理论联系实际的能力。坚定建设中国特色社会主义信念，进一步增强“四个意识”，强化全心全意为人民服务的宗旨观念。截2019年年底，以学习、宣传、贯彻中共十九大精神为主线，组织机关全体干部、各乡镇干部先后多次集中学习中央、省、市、县相关文件精神。

理论中心组学习方面。出台了《察雅县委理论学习中心组2019年度理论学习安排意见》《关于进一步规范管理全县各级党委（党组）理论学习中心组工作的通知》等文件，建立了理论中心组学习制度、考核制度、考勤制度等工作制度，对学习时间、内容、人员等作了具体明确，形成了用制度管学习、促学习的良好格局。在学习当中，注重把理论学习与工作实践相结合，为做到学以致用，用以促学，察雅县结合理论中心组学习会议开展了“应知应会”随机知识测试，在理论学习会开始前利用20分钟对参会的县级领导和各部门负责人进行中共十九大精神和脱贫攻坚相关政策的小测试。经测试，成绩均在80分以上。已开展17次县委理论中心组学习会议，学习相关文件49份，其中关于脱贫攻坚内容专题7次，脱贫攻坚相关文件15份，26名县级领导干部和34名科级干部对学习内容进行了交流发言。

日常的学习贯彻方面。在日常工作中，察雅县不断拓展提高干部综合素质的新思路，按照《察雅县2018—2020年党员政治教育培训方案》要求，扎实有序推进全县党员政治教育培训工作，着力提升全县党员的政治素养，提高政治站位和政治觉悟，进一步坚定理想信念，确保党员队伍的先进性和纯洁性。同时，建立干部理论学习档案，动员全县干部进行理论知识学习，多形式、多层次、多途径地开展学习教育活动，学习效果显著增加，各族干部学理论、学业务的积极性不断提高。

【政治学习】 依托学习平台加强对各级精神的学习领会。围绕学习宣传贯彻习近平新时代中国特色社会主义思想和中共十九大精神，尤其是对新思想工作相关内容的宣传，创新方式、宣讲手段，利用微信公众平台、“学习强国”APP 等进行宣传引导，积极培育健康向上的网络文化，不断提升网上正能量传播力。全县已有 1942 名干部在线注册“学习强国”，每日学员活跃率达 90.74%，并成立二级组织 16 个，确保学习有专人抓、专人管，学习能够出成效、见成果。

持续深化培育和践行社会主义核心价值观教育。依托学习宣传栏、横幅、LED、微信公众号等宣传方式，重点借助社会主义核心价值观、市容环境整治行动、志愿服务行动、诚信主题实践行动、未成年人思想道德建设行动等各项文明创建工作融入学习教育全过程，推进社会主义核心价值观及各项工作落细、落实。在各学校、各乡镇设立道德讲堂，并组织开展相关活动，用身边人身边事教育居民，各乡镇扎实组织辖区内村民开展好邻里、文明家庭等评选活动。利用春节、清明、五一、“3・28”、国庆、中秋、重阳节等节日，各乡镇开展祭扫、感恩、打扫卫生、敬老等活动 20 余次，引导农牧民从小事做起，从自己做起，弘扬传统美德。为各乡镇制作具有民族特色的社会主义核心价值观宣传展板 19 套。

主题活动扎实开展。2019 年察雅县从上至下广泛开展了各种形式的文化活动，全县多次组织民间艺术团，各乡文化站组织文艺骨干，村级组织文化专业户，以歌颂党、中国梦、“祖国在我心中”、“共产党来了苦变甜”、“铭记历史 开创未来——西藏百万农奴纪念馆巡展”等活动为主题，深入乡村田间，开展各类文艺演出活动 27 次，放映各类影片 230 余场次，其中爱国主义影片 110 余场次，观众达 3 万余人次，极大丰富了基层群众文化生活。

政策普及得到有力保障。自 1 月份起，在县城及周边确定两个点安装运行已到位的 6 套调频广播设备，每天分早（八点至九点）、中（十二点半至一点半、两点二十分至三点二十分）、晚（六点半点至七点半）三个时段播放中央电视台综合频道、昌都康巴语两套调频节目；每天下午七点三十分在澜沧江广场 LED 显示屏准时播放《新闻联播》节目以及《西藏新闻联播》。截至 2019 年年底，全县两个点的调频广播以及广场 LED 显示屏运行状况良好，共计播出 304 天 1000 余小时，为察雅县干部群众第一时间收听、了解中央、自治区各项政策提供有利条件，拓宽每个人的视野，极大地丰富了县城及周边干部群众的精神文化生活。

【网络安全】 认真落实网络社会监管责任。加强网络安全宣传和网络新闻宣传。大力开展反有害信息全民教育活动，积极开展网络安全进校园活动，把加强从业人员自律与倡导文明上网相结合，引导广大网民坚守互联网信息传播法律法规底线、社会主义制度底线、国家利益底线、公民合法权益底线、社会公共秩序底线、道德风尚底线、信息真实性底线。2019 年以来，察雅县结合“西藏自治区网络通信活动二十禁”“国家网络安全宣传周”等在各乡镇、学校、企业等各领域开展网络安全宣传活动 30 余次，全县各学校开展网络安全专题教育班会 70 余课次；察雅县新媒体平台申请并使用的有 25 个（如“网信察雅”“察雅县基层组织建设综合频道”“藏东察雅”“青春察雅”“察雅警务动态”“察雅教育”“知烟多”等），均已备案。同时要求全县各微信公众号、微博、抖音等新媒体平台在重大节庆日各阶段开设专栏，置顶位置庆祝标语飘红，严格落实市委网信办每日微信指令，统一发声，紧紧围绕庆祝新中国成立70周年、纪念西藏民主改革60周年、打赢脱贫攻坚战、扫黑除恶等主要工作，大力宣传区、市、县开展的各类庆祝活动及相关成就报道、宣传视频，营造浓厚的网络宣传氛围。“网信察雅”已推送上级各类指令信息500余条，向政府新闻网站投送稿件1400余期。

【文化市场管理】 进一步夯实文化市场各类经营场所的管理，确保宣传思想文化阵地不给各类错误思想和言论提供传播渠道，严厉打击各类非法出版物。持续加强和巩固网络意识形态领域安全，已联合开展各类专项清查活动40余次，出动执法人员90余人次，覆盖率达100%。

狠抓制度管理，确保办案质量。严格按照《文化市场管理条例》要求，在法定的职责权限内开展行政执法工作，以事实为依据，以法律法规为准绳，坚决做到依法行政、依法办案。统一执法办案文书格式，对举报、检查、立案、调查、处罚、结案等各个环节做出了严格规定，确保办理案件事实清楚，证据确凿，适用法律法规依据正确，处罚内容适当。切实抓好执法文书及案卷的制作，对处罚案件程序和案卷质量进行层层把关，凡是经审核存在问题的，一律进行补正。2019年察雅县未发生一起行政复议、行政诉讼事件，在社会上树立了良好的执法形象。

狠抓节庆期间人多集中的场所。结合自身的工作实际，明确工作目标，把整治工作安排在节庆假期、学生暑假等多个时间节点，并对重点场所，特别是网吧、歌舞厅等开展集中专项整治，规范演出经营活动，严格审查演出人员，杜绝非法演出团体到察雅县演出。

狠抓以学校周边为主的文化环境治理工作。学校周边文化市场的治理，始终是不容松懈的文化市场管理工作，严禁在中小学周边办电子游艺场所、果断取缔在中小学200米范围内开办的网吧以及彩票投注点，严厉查处涉及学校周边环境的文化市场案件，打击在校园周边的游商游贩兜卖盗版书刊、口袋书等，积极配合学校开展文化市场宣传进校园活动，向学生倡导科学上网，绿色上网的新风尚，确保学生的合法权益，保护未成年健康成长，使校园周边环境得到进一步优化。

积极利用节庆点举办各类文化演出活动，不断满足群众日常生活需求。察雅县借助“喜迎三大节日期间展示展览活动”“喜迎三大节日期间开展电影放映展活动”“三大节日文艺会演”“庆祝中华人民共和国成立70周年”“西藏民主改革60年文艺会演”“3·28百万农奴解放纪念日”“共产党来了苦变甜”等系列文化活动进一步丰富了群众的日常生活。在五下乡演出中，县民间艺术团切合实际创作了小品《幸福之路》，作品内容宣传了党的好政策。通过下乡巡演将各类积极健康向上的歌舞、小品等文艺节目送到各乡镇、村（居），受到了广大农牧民群众的欢迎。2019年以来，县民间艺术团深入乡村田间，开展各类文艺演出活动27次，放映各类影片230余场次，其中爱国主义影片110余场次，观众达3万余人次；全县各乡（镇）、村（居）、学校开展各类演出已达190余场。

【宣讲工作】 察雅县严格贯彻2019年自治区党委、昌都市委“讲党恩爱核心、讲团结爱祖国、讲贡献爱家园、讲文明爱生活”群众教育实践活动总体方案的活动要求，继续以“十个更加”为目标、以“五个认同”为最终落脚点，以农牧民群众、青少年学生为主要对象，以主题不变、内容不省、步骤不减、要求不降、活动不走过场的工作要求，创新方式、找准契合，精心组织、深入开展，让全县广大干部群众、青少年学生充分沐浴在“四讲四爱”群众教育氛围中，教育引导各族群众紧紧地围绕在以习近平同志为核心的党中央周围，坚定不移地“感党恩、听党话、跟党走”。共开展集中宣讲1370余场次，受教育群众达81540余人次；实践活动开展场次达1300余场次，受教育群众达84200余人次；发放“四讲四爱”宣讲提纲、西藏自治区脱贫攻坚政策宣传手册等相关宣传资料7000余册。深入13个乡镇开展“共产党来了苦变甜”文艺巡演活动27场次，开展“新旧西藏”图片对比展27场次。联合各相关单位开展“国家安全日”“民族团结”“扫黑除恶”“全国助残日”“廉政宣传月”“五四青年节”“世界读书日”“农民丰收节”“网络安全宣传周”“扶贫日”等各项主题活动28次，参与人员达430余人，发放各类宣传资料、手册、书籍共计1.3万余份。

开展“文化、科技、卫生、法律、爱国爱教”五下乡创建活动，宣传中央、自治区、昌都市重要会议精神，精准扶贫相关政策宣讲，发放药品、惠民书刊（藏语、汉语双语）、宣传资料、宣传碟、挂历等方式，在全县范围内开展巡回宣讲15次；受教育人数达1万余人次，发放各类药品计3.7万余元，宣传书刊、资料5万余册。

【精神文明】 新时代文明实践工作初步成型。2019年6月，察雅县在全市范围内率先完成了新时代文明实践中心的建设，实践中心包含图书室、志愿服务站、文明讲堂三个部分，为察雅县日常开展志愿服务活动、政策宣传、精神文化娱乐活动提供了平台，是察雅县在新形势下依靠群众、服务群众、凝聚民心、汇聚力量的创新之举、战略之举，对于推动习近平新时代中国特色社会主义思想深入察雅打下了坚实基础。下一步察雅县将细化县级方案，依托各乡镇文化站，建立新时代文明实践（站）所，围绕举旗帜、聚民心、育新人、兴文化、展形象的使命任务，促进广大群众在理想信念、价值理念、道德观念上紧紧团结在一起，推动农牧民全面发展、农牧区全面进步。

扎实开展群众性精神文明创建活动。2019年，察雅县坚持创建为民惠民，积极开展文明城市、文明村镇、文明单位、文明家庭、文明校园、文明社区等群众性精神文明创建活动，以提升国民素质和社会文明程度为出发点和落脚点，把社会主义精神文明建设的任务要求落实到城乡基层，重点抓好窗口行业和单位创建，积极推动文明单位创建向非公单位延伸，引导私营企业单位、民间团体及社会组织参与文明创建。完善各级文明村镇、文明单位、文明家庭、文明校园、文明社区等文明示范点电子档案资料库。

环境卫生得到有效改善。充分发挥各乡镇党委、县（中、区）直单位、各级文明单位、文明村镇的示范带头作用，每个月15日、25日，组织全县各单位、各乡镇同时开展卫生整治活动，各单位相互配合、有序开展卫生活动，县城主干道、周边道路上的白色垃圾已逐渐清理干净，同时杜绝县城及周边车辆乱停乱放现象。为全县营造出了一个清洁卫生的生活、工作环境，逐渐改变了察雅县之前环境卫生较差的局面。

未成年人思想道德建设工作有序开展。为了贯彻好党中央、国务院关于进一步加强和改进未成年人思想道德建设的一系列重大决策部署，察雅县坚持以求真务实的精神切实加强和改进未成年人思想道德建设，严格按照《关于进一步加强和改进未成年人思想道德建设的实施意见》目标要求，强化德育教育意识，夯实德育基础，在每学期开展之初结合“开学第一课”在各级学校青少年学生中开展未成年人思想品德教育，受教育学生达9700余人次；开展“扣好人生第一粒扣子”系列主题教育实践活动10余次，组织全县各级学校师生开展“童心向党”活动46次，联合县武装部开展青少年国防教育2场次，受教育学生达2300余人次。着力抓好“爱国主义教育基地”“德育基地”“劳动实践基地”“乡村学校少年宫”等重要阵地建设，察雅已有4个乡村学校少年宫，2019年新申报王卡乡小学、察拉乡小学两所乡村少年宫学校，为了让未成年人能在良好的环境里健康成长，在学校相继开展了“平安创建”“地震应急演练”等活动。

不断提升志愿服务体系机制。志愿服务是社会文明程度的重要标志，是加强思想道德建设、培育和践行社会主义核心价值观的重要载体。察雅县积极组建青年文明志愿服务队，2019 年，察雅县结合 3 月 5 日“学雷锋纪念日”、精准扶贫精准脱贫、移风易俗等主题活动，广泛传播善行正能量。各乡镇、各单位充分发挥党员先锋模范作用，以农牧民党员和热爱集体活动的群众为主题，围绕敬老助残、公共服务等主题，积极开展志愿服务活动，充分营造“我为人人、人人为我”的社会风尚。加大典型宣传，弘扬社会正能量，教育引导广大干部群众以道德标杆为榜样，从我做起、从现在做起、从身边的小事做起，大力营造好人光荣、好人受尊敬的社会氛围。

【宣传教育】 切实做好庆祝新中国成立 70 周年及西藏民主改革 60 周年宣传报道各项工作。全县微信公众号开设报道专栏、察雅县电视台开设专栏共播出专题内容共计 80 小时。同时向全县 13 个乡镇、县直各单位印发庆祝新中国成立 70 周年及西藏民主改革 60 周年宣传报道方案，以不限形式、不限规模、不限载体的方式在全县范围内开展各类庆祝活动 200 余场次；向各乡镇、县直各单位发放庆祝资料 1600 余份；2019 年 7 月起，先后在全县范围内牵头组织、协调制作了“察雅唱支山歌献给党”“察雅县庆祝中华人民共和国成立 70 周年，纪念西藏民主改革 60 周年献礼歌——我爱你中国”“察雅县各族各界干部群众祝福中华人民共和成立 70 周年”“祖国华诞与国同庆——察雅县涉宗领域全体干部和僧尼庆祝中华人民共和国成立 70 周年”等系列微视频 10 余部，并在全县各媒体平台进行发布推广，其中“察雅县庆祝中华人民共和国成立 70 周年，纪念西藏民主改革 60 周年献礼歌——我爱你中国”“察雅唱支山歌献给党”微视频反响强烈，先后被人民网、新华社、学习强国、《西藏日报》、昌都发布、网信昌都等各大媒体平台转载发布，取得了良好的社会反响。

扎实有效地开展创建民族团结示范县活动。全县范围内开展民族团结“九进”活动，县电视台开辟“反分裂、维稳定、谋发展”专栏，突出宣传主题，每晚察雅新闻后，准时播出“团结稳定是福、分裂动乱是祸”的主题节目。积极发挥老干部、老党员、宗教界爱国人士、各行业代表、致富带头人通过谈察雅县稳定、发展、变化等方式大力宣传报道党的惠民政策和相关法律法规，促进团结、发展生产；大力宣传民族政策法规、社会主义核心价值观、“三个离不开”、“五个认同”、“五个维护”、“老西藏精神”民族团结感人事迹，创建活动以来各部门、各乡镇、村(居)、寺庙管委会制作宣传栏 38 处，悬挂宣传横幅 80 余条，LED 宣传民族团结 300 余次，集合 9 月民族宣传月集中开展宣传 20 余场次，发放《中华人民共和国民族区域自治法》《党的民族和宗教政策方面的内容及问答》《认真学习贯彻党的十九大精神共建共享新时代更加美好生活》《民族团结教育读本》《纪念西藏百万农奴解放 60 周年宣讲提纲》《新旧西藏对比》等宣传书籍、手册共计 1500 余册。

在青少年学生中深入开展爱国主义教育活动。结合察雅县教育工作实际，在青少年学生中，确保每个班级开展一次“团结稳定是福、分裂动乱是祸”宣传教育主题座谈会或班会，全年做到了全覆盖。各学校扎实落实周一升国旗制度。开辟“国旗下讲话”活动，每名师生特别是学生自发通过自己的生活、工作、学习经历谈“民族团结是福，分裂动乱是祸”、民族区域自治制度好、共产党好的认识、感想。在五四青年节期间，各共青团、少先大队组织开展以团、队员为核心，全体师生共同参与的重温入团、队誓词，反对分裂、维护稳定我该怎么办等主题活动。七一期间，全县各级学校开展“童心向党”活动。十一期间，联合县司法局、法院等单位在全县各级学校开展“庆祝中华人民共和国成立70周年法律进学校宣传活动”，将爱国主义等主题教育活动推向高潮。

群众性爱国主义主题教育活动成效显著。察雅县自1月份开展群众性爱国主义教育以来，紧紧围绕学习实践科学发展观活动，以机关干部职工、青少年学生、农牧民群众为重点，采取一系列措施狠抓爱国主义教育，取得了实实在在的效果。充分利用五四青年节、六一国际儿童节积极开展爱国题材的文艺演出，七一建党节开展重温入党誓言，十一国庆节开展升国旗唱国歌、统一观看阅兵仪式等活动，践行党的宗旨活动。在西藏百万农奴解放纪念日、公民道德宣传日和法制宣传日，积极开展爱国主义教育活动，就“新旧西藏历史的对比”、“团结稳定是福、分裂动乱是祸”、中共十九大会议精神、爱国主义知识问答等内容进行宣传教育。邀请退休老党员老干部以座谈会的形式就自己的所见所闻，以忆苦思甜、今昔对比的方式，讲出西藏新旧社会的巨大变化，使干部职工更加珍惜今天的幸福生活。在全县机关、学校范围内开展“反对分裂、维护稳定”为主题的讨论会广大干部职工深受教育；为庆祝新中国成立70周年，积极组织学校开展“祖国在我心中”诗歌朗诵、主题班会、作文竞赛等活动。通过多层次、多样化的青少年教育活动，激发了青少年学生的爱国热情，使学校爱国主义教育活动取得明显成效。在庆祝西藏百万农奴翻身解放纪念日期间，深刻揭露了旧西藏政教合一的农奴制度的黑暗、残酷，生动地讲述了旧西藏农奴的悲惨生活，对照西藏民主改革60年来在党中央、各兄弟省市大力援建下察雅县发生的巨大变化，对干部职工、学校师生和农牧民群众进行了革命传统教育，教育党员干部缅怀革命英烈，发扬革命传统，弘扬爱国主义精神，牢记革命英烈的丰功伟绩，继承革命先烈遗志，树立远大理想，培养高尚道德情操。

统一战线

【概　况】 2019年，统战民宗部门以习近平新时代中国特色社会主义思想为指导，坚决贯彻落实习近平总书记关于治边稳藏重要论述和“加强民族团结、建设美丽西藏”的重要指示精神及中央、自治区党委、市委、县委关于宗教工作安排部署，落实各项利寺惠僧政策，确保了察雅县涉宗领域宗教和睦、佛事和顺、寺庙和谐。

在册宗教活动场所78座，其中：寺庙59座、日追16座、拉康3座。按教派分，格鲁派57座，嘎举派3座，宁玛派12座，萨迦派6座。

全县核定编制僧尼数为1980名，2019年有编内僧尼1602人。共有寺庙管委会29个，其中正县级建制4个，副县级建制6个，科级建制19个。

【宗教工作】 认真学习贯彻落实上级部门工作会议精神和文件精神　为深入贯彻落实好全国、区、市各级宗教工作会议精神和《西藏自治区涉宗领域“五项管理意见”》，察雅县认真组织涉宗部门、各乡镇、驻寺干部学习，抓好贯彻落实。10月10日，为贯彻落实自治区第一期宗教界代表人士活佛转世管理专题培训班精神，察雅县专门召开传达学习暨安排部署会议，会议传达学习了《旦科同志在全区第一期宗教界代表人士活佛转世管理专题培训班上的讲话》，曲珠·洛松江村就参加培训内容作了汇报，下午在小组讨论后9位宗教界代表人士就“四条标准”、“四讲四爱”、《活佛转世管理办法》等内容的学习心得分别作了交流发言。

为深入贯彻落实全国、区、市各级宗教工作会议精神，确保全县宗教领域宗教和睦、佛事和顺、寺庙和谐，注重和发挥寺庙高僧大德的教育引导，把握“导”的方向、落实“导”的措施、丰富“导”的形式、培养“导”的骨干、强化“导”的领导、着力“导”上下功夫，推动宗教管理各项工作纵深开展。

【“不忘初心、牢记使命”主题教育】 按照中央、区党委、市委、县委安排部署，扎实推进涉宗领域“不忘初心、牢记使命”主题教育工作，制定了《察雅县涉宗领域“不忘初心、牢记使命”主题教育实施方案》。推进涉宗领域学习、研讨（讨论）、调研、检视、整改工作，牢牢把握“守初心、担使命、找差距、抓落实”的总要求，推进“学习教育、调查研究、检视问题、整改落实”贯穿主题教育始终。支部自主题教育开展以来，共开展了14次学习、6次研讨、1次调研，并对照《察雅县“不忘初心、牢记使命”主题教育检视问题工作方案》的内容，结合自身工作实际检视自身存在的问题，填写问题清单、制定整改台账，确保问题逐一有效解决。县委常委、统战部部长加永旦增多次召开会议安排部署各片区寺管会主题教育工作，并先后2次组建工作组前往各片区寺管会就主题教育开展情况进行督促指导。组织开展“不忘初心、牢记使命”主题教育知识测试，确保干部能熟练掌握基础知识。

【“遵行四条标准 争做先进僧尼”教育实践活动】 2019年是“四条标准”教育实践活动深化之年，根据自治区党委、市委安排部署，主要任务是挖掘典型、推广先进、查漏补缺。细化2019年“四条标准”教育实践活动方案，要求各片区工作领导小组结合工作开展实际查漏补缺，要求僧尼对照“四条标准”要求查找自身存在的问题，对于未到位处继续强化，确保“四条标准”内容深深烙印在广大僧尼脑海中，并自觉遵行。为丰富“遵行四条标准 争做先进僧尼”教育实践活动的活动载体，先后举办了驻寺干部知识竞赛、干部演讲比赛、僧尼书法比赛、征文比赛、僧尼知识竞赛等活动，对表现优异的集体和个人给予了表彰。组织召开2019年上半年“遵行四条标准 争做先进僧尼”教育实践活动，对涌现出的先进集体和个人进行了表彰，并发放了奖牌和奖金。为庆祝新中国成立70周年，各片区积极组织僧尼开展升国旗唱国歌、书法比赛、知识竞赛、体育运动等各类活动，以形式多样的活动向祖国献礼。

【法律进宗教活动场所】 为进一步提高察雅县驻寺干部、僧尼和信教群众的法律知识水平和法治意识，统战民宗部门在2019年3月、9月分别联合普法部门在全县范围内开展“法律进宗教活动场所”活动。一是组建宣讲团赴各寺庙开展宣讲，主要宣讲习近平新时代中国特色社会主义思想、《中华人民共和国宪法》、《宗教事务条例》等相关法律法规及“扫黑除恶”“网络二十禁”等内容，此次宣讲覆盖22个片区，有1500余名僧尼参加宣讲，发放宣传资料500余份。宣讲工作结束后组织僧尼开展法律知识考试，考试试卷由区司法厅、区普法办会同区党委统战部、区民宗局共同编制，阅卷评卷由县统战民宗、普法办和各寺管会具体负责。

【其他主题教育活动】 及时将上级及县里召开的会议领导讲话及相关文件精神传达到各片区工作领导小组，要求组织学习。继续扎实推进学习新修订的《宗教事务条例》、寺庙爱国主义教育等各项活动，教育引导僧尼自觉增强中华民族共同体意识、国家意识、公民意识、法治意识。创办“察雅统战”公众平台，面向广大僧尼、驻寺干部、统战爱国人士、非公经济人士开展爱国主义教育，发布国家法律法规、民族宗教政策、习近平新时代中国特色社会主义思想等内容。按照上级部门要求，积极推进《昌都市关于全面深化“1拖N”宗教活动场所机制实施办法》学习贯彻落实工作，分别制定了学习方案和贯彻落实方案，在组织宗教工作领导小组成员党委、乡

（镇）、村（居）、片区寺管会全体干部学习的基础上明确各自的职责任务，确保全面贯彻落实实施办法。并组建工作组就实施办法学习和贯彻情况进行督促指导。

【加强基础设施建设】 依法加强宗教活动场所维修管理，确保宗教活动场所维修规范有序。根据上级部门安排，对“1 拖 N”项目建设（厕所、食堂、厨房、蔬菜大棚、阳光房等）进行选址定点工作，由民宗局联合发改委先后前往察雅县 5 个片区工作领导小组（烟多片区、宗沙片区、卓玛日追片区、萨迦片区、龙拉片区）确定项目建设用地，审核建设方案，项目已基本完工，拟于 11 月份完成验收工作。做好烟多寺养老院工程建设审查工作，先后多次前往烟多寺养老院实地检查工程建设情况，确保为年老体衰僧人提供舒适的居住环境，项目已验收完毕。

【创建全国民族团结进步示范县】 在前期设立民族团结宣传牌的基础上加大营造创建氛围力度，在寺庙、村（居）及公路沿线堡坎、墙面、岩壁、异地搬迁安置点张贴喷绘标语，标语与房屋建设风格相融合，简洁大方，藏语、汉语结合，既美化居住环境又能达到宣传作用。对推进民族团结“九进”工作的牵头单位每周就创建工作督促指导。在民族团结教育基地（香堆镇仁达拉康、县中学）设立宣传牌，写明历史传承、基本情况、民族团结工作开展情况等。统筹推进民族团结“九进”工作，督促相关牵头单位开展民族团结相关工作，确保达到验收标准。打造以德西林卡为中心的民族团结主题街道，广泛面向干群宣传民族团结，营造浓厚的民族团结宣传氛围。以县城藏戏广场围墙为载体，制作 56 个民族简介、“三个离不开”、“五个认同”等民族团结的主题墙。紧紧围绕“3·28 西藏百万农奴解放纪念日”“9 月民族团结进步宣传月”“民族团结九进”等活动，通过设置宣传点、广告牌，张贴宣传标语，流动宣传广播，在报纸杂志、电视等新闻媒体刊载有关民族团结文章、公益广告等形式，大力宣传民族政策法规、社会主义核心价值观、“三个离不开”、“五个认同”、“五个维护”、“老西藏精神”、民族团结感人事迹。将察雅县自创建活动开展以来的工作制作成宣传视频在全县范围内进行播放，营造氛围。

察雅县人民代表大会

综　述

【概　况】 2019 年，察雅县人大常委会深入学习贯彻习近平新时代中国特色社会主义思想，深入贯彻落实中共十九大和十九届二中、三中、四中全会以及区党委九届五次、六次全会精神，贯彻落实十三届全国人大二次会议和自治区十一届人大二次会议以及市委一届八次全会和市一届人大六次会议精神，按照县委九届四次全会和县十二届人大五次会议的部署要求，坚持党的领导、人民当家做主、依法治国有机统一，始终站在坚定“四个自信”、增强“四个意识”、做到“两个维护”的政治高度把握和考量职责任务，积极适应国家制度和治理体系建设要求，充分发挥国家根本政治制度的特点和优势，紧紧围绕县委贯彻落实党中央、区党委重大决策的部署要求，创造性地以监督促进决定、任免和代表工作，把“全域监督”理念贯穿到人大依法履职的全过程和各方面，从大局上着眼、在细微处切入、由关键处发力，紧扣中心、抓住重点、讲究实效，着力从“注重做了什么”向“做出什么效果”转变，各项工作都取得了新进展新成效。

2019 年以来，察雅县人大常委会坚持围绕中心、服务大局，精确指导、精准发力，统筹推进决议决定、干部任免、监督和代表工作，为全县经济长足发展和社会长治久安做出了积极贡献，发挥了重要作用。

【服务大局】 始终把服务大局作为人大工作的首要政治任务和政治责任，正确认识把握大局、积极聚焦融入大局、坚决维护服务大局，自觉从发展、稳定、生态三件大事上寻找切入点、结合点和着力点，着力在助力经济社会发展中发挥优势、贡献力量。

从思想上向大局聚焦。牢牢把握学习贯彻习近平新时代中国特色社会主义思想这个主题主线，坚持党组带头学、常委会集中学、党员干部全员学，层层示范、层层带动，依托党组理论学习中心组、党支部“三会一课”等载体，深刻领会掌握这一科学思想的精神实质、丰富内涵、实践要求，持续推动学习往深里走、往实里走、往心里走。紧紧围绕深入回答好“永恒课题”和“终身课题”，开展“不忘初心、牢记使命”主题教育，按照主题教育的根本目标和总体要求，坚持“四个到位”，把握“四个环节”，把学和做结合起来、把查和改贯通起来，深学细悟、一体领会习近平总书记关于坚持和完善人民代表大会制度的重要思想、关于治边稳藏的重要论述、关于西藏工作的一系列重要指示批示精神和中共十九届四中全会、人大履职所必需的各项法律法规、涉及人大工作的指导性文件，召开 6 期专题研讨会和 1 次问题检视分析会。推进人大党组和党支部学习有机融合、有效衔接，不断增强学习的理论深度、实践力度、情感温度。对习近平总书记对地方人大及其常委会工作作出的重要指示和全国人大常委会委员长栗战书、自治区人大常委会主任洛桑江村的有关讲话精神，常委会都率先集中传达学习，先学一步、先做一步、先行一步。截至2019年年底，常委会共举行党组理论中心组学习会13次，领导干部讲党课6次。通过各种学习活动，使广大党员代表和党员干部锤炼了忠诚干净担当的政治品格，思想得以升华、精神得到洗礼，强化制度意、维护制度权威、严格制度执行的自觉性和坚定性明显增强。

从政治上向大局聚焦。坚持把增强“四个意识”、做到“两个维护”作为检验和衡量工作成效的重要标尺，体现在贯彻落实党的路线方针政策和党委重大决策部署的行动上，体现在履职尽责、做好各项工作的实效上。坚持从全局谋划一域、以一域服务全局，做到县委决策部署到哪里，人大监督就跟进到哪里，研究制订常委会工作计划、召开重要例会、组织重要视察、开展重要检查，都及时向县委请示报告；全局性工作推进情况、重要活动开展情况、法定例会召开情况都及时向县委报告。2019年以来，县委主要领导先后对人大工作作出重要批示6次；常委会党组向县委请示报告工作4次，上报检查、视察、调研报告9件；常委会领导牵头督促检查工作，上报督导和调研报告11件。

从工作上向大局聚焦。紧紧围绕全县中心工作，依照法定权限和程序，根据大局和实际需要，在常委会会议上依法听取审议了上半年计划执行情况、上半年预算执行情况、财政预算调整情况、减税降费政策落实情况等一批重大专项报告，经认真梳理，形成多条工作建议，为县政府工作顺利推进提供了有力支持。同时，常委会领导积极参与脱贫攻坚，圆满完成重点工作综合督查、年底综合考评、河长巡河等县委交办的各项任务。

履职尽责

【为人民谋利益】 始终坚持为人民履职、为人民用权、为人民服务的初心使命，努力把初心使命转化为锐意进取、开拓创新的精气神和埋头苦干、真抓实干的自觉行动，广泛深入开展代表活动，着力为群众办实事、解难事、做好事。

强化代表意见建议办理服务人民。积极配合昌都市人大开好一届人大六次会议，编写简报5期，安排8人次代表接受新闻媒体采访。召开代表建议、批评和意见交办会，及时将县十二届人大五次会议征集到的73件代表建议，转交“一府一委两院”办理。在代表意见建议办理过程中，专门召开办理情况督办会听取承办单位办理情况，在常委会上听取县政府办理情况报告，在年底对代表提出的重点意见建议进行重点督办。

助力脱贫攻坚服务人民。常委会领导经常、主动深入脱贫任务重、难度大的地方指导脱贫，按照县委的部署要求积极做好脱贫攻坚督促检查和调研工作，为实现基本消除绝对贫困倾注了心血。广大代表充分发挥模范带头作用，带头用勤劳双手创造幸福生活，带头形成健康文明的生活方式，带领群众探索脱贫路子和致富门路，为激发贫困群众的内生动力、改变贫困落后面貌做出了积极贡献。560多名基层代表积极协助党委政府做好群众工作，踊跃参与矛盾纠纷排查化解、网格化管理、先进“双联户”创建和监督惠民资金发放等各项工作。带头收听收看庆祝新中国成立70周年大会直播盛况，县乡两级人大共开展20余次代表视察活动，在县乡村治理上发挥了积极作用。

积极议政建言服务人民。大力推荐人大代表担任廉政监督员、脱贫攻坚监督员等，统筹安排人大代表参加各单位民主生活会和有关座谈会、听证会，让人大代表的监督作用不断显现。扩大代表对常委会工作参与的广度和深度，安排121名代表列席常委会会议，安排560多名代表参加执法检查和调研活动，广大代表在参加各类会议和活动期间，代表人民反映了很多关系群众切身利益的实际问题，提出了很多宝贵建议。

创造代表履职条件服务人民。积极组织代表走出去，组织14名人大代表和人大干部到云南丽江、重庆考察学习。组织35名代表视察察雅县的重点民生项目建设，促进代表知情知政。召开纪念西藏民主改革60周年座谈会，引导基层代表深切感受社会主义制度的显著优越性和强大生命力，坚定感党恩、听党话、跟党走。

【监督工作】 推动人大监督由“以程序性监督为主”向“程序性监督和实质性监督并重”转变。严格按照组织法“每两个月至少召开一次会议”的规定，召开常委会例会6次。每次会议都严格依照常委会制定的工作规则和议事程序进行，坚持围绕常委会工作报告和年初工作计划统筹安排常委会会议、听取审议事项，围绕开好每次常委会会议谋划部署阶段性工作，始终把开好常委会例会作为依法履职的中心环节，把会前调研作为听取专项报告的必备程序。在开展执法检查和专题调研、专项视察过程中，坚持上下联动、同步进行、分层开展，既注重“解剖麻雀”归纳梳理问题，又注意发现典型和总结经验；既注重发挥专委会的职能作用、调动专委会的工作积极性，又注意让各乡镇人大主席团参与其中；既注重事前对相关政策的法律法规的学习，又注意事后同县政府的座谈反馈。力争尽可能多地掌握第一手资料，保证摸透情况、搞准问题、提出高质量的对策建议。常委会会议结束后，及时将各项报告上报县委，转送县政府。2019年以来，县人大常委会已听取和审议11个专项报告、6项执法检查报告、7项调研报告、4个代表资格审查报告、6件人事任免案，向县委上报7条审议意见。

【决议决定执行工作】 推动决议决定由“以程序为主”向“作出决议决定和跟踪问效并重”转变。完善县人大常委会联系“一府一委两院”工作制度，推动相互支持配合更加紧密、更加规范。跟踪问效代表大会和常委会作出的决议决定执行情况，积极推动十二届人大五次会议作出的“六大决议”和闭会期间常委会作出的2个批准预算调整决定落地落实，在听取计划预算执行和预算调整报告、开展预算执行调研期间，高度关注年初确定的各项指标和重点工作、主要任务完成情况，严格审查调整后的预算执行情况。

【人事任免】 推动人事选举任命由“以任命为主”向“任命和监督并重”转变。积极探索纠正重选举任命轻跟踪监督的倾向，有效破解监督缺位、失位、不到位难题，一方面严把代表资格审查关，严防代表性、广泛性、先进性不强的人员进入代表队伍；一方面加强被任命人员的全过程、全覆盖监督，积极推动由任前监督向任后监督转变。2019年以来，常委会坚持落实党委意图与实现人民意志的有机统一，严格依照法律程序做好任免工作，共任命人大机关干部2人、政府系统干部16人、“两院”干部3人，免去政府系统人员7人、“两院”人员3人，补选代表3人，辞去代表职务4人，听取并评议被任命人员述职报告3个。所有被任命人员都经过了任前资格审查、听取情况说明、充分酝酿、民主表决和任后宪法宣誓等各个环节和程序。通过采取一系列措施，有效构建了完整的监督链条，促进了监督人与监督事、法律监督与工作监督的统一。

重要工作

【加强经济运行监督】 针对经济下行压力增大、增速放缓的实际情况，开展上半年经济运行情况、非公有制经济发展情况、减税降费政策落实情况、预算执行情况调研，建议县政府加强经济运行调控、拓宽非公企业融资渠道、完善预算编制、加强绩效管理、加强对小微企业和实体经济税收支持。加强对预算编制、预算执行、预算调整和决算的审查，着重审查支出预算总量和结构、重点支出和重大投资项目、政府债务、预算收入等，依法对县政府2018年财政决算作出批准决议，如实对2019年上半年预算执行情况报告和计划报告提出审议意见。

【加强民生工作监督】 坚持以人民为中心，紧盯人民群众的烦心事、操心事、揪心事，全力做好民生领域监督。开展治安管理处罚法执法检查，提出提升执法水平、加大执法力度、维护执法权威等3条建议。开展传染病防治法跟踪检查，促进传染病防控队伍建设、法律宣传普及、防控机制建设、疫苗接种得到加强。开展预防未成年人犯罪法及自治区实施办法执法检查，针对发现的思想认识有待提高、教育疏导和主动应对能力不强、预防帮教体系不健全等5个方面的问题，分别提出整改建议。开展交通安全法及自治区安全条例跟踪检查，建议加强道路基础设施和配套设施建设、加大道路交通违法行为的打击力度、加强道路交通安全管理。

【加强司法工作监督】 积极回应社会关切，大力推动解决影响司法公正、制约司法能力的突出问题。依法听取法院破解“执行难”情况报告和检察院公益诉讼工作情况报告，针对发现的案件执行不见人不见财、公益诉讼机制不健全等突出问题，分别提出对策建议，为推进平安察雅建设提供了有力支持。

【加强生态环保监督】 坚定扛起维护察雅生态安全的政治责任、工作责任，主动把生态文明建设作为重点工作领域、摆上突出位置，听取和审议了察雅县生态环境局局长王金辉受察雅县人民政府委托所作的《西藏自治区昌都市察雅县生态文明建设规划》的报告。会议决定批准《西藏自治区昌都市察雅县生态文明建设规划》，助力打好蓝天、碧水、净土三大保卫战。开展水污染防治法执法检查、大气污染防治法跟踪检查和“中华环保世纪行——西藏行”活动，聚焦“河长制”“湖长制”落实不够有力等突出问题，提出多条有分量有价值的意见建议，推动生态环保法律法规的“牙齿”紧紧“咬合”，促进环保部门以法律的武器治理好污染、用法治的力量保护好生态环境。

察雅县人民政府

综述

【概　况】2019年是新中国成立70周年、西藏民主改革60周年，一年来，察雅县人民政府坚持以习近平新时代中国特色社会主义思想为指导，在县委的坚强领导和县人大、县政协的监督支持下，紧紧围绕“狠抓河谷经济、破解瓶颈制约、加大对外开放、统筹城乡发展”战略和“六县六化”强县工作举措，全县经济社会、脱贫攻坚、民生改善、城乡面貌、发展环境等取得较好成绩。2019年，全县地方生产总值完成14.75亿元，同比增长8.2%（可比价）；一般公共预算收入完成6180万元，同比增长18%；固定资产投资完成14.5亿元，同比增长18%；农村居民人均可支配收入达到11245元，同比增长13.6%；城镇居民人均可支配收入达到31521元，同比增长10.8%；社会消费品零售总额完成3.74亿元，同比增长10.3%。

【脱贫攻坚】2019年实现138个贫困村退出，4161户20852人脱贫，建档立卡贫困人口实现“两不愁、三保障”。2019年12月23日，西藏自治区对外发布公告批准察雅县退出贫困县。

围绕“两不愁、三保障”，紧盯2019年全县脱贫摘帽目标，全面完成安全饮水工作。总投资5991.42万元，对306个自然村290个工程点，采取新建、改造、升级等措施实施安全饮水巩固提升工程，高寒区域采取水井、暖箱等有效措施，解决冬季供水难题。完成358个水源点水质检测，全县农村饮水均达到《西藏饮水安全评价准则》标准，切实保障农牧民群众饮水安全。住房安全得到有效保障。投入资金7.89亿元，建设易地扶贫搬迁安置点26个，入住群众2406户12751人，入住率达100%。投入资金3980万元，对全县1328户（含建档立卡户374户）群众实施农村危房个性化“六改”工程，困难群众住房安全得到有效保障，同时群众通过投工投劳，每户增收9300元。医疗保障实现全覆盖。将1271人纳入全县大病集中救治、慢病签约服务管理、重病兜底保障。家庭医生签约服务率达100%。累计投入资金1.4亿元，实施县人民医院、藏医院、疾控中心和11个乡镇卫生院的基础能力提升、新建、改扩建工程，对138个村卫生室提质改造，每个村卫生室配备2名村医，全县医疗条件显著提升，将群众因病致贫、因病返贫风险降到最低。教育保障扎实有效。加强建档立卡户在校生管理，切实做到一生一档。建档立卡户中小学生2617人，入学率100%。全面落实“县、乡、村、户”“局、校、班、户”双线控辍责任制和控辍保学“四书制”，疑似失学儿童复学率100%，义务教育阶段“三残”适龄儿童义务教育入学率100%。投入“三包”经费3031.88万元，营养改善计划经费552.28万元，推进义务教育城乡一体化均衡发展，全面完成农村薄弱学校提质改造，坚决切断贫困代际传递。政策保障落实到位。针对残疾人、单亲母亲、一孩双女等易返贫的弱势群众制定并实施帮扶方案，累计为2782名残疾人办理残疾证，累计发放价值50万元的辅助性器械771件。累计投入589万余元，成立察雅县福志商贸有限公司，第一期40个短平快项目全部投入使用，累计带动1420余人就业增收。协调各方扶持资金2900万元，新建集体经济54个，在全县138个村（居）建立劳务输出合作社，消除集体经济空壳村。

【收官“十三五”、谋划“十四五”】 2016—2019年，察雅县基本建设项目555个，总投资64.72亿元，累计完成53.38亿元，未完成投资9.63亿元。其中：规划内项目68个子项，总投资7.24亿元，累计完成投资4.75亿元元，未完成投资2.49亿元；规划外项目487个子项，总投资57.48亿元，累计完成投资48.62亿元，未完成投资8.86亿元。“十三五”期间年均完成投资13.35亿元，年均增速26.8%。为确保察雅县“十三五”规划圆满收官，为“十四五”规划开好局，编制完成《察雅县乡村振兴战略总体规划（2018—2022年）》。成立“十四五”规划编制工作领导小组，积极开展前期调研等工作，完成《察雅县“十四五”规划编制工作技术建议书》。“十四五”期间，察雅县计划实施1527个项目，规划投资392.32亿元。主要围绕粮食产能提升、农牧业科技信息、乡村产业基础设施、天然林资源保护、澜沧江流域沿岸经济林产业、农村安全饮水改善、农业灌溉、防洪减灾、水土保持及水利改革、小型产业、小型基础设施、污水处理、垃圾分类、乡村垃圾处理设施、断头路连通、路网改造、交通枢纽、幼儿园及小学新建、乡镇小学改造升级、矿产开发勘察、土地开发、市政道路、两房建设、市政基础设施、垃圾填埋、乡镇自来水厂涉及农牧、林草、水利、扶贫、生态环境、交通、教育、卫生等15个方面进行项目申报、实施。

【产业发展】 围绕“五个一万、六个千万”产业发展布局，培育壮大优势产业集群。精准扶贫产业方面。累计投入产业扶贫资金4.84亿元，实施精准扶贫产业项目85个，覆盖建档立卡贫困群众5431人，扶贫收益累计达1379.34万元，贫困群众增收效果逐步显现。农牧林业方面。实施荣周、香堆等高标准农田1266.67公顷，加大“藏青2000”等良种推广工作，完成粮食播种面积2946.67公顷，全年粮食产量达到1149.25万千克，全年蔬菜产量达到1347.55万千克。达成万亩经济林目标，种植经济林木780公顷，构树茶、构树饲料初具规模。延长苹果产业链，实施苹果醋加工，注册“雪域菓源”苹果醋饮料品牌，取得QS食品认证。实施宗沙牦牛育肥、阿孜绵羊育肥等重点养殖项目，全县牲畜存栏23.11万头（只、匹），出栏4.23万头，奶产量0.93万吨，肉产量0.9万吨。文化旅游业方面。《察雅县全域旅游发展规划》通过终评。依托察芒公路，全力打造香堆景区。累计开发旅游业就业岗位720个，直接带动农牧民群众增收496.5万元。全年累计接待游客5.77万人次，实现旅游收入968.5元，同比分别增长1.4%、3.8%。

【基础设施】 全县开复工项目共13个大项208个子项，总投资38.73亿元，累计完成投资14.5亿元。重点项目有序推进，投入3.2亿元，顺利实施巴日、吉塘输变电工程及中低压配电工程等项目。全年累计完成供电量2238.76万千瓦，同比增长43.97%；全县新续建交通建设项目115个，总投资11.64亿元，新增公路里程478千米。川藏铁路察雅段前期团队全面入驻，可研编制方案完成并上报国家发改委。全县水利工程续建在建工程13个，总投资1.396亿元。荣周灌区、烟多镇给如村、吉塘镇居委会等防洪工程已全部完工。总投资1.7亿元，修建公共租赁住房1220

套，建筑面积5.06万平方米，进一步解决新进就业无房职工和在城镇稳定就业的外来务工人员、未就业大学生的住房问题。向城镇低保户64户106人、低收入家庭237户312人发放资金127.91万元，切实解决城镇低保户、低收入家庭的住房困难。总投资2.7亿元，建成标准化村级活动场所94个，建强凝聚人心、服务群众的前沿阵地，确保党在农牧区的执政根基得到全面巩固。

【城乡面貌日新月异】 特色镇建设有成效。总投资7.3亿元，建成吉塘特色小城镇，开发商业房产5.05万平方米，自来水厂、垃圾填埋场、市政道路等基础设施和藏东科技示范园、循环农业等产业配套项目投入使用。同时利用良好地热资源，投资1.5亿元建成特镇温泉酒店，并投入使用。加快推进香堆特色小城镇建设项目报批工作。投资1.06亿元新建香堆镇生活垃圾填埋场、自来水厂、市政道路等基础设施，并进行香堆镇老城区基础设施改造，香堆镇基础设施建设更加完备，群众生产生活更加便捷，为香堆特色小城镇建设奠定了坚实基础。棚户区改造有成果。投入资金3.13亿元，实施察雅县旧城（棚户区）改造项目第一期烟多卡片区、松德卡片区工程，烟多卡片区项目已竣工交付，建筑面积达3.5万平方米，松德卡片区即将竣工，建筑面积达6.7万平方米，城市品位再次得到提升。城市公共服务功能更加完善，总投资6348.8万元，建设县城污水处理厂、垃圾填埋场，实施拥军路、林卡路、央庆路市政道路改扩建工程，安装700余盏市政路灯，安置垃圾箱、市政垃圾桶等。投入150万元，划定全县15个停车区规范县城停车秩序；投入220万元用于周转房小区维修、绿化、提升改造。城市绿化面积达4.14万平方米，同比增长31%，城市环境得到优化和改善，居民满意度不断提升。

【生态环境】 污染防治攻坚战成效显著，全年生态建设累计投入2196.74万元。建设一支117人的强力环卫队伍，改善县城卫生环境。为各乡镇、易地搬迁安置点购置环卫设施，实施农村垃圾收集设施建设工程，新建17座垃圾池。完成8个水源地保护工作，全面落实生态保护红线划定工作，完成察雅县第二次污染源普查，普查污染源企业82家，处罚8家，罚款26万元。完成37条县级河流“一河一策”和“一河一档”编制工作，完成全县河道采砂规划编制，进一步维护我县河湖水域健康。中央、自治区环保督察反馈问题整改均达到时序要求。顺利完成自治区生态环境考核，察雅县获2019年度全区生态环境保护优秀等级。完成279.8公顷集体林权外业勘界工作，持续推进生态安全屏障巩固工程和藏东横断山脉造林绿化工程，21665个生态补偿岗位积极开展“一人一年五棵树”环境绿化活动，全面落实消除“无树单位”和提质增绿行动，生态立县、生态文明化持续推进。

【发展活力增强】 持续深化“放管服”改革，稳步推进政府部门权责清单调整工作，全县共调整职责76项。深入推进简政放权，对应市级减少行政审批事项3项。进一步加强政务服务，组织公安、民政、医保等9个部门，集中统一进驻察雅县政务服务中心，设立18个服务窗口，可办事项48项；“12345”政务服务热线正式开通，群众和企业解决问题更加方便，完成13个乡镇政务服务中心建设，并在阿孜乡扎拉牧区增设政务服务点，真正做到小事不出村、中事不出乡、大事不出县。“互联网+政务服务”工作有序推进，群众通过西藏政务服务网可以在网上办理全县32家县（中、区）直单位行政审批事项714项，公共服务事项183项，全年累计网上服务业务量达5.2万件，网上办结率99.85%，进一步方便了群众。减税降费成效明显。全面落实减税降费政策，依法依规征税收费，全年累计减税4874.93万元，惠及纳税人1587户次，企业生产运营成本和群众负担大幅度降低。多渠道、多方位开展招商引资工作。全年招商引资项目10个，协议总投资5.55亿元，到位资金3.62亿元，获昌都市2019年度招商引资先进单位称号。察雅县扶贫开发产业园、双创孵化池引入各类企业25家，带动扶贫建档立卡户186人就业增收，年产值达到3000万元。筹措资金1100万元加快推进产业园二期项目建设。总投资1.06亿元的麦曲综合产业城建成并投入使用，县域营商环境进一步改善。圆满完成第五届“三江茶马文化艺术节”特色产品展销工作，销售业绩达17万元，察雅县构树茶获“最佳产品创新奖”。援藏项目协调对接落实有力。累计到位计划内援藏资金1.99亿元，19个援藏项目顺利落地实施，积极争取计划外援藏资金450万元，推进中铝新村人居环境整治、县人民医院体检中心建设等项目。依托援藏单位优质教育教学资源，450余人次赴重庆和中铝公司参加政策学习和技能培训。平安集团西藏昌都分公司捐赠签约随访医疗箱13台，价值65万元。中铝集团每年固定投入“格桑花”教育资金50万元，资助师生2000人次，53名外地医生和教师到察雅开展短期援助，有效缓解察雅县医疗和教育短板。

【社会和谐稳定】 扎实开展社会综合治理。累计投入150万元补齐基础设施短板，发放“双联户”户长工资149.6万元，建立健全奖惩制度，投入表彰资金75.49万元，优化整合群防群治力量，构筑起县、乡（镇）、村（居）三级防控网络，获2019年度昌都市先进双联户创建活动先进集体称号。信访突发事件应急处置预案不断完善，信访案件办结率达95%。深入推进“扫黑除恶打非治乱”专项斗争。摸排各类线索27条，受理刑事案件39起、行政案件39起。扎实推进“缉枪治爆”专项行动，集中整治行业乱象，建筑施工、娱乐场所、旅游市场等领域11类19个突出问题得到有效治理。强化扫黑除恶宣传力度，受教育群众达6万余名，有效凝聚社会共识。“七城同创”加快推进。“七城同创”各项创建指标达标257项，达标率66.4%。调整充实察雅县“七城同创”组织机构，严格按照年度工作路线图狠抓落实，聘请第三方对符合条件的村（居）进行水质、噪音等指标监测，成功创建自治区级生态村（居）34个。严格落实环境卫生长效管理责任制、门前“三包”责任制，集中整治机动车乱停乱放、违规行驶等问题，道路装灯率达到100%，亮灯率达到96%以上。健全完善应急管理体制机制。道路交通、建筑施工、危险化学品、消防火灾、食品药品、特种设备等重点领域治理成效明显，开展应急演练30余次，全年无重大安全事故和受灾情况发生。

民生保障

【教育方面】 总投资2.8亿元，占财政总支出的16.34%。推进城乡办学条件均衡化发展，推广学前教育集团化办园模式，新建第二小学、第二幼儿园，在高海拔学校实施集中供暖项目，新建公共体育场馆1座。为18所学校补充完善学校信息化教学设备，争取重庆援藏投资500万元建设县中学数字化校园，全县各类学校办学条件得到持续改善。紧紧围绕实现“五个100%”教育工作目标和质量提升计划，全面推进控辍保学工作，努力促进全县教育事业健康和谐发展。组织130多名教师赴重庆南岸区、綦江区参加培训，10余名幼教教师参加“粤藏同心”幼教教师和保育员培训，全县校长、教师交流人数达到54人次，教师队伍建设不断加强。

【医疗卫生方面】 包虫病综合防治和“六病”筛查圆满完成，获评“全市包虫病防治先进单位”“昌都市卫生健康工作先进集体”。全县孕产妇住院分娩率提高到87.67%，同比增长15.3%；新生儿死亡率降低到11.28‰，同比下降9.7‰。

县级公立医院医疗服务能力不断提升，投资1.02亿元，县人民医院综合大楼、传染科病区、妇幼保健楼等投入使用，成功完成二级乙等综合医院创建工作。组团式医疗援藏取得重大突破，上海复旦大学附属中山医院、綦江区人民医院、大足区人民医院、巴南区人民医院、广东中山大学附属第三医院等对口支援医院派出65名医疗专家到察雅援助，组织培训200余场次，帮助建章立制300余条。全年累计开展义诊7121场次，实施抢救214人次，治愈病人2400余人次，手术数、救治数远超往年，群众生命安全得到保障。

【文化事业方面】 完成文艺演出活动20场，开展各类文化惠民活动60余场，创编舞蹈8部。完成《察雅年鉴（2018）》《精准扶贫在察雅》《美丽察雅》出版工作，《察雅县志》顺利通过市级终审。基础公共文化设施进一步完善，察雅县电影院建成投运，13个乡镇文化站功能更加完备，38个行政村配齐一般文化设备（包括26个安置点）。非物质文化遗产传承工作更进一步，格萨尔铠甲颂和勉唐画派绘画技艺已列入市级非物质文化遗产项目名录，金属锻制技艺（麦堆金银锻制技艺）、面具制作技艺（烟多羌姆面具制作技艺）、羌姆（烟多德穆贡羌姆）、藏靴制作技艺（吉塘藏靴制作技艺）列入自治区级非物质文化遗产项目名录。仁达拉康被评为全国重点文物保护单位。

【就业创业方面】 全年累计实现转移就业1.41万人次，人均年收入增长3958元以上。协调援藏省市、企业和实际资源，累计开发就业岗位170余个，城镇新增就业380人，实现295名高校毕业生就业创业。开办技能培训班21期，完成建档立卡群众863人技能培训，实现培训就业345人；新型农业经营主体不断增多，登记注册农牧民专业合作社45家，辐射带动349名农牧民群众。

【社会保障方面】 全县城乡居民基本养老保险参保人数达到1.91万人次。完成社保卡信息采集5.89万人。新型农村合作医疗保险参保人数达5.72万人。累计兑现城乡医保、残疾人两项补贴、临时救助、特困救助等社会救助资金2557万元，保障13273名困难群众基本生活；在新中国成立70周年之际向9465名困难群众增发救助资金168.74万元。基层政权建设探索推进，有序推进6个大中型易地搬迁安置点增设村（居）民委员会工作。

信　访

【概　况】 2019年，察雅县信访工作在自治区信访局、市信访局的有力指导下，在县委、县政府的坚强领导和高度重视下，在县信访工作联席会议的统筹协调下，坚持以习近平新时代中国特色社会主义思想为指导，坚持人民立场，不忘为民初心，全面贯彻落实中共十九大精神，贯彻落实习近平总书记关于加强和改进人民信访工作的重要思想，积极围绕中心、服务大局，认真履行“维护群众合法权益，及时反映社情民意，促进社会和谐稳定”三大职责，以及“群众利益无小事、一枝一叶总关情”等要求，开拓进取，扎实工作，取得了明显成效。

2019年1—10月，组织召开信访工作专题会议4场次（含召开信访联席会议2场次）；共受理来信来访来电30批57人次（其中双拖欠24件、劳资纠纷2件、其他4件），已办结27件，办结率为90%。网上信访30件，已办结27件，办结率为90%；共排查矛盾纠纷10件，已调处10件，调处率为100%。集中开展信访法治宣传教育12批次2人次，受教育群众86人，印发宣传资料6489份。就2019年的信访问题来看，农村公路建设和特色小城镇建设当中的工程领域方面矛盾纠纷较为突出，项目单位对项目的风险评估不够。

【信访工作责任制】 察雅县信访局成立了应急事件处理小组、信息反馈领导小组，“两会”期间各项工作安全有序进行。认真落实接访、约访、下访“三访工作”。

将私搭乱建、征地拆迁等上访时间进行梳理并通报给属地，按照“谁主管、谁负责”的原则，乡镇党委书记作为第一责任人，切实承担起化解各乡镇内信访问题的责任，将各乡镇信访群众教育好，确实做到防范在先。认真落实信访责任制，实行领导干部包案制度，严格领导带班，认真做好信息反馈。

【排查矛盾纠纷】 察雅县信访局坚持把工作重点从事后处理转移到事前排查化解上来，坚持经常排查与集中排查、普遍排查与重点排查相结合，共排查矛盾纠纷 10 次，排查出各类矛盾纠纷隐患 10 起，已全部化解调处。对群众反映强烈的热点、难点问题，认真查找原因，严格落实责任，明确负责领导、责任单位和责任人员，限期妥善解决，工作开展有力、有序、有效，为社会营造了和谐环境。

【宣传《信访条例》】 为进一步规范信访秩序，畅通信访渠道，营造和谐社会，积极组织法治宣传活动，在街道边设置临时宣传点向过往群众发放藏汉版信访明白卡、《信访条例》、《信访知识手册》等宣传资料，现场接受群众咨询等形式的宣传活动。截至 2019 年年底共发放宣传资料 6489 份，现场接受群众咨询 25 人次，受教育群众 86 人，使社会各界和广大人民群众全面、正确地了解信访渠道和信访人的权利、义务以及相关政策法规，为下一步开展信访工作打下了良好的基础。

【工作亮点】 充分利用信息大数据，通过短信、微信、电话等多种方式对已办结的信访事项进行送达回执，让群众“少跑腿”，让数据“多跑路”，不断提升群众满意度。

转变观念，进一步加大日常督办力度，视情开展实地综合督查，把“要我督”变“我要督”，人人都是督察员，积极研究分析信访形式，通过排查出来的矛盾纠纷，主动到事发地和问题所在地下访，以点对点、一对一的形式开展督查督办，有力推动问题解决在基层。

察雅县信访局分管领导及信访局局长主动接访下访，对一些信访突出问题主动过问、专门批示，有力推动信访问题解决。

通过完善各项应急处突机制和信访专项资金制度，以发放信访联系明白卡、签订信访目标责任书、“每月一研判”等形式，进一步畅通信访渠道，压力层层传到、责任逐级落实，确保信访问题解决在初始状态。

中国人民政治协商会议察雅县委员会

综 述

【概 况】2019年是打赢脱贫攻坚战、全面建成小康社会的关键之年，县政协常委会在县委的坚强领导和县政府的大力支持下，在市政协的精心指导下，带领全县各级政协委员和各参加单位，牢牢把握团结和民主两大主题，全面贯彻落实中共十九大、十九届三中、四中全会精神，贯彻落实习近平总书记治边稳藏重要论述和“加强民族团结、建设美丽西藏”重要指示精神。坚持党的治藏方略，以新发展理念为遵循，以全国、自治区、昌都市相关政协会议精神为准绳，严格按照县委经济工作会议以及扩大会议相关要求，认真履行政治协商、民主监督、参政议政职能，圆满完成了七届四次会议确定的各项目标任务，为察雅的社会稳定、经济发展做出了应有的贡献。

2019年，县政协常委会紧紧围绕县委、县政府中心工作切实履行政治协商、民主监督、参政议政职能。在履职中，广大政协委员和机关干部的能力素质得到锤炼和提升，工作有变化、有创新、有成效，得到了社会各界的认可。2019年8月，县政协常委会代表昌都市政协11个县区参加自治区政协基层政协工作交流会，并在会上做了《建言资政促振兴 凝聚共识谋发展》的发言。2019年12月，县政协常委会获昌都市政协颁发的“提案工作先进组织单位”称号，县域两名政协委员获得“提案先进个人”称号。

2019年，县政协按照新时代政协工作的新要求，聚焦时代特点，高度重视学习，不断加强学习，有效贯彻落实新时代党的建设任务，不断加强党建在政协系统的引领作用。内强素质，外树形象，在新时代作出了政协的新作为。

坚守政治原则，党的领导得到强化。坚持和加强党的领导是以习近平同志为核心的党中央推进人民政协事业发展的鲜明特点。县委把政协工作纳入县委总体工作部署，完善县政协党的领导体制，支持人民政协依照章程开展工作。县政协党组认真执行请示报告制度，对召开政协全体会议、组织政协委员专题学习、组织委员集中调研考察等事项进行专题书面请示报告，每季度针对工作开展情况由政协党组向县委、县政府主要领导口头汇报。确保了党的集中统一领导在政协的贯彻落实。县政协常委会认真学习贯彻落实中央《关于加强新时代人民政协党的建设的若干意见》精神及市委下发的《关于加强昌都市人民政协协商民主建设的实施意见》精神。聚焦县委、县政府中心工作，紧扣扶贫产业项目建设、加强生态环境保护、加强基础设施建设、促进民族和谐团结深入调研、重点视察，增强了履职增效。

把握性质定位，政治方向得到巩固。紧紧围绕习近平总书记提出的“有事好商量，众人的事情众人商量”的新思想，加强和改进政协工作的新论断，发展社会主义协商民主的新要求，深刻理解政协工作的时代特点、重要意义和实现途径。准确把握政协工作的性质定位，毫不动摇坚持中国共产党的领导，做到“两个维护”，增进“五个认同”，坚持“四个全面”，积极履行协调关系、汇聚力量、建言献策、服务大局的职责，确保政协工作始终沿着正确的方向不断发展、不断进步。

落实治党要求，廉政建设得到推进。按照县委的统一安排部署，结合政协工作实际，认真组织开展“四讲四爱”学习常态化制度化、整治不作为、慢作为等形式主义和“不忘初心、牢记使命”主题教育活动。强化政协机关党员干部和政协委员遵纪守法、履职为民的政治责任感和历史使命感。不断转变工作作风，做好政策宣传工作，协调化解基层矛盾，畅通社情民意表达渠道，提高政协机关的服务意识和工作效率。严格按照中央“八项规定”精神和自治区、市委、县委的相关要求抓好落实。按照相关规定和要求，召开党组民主生活会，召开党组学习会。定期组织常委会成员、机关干部、委员中的党员集中学习，把党风廉政建设工作同政协工作同安排同部署，时刻警醒政协系统干部清清白白做人，干干净净做事。

协商议政

【召开七届四次全委会议】 2019 年 4 月 13—17 日，组织召开了察雅县政协七届四次会议。会上，委员们听取、审议了常委会工作报告和提案工作报告，听取、讨论了政府工作报告和县检察院、法院工作报告。大家聚焦全县精准脱贫工作和县城旧城区改造、扶贫搬迁点建设等热点、难点问题，通过上交提案、大会发言、分组讨论等形式认真履行职能，积极议政建言。会议讨论期间，委员们就加强县城周边环境卫生整治、加快扶贫搬迁点产业配套发展、改善乡镇医疗卫生条件等问题提出了 63 条意见和建议。会后，针对这些意见和建议，政协办及时归纳整理，及时上报相关部门协调解决。

【有序开展调研工作】 2019 年，县政协先后 4 次组织三级政协委员 90 人次深入乡镇、行政村针对扶贫产业情况、寺庙管理情况、基层党建工作开展情况进行调研，撰写调研报告 7 篇，得到了上级部门、领导的肯定。经县委、县政府同意，在 11 月上旬，组织县政协委员代表到类乌齐县就引进人才情况开展学习调研，在 11 月中旬，组织县政协委员代表 16 人到阿孜乡、巴日乡就教育均衡发展、扶贫工作开展情况进行考察调研。针对学习调研情况，形成了有价值的专题调研报告，上报给县委、县政府。

【抓好委员提案工作】 充分发挥提案在履行职能中的重要作用，积极鼓励委员撰写提案。七届四次会议期间，委员们围绕扶贫搬迁、基层基础设施建设、公路建设、环境保护、卫生医疗服务、教育发展等方面的问题，坦诚进言，共提出提案 45 件。5 月初，县政协联合县人大、县政府组织召开提案交办会，会议总结了 2018 年提案办理情况，安排部署了 2019 年的提案办理工作，将县政协七届四次会议期间收集到的 45 件提案，正式移交给县政府办。45 件提案已答复完毕。

【提升履职能力】 在上级党组织的关怀下，2019 年，县政协党组选派了两名主要领导分别参加自治区党校培训和市委党校专题学习。在“不忘初心、牢记使命”主题教育期间，组派部分政协领导到昌都市红色教育基地参观学习。委派政协办公室 2 名人员赴拉萨进行了短期的业务知识培训提高。组织了 90 余人次三级政协委员到各乡镇考察调研。在强化宣传教育及信息报送方面，县政协把宣传工作列为常委会的一项重要工作常抓不懈，指定分管办公室的副主席主抓宣传工作，注重宣传栏制作和信息撰写报送。一年来，制作宣传栏2个，撰写报送简报信息77期，选送民生信息59条，政协“双联户”工作得到有效开展，获得了县级2019年“双联户工作先进集体”的称号。

【收集整理文史资料】 根据县政协实际，在没有正式专委会及编制情况下，政协党组为扎实开展文史资料收集整理工作，经政协党组的多方努力，抽调3名责任心强、精通藏文、汉文的工作人员成立了文史办公室，对察雅县域内的名胜古迹、特色乡村、红色文化、名人事迹、宗教传承等内容进行了收集整理，2019年主要开展的工作：一是收集了大量的原始资料。编著《察雅文史资料》第一、二册，字数达60万字。挖掘出世代相传说唱艺术格萨尔文艺《荣周铠甲舞》和农耕表演艺术《荣周开渠仪式》。二是发现了大批文化遗迹。发掘了察雅县阿孜乡境内遗存的赞普时期石刻，提供了察雅境内赞普时期石刻与唐蕃古道、茶马古道石刻艺术相关联的有力依据。挖掘了12世纪后弘期时代的佛教壁画共存处1处。这对研究察雅县境内赞普时期时刻艺术的分布情况与研究吐蕃古道沿路情况提供了证据。三是挖掘了许多红色革命事迹。2019年1月以来，走访县域解放时期牺牲烈士家属情况，收集了大量的烈士事迹，进行了文字及语音记录。四是文史资料工作初见成效。8月21日，察雅县文史办工作人员代表察雅县参加昌都市人民政府举办的首届昌都锅庄艺术高峰论坛，并在研讨会上发表题为《察雅荣周铠甲舞的发展与现状》的主旨演讲，引发了强烈反响。

【推进乡镇各项工作上新台阶】 2019年，按照县委安排，县政协常委会成员分别联系吉塘镇、新卡乡、肯通乡、荣周乡、香堆镇，积极开展监督与指导工作。全力助推乡镇重点工作。一年来，政协党组领导对扶贫攻坚工作专项蹲点10次，累计达200余天。对扶贫搬迁、结对帮扶、政策宣讲、产业建设、档案资料等方面的工作，按照县委、县政府要求严格抓好督导检查，确保顺利通过国家第三方评估验收。扎实党风廉政监督指导工作。一年来，政协各主席在每次下乡开展工作中，对联系乡镇的党风廉政工作，针对每月工作情况、季度工作情况、半年工作小结等环节都进行了现场指导和监督，提出了切实可行的意见和建议。

重要工作

【深化改革】 深入学习贯彻中央和区党委、昌都市委关于加强人民政协协商民主建设的意见精神以及习近平总书记在庆祝全国政协成立70周年上的讲话精神。根据察雅县实际，建立政协委员联络员制度。县委组织部专门下发文件，确定乡镇政协委员专职联络员13人，明确工作职责，定期联系偏远乡村政协委员督导履职开展情况，加强对乡镇委员的日常管理和监督，按月汇报工作开展情况，有力推动了委员履职，为及时准确向上级反映民生信息、民主监督政府各项工作起到较大作用。以机构改革为契机，提出了增设县政协文史办公室和增加人员编制的合理化建议意见，为进一步完善政协工作体制、理顺关系提供了保障。

【改善民生】 县政协常委会始终坚持为民情怀的光荣传统。政协常委会成员积极投身县委、县政府重点工作，认真践行“老西藏精神”，主动为党和群众分责担忧。

抓牢稳定与发展，全心投入县委、县政府重点工作。2019年，按照县委的安排部署，政协一名副主席负责唐琼孜管委会管理工作，自管委会成立以来，按照“管理、服务、教育、引导”的工作方针，成立党支部，加强班子成员学习，提高自身素质。成立搬迁点联防巡逻队，开展值班巡查。组织各乡镇农牧民建档立卡1018户5267

人进行搬迁，入住率达100%。归档整理建档立卡户档资料1018份。开展扶贫相关政策宣讲13场次，联系协调务工就业213人。狠抓精细化管理，重新筛选确定双联户户长91户，负责搬迁点的环境保护及卫生治理工作，工作开展有序，成效显著。政协一名副主席协助负责县后勤服务中心管理工作，长期以来，认真执行中央“八项规定”精神和实施办法以及区党委约法十章、九项要求。规范后勤管理制度，提升服务质量，加强接待工作审批程序监管，体现勤俭节约、服务周到的精神风貌。政协一名副主席负责县民宗统战工作，工作中，创新寺庙管理，认真组织开展“遵循四条标准，争当先进僧尼”活动，确保了察雅县宗教领域佛事和顺。政协一名党外副主席负责其分管片区宗教领域广大僧尼及信教群众的教育引导工作，积极参加自治区政协、市政协、县政协会议，先后十余次参加自治区、市委、县委统战民宗部门组织的高僧大德座谈会、茶话会，会上代表察雅宗教领域积极发言，发言体现了爱国情怀和感恩情怀。

【助力脱贫攻坚】 2019年，县政协严格按照县委相关要求指导各乡镇脱贫攻坚工作及项目监督工作，带领政协干部职工按照县委提出的“54321”工作机制开展帮扶。在工作中，走访调研30次，宣传党的政策20余次，提供培训信息、就业信息40余条，投入帮扶物资折合人民币5.3万余元，为贫困户办实事9件。教育引导群众解放思想、转变观念，协助制订家庭脱贫发展计划，有效发挥人民政协与农牧民“连心桥”作用。

发挥统战作用，在巩固共同思想基础上迈出新步伐。常委会充分发挥人民政协统一战线的组织优势，坚持民主和团结两大主题，不断加强同各界人士的联系，扩大团结面，增强包容性，寻求最大公约数，把各方面的智慧和力量最大限度地凝聚起来，为脱贫攻坚和发展稳定筑牢共同思想基础。

政协界别科学合理，社会治理能力得到提升。按照察雅县政协“三级”委员的分布情况及自身特点，政协界别设置共有十个，分别涵盖了教育、农牧、医疗、宗教、经济等行业。政协委员都是这些行业中的中坚力量代表，有一定的影响力和号召力。在脱贫攻坚工作中，委员代表利用自身技术优势累计开办了农牧民唐卡绘画培训班25次，无偿培训建档立卡户农牧民300余人次。成立了5家公司，专门吸收建档立卡青壮年无偿传授木雕技艺、银器加工技艺、颜料加工技艺等，带领群众致富135户465人，为全县脱贫攻坚贡献了力量，实现了农牧民靠自己的双手勤劳致富。民族界委员在乡党委政府的统一安排下成立护村队、护校队，对村庄周边及学校周边等重点部位进行定时定点巡查，确保了社会和谐。

【收集民生信息】 2019年，多渠道拓宽委员履职渠道，切实加强民生信息收集工作，成立了政协委员信息交流群，指定专人负责委员反映信息的收集、整理工作。将委员们反映的有价值信息及时汇总上报，一年来，上报民生方面、社会治理方面、扶贫搬迁方面、环境保护方面等信息59条，被县直相关部门采纳7条，充分体现了基层农牧民的所思、所想、所盼。

【发挥组织优势】 2019年，县政协5名正副主席主动与社会各界人士沟通联系，深入一线广泛开展共画“最大同心圆”活动。在春节和藏历新年、全国“两会”、西藏“3·28”百万农奴解放日、全国政协成立70周年、自治区民主改革60周年等关键时段，组织各界人士、各单位开展爱国主义、民族团结、“不忘初心、牢记使命”、“五个认同”、“老西藏精神”等为主题的座谈会、茶话会13场次，进一步统一了思想，凝聚了力量。

自身建设

【主题教育】 以推进“不忘初心、牢记使命”

主题教育活动为契机，坚持学习与调研相结合，查摆与整改相结合。在活动中，党员干部集中参与学习6次，下基层调研5次，讲党课5次，集中研讨6次，撰写心得体会9篇；政协党员委员参与集中学习1次，畅谈体会80余人次。通过理论和业务学习，政协干部的思想政治素质、守纪律意识和整体服务水平有了明显的提高。

【队伍建设】 县政协进一步加强党对政协工作的领导，充分发挥党组的核心作用，全面加强党的建设，认真开展讲党课活动，定期督导党组成员党风廉政工作开展情况及党支部日常工作开展情况。2019年，政协党组制定和修改了常委会议事规则、党组会议制度、主席会议制度及《政协机关工作人员职责和考勤办法》，年初拟定考察、调研及工作方案，对政协工作人员下达工作任务，实行按月考核，年终全面考评。在政协委员管理方面，实行“三机制一带动”，分别为“分片包干管理机制”、“政协委员联络员制度”、“委员量化管理机制”和“委员能人带动效应”。实施以来，政协党组书记与委员谈心谈话63人次，鞭策激励进步委员5人。将政协党员委员按区域、按类别分成2个党小组（包括机关政协委员党小组；农牧民政协委员党员党小组），定期开展学习教育、开展组织活动，引导党员委员增强党的意识、严守党的纪律，积极影响和带动党外委员守纪律、讲规矩、重品行、做表率，进一步规范了政协党建责任和各项任务落实。

纪检监察

综 述

【概 况】 2019年以来，在市纪委监委和县委的坚强领导下，察雅县纪委监委和全县纪检监察干部以习近平新时代中国特色社会主义思想为指导，深入学习贯彻十九届中纪委三次全会、九届自治区纪委四次全会和第一届市纪委七次全会精神，严格执行全面从严治党要求，聚焦主责主业，强化监督执纪问责，全面深化监察体制改革，加强纪检监察机关建设，提升纪检监察干部综合能力素质，扎实推进各项工作。

【党风廉政建设】 坚持深入学习贯彻习近平新时代中国特色社会主义思想和中共十九大精神，把坚决做到“两个维护”作为纪检监察机关特殊的历史使命和重大政治责任。组织全体纪检监察干部对相关会议精神进行了传达学习，特别对习近平总书记的讲话精神进行了重点学习，要求全体纪检监察干部深刻领会，以实际行动贯彻落实会议精神。广大纪检干部也纷纷通过电视、网络、报纸以及“学习强国”APP、微信公众号等途径对会议精神开展了自学，并互相交流心得体会，在纪检监察系统掀起了学习的热潮。同时坚持以问题为导向，针对各类监督检查情况全面梳理存在的问题，并就存在的问题制定针对性的整改措施。截至2019年年底，全县纪检监察系统共开展各类集体学习、交流讨论、廉政党课和自学100余次。

深入贯彻落实党中央、中央纪委、国家监委、自治区纪委监委、市委和市纪委监委的决策部署要求。坚持把反分裂斗争纪律作为政治纪律的一项重要内容来抓。结合“不忘初心、牢记使命”主题教育，深入开展整治“五关”不正确、违反反分裂斗争纪律问题，教育引导广大党员干部严守反分裂斗争纪律，敢于主动同达赖集团做斗争。严格按照《新形势下党内政治生活若干准则》要求，通过讲党课、召开组织生活会等方式加强对广大党员干部的教育管理。主要领导带头参加“双重组织生活会”，认真分析自身存在的问题，如实向党组织报告个人有关事项重大问题。严格执行民主集中、“三重一大”、请示报告等各项规章制度，重要工作及案件集体研究决策，重要工作、事项、案件既要向上级纪委监委汇报，也要向同级党委汇报；既要汇报结果，同时也要汇报过程。做深做细廉政意见回复，严把廉政关口，对问题线索认真核查，一个都不放过，截至2019年年底共出具各类廉政意见243次2278人。强化廉政教育，开展了廉政建设宣传月活动，共向干部群众发放宣传资料1000余份，现场向干部群众讲解《中华人民共和国宪法》《中国共产党章程》《中华人民共和国监察法》等相关法律法规和政策知识50余次。组织开展了以“弘扬宪法精神、增强法治观念”为主题的法治宣传教育活动。组织开展了廉政教育警示月活动，向13个乡镇、单位发放《全面从严治党在西藏》《反腐追逃在西藏》警示教育片40余份，并及时转发各类典型案例通报，并在察雅电视台循环播放警示教育片。各单位在组织观看警示片的同时结合典型案例通报组织开展以案说纪、以案明纪警示教育活动50余场次。

重要工作

【督导检查】 理顺监督检查和审查调查关系。会同县委组织部、县编办完成了“三定”方案，促使职能关系更加规范，将原来的第一纪检监察室和第二纪检监察室进行整合，组建了纪委监委监督检察室和审查调查室。至此，察雅县纪委监委下设4个内设科室和1个信息中心。进一步完善了纪委监委班子成员联系乡镇纪委制度，要求纪委常委定期深入乡镇督促指导纪委开展工作。实现监察职能向基层延伸，13个监委派出乡镇监察室已完成组建，实现了挂牌。按照全员培训的要求，对派出监察室人员进行分批培训，截至10月底，已完成第一批13名纪检监察干部的培训。

健全反腐败工作协调小组各项机制，加强党对反腐败工作的集中统一领导。

畅通反腐败工作体制，进一步完善《中共察雅县纪律检查委员会关于纪委协助党委组织协调反腐败工作的实施意见》《中共察雅县委反腐败协调小组工作规则》。抓好问题线索移送，组织召开全县职能部门扶贫领域腐败和作风问题线索协调会。针对职能部门只汇报问题，未发现和移送相关问题线索情况，明确要求连续3个月未移送问题线索的，要求相关部门做出情况说明。对移送工作不重视、不落实的，发现问题线索瞒报、漏报、迟报的，将严肃追究责任。推动纪法贯通、法法衔接，对于重大案件提请检察机关提前介入，完善规范相关工作程序。抓好防逃追逃，主动与公安、国安对接，开展大起底摸排，做实做细干部廉政档案，切实做好防逃追逃工作。

紧紧围绕党中央大政方针、区党委决策部署和市委具体要求，站稳人民立场，履行好监督第一职责。

抓好日常监督。联合组织部门加强对干部的日常监督，将8小时工作之外纳入监督重点，让纪律覆盖到每个地方、每个时刻。规范廉政档案管理，对纪检干部廉政档案进行严格审核，2019年全县54名纪检干部如实填报了廉政档案，正在进行市管干部和科级干部廉政档案的填报工作。扩大信访举报受理途径，坚持定期分析研判信访举报情况，提出具体处理意见，督促相关单位及时整改，并适时开展监督检查。消除乡镇“零线索”，对连续两年“零线索”的乡镇纪委书记进行了约谈，责令作出检讨，分析原因，提出改进措施，2019年已有6个乡镇纪委主动报送了问题线索。

持续压紧压实监督责任。督促县委严格履行管党治党政治责任，年初专门对管党治党政治责任进行了安排和部署，与各乡镇、县直各单位层层签订目标责任书。把主体责任落实情况作为巡察和监督执纪的重点，紧紧抓住书记这个关键，通过实地督导，听取汇报等方式了解工作开展情况。通过“一案双查”压实责任，加大问责力度，对于问题频发、整改落实不力的单位和乡镇主要领导进行诫勉谈话，以问责倒逼责任落实。

【专项治理】 紧紧围绕县委中心工作开展落实专项监督。深入开展扶贫领域腐败和作风问题专项治理工作，认真围绕脱贫攻坚重大工作任务，切实加强扶贫资金政策制定和管理使用全程监督检查，严肃查处扶贫资金管理使用中的违纪违法行为，2019年受理扶贫领域问题线索8件，根据干部管理权限转办1件、立案1件（已结案）、初核了结3件、正在初核3件；针对2018年受理的扶贫领域问题线索，初核了结5件、结案1件。自2017年以来，共受理扶贫领域问题线索18件，截至2019年年底共初核了结11件，立案4件（结案4件），正在初核3件。2019年针对扶贫领域问题及问题线索，对22名干部进行了提醒谈话，对3名干部进行了约谈，对3名干部进行了诫勉谈话，给予3名干部党内警告处分（区纪委办理），给予1名干部政务撤职处分，给予1名干部留党察看两年处分，给予1名干部开除党籍、开除公职处分，并移送司法机关。聚焦扫黑除恶，建立了问题线索台账，定期报送相关情况，安排专人负责扫黑除恶专项工作。截至2019年年底共受理4起问题线索，初核了结1件、立案2件（结案1件），正在初核1件，对2名干部进行了诫勉谈话，给予1名村干部撤销党内职务处分。聚焦监督的再监督，针对各类督导检查反馈问题的整改落实情况进行再监督在检查，责令及时整改并向县委汇报。截至2019年年底，中央巡视三组反馈的32项问题、区党委巡视二组反馈35项问题、一届市委九轮巡察一组向脱贫攻坚指挥部临时党支部反馈的14项问题已全部完成整改。国家审计署广州特派办审计组反馈的17项问题已完成整改15项，2项问题正在整改中，计划于12月底前完成整改。

【反腐斗争】 加大监督检查力度。及时召开专项会议安排部署相关工作，要求对工作中发现的问题必须立即整改，对违规公款接待、超标准发放津补贴的、自设小金库和巧立名目套取国家资金等，必须及时将违规相关资金追缴到位，并及时上报县纪委监委。加强学习，强化宣传教育，组织全体干部通过各种途径认真学习中央“八项规定”及其实施细则精神，并结合“不忘使命、牢记初心”主题教育活动的开展，进一步加大中央“八项规定”精神宣传力度，进一步强化了干部廉洁自律意识，增强了抵御各种不正之风的能力，在全县营造了良好氛围。率先垂范，发挥引领作用，各级班子领导干部特别是党组织书记坚持以上率下、身体力行带头严格贯彻落实中央“八项规定”精神和《中国共产党廉洁自律准则》等廉洁自律各项规定，严格按照“一岗双责”要求，抓好集中整治工作和职责内的廉洁自律工作。加强日常管理。严控公务接待费用，赴察雅县的工作组一律安排工作餐，严格按统一标准执行。加强公费出差旅游费用管理，突破标准的不予报销。对公车购置及运行费用实行单列记账，定点维修、定点加油、统一保险和统一报废更新制度，每季度对燃修费用进行公示，接受监督。加强对机关公共事务的管理，减少浪费，规范公务费用批报手续，实行“一支笔”审批和财务公开制度。强化追责问责，2019年办理违反中央“八项规定”精神4件，其中办结1件（给予两名干部党内警告处分），正在立案审查3件。

【纠治“四风”问题】 严防“四风”隐形变异新动向，成立专项检查组，在三大节日、五一期间深入KTV、林卡、饭馆等开展交叉检查和明察暗访。坚决反对特权思想和特权现象，各类工作组到察雅县以及察雅县工作组到基层开展工作，严格按照每人每天50元的标准缴纳伙食费。对于发现的超标准接待问题，在追究当事人的同时，还对主要领导进行追责。盯紧享乐主义和奢靡之风，加大对公务用车管理使用情况的监督检查。截至2019年年底未发现借婚丧嫁娶、子女升学等事宜借机敛财的问题。深入、精准、高效整治利用名贵特产类特殊资源谋取私利问题，组织各单位、各乡镇深入开展自查自纠工作，在虫草采挖期间，组织纪检干部会同相关单位深入一线，围绕虫草采挖、管理、收购、交易、赠送等环节，开展集中清理整治。扎实开展集中整治不作为慢作为等形式主义、官僚主义突出问题整治工作。在深入自查的基础上，建立整改台账，明确了整改措施、整改责任人、整改时限，坚持整改一个、销号一个。针对19件单位材料互相抄袭情况，对18家单位负责人进行了诫勉谈话，给予了1名主要负责人党内警告处分，给予了19名当事人党内警告（政务警告）处分。大力精文。严格按照上级减少发文数量要求，发扬“短、实、新”文风，严格规定除事关全局的精准扶贫、维护稳定、党风廉政等相关工作文件外，县委、县政府规范性文件不超过4000字，严格控制日常事务性工作报告，各乡镇和县直各单位向县委、县政府呈报综合报告、专项报告，篇幅均控制在2000字以内。县委、县政府制发规范性文件数量得到有效精简。严控会议。按照上级会议活动数量和规模要求，对内容相近的会议进行合并召开，严控会议数量，召开视频会议时，严格按照上级要求合理确定参会领导和人员，并严格控制参会范围，交流发言明确控制在5分钟以内，领导讲话控制在1小时以内，会议时间较以往均有大幅度减少。

坚持标本兼治，坚决惩治腐败，不断巩固发展反腐败斗争压倒性胜利。

深化运用“四种形态”。对全县新提任、进一步使用的党员干部开展任前廉洁谈话，使走上新岗位的干部在党风廉政建设方面开好了头、起好了步。开展经常性的廉政谈话，县委和县纪委在会上、回下对各单位主要领导开展了经常性的廉政谈话，做到了全覆盖。坚持宽严相济，对情节较轻，认错态度好，积极整改的，从轻或免于处罚；对于情节严重、态度恶劣的从严从快予以处理，形成强大震慑；同时注重运用好容错纠错机制，为敢于担当的干部撑腰鼓劲。践行监督执纪“四种形态”，全面推进从严治党。注重在运用第一种形态上下功夫，始终坚持早发现早教育早提醒，切实把问题治理在萌芽状态，2019年以来对28名干部进行了提醒谈话、对17名干部进行了约谈、对16名干部进行了诫勉谈话；抓早抓小，运用好第二种形态，给予25名党员干部党纪政纪轻处分；“刮骨疗毒”，正确运用好第三种形态，给予4名干部党纪政纪重处分。“壮士断腕”，运用第四种形态，移交司法机关2人，形成了强烈震慑。同时，先后选派4名干部配合市纪委监委办理了全县法院2名干部违纪违法留置案件。

【监督执纪工作】 加强问题线索管理，建立健全线索台账登记，完善了受理登记、分办呈批、定期汇总等制度。2019年共受理各类问题线索32件。2019年完成问题线索初核了结26件（含往年受理的问题线索），立案14件，结案8件。2019年共给予31人党政纪处分（其中自治区纪委处理3人），移交司法2人。保障审查调查安全，办案人员对被审查人员谈话结束后，要求陪同人员在交接单上签字，保证被审查人员人身安全。建立纪委主要领导同被审查人员谈话教育机制，减轻被审查人员心理压力。开展案件质量提升活动，严格落实“一案一授权”“查审分离”等制度，保证案件办理质量。坚决纠正处分决定执行“打白条”问题，联合组织、人社部门对2012年以来的案件进行梳理，对所有受处分人员处分执行情况进行自查，严格落实处分决定装档，审核年度考核表，扣回不应发放的年终奖金和不应晋升的工资。

加大案件查处力度运用好调查措施，紧盯“三类重点人”，主动与司法机关对接，进一步完善线索处置、案件移送等协作配合机制。对审查调查、巡察和各类监督检查中发现的问题及时向县委汇报，并提出改进措施，建立完善长效机制，从源头上堵塞漏洞。做好被处分人员“回访”工作，制作了受党纪政务处分人员思想教育回访教育登记表，会同所在党组织开展回访教育，同时主动关心关爱生活困难的受处分人员，解除被处分人员的思想负担。

【深化政治巡察】 推进巡察全覆盖，推动巡察向村居延伸齐头并进。九届察雅县委计划巡察对象共75个单位党组织，全县共开展6轮巡察，共巡察51个单位党组织，覆盖率达68%，以“巡乡带村”的模式，完成138个村（居）巡察，覆盖率达100%。正在开展第六轮巡察工作。加强机构领导，研究制定《中共察雅县委巡察工作五年规划（2017—2021）》，落实巡察定期向上级巡察机构报告工作制度、年度计划报备制度、巡察报告底稿和巡察后评估及责任追究制度。统筹安排常规和专项巡察，突出“纵向全连接”促进上下联动。县委巡察办围绕中心，服务大局，高度重视，密切配合上级机构，努力抓好上下联动对接。把握“后半篇文章”这个重点，高质量推进巡察。县委前四轮巡察发现问题298个，反馈298个，提出意见建议298条。向县纪委移交问题线索17件，已了结9件、立案1件、正在核实7件，约谈提醒1人，受到党纪政务处理5人。坚持把巡察整改监督与选人用人紧密结合，压实整改责任。干部提拔调整必须书面征求巡察机构意见，已出具巡察意见14份涉及300余人次；以领导小组会议督促10个被巡察单位的整改落实，对整改进展缓慢的单位，现场提醒并提出整改要求。2019年组建2个督查组，对17个被巡察单位整改情况进行实地督查和电话督办，形成督查报告1份。另一组正在开展督查工作。对市委第十轮巡察9个被巡察单位的整改情况进行了跟踪督办。选派1名干部参加区党委巡视巡察问题线索管理系统培训，推进巡察信息化建设。

【队伍建设】 持续深化“三转”。坚持上级纪委对下级纪委的领导，落实“两个为主”要求，根据工作需要，对2个乡镇纪委书记进行了调整，其中1名提任到县纪委监委工作。巩固清理议事协调成果，不再参与与纪检监察无关的议事机构。开展乡镇纪委“三转”整治活动，13个乡镇纪委书记均未在兼任村（居）党支部第一书记，但仍有2个乡镇纪委书记在从事驻村工作。

提升履职能力。注重教育培训，先后选派48名县乡纪检监察干部赴自治区参加相关培训，选派1名纪委干部参加市委举办的“第十七期中青年干部培训班”，选派3名纪检干部到区、市纪委跟班学习。选派4名乡镇纪委书记、1名乡镇纪检监察干部干部在县纪委跟班学习。树立用人导向，2019年提拔调整县乡纪检监察干部6名，进一步优化了纪检监察干部队伍。加强人员管理，认真组织开展党性教育和警示教育活动，严防纪检干部出现“灯下黑”问题。突出作风建设，在系统内深入开展各类专项整治工作，深入自查自纠，制定整改措施，明确整改责任人和时限。强化自我监督，组织干部深入学习党内重要法规精神，严格执行《监督执纪工作规则》，坚决做到对执纪违法、执法违法者“零容忍”。

人民团体

工 会

【概 况】 2019年，察雅县总工会在县委、县政府以及上级工会的正确领导下，深入学习贯彻落实中共十九大和习近平新时代中国特色社会主义思想，深入贯彻落实习近平总书记关于中国工人阶级和工会工作的重要论述，始终坚持以改革创新的精神全面推进工会自身建设，不断创新工作思路，拓宽服务领域，认真组织开展各项工作。截至2019年年底，县总工会共有4名专职工作人员，3名社会化工作人员；共有127个工会组织，其中县直机关38个，乡镇及寺管会25个，环卫队1个，建制行政村居37个，非公企业23个，国有企业3个；共有会员2661人，其中县直机关会员897人，乡镇干部及驻寺干部会员577人，环卫工人、城管大队会员100人，建制行政村居会员共383人，非公企业会员704人。

【履职履责】 强化思想引领，抓好职工思想阵地建设。重视干部队伍建设，教育引导干部职工加强理论武装，强化党性修养，提高干部队伍综合素质。坚持把学习宣传贯彻中共十九大以及习近平新时代中国特色社会主义思想作为重中之重，用中共十九大精神武装头脑、指导实践、推动工作，牢固树立"四个意识"，树立正确的世界观、价值观、权力观，做到知行合一、言行一致，争做忠诚、干净、担当的好党员、好干部。注重加强业务知识的学习，组织干部职工积极参加上级业务部门开展的各项培训活动，提高业务能力和服务能力。深入开展民族团结、综治宣传等宣传教育活动，引导广大职工、农牧民、群众自觉维护国家统一和民族团结。强化工会干部队伍建设，推动工会工作创新发展。按照《西藏自治区总工会关于印发〈关于加强和改进社会化工会工作者队伍建设的意见〉的通知》有关规定，本着面向社会、自愿报名、公平竞争、择优录取的原则和德才兼备的标准，察雅县总工会于2019年12月7—9日举行社会化工作者考试，经过计算机能力测试、行政基本能力测试以及面试，根据综合成绩录用3名毕业生到察雅县总工会工作，强化工会干部职工队伍建设。

【基层组织建设】 察雅县总工会按照"组织起来、切实维权"的工作方针，突出重点，创新举措，推动工会组织向基层延伸，不断扩大工会组织覆盖面，尤其是非公企业、村级工会组织、"八大群体"的建会入会工作，积极推进建会进程，加快建会方式的转变，最大程度地将广大职工和农牧民工吸收到工会中来，巩固党在农牧区的执政基础、阶级基础和群众基础，为察雅县打赢脱贫攻坚战，全面建成小康社会做出积极贡献。2019年，按照市总工会对察雅县各乡镇达标的工会组织进行规范化建设达标专项补助经费发放的要求，对"八有"规范化建设达标工会组织烟多镇、吉塘镇各发放了 20000 元（自治区 10000 元、市 7000 元、县 3000 元）建设资金。2019 年，察雅县新增农牧民工会员 151 人，新建行政村（居）建工会组织总数 37 个，新增非公企业工会组织 6 个。

【维护权益】 为动员和组织职工参与企业民主管理，保障职工的知情权、参与权和监督权，调动广大职工参政议政的积极性，提高企业民主管理水平，察雅县总工会深入县供电公司、粮油公司、水厂等企业对厂务公开民主管理工作进行调研指导，要求企业要把厂务公开民主管理创建工作同创建劳动关系和谐企业工作结合起来，切实保障职工的合法权益。

【脱贫攻坚】 认真践行“不忘初心、牢记使命”主题教育总要求，主动作为，充分发挥工会职能作用，进一步帮助察雅县农民工掌握劳动技能，激发内生动力，实现稳定就业，促进脱贫致富，全力推进察雅县脱贫攻坚工作进程。察雅县总工会于 10 月 17 日在察雅县产业园区开展了为期 45 天的农民工专项厨师培训活动，50 名贫困农民工参加了培训。培训坚持理论学习和实践操作相结合，以全面提升贫困农民工职业素质和就业能力为重点，使他们充分了解党和政府对他们的关心、支持，实现精准扶贫、精准脱贫，激励和带动更多的贫困农民工走出一条技能就业、技能增收、技能脱贫的道路，为坚决打赢脱贫攻坚战提供强有力的人才支撑和技术保障。

【特色品牌工作】 开展送温暖工作。1 月 9 日，发放了 2018 年度五一、十一双节在档困难职工慰问金，慰问察雅县 45 名在档困难职工，按照每人每节 1000 元标准，发放慰问金 9 万元。

2019 年春节、藏历新年期间，县总工会开展了困难职工、农民工 2019 年“三大节日”送温暖活动。活动共慰问供电公司、粮油公司、自来水厂、公益性岗位以及非公企业 43 名在档困难职工、农民工，发放节日慰问金 43000 元，每人 1000 元。慰问察雅县非公企业困难农民工，每人 500 元，共发放慰问金 37500 元。慰问察雅县 3 名困难劳模，每人 500 元，共发放慰问金 1500 元。

认真开展落实“金秋助学”工作。为推动和帮助解决困难职工、农牧民工家庭子女上学难、就业难问题，2 月 22 日上午，察雅县总工会于县科技培训中心举办了 2018 年度金秋助学金发放仪式。此次金秋助学救助活动中，县总工会共资助 28 名贫困学子，按照每人 7520 元标准，发放助学金共计 210560 元。

认真开展落实困难职工帮扶救助工作。为充分发挥工会作用，切实解决困难职工最关心、最直接、最现实的利益问题，察雅县总工会高度重视困难职工帮扶救助工作，深入开展困难职工大病救助、生活救助等帮扶活动。1 月 9 日，开展在档低保困难职工专项救助行动，活动共慰问 8 名在档低保困难职工，按照每人 1500 元标准，发放慰问金 12000 元。1 月 28 日，县总工会对 2018 年度符合救助的困难职工发放了救助金，其中 3 名困难职工救助金由市总工会拨付，共发放救助金 11392 元（其中大病救助 1 人，救助金 2392 元；生活救助 2 人，每人 4500 元，共 9000 元），1 名困难职工生活救助金由县总工会经费支出，按照市总工会救助标准发放生活救助金 4500 元。

深入开展结对帮扶工作，助推脱贫攻坚。县总工会坚持深入扶贫对象家中，通过思想帮扶与物质慰问相结合的方式，深入宣传党的路线方针政策，详细了解贫困户家庭基本情况和存在困难，并结合实际情况，制定切实可行的帮扶措施，鼓励他们树立走出困境的信心，尽早脱贫致富。

认真开展“五送”活动。联合县司法局、人民医院、妇联等相关部门深入各虫草采集点开展以“喜迎新中国成立 70 周年　工会服务在基层”

为主题的2019年度服务职工系列活动。活动以“送温暖、送文化、送法律、送政策、送医送药”为主要内容，重点面向基层，特别是工作在条件艰苦地方的单位和一线职工、农牧民工群众。活动中，县总工会积极向职工、农牧民群众开展法律政策宣传，提供相关政策法律咨询服务，为他们答疑解惑，深入宣传《中华人民共和国工会法》《中华人民共和国劳动法》《女职工劳动保护特别规定》《做新时代雪域高原文明职工倡议书》等相关法律法规知识以及工会相关帮扶政策，积极倡导广大职工、农牧民工群众养成学法、尊法、信法、守法和用法的意识，依法维护自身的合法权益和特殊利益，累计发放各类宣传资料5000余份。联合县人民医院积极开展健康体检、送医送药活动，宣传讲解卫生健康知识和传染性疾病的防控知识，为600余名一线职工、农牧民群众等免费体检，发放药品1200余件，价值1.2万元。活动共计慰问3个虫草采集点一线职工及公安干警，发放慰问金5000元。慰问察雅县环卫工人、公益性岗位、聘用干部等共计228人，发放慰问金11.4万元。慰问非公企业及村级工会组织困难农民工50人，发放慰问金2.5万元，涉及38家企业、单位。

开展一线职工慰问活动。3月份，正值全国“两会”和“3月攻坚期”，为充分发挥工会职能作用，体现党和政府以及工会组织对一线职工的关怀与关爱，增强干部职工获得感、幸福感，县总工会开展了一线公安干警、驻寺干部、后勤职工慰问活动，活动共慰问近400名一线职工，累计发放慰问金3.2万元，发放慰问物品价值1.9万余元。

开展职工关爱活动。2019年，县总工会对2018年度结婚、符合政策的5名职工开展了慰问活动，为每人发放了床上用品四件套1套；开展以“贯彻落实男女平等基本国策 促进工作场所性别平等”为主题的女职工维权行动。三八国际劳动妇女节之际，县总工会深入香堆镇开展了女职工维权行动月活动，向香堆镇在岗女职工、派出所在岗女民警以及贫困女农牧民工致以节日的问候，发放了毛毯、毛巾、保温瓶等慰问品以及慰问金。

【精神文明建设】 开展劳模宣讲活动。3月21日下午，察雅县总工会联合团县委到县小学开展了以“争做神圣国土的守护者 幸福家园的建设者”为主题的劳模宣讲活动。活动邀请了察雅县75岁高龄的劳模次旺拉达老人。次旺拉达用朴实的语言给少先队员们上了一堂生动的新旧对比教育课。他教育孩子们，要珍惜现在来之不易的幸福生活，珍惜现在优越的学习环境，听党话、跟党走、感党恩，学习老一辈人艰苦奋斗的“老西藏精神”，勤奋学习，长大以后成为对国家、对人民、对社会有用的人，为家乡的发展做出自己的贡献。

认真开展劳模评选工作。察雅县总工会充分认识评选表彰劳动模范的重要意义，切实增强推荐评选工作的责任感和使命感，在全县上下真正树立尊重劳模、爱护劳模、学习劳模、争当劳模的良好风尚和鲜明导向。按照市总工会安排部署，经过层层推荐评选，县供电公司经理达瓦扎巴被评为西藏自治区第五届劳动模范。

【拓宽服务领域】 2019年六一国际儿童节来临之际，为让广大儿童度过一个丰富多彩、意义非凡的节日，进一步拓宽服务领域，察雅县总工会精心组织开展了以“不忘初心 牢记使命——关爱儿童 呵护新希望”为主题的儿童关爱活动。5月31日至6月1日，县总工会一行分别来到察雅县双语幼儿园和察雅县小学，为企业困难职工子女、留守儿童、困境儿童发放了被套、床单、枕套等慰问品，为幼儿园贫困职工发放了慰问金2000元。幼儿园及小学的小朋友们为大家带来了精彩纷呈的歌舞表演。活动中，县总工会一行还与小学生们开展了抢凳子、八人走足、脑筋急转弯等趣味活动，并为获得优胜的同学们发放了奖品。

【扎实推进困难职工解困脱困工作】 察雅县总工会采取深入企业开展座谈、入户走访等方式对每一户在档困难职工开展深入的调查，进一步加强和规范困难职工建档、帮扶和管理工作，向困难职工及相关工会组织负责人讲解精准识别和动态管理工作的重要性以及困难职工建档的标准，详细了解了困难职工家庭人口信息、收入情况、低保、房产车辆情况、子女上学、大病情况以及困难职工家庭存在的实际困难，要求入户人员按照统一表格填写困难职工入户调查表。

【扎实推进援藏工作】 按照全国总工会对口援藏工作有关安排和要求，结合察雅县总工会实际和职工需求，经与重庆市江北区总工会磋商研究，2019 年重庆市江北区总工会就人才培训类、民生服务类、基础设施类等三个项目开展援助，援助资金共计 100 万元，其中江北区总工会 50 万元、重庆市总工会配套 50 万元。截至 2019 年年底，已落实节日慰问资金 39 万元，职工书屋、活动中心、工会办公室等基础设施类项目资金 9 万元。

共青团

【概　况】 2019 年是新中国成立 70 周年，是五四运动 100 周年，是西藏民主改革 60 周年，也是决胜脱贫攻坚、全面建成小康社会实现第一个百年奋斗目标的关键之年。团县委在县委、县政府的坚强领导下，在团市委的具体指导下，高举习近平新时代中国特色社会主义思想伟大旗帜，全面贯彻市委一届八次全会、县委十二届五次全会和团区委十届二次全会、团市委一届五次全会各项部署，深入学习习近平总书记关于治边稳藏的重要论述和关于西藏工作的系列重要指示指示精神，结合“不忘初心、牢记使命”主题教育活动，增强“四个意识”，坚定“四个自信”，做到“两个维护”，树立大抓基层的鲜明导向，切实保持和增强政治性、先进性、群众性，聚焦主责主业、深化改革攻坚、全面从严治团，为保持经济持续健康发展、如期实现察雅脱贫摘帽贡献青春力量。

【狠抓青少年思想教育】 推进青年大学习行动，通过加强网上青年大学习、走进非公企业青年讲团课等方式，加强县乡干部、团员学习习近平新时代中国特色社会主义思想的基本内容、丰富内涵和实践力量。面向中学生，以国情教育、情感教育为主，广泛开展对话式、交流性、互动性教育活动，面向少年儿童持续开展了“争做新时代好队员”、开学第一课等系列活动。同时，在藏历新年、儿童节等节点开展了“民族团结代代传”“新旧西藏对比”等主题活动。

积极引导青年培育社会主义核心价值观。结合新中国成立 70 周年、西藏民主改革 60 周年、五四运动 100 周年，依托红色教育资源，在县小学开展以“青春以向党 · 建功新时代”为主题的少先队入队仪式，在县中学开展离队入团仪式，仪式上重温入团誓词、齐唱国歌等程序庄严、肃穆，让少先队员、团员充分感受到少先队、团组织的光荣感、集体感。同时通过在县中学开展“青春心向党 · 建功新时代的知识竞赛”，在青少年中掀起学习贯彻中央精神的热潮，增强了青少年对党、团的认同、理解。

召开全县五四运动 100 周年表彰大会，对“五四奖章、两红两优”进行评选，积极选树各领域青年先进典型个人、先进组织。利用 3 月学习雷锋活动月，向县中学志愿队授旗仪式，引导青年志愿者 20 余人筑牢中华民族共同体意识，引导青年争当有理想、有道德、有知识、有纪律的时代新人。加强网络媒体舆论引导，依托青春察雅微信公众平台，围绕县域中心工作，加强党的政策宣传、团的知识宣传、扫黑除恶等信息，推送微信 550 余期。

【就业脱贫】 围绕扶志、扶智、关爱、志愿，聚力深入持续助力脱贫攻坚。依托青年创新企业平台，对20名年轻农牧民进行藏式绘画培训，积极筹建唐琼孜青年创业岗，为年轻农牧民扩大就业创业渠道，同时通过县扶贫产业短平快项目，孵化青年实体店，为建档立卡户1人提供创业平台，带动2户建档立卡户增收。

继续组织实施好大学生服务西部计划西藏专项工作，组织动员青年积极投入公益服务、助残助老、助学扶困等志愿服务项目，为全县52名贫困青年、团员发三大节日慰问金15600元，为宗沙拉松小学、宗沙小学等学校学生发放价值6万元的爱心衣物。

主动服务青少年。联合县法院、县检察院、县公安局深入基层青少年中开展法治宣传、毒品预防教育工作5次，参与青少年200人。联合县工会在县小学开展心理健康考前解压活动，421名小考学生得到心理辅导，同时，加强各预青成员单位协调配合，健全落实预防青少年违法犯罪专项组成员单位信息共享、工作互保机制。

通过助学圆梦计划、微公益、微捐赠、志愿辅导班等系列活动，实现社会帮扶资源和精准扶贫需求的有效对接。深入学校了解学生状况，在10所学校开展“微心愿”征集活动，并及时争取各界人士的帮助完成心愿为贫困学生筹集衣物、书籍、文具等物品，及时解决了学生现实困难。加大与教育局衔接力度，利用团干部开展“4+1”“1+100”联系青年制度，深入各基层学校开展共青团教育扶贫、“青春暖冬行”等公益扶贫活动30余次，向中小学校发放募捐衣物、物品、学习用品、图书价值约50万元，惠及学生1000余人次，实现帮扶效果最大化。

加大对贫困学生的助学力度，2019年成功申报国酒茅台、金惠圆梦、渝昌、平安助学、奖学金24.9万元，77名贫困学生实现助学圆梦。

积极开展“青年讲师团宣讲活动”，组织讲师团对学生进行主题课宣讲，累计4次，覆盖1000余人，增强少先队组织的凝聚力、吸引力，引导广大的少先队员从小学习立志，从小学习做人，从小学习创造，有力地推进了少先队工作，极大促进了孩子们健康成长。

积极同援藏城市团委沟通，争取学习、教育、培训等资源，组织察雅县中小学生参加“各族少年手拉手”“北京研学旅行”“城乡少年手拉手”“重庆青少年军事夏令营”“少先队员赴重庆培训”等活动，累计覆盖8个学校、32名贫困儿童，推动了农村和城市、贫困地区和非贫困地区青少年的交友互助。

组织开展“向祖国献礼——志愿者在行动”“我和祖国共奋进——纪念少先队建队70周年”等活动，覆盖10多个小学，贯彻落实中央关于把开展爱国主义教育活动作为加强未成年人思想道德建设重要内容的指示精神，围绕新中国成立70周年开展教育活动，引导未成年人积极参与爱国主义教育活动，引导他们从爱父母、建设家乡做起，从爱生命爱学习、立志成才做起，从回报社会、报效祖国做起。

【团组织建设】 2019年作为西藏共青团基层建设提升年，共青团察雅县委员会高度重视，从年初开始，严格按照团市委要求，加大基层团组织、少先队相关信息统计，摸清底数，把学校团组织作为重点，9月开展了察雅县第一届团干部培训会，切实加强基层团干部的思想建设和能力建设。同时多次深入加强学校帮助完善健全团务工作，使团员发展、团日活动逐步规范化、标准化。深入吉塘镇、烟多镇团委，向40名团干部上团课，讲团务工作要点，了解掌握基层团组织基础情况，通过青年之家平台，为12个村建团建宣传栏，提升了基层团组织工作组织力和领导力。加强对智慧团建系统录入工作的指导，分步骤完善系统信息、推进个人信息录入。

妇　联

【概　况】 2019年以来，察雅县妇联在县委、县政府的精心指导下，按照上级妇联整体工作思路，以广大妇女儿童发展与维权需求、构建和谐为目标，切实维护妇女儿童合法权益，促进男女平等，富有创造性地开展了一系列工作，为察雅县的经济和各项事业的发展做出了不懈的努力。

【妇联改革】 党中央和国务院高度重视妇女儿童工作，中央印发了《关于加强和改进党的群团工作的意见》《全国妇联改革方案》，自治区印发了《西藏自治区妇联改革方案》，昌都市印发了《中共昌都市委关于推进妇联改革进一步加强妇女儿童的工作意见》文件，为妇女儿童发展提供了基本遵循。结合察雅县妇联工作实际，充分利用联系广大妇女的桥梁纽带的作用和职能，深入基层，参与广大妇女生产生活，大力宣传党的惠民、利民方针政策，做到全面渗透，深入人心。加强组织领导，更新观念，强化主体，制订学习计划，统一思想，凝聚力量，找准妇联组织服务大局、服务妇女的着力点，确保各项工作落实到实处，加强落实政策力度，为加快察雅又好又快发展群力群策。昌都市“两规”中期督导组赴察雅县指导工作。通过督导对察雅县实施“两规”工作给予了充分肯定，并提出建设性意见，使察雅县实施“两规”的思路更清晰，对下一步工作起到积极的促进作用，对推进全县妇女儿童事业与经济社会的协调发展具有重要意义。

【社会活动】 察雅县妇联认真贯彻落实党中央关于做好新情势下党的群众工作的重要决策部署，以建设“坚强阵地”和“温暖之家”为目标，以围绕中心、服务大局，立足基层、服务妇女为宗旨，以帮助妇女得实惠、普受惠、常受惠为着力点，大力推动把妇联工作的重心下沉到基层，把妇女群众利益问题解决在基层，让妇联的组织作风彰显在基层，让妇女群众工作活跃在基层，把妇女群众工作根基夯实在基层，大力推动妇女知党恩、感党恩、跟党走、听党话。推进农村妇女“两癌”免费筛查、女性进村两委、农村困难妇女儿童关爱行动等惠及妇女儿童的重点工作，推动“妇女之家”的建设，扎实帮助基层妇联解决实际问题。竭尽所能地为各类妇女提供贴心的服务，进一步增强了与广大妇女群众的深厚感情，增强了妇联工作的社会影响力。

开展多种形式的慰问活动。“三大节日”期间，县妇联开展慰问活动。县妇联以贴心温暖的话语，送去了组织上的问候和祝福，同时帮助贫困妇女树立生活的信心，并根据实际情况，提出一些发展生产、脱贫致富的建议。重大节日期间开展丰富多彩的活动，丰富妇女儿童生活。3月8日在13个乡镇政府举办察雅县2018年度三八妇女节表彰暨座谈会。各乡镇要对基层涌现出的2名“三八红旗手”、2户“五好文明家庭”进行表彰鼓励。开展法治宣传，维护妇女儿童权益。利用三八维权月、综治宣传周、虫草采挖期宣传法律知识。三八维权月期间和开展了以“建设法治中国·巾帼在行动——万家联动 送法到家”为主题的三八妇女维权月活动。活动宣传了《中华人民共和国婚姻法》《中华人民共和国妇女权益保障法》《中华人民共和国未成年人保护法》，并为大家发放了《妇女儿童保护知识宣传册》和《西藏自治区未成年人自我保护知识读本》等妇女儿童读物。为进一步做好农牧区妇女教育引导等工作，服务党政中心工作，发挥妇女“半边天”作用，察雅县妇联切实开展农牧区妇女主题意识教育活动。活动为所有的农牧民发放了《中华人民共和国森林法》《中华人民共和国草原法》《中华人民共和国妇女权益保障法》《中华人民共和国未成年人保护法》等法治宣传资料300余份。开展环境卫生整治活动。察雅县妇联组织巾帼志愿者开展了“共建美丽察雅”环境卫生整治活动，对察雅县区卫生进行了集中清扫。为热烈庆祝西藏百万农奴解放60周年，3月15日，察雅县妇联召开纪念西藏百万农奴解放60周年座谈会，参加此次会议的有妇儿工委成员单位、各乡镇妇联主席、各界优秀妇女代表等部门负责人共计50余人。举行察雅县“蓝天春蕾”女童小学班50名发放2019—2020年度助学金发放仪式。新东方教育科技集团有限公司下发关于捐助“蓝天春雷小学班”的通知，资助察雅县卡贡乡中心小学50名学生，2018年9月开始上四年级的女童，连续资助三年，每人每学年400元，三年共计6万元，帮助贫困家庭儿童的学习生活。县妇联察雅县双语幼儿园迎来了2019年以“欢聚六一 拥抱童年”为主题的六一庆祝活动。县妇联为26名贫困幼儿发放2340元的慰问品，特殊的日子里贫困儿童也得到了特殊的关怀温暖。深入虫草采集点“送医 送药 送健康 送温暖”“民族团结一家亲”等系列活动。为农牧民群众送去了健康、送去了温暖。向10名贫困单亲母亲发放了总价值4000元的物资及药品。九是察雅县妇联开展八一建军节慰问最美军（警）嫂活动。察雅县妇联先后走访慰问了县武警中队、县人民武装部、县消防救援大队、县公安局11名军（警）嫂，了解她们的工作和生活状况，为她们送去了羊毛被，共计价值6600元，并代表全县广大妇女向她们表达了亲切的关怀和崇高的敬意。察雅县妇联举办厨师培训班。为进一步做好农村剩余劳力转移就业助力打展脱贫攻坚战，在察雅县产业园区开办厨师培训班，47人参加此次培训，主要是来自各乡镇精准扶贫建档立卡户，培训时间为45天，自治区烹饪协会工作人员的现场教学。

凝心聚力，组织妇女参与和谐文明建设，推进平安家庭创建活动。以弘扬和谐精神、培育文明风尚目标，发挥妇联组织联系妇女和家庭的优势，推进各类特色家庭创建工作。把“平安家庭”创新工作作为参与社会治安综合治理、服务社会和谐的重要载体，推进“平安家庭”示范创建工作。2019年推荐评选出5户平安家庭，分别来自县扶贫办、教育局、民政局、纪委、电力公司。

【建设与发展】 为了进一步推动妇女工作的开展，让更多的农牧民妇女有自主创业机会，加强妇女职业教育和职业培训，坚持职业教育与职业培训并举，为妇女接受职业教育和职业培训提供更多机会和资源。

深入发掘和开发就业岗位，帮扶妇女就业创业，大力培树女带头人、致富女能手，全面激发妇女群众的积极性、主动性和创造性；高举维护妇女权益旗帜发挥好婚姻家庭合议庭、基层妇女维权岗等阵地作用，积极配合打击侵害妇女儿童合法权益的行为，重点关注农全面增进妇女福祉，使妇联真正成为妇女群众的知心人和娘家人。

关注牧区失业妇女等弱势群体，深入了解妇女需求，反映妇女心声，切实办好妇女实事。

法治　军事

政法委及综治

【概　况】 2019 年，全县政法、综治工作在市委、市政府的坚强领导下，在市委政法委的有力指导下，深入学习贯彻习近平新时代中国特色社会主义思想、习近平总书记“治边稳藏”重要战略思想和“依法治藏、富民兴藏、长期建藏、凝聚人心、夯实基础”指示精神，大力加强新时期政法队伍建设，扎实开展好扫黑除恶打非治乱、“先进双联户”创建评选、加强和创新社会网格化、民生信息员工作、“平安建设”等政法、综治各项工作，全力促进察雅县经济跨越式发展和社会长治久安。

【统一思想】 县委、县政府始终把做好政法、综治工作作为维护社会稳定、促进全县经济发展的头等大事，及时成立以县委书记任厚明、县长其珠多吉为班长的工作专班，结合察雅实际，创造性地提出“巩固边界、抓住重点、抓好常规、化解矛盾、严打非法、健全机制、建强基层、强化领导”三十二字工作措施，充分结合自治区“十项维稳措施”、昌都市“十五项维稳意见”及昌都市委书记阿布关于政法（综治）工作系列批示指示精神，与中心工作同研究、同部署、同检查、同考核、同奖惩。

【安全稳定】 县各职能部门始终秉承“为群众解难题、化纠纷、办实事”的工作原则，做到“组织建设走在预测前，预测工作走在预防前，预防工作走在调解前，调解工作走在激化前”的“四前”原则，大力开展社会治理创新工作，成效明显。

创新动态综治联动联调，构建铜墙铁壁的基层防线。为进一步加强社会治安综合治理基层基础工作，充分发挥乡镇、村（居）在维护稳定中的重要作用，实现基层政法综治工作的职能融合、力量整合、工作配合、网络组合及信息汇合，县委、县政府主要领导安排部署，在全县 13 个乡镇构建基层综治工作中心，配齐配强综治专干，基层综治力量得到进一步充实。同时加大表彰力度，根据全年综治工作开展实际，授予表现优异乡（镇）的 13 名综治专干“2019 年度察雅县‘双联户’先进工作者”称号。大力发挥“双联户”户长在基层一线综治工作中不可或缺的重要职能作用，建立健全察雅县“双联户”户长业绩考核办法等奖惩制度，优化整合群防群治力量，积极调动广大农牧民群众参与到基层平安建设活动中来，为构建铜墙铁壁的基层防线献策献力。

提升矛盾隐患源头化解、多元化解、永久化解能力。按照自治区党委书记吴英杰“重点问题要防、难点问题要盯、热点问题要疏、一般问题要复”的指示要求，着力在“研判形势、精准摸排，信访接访、及时处置，领导包案、防止反复，边界联控、共同维稳”上寻求突破，认真借鉴“枫桥经验”的好做法，以多元化、常态化化解机制为出发点，每月25日定期组织综治委召开矛盾纠纷排查调处协调例会。2019年，察雅县没有大的矛盾隐患。

【治安管理】 严打整治是社会治安综合治理的首要环节。根据市委关于“扫黑除恶打非治乱”专项斗争工作要求，察雅县始终坚持“打防并举、标本兼治”原则，将“扫黑除恶打非治乱”专项斗争作为开展社会治安综合治理（平安建设）的头等大事来抓，贯穿于综治工作始终，不断加大打击力度，始终保持对各类违法犯罪活动的高压态势，成效明显。

强化对“扫黑除恶打非治乱”专项斗争的深入推进。自专项斗争开展以来，察雅县严厉打击涉黑涉恶势力、团伙，各相关部门领导安排部署，切实做到有黑扫黑、有恶除恶，坚决彻底消除黑恶势力。广泛宣传。截至2019年年底，累计制作、张贴海报1.21万份，张贴扫黑通告1010份，悬挂宣传标语236条，架设广告牌18个，滚动播放扫黑除恶宣传标语2100余次，开展各类宣传915场次，6万余名群众受教育，有效凝聚了社会共识，全县上下以雷霆之势，合力向黑恶势力发起强大攻势。线索排查。经开展涉黑涉恶线索大起底、大排查活动，共摸排各类线索26条。其中依法立案11起（办结7起、移送检察院2起，报请批准逮捕1起，1起正在侦办中），移交县纪委线索3条（案件4起，涉及公职人员共计8人），不符合立案条件或不属实7条，2条依法执行取缔，1条上报市局国保支队，2条正在核查，核查率92.3%。

开展“缉枪治爆”专项行动。察雅县以“稳定压倒一切”为原则，持续强化风险防控意识，扎实推进“缉枪治爆”专项行动。4月以来，察雅县多次召开“缉枪治爆”专项工作研究部署会议，成立工作专班，确保专项行动有序开展、成效显著。截至10月15日，共计收缴各类枪支216支，各类子弹1165发，管制刀具150余把，炸药505.75千克，电雷管100根，雷管627发，防雹弹65枚，手榴弹3枚，导火索1000米，催雨弹10枚，成品油1500余升。

强化严打方针，严惩各种犯罪。截至2019年10月15日，察雅县无重特大刑事、治安案（事）件发生。县公安局共计受立刑事案件32起（故意伤害致死案5起，过失致人死亡案1起，运输贩卖毒品案1起，故意伤害案9起，盗窃案4起，电信诈骗案8起，诈骗案1起，贩卖、传播淫秽物品牟利案1起、赌博案1起、非法拘禁案1起），其中撤案2起（分别为赌博案及非法拘禁案），侦破23起（其中积案2起），未侦破案件为6起电信诈骗案及1起盗窃案，抓获犯罪嫌疑人47名，抓获网上逃犯6人；共立行政案件34起（其中交通案件6起），行政拘留72人，处罚没金39700元。县检察院加大批捕、起诉力度。2019年以来，检察院受理察雅县公安局移送审查批捕案件14件21人，其中涉嫌故意伤害罪7件9人，涉嫌寻衅滋事罪1件3人，涉嫌盗窃罪3件5人，涉嫌非法猎捕、杀害珍贵、濒危野山动物罪1件2人，贩卖毒品罪1件1人，拒不执行判决、裁定罪1件1人，批准逮捕19人，不批准逮捕1人，在办1件1人；受理察雅县公安局移送审查起诉案件23件37人，其中涉嫌故意伤害罪14件21人，涉嫌寻衅滋事罪1件4人，涉嫌故意杀人罪1件1人，涉嫌盗窃罪4件8人，涉嫌贩卖毒品罪1件1人，涉嫌过失致人死亡罪1件1人，涉嫌贪污罪1件1人，提起公诉9件15人，移送市人民检察院1件1人，不起诉2件5人，7件8人正在审查办理中，退查4件8人，县法院已判决8件14人。县法院加大审判工作力度。共审理刑事案件14件，已结案13件，结案率为92.86%；受理民事案件134件，其中新收131件、旧存3件，已结110件、未结24件，结案率82.09%；执行案件71件，其中新收66件、旧存5件，已结55件、未结16件，结案率达77.46%；处理群众来访15件、21人（次），一次性告知当事人补正材料35次，立案准确率达到100%，信访回复率达到100%；车载流动法庭行程2500余千米，巡回办案15件，已结15件。县司法局强化法律服务功能和安置帮教工作。2019年以来，法援中心提供法律咨询共计300余次、代写诉状269份，均为民事诉讼；共接收刑满释放人员12人，解除6人，其中，落实帮教措施的有12人，帮教率达到100%；累计解除社区服刑人员6人，新增15人。截至2019年年底，共受理各类矛盾纠纷11件，涉及金额共计9.14万元，调解11件，调解率为100%，调解成功11件，调解成功率为100%，调解协议执行率为100%。

【安全教育】 2019年以来，始终以基层“平安建设”活动为载体，把“平安创建”工作纳入县委、县政府的重要议事日程，及时召开专题会议研究确定2019年度平安建设工作思路，对全县“平安建设”进行再动员、再部署，形成“层层抓动员、层层促落实”的良好工作氛围。

深入普法宣传，营造公正的法治环境。以建设“平安察雅”活动为契机，着力抓好农牧民群众法治宣传教育，定期或不定期地开展普法教育，提高法治宣传的广度和深度。由县政法委、县司法局（普法办）牵头，充分利用“弘扬宪法精神、增强法治观念”主题宣传教育和“3·28”百万农奴解放纪念日、“3月综治宣传月”、“6月综治宣传周”、“9·16平安西藏宣传日”、“七五”普法、“法律七进”等有利契机开展法治宣传教育活动，广泛宣传建设“平安西藏”“平安察雅”的重要意义、目标任务和工作举措，向干职群众发放各项政策法规宣传资料24800余册（份），解答群众咨询约66300余人（次），宣传覆盖率达100%，使广大农牧民群众对建设和平西藏，构建和谐察雅、平安察雅有了深刻的认识，为促进社会经济健康快速发展提供了有利条件。

以点带面、强化防范，全面深化“平安乡镇”“平安单位”创建活动。注重在数量上求发展，在质量上求提高，坚持打、防、管、教、建多管齐下，不断深化“平安乡镇”　“平安村（居）”创建活动，努力实现社会治安综合治理重心下移，取得了较好的成绩；不断加强群防群治，进一步完善了乡镇、派出所、村（居）三级巡防体系建设，与此同时，为切实提高防范效果，采取了巡逻和守候相结合的方法，取得明显成效。在全县持续深化“平安单位”创建活动，构筑治安防控网络，落实各项安全生产措施，进一步强化社会治安防控体系建设，全县各级各部门不断加大人力、物力、财力的投入，着力构筑人防、物防、技防相结合的综合防范体系，全年无一例安全生产事故发生。

全面推进“平安边界”措施落实。为认真贯彻中央第六次西藏工作座谈会精神，全面落实“依法治藏、富民兴藏、长期建藏”方略，察雅县着眼全局，健全完善“睦邻友好、精诚合作、协调联动、共建和谐”工作机制，促进毗邻县区、毗邻乡镇携手推进依法治理，共建和谐昌都、和谐察雅，共创“平安边界”。对外，2019年签订了《中共察雅县委员会　中共八宿县委员会　察雅县人民政府　八宿县人民政府关于创建“平安边界”协议书》，积极巩固与毗邻县区传统友谊，睦邻友好、互利共赢，共建和谐边界。对内，统筹协调全县13个乡（镇）之间签订创建“平安边界”协议书，敦促各乡镇牢固树立“没有边界接合部的稳定，就没有全局稳定”思想，切实把维护边界地区的稳定作为双方的共同目标、共同责任，摆在维护全局稳定的重中之重，做到常抓不懈、常管不懈。

【出租房屋、流动人口服务管理】 把开展“出租房专项整治”作为深化“平安建设”的有效举措，以各派出所为主体，以各村（居）委会为单位，大力抓好出租房管理工作。同时不断完善外来务工人员的管理和服务工作机制，健全民工维权制度，畅通民工投诉渠道，努力维护民工的合法权益，加强外来务工人员的法律援助，积极为外来民工解决实际问题。同时大力开展基础信息调研工作，做到信息采集全覆盖，经统计，2019年以来办理身份证5566张，户籍项目变更47019项（次）。

【反邪教专项工作】 以创建“无邪教县”为载体，进一步加大对邪教组织的斗争力度。2019年以来，全县继续深入开展反邪教警示教育，通过举办反邪教警示教育图书展、反邪教知识培训、签订家庭拒绝邪教承诺卡等形式，让干部群众充分认清了邪教的本质，提高了反邪教教育的战斗力。

【开展“先进双联户”创建评选】 自开展“双联户”工作以来，县主要领导高度重视、精心部署，认真组织实施在全县深入开展“双联户”工作，结合实际、因地制宜，突出重点、创新载体，确保了此项活动有效地开展。

全县共设立1496个联户单位，建立双联户户长1496名，覆盖12140户、56416人，举办户长培训71场（次），培训人员2378人（次），排查化解矛盾纠纷3起，消除安全隐患180起，联帮联扶贫困群众1463户，开展整治双联户单位及周边环境脏、乱、差活动1838次。

截至2019年年底，全县已完成2019年评选村（居）级“先进双联户”298个联户单位、2647户联户家庭；乡镇级“先进双联户”60个联户单位、526户联户家庭；乡镇级“先进双联户”户长（优秀民生信息员）26名；县级“先进双联户”创建活动先进集体12个；县级“先进双联户”18个联户单位、161户联户家庭；县级双联户工作“先进工作者”13名；县级“先进双联户”户长10名；县级“先进双联户”户长（优秀气象信息员）3名。

按照《昌都地区“先进双联户”创建评选活动实施细则》（昌委室〔2013〕183号）文件要求，严格落实“双联户”优惠政策，2019年以来，全县审核并开具加分证明的5户先进家庭，其中卡贡乡邓学村陆陆先进家庭中有两个学生均参加2019年公务员考试。

公　安

【概　况】 2019年，察雅县公安局在县委、县政府的坚强领导下，在市公安局的精心指导下，高举习近平新时代中国特色社会主义思想伟大旗帜，全面贯彻落实中共十九大和十九届二中、三中全会精神，贯彻落实习近平总书记在全国公安工作会议上的重要讲话精神，牢固树立“四个意识”，坚定“四个自信”，做到“两个维护”，以“稳定压倒一切”“行稳致远”为原则，紧紧围绕不断增强人民群众获得感、幸福感、安全感的总目标，以习近平总书记“四句话，十六字”总要求，以政治建警、改革强警、科技兴警、从严治警为抓手，进一步理清思路，逐个破解难题，不断补齐短板，全力打造一支“四个铁一般过硬”的公安队伍，努力在推进更高水平平安察雅建设上发挥更大作用。

【维护和谐】 察雅县公安局党委始终将维护国家政治安全、全县社会和谐作为头等政治任务来抓，高度重视，精心谋划，集全局之力，攻坚克难。坚持稳字当头、稳定优先、稳中求进的工作总基调，坚持以防患于未然为原则做工作、以防止出大事打基础做准备、以敢于担当落实责任为标准看干部。

突出抓好社会面防控。强化科学指挥调度，不断完善工作机制，局领导每日带班，进一步明确细化指挥中心和第一责任人的指挥权限，减少指挥层级，缩短响应时间，提升快速反应能力和畅通高效的指挥体系。强化重点部位、重点领域管理。充分发挥人防、物防、技防作用，对重点部位、重点领域的防控进行科学部署，科学安排巡防警力，推进视频监控系统建设。强化应急处突力量建设。完善各类方案、预案，加强武装巡逻、实战处突演练。做到重点管控不留死角、应急处突全时备勤，增援处置准备到位。强化隐患排查常态化。建立多元化排查、调处机制。积极会同有关部门，对矛盾纠纷、安全隐患等方面进行细致全面排查，堵塞漏洞、消除隐患，排查化解各类矛盾纠纷22起。强化实有人口管理。大力开展基础信息调研工作，做到信息采集全覆盖。全县共有13576户，实有人口65747人，2019年以来办理身份证5566张，户籍项目变更47019项（次）。

突出抓好专项斗争。坚持以中央督导组督导检查反馈问题为导向，进一步加强措施落实。优化队伍结构强能力，为了给专项斗争提供最坚实的组织保障，察雅县公安局党委多次研究调整充实县局扫黑办人员，选优配强“三个专业队”人员，加强自身能力素质锻炼，有力保障专项斗争纵深推进。激活宣传造势“一池水”，针对打击重点、结合实际，切实营造“广泛发动、铺天盖地、家喻户晓”的良好氛围，做到宣传单发到每家每户、宣传海报随处可见、通告内容人人知晓、媒体信息随时更新，在全县范围内共计开展宣传教育活动900余场次，集中参加法宣群众3.5万余人次，入户宣传3000余次，发放宣传资料1万余份，张贴宣传海报1万余份、通告500余份，悬挂横幅300余条，设置主干道沿线广告牌18个，刷印宣传标语7条，通过电视、广播、微信、LED标语栏宣传1700余次，与村两委、驻村工作队、双联户户长、户主签订承诺书1万份，投入宣传经费91676元。建好线索摸排“一本账”，坚持依靠群众、广辟线索来源，畅通举报渠道，多部门警种间强强联手形成合力，开通举报热线2条，设置举报箱23个，驻村工作队召开群众大会，逐村开展线索摸排，摸排有效线索26条，已办结21条，上报市局1条，移交纪委3条，正在核查1条。抓好精准打击不放过，聚焦打击重点，结合全县的工作形势，深入开展“清网固网净网”“打伞破网”“打财断血”“缉枪治爆”等专项行动，向黑恶势力发起攻势，成效明显，其间成功收缴各类枪支216支，各类子弹1165发，管制刀具150余把，炸药505.75千克，电雷管100根，雷管627发，防雹弹65枚，手榴弹3枚，导火索1000米，催雨弹10枚，成品油1500余升。

【公共安全】 加强道路交通安全管理。强化客车、货车、危化品运输车、面包车、摩托车五类重点车辆安全管理，狠抓“三超一疲劳”、酒驾、野蛮驾驶等突出违法行为集中整治。强化路检、路巡工作，严格落实民警分片包干制度。2019年以来，开展路检、路巡168次，整改交通隐患23处。强化交通安全宣传工作和违法行为查处工作，2019年1月至年底共查处各类交通违法行为528起，处罚528人，罚款105600元，违停录入355起。开展夜查35次。规划小车停放点41处、摩托车停放点16处，设置交通指示牌66个。深入开展安全隐患排查整治。积极会同有关部门，对各类基础设施进行全面排查，坚决堵塞漏洞、消除隐患。健全完善大型活动审批、群众性节庆聚集活动风险评估制度，严把安全许可、安全容量、安全检查、秩序维护“四道关”。依法加强对民用爆炸物品、烟花爆竹和油气等易燃易爆物品购买、运输、储存、销售、使用等环节的安全监管，严防发生重特大治安灾害事故。开展清查行动260余次，出动警力5655人次，车辆968台次。

【打击违法犯罪】 把打击违法犯罪作为公安机关的主责主业，察雅县公安局始终保持对各类违法犯罪严打态势、群众安全感不断提升。2019年以来共计受立刑事案件32起（故意伤害致死案5起，过失致人死亡案1起，运输贩卖毒品案1起，故意伤害案9起，盗窃案4起，电信诈骗案8起，诈骗案1期，贩卖、传播淫秽物品牟利案1起、赌博案1起、非法拘禁案1起），其中撤案2起（分别为赌博案及非法拘禁案），侦破23起（其中积案2起），未侦破案件为6起电信诈骗案及1起盗窃案，抓获犯罪嫌疑人47名，抓获网上逃犯6人。共立行政案件34起（其中交通案件6起），行政拘留72人，处罚没金39700元。

【虫草采集期维稳防控】 按照县委、县政府的统一安排部署，为圆满完成2019年全县虫草采集交易管理工作，组织人员开展了虫草采挖矛盾纠纷和隐患的排查工作，排查各类矛盾纠纷和隐患3处，针对存在的纠纷和隐患，因情施策，有效化解3个，制定完善县公安局虫草采挖交易安全保卫工作实施方案，抽派120余人深入各采挖点开展蹲点工作，为全县虫草采挖交易有序进行夯实基础。

【基层所队工作】 为贯彻落实习近平总书记在全国公安工作会议上的讲话精神，进一步做强做大基础，察雅县公安局党委通过采取“人往基层走、物往基层投、钱往基层用”等措施，进一步将人力、财力、物力向基层所队倾斜，加大基层派出所民警的业务培训工作，加大对基层派出所基础设施的建设和办公用品配备工作，不断协调推进13个乡镇派出所视频会议室改造项目，成功开展局机关人员深入派出所轮岗工作，第一批共15人深入基层派出所轮岗六个月。

【信息化应用水平】 牢固树立没有信息应用就没有高水平公安工作的观念，以问题为导向，依靠信息应用破解业务工作难题。坚持和巩固信息化自动预警在公安信息化应用中的重要地位，紧紧围绕公安机关大数据平台，强力推动信息化实战应用。充分利用夜校学习等平台，大力开展信息化应用培训，培训相关平台操作20余次，培训民警300余人次。

【队伍建设】 2019年，察雅县公安局党委坚持以“强化党的领导，推动公安发展”为目标，以“不忘初心、牢记使命”“公安机关纪律作风教育整顿”“加强政治建警，锻造过硬公安队伍”等主题教育活动为契机，认真学习贯彻习近平新时代中国特色社会主义思想，坚持党要管党、从严治党的方针，始终将政治建警放在首位，将从严治警立在关键，将素质强警抓在经常，将从优待警融入日常，着眼于提升队伍整体素质和战斗力，注重统筹职能，形成合力，确保公安队伍绝对忠诚、绝对可靠，有效推进队伍革命化、正规化、专业化、规范化、职业化建设。

推行政治建警，狠抓政治思想正规化。察雅县公安局党委坚持党建引领，以党建带队建，以党务促警务。研究制定完善了“理论中心组学习”“党委议事制度”“夜校学习制度”等各项制度。2019年，集中学习领会100余项学习内容，共开展党委理论中心组集中学习22次，做到每周至少一次集中学习，出勤率95%以上。特别是自“不忘初心、牢记使命”主题教育开展以来，察雅县公安局认真组织，深入学习探讨，局党委、各党支部开展专题学习、专题研讨会12次，学习会由党委书记、党支部书记带头领学重点学习篇目，做到通读原文、深悟原理，并针对各个专题学习形成心得体会1000余份，学习笔记200余份。

推行制度律警，狠抓组织治理正规化。狠抓从严治警各项措施落实，整肃警风警纪，强化公安队伍自身建设。研究制定《察雅县公安局计分考核制度》，坚持用制度管权、用制度管事、用制度管人，进一步加强了对民（辅）警的管理，约束了民（辅）警的行为，有效地解决了少数民警“慵、懒、散”等问题，切实提高了工作效率。2019年以来，开除2人（均已移交县纪委、县委组织部），脱离公安 2 人，辞退辅警 3 人，禁闭 3 人，内部通报 10 人。

推行监督正警，狠抓内务治理正规化。每日由局领导带队，针对全局民警落实公安部三项纪律情况进行现场督导检查，严查进入娱乐场所娱乐、酗酒，影响公安机关荣誉等情况。采取上岗前点名，不定时查岗，领导岗上监督与督察部门督导检查相结合，保障岗上有人，人在岗上，确保各项工作有序开展。

推行从优待警，狠抓监督制约正规化。建立困难民警帮扶机制，摸底了解全局困难民警底数，送去关怀与温暖，在生活工作中建立因公牺牲民警家属慰问机制，为家属送上关怀与温暖；提升警务综合保障能力，大力协调争取提高经费预算，购置警务车辆装备等。合理安排部署警力，严格落实轮班备勤制度。按政策完成警衔晋升调标、职务序列套改，积极协调落实加班补助。

推行科学用警，狠抓执法执勤正规化。察雅县公安局党委积极探索适合本地实际的警务新模式，在全县 13 个乡镇强力推行“一村一警”警务机制，累积抽派驻村民警依托“一村一警”警务充分发挥职能工作，走访群众 1.1 万余人次；走访学校 120 所次；开展法治宣传教育讲座 80 余场次，受教育群众达 2 万余人次。

推行素质强警，狠抓为民服务正规化。按照全县关于对精准扶贫、结对帮扶工作的安排部署，以助力脱贫攻坚工作为契机，开创公安助力脱贫攻坚新道路。在深入开展结对帮扶为贫困群众送去慰问物品、慰问金的基础上，高度关注“造血”扶贫，向结对户群众提供就业、技术等方面的信息咨询，协调创造就业岗位，2019 年以来，组织全局民警集中开展慰问帮扶慰问 6 批次，慰问贫困户 700 余户（次），送去帮扶物资 2000 余份。同时，通过培训上岗保安、交警协管员等 100 余人次。

检　察

【概　况】 2019 年，察雅县检察院在县委、市院党组的正确领导下，在县人大的依法监督下，在县政府及县政协的关心支持下，认真落实全市检察长工作会议精神和政法工作会议精神，坚持以习近平新时代中国特色社会主义思想为指导，严格按照区检院要求和市院党组提出的检察工作思路、检察工作举措和检察工作方针，立足实际，不忘初心，团结奋进，主动推动检察工作有新进步、新发展、新成绩。

【维护社会和谐】 2019 年，县检察院认真贯彻落实中央、区、市、县各级党委制定的各项措施，积极组织干警开展风险隐患排查、矛盾纠纷化解、社会治安综合治理和扫黑除恶打非治乱专项整治工作，持续做好春节、藏历新年及新中国成立 70 周年、西藏民主改革 60 周年及虫草采挖期间各项工作。检察长冯天先后赴联系点肯通乡多次开展蹲点和法治宣传工作，为联系乡镇的持续和谐做出了积极贡献。另外检察院选派的驻村干警及村党支部书记也都在各自的岗位上尽心尽职、坚守岗位，确保了所辖村的持续稳定。

【打击刑事犯罪】 全年，共受理察雅县公安局移送审查批捕案件 14 件 21 人，其中涉嫌故意伤害罪 7 件 9 人、涉嫌寻衅滋事罪 1 件 3 人、涉嫌盗窃罪 3 件 5 人，涉嫌非法猎捕、杀害珍贵、濒危野山动物罪 1 件 2 人，贩卖毒品罪 1 件 1 人，拒不执行判决、裁定罪 1 件 1 人，批准逮捕 19 人，不批准逮捕 1 人，在办 1 件 1 人。

受理察雅县公安局移送审查起诉案件 23 件 37 人，其中涉嫌故意伤害罪 14 件 21 人，涉嫌寻衅滋事罪 1 件 4 人，涉嫌故意杀人罪 1 件 1 人，涉嫌盗窃罪 4 件 8 人，涉嫌贩卖毒品罪 1 件 1 人，涉嫌过失致人死亡罪 1 件 1 人，涉嫌贪污罪 1 件 1 人，提起公诉 9 件 15 人，移送市人民检察院 1

件1人，不起诉2件5人，7件8人正在审查办理中，退查4件8人，县法院已判决8件14人。

【维护司法公正】 认真贯彻落实检察官法，强化对侦查活动、审判活动、刑事执行、民事诉讼、行政活动的检察监督。认真组织召开检委会议案7件14人，并对察雅县公安局的侦查行为口头纠正违法19次，发纠正违法通知书1份；对县法院发出量刑建议书9份，同时对县法院所作出的刑事判决进行严格审查，发现问题及时提出意见；开展对县法院刑事案件财产刑执行检察工作4次；积极参与社区矫正工作，与县法院、县公安局、县司法局联合执法，实现社区矫正信息无缝对接，2019年共开展社区矫正检察监督10次；积极开展公益诉讼检察工作，发现案件线索4件，正在立案调查的2件，准备立案2件。积极开展“保障千家万户舌尖上的安全”专项检察监督活动，对县城中小学、幼儿园、香堆镇及周边开展食品安全检查。

【扫黑除恶工作】 察雅县检察院依照区市县统一安排，迅速行动，多措并举，形成严惩黑恶势力犯罪高压态势，扎实推进工作开展，切实增强群众的获得感、安全感和幸福感。截至2019年年底，共开展扫黑除恶打非治乱法治宣传10余次，发放宣传材料2000余份，受教育群众2200余人；抽调一名干警全脱产在县扫黑办开展工作；利用周例会学习上级有关扫黑除恶精神和法律法规，认真研读上级部门关于办理黑恶势力、套路贷、财产处置、软暴力案件若干问题的意见，认真研习区纪委监委、高法、区检院、公安厅、司法厅加强协作配合机制、包庇纵容、办理黑恶势力、套路贷违法犯罪案件证据指引等，确保依法打击，不枉不纵；察雅县检察院党组召开4次工作推进会，确保精神要求贯彻，案件定性把握准确；同时对2015—2019年的案件进行案件排查，梳理寻衅滋事、聚众斗殴、故意伤害等案，仔细核查讯问笔录、证人证言，分析其中可能隐藏的案件线索，可能涉及的黑恶势力问题。

【队伍建设】 察雅县检察院始终把检察队伍建设作为事关检察工作长远发展的根本任务抓紧抓好，全面提高检察队伍整体素质。组织全院干警积极主动把单位集中学习和自学相结合，不断学习习近平新时代中国特色社会主义思想、《中国共产党政法工作条例》、“不忘初心、牢记使命”主题教育学习，并用以指导工作实践。在全院开展以“守纪律、讲规矩、做表率”为主题的党风廉政建设宣传教育月活动，认真开展警示教育廉政讲堂、观看警示教育片，不断强化党员干警党纪政务观念，提升党性意识和廉洁意识，筑牢拒腐防变思想防线，深入推进该院党风廉政建设和反腐败斗争。严格落实党组会、支部会、检察长办公会，不断提高干警的政治理想信念，提高立检为公、执法为民思想，不断提高干警遵守制度、执行纪律的能力。强化制度建设，严格队伍管理。年初下发文件，进一步明确了各分管领导及干警的职责分工，实现各项检察职能有人抓，有人负责；进一步规范了上下班、请销假、人财物管理等相关制度，促进日常工作有序开展。进一步坚定忠诚、公正、清廉、文明为核心的检察职业道德，并与检察队伍执法能力建设、纪律作风建设、党风廉政建设结合起来，使之渗透到执法办案工作的各个环节，达到“内化于心，外化于行”的目的，树立恪守检察职业道德的先进典型，弘扬检察职业精神。2019年共选派7人次分别参加赴昌都市检察院、林芝检察官学院、井冈山检察官学院的学习培训工作。

【司法体制改革】 以落实司法责任制为重点，完善相关配套机制改革，坚持员额检察官办案，健全检察官办案责任制。在首批员额内检察官顺利履职尽责的基础上，察雅县检察院党组书记、检察长冯天让已顺利进入第二批员额检察官。

推进刑事诉讼制度改革。推行逮捕与公诉合一刑事诉讼机制，充分发挥审前主导和过滤作用，集中精力提高诉讼效率。认真贯彻证据裁判规则，排除非法证据，依法保障律师执业权利，注意听取辩护律师提出的无罪或罪轻的意见，依法审查和核实处理，受理并办理律师阅卷会见1人次。

【各界监督】 根据最高人民检察院、自治区检察院、昌都市检察院的统一安排部署，4月25日开展了以"'我将无我'奋斗，不负人民重托——共和国的建设者走进检察机关"为主题的检察开放日活动，邀请察雅县劳模和行业普通劳动者代表共11人参加活动，零距离感受检察工作。5月28日，检察院在六一国际儿童节来临之际，开展了以"携手关爱，共护明天"为主题的检察开放日活动，邀请县人大代表、政协委员，共青团、妇联、教育局、小学、幼儿园等单位负责相关人，共8人参加活动。开展"检察开放日"活动，是检察机关主动接受社会监督、推动检察工作科学发展和进一步深化检务公开的一项重要举措。

【目标责任管理】 年初，察雅县检察院检察长冯天让与全院干警层层分别签订了社会治安综合治理目标责任书、精神文明建设目标责任书、党风廉政建设责任书、党建目标责任书，把党风廉政建设、精神文明建设、社会治安综合治理目标责任、党建任务分解、量化到每一个干警身上，成立了专门的领导小组，形成了以检察长负总责，分管领导齐抓共管的思想政治工作机制。经过全院干警的努力，上半年社会治安综合治理工作、党风廉政建设工作、精神文明建设、党建等工作正在稳步推进。

坚决贯彻落实全面从严治党要求。坚持把纪律挺在前面，严格执行党的政治纪律和政治规矩，坚决维护中央权威和党的领导；深入学习党规党纪，组织全院干警系统全面学习《中国共产党廉洁自律准则》《中国共产党纪律处分条例》，通过多种形式不断增强全院干警的遵规守纪意识；把党风廉政建设和反腐败工作融入宣传教育工作总格局，进一步加大对中央和自治区决策部署、重点工作的宣传力度，以"察雅检察"微信公众号平台为依托，及时发布县检察院党风廉政建设及反腐败工作动态，不断传播廉政文化正能量。

严格贯彻落实县委脱贫攻坚工作要求，落实帮扶责任，助力贫困村民早日脱贫。积极开展科级干部与五保户结对帮扶工作。干警通过与结对帮扶五保老人莫宗玛等9名帮扶人员座谈，详细了解了五保老人家庭情况、生活情况、身体状况、医疗救助及五保供养经费发放等，并向五保老人讲解了党的好政策。同时还为帮扶的五保老人送去砖茶、牛奶、糌粑、大米、食用油等慰问品及慰问金，折合人民币2700元。积极开展党员干部精准扶贫结对帮扶工作。干警在王卡乡开展党员干部精准扶贫结对帮扶工作时，仔细明晰完善联系结对、致贫原因、帮扶措施等内容，现场解读当前党和国家的精准扶贫、脱贫攻坚政策，开展感恩教育。为26户贫困户送去大米、面条、清油等物品，共计6410元，发放宣传资料200余份，受教育群众达100余人。

法　院

【概　况】 2019年，察雅县法院在县委的坚强领导和上级法院的正确指导下，在县人大的监督和县政府、县政协的大力支持下，认真学习习近平总书记系列重要讲话精神，贯彻落实习近平新时代中国特色社会主义思想和中共十九大、十九届二中、三中全会精神，深入学习贯彻中央、区党委、市委政法工作会议和全国、全区法院工作会议精神，扎扎实实做好人民法院的各项工作，竭尽全力维护社会公平正义。紧紧围绕"努力让人民群众在每一个司法案件中感受到公平正义"目标，狠抓审判工作，强化队伍建设，推进司法改革，维护公平正义，践行"司法为民"宗旨，大力加强审判、执行、队伍建设等各项工作，取得了新的成绩。

【刑事审判】 站在讲政治的高度，依法惩治犯罪，刑事审判工作继续坚持宽严相济的刑事政策，严厉打击严重刑事犯罪，加大对严重危害社会治安和人民群众生命财产安全犯罪的打击力度，确保察雅县政治安定、人民群众安居乐业。截至2019年年底，审理刑事案件14件，已结案13件，结案率为92.86%。

【民事审判】 充分发挥民事审判职能，促进社会和谐发展。在民事审判中，密切关注及妥善审理各类案件，加强民事审判力度，推进社会矛盾化解，通过审理民事案件，依法保护妇女、老人、未成年人、残疾人等弱势群体和各类市场主体的合法权益，为构建社会诚信体系的建立和促进社会和谐发挥积极作用。至2019年年底，共受理民事案件134件，其中新收131件、旧存3件，已结110件，未结24件，结案率82.09%。

【案件执行】 强化执行工作力度，及时兑现当事人的合法权益。站在维护司法权威的高度，维护人民法院形象，抓住"执行难"和"难执行"的关键环节，把实现生效法律文书确定的权利，作为保障民生、树立司法公信力的重要内容，积极构建执行工作长效机制，确保实现当事人的合法权益。执行案件71件，其中新收66件、旧存5件，已结55件，未结16件，结案率达77.46%。

【受理来访】 2019年以来，共处理群众来访15件，21人（次），一次性告知当事人补正材料35次，未出现应当受理而没受理、不应当受理而违法受理等现象，立案准确率达到100%，信访回复率达到100%。

【法治宣传】 通过以案说法等形式，用通俗易懂的语言讲解，提高当事人的法律风险意识，引导群众合法理性表达利益诉求，提供法律咨询服务。2019年继续深入开展"法治宣传千里行"活动，积极组织干警前往察雅县13个乡镇、学校开展了"法治宣传千里行"活动，取得了预期效果。全年共进行各类法治宣传45场次，发放藏语、汉语双语宣传资料3500余份、受教育群众4600余人。

【司法公开】 自2019年1月1日起，对于生效裁判文书的上网公开工作，法院专人负责，层层把关，对符合上网公开条件的生效裁判文书，确保100%上网。

【司法体制改革】 院党组把司法公开三大平台建设摆在重要议事日程，切实采取措施，为司法公开三大平台建设提供坚强的组织保障。

根据三大平台建设的要求，利用公告宣传栏、友情提示牌、宣传册等平台，公开从立案到执行的审判流程图，让当事人明确在什么阶段需要做哪些工作，法院工作人员在什么时间必须完成哪些工作；除依法不公开审理的案件外，其他案件将开庭时间、审判法庭地点、独任法官、合议庭成员、书记员姓名等开庭信息按规定提前进行了公开。

案件录入方面。明确案件评查人员，明确分工，落实具体责任人，健全审判、执行工作机制，建立和完善各项制度。通过推动裁判文书上网，形成倒逼机制，提高文书质量，加强裁判说理，进一步提升法官的司法技能和业务素养，确保法律的正确统一适用，增进公众对裁判文书的理解，维护司法裁判的权威。同时，也加强了对司法裁判的社会监督，促进司法公正。新收各类案件实行网上同步办案，做到从立案、审判与网上同步，做到了收一案、录一案，立案录入同步进行。进一步推进了法院信息化建设，完善审判监督管理工作，提高案件审判效率，促使全院干警尽快适应网上办案的形势需求。

【接受监督】 察雅县法院始终坚持党对司法审判工作的绝对领导，切实做到重大事项及时向县委、县政府请示汇报，按时完成交办的各项工作任务。自觉摆正监督与被监督的关系，真正树立起监督就是爱护、监督就是关怀、监督就是支持、监督就是帮助的观念。自觉接受人大监督、政协民主监督，主动向党委、政府和政法委汇报在审判工作、队伍建设等方面的工作进展，认真听取意见和建议并加以改进。主动接受上级法院的业务指导和法律监督，积极接受检察机关诉讼监督，自觉接受人民群众的监督，广泛听取社会各界意见。自觉接受舆论监督，积极回应社会关切，提高工作效率，改进工作作风，切实维护老百姓的合法权益。

【主题教育】 深入开展“不忘初心、牢记使命”主题教育、“政治纪律教育”等学习教育活动，每名党员做到了学习有笔记，学后有学习心得，通过学党章党规、学系列讲话，对净化干警思想、转变干警工作作风、提高干警工作效率，起到了积极作用，也不断增强了全院干警为人民司法的自觉性、主动性，各项主题教育活动取得较好的成效。

【司法利民便民】 2019 年充分发挥司法职能，不断创新司法便民利民举措，既方便广大群众诉讼，又不断满足人民群众日益增长的诉讼需求，为构建和谐社会提供了优质高效的法律服务和法律保障。

2019 年，察雅县法院继续加大巡回审判、巡回办案力度，充分发挥“车载流动法庭”方便、快捷的优势，深入田间地头，深入农村社区，把法庭搬到离老百姓最近的地方，有效解决了群众诉讼难的问题。截至 2019 年年底，车载流动法庭行程 2500 余千米，巡回办案 15 件，已结 15 件。在 3 月综治宣传月、虫草采集期间，“女子巡回法庭”深入乡村、虫草采集点进行巡回法治宣传及政策宣讲，共进行法治宣传 30 次、发放宣传资料 2500 余份，受教育群众达 3500 余人次。

司　法

【概　况】 2019 年，在县委、县政府及上级司法行政部门的正确领导下，察雅县司法局以“法治宣传、法律服务、法律保障”三项职能为主线，积极贯彻落实中共十九大、十九届三中、四中全会精神，紧紧围绕司法行政中心工作，深入推进矛盾纠纷化解，社会管理创新等工作，充分发挥司法行政职能作用，较好地完成了各项工作任务，为全县经济平稳较快发展、社会和谐稳定做出了积极贡献。

【队伍建设】 2019 年，察雅县司法行政系统共 18 个工作人员，其中县司法局（法律援助中心）10 人（其中挂职 2 人）、司法所工作人员 8 人（其中 3 人在司法局挂职）。工作职能为普法依法治理、人民调解、安置帮教、法治建设、社区矫正、法律援助及县委、县政府、上级司法行政部门安排的各项工作任务。

【法治教育宣传】 法律进乡村。为认真贯彻落实中共十九大、十九届二中、三中全会精神，西藏第六次工作座谈会精神，全面推进法治宣传教育工作，深化社会管理综合治理，结合察雅县实际，以“七五”普法为契机，为切实提高农牧民群众、在校学生的法治意识，由县人大办、政府办、政协办、纪委、组织部、宣传部、统战部、政法委、信访局、检察院、法院、司法局、农业农村局牵头协 40 家普法成员单位深入 13 个乡镇，138 个村居及中小学（教学点），按照“谁执法谁普法”责任清单，以“弘扬宪法精神，增强法治观念”为主题在全县范围内开展法治宣传教育活动。自活动开展以来，各普法成员单位深入各乡镇、村（居）及学校认真积极组织宣传，主要宣传内容：一是《中华人民共和国宪法》《中华人民共和国刑法》《中华人民共和国义务教育法》《中华人民共和国未成年人保护法》《宗教事务条例》等法律法规。二是结合开展的“扫黑除恶、打非治乱”专项活动，宣传《察雅县扫黑除恶打非治乱专项斗争群众举报线索奖励办法》《察雅县扫黑除恶打非治乱专项斗争应知应会手册》

《察雅县关于举报黑恶势力违法犯罪线索的通知》，以及“昌都市提出的28类打击对象”。三是在虫草采挖之季，做好防范措施，确保群众利益不受到损害，向广大群众宣传了《西藏自治区冬虫夏草采集管理暂行办法》《中华人民共和国治安管理处罚法》《昌都市虫草采集与交易管理法律法规及材料汇编》。四是向广大群众重点宣传党的惠民利民、脱贫攻坚政策特别是新中国成立70周年、西藏民主改革60周年以来的伟大成就以及新旧西藏对比，以及《中国人民财产保险股有限公司西藏自治区分公司政策性涉农保险服务宣传手册》《“十三五”草原生态保护补助奖励机制政策简介》《涉农法律法规学习读本》。此次宣讲共开展了120余场活动，悬挂横幅150余条，受教育群众达2.6万余人，发放各类宣传资料3.1万余份。

法律进单位进机关。为全面深入贯彻落实习近平总书记“要坚持把带头学法、模范守法作为全面依法治国的关键，推动领导干部学法经常化、制度化”的重要指示，认真贯彻落实察雅县“七五”普法规划，大力推进“法律进机关”“法律进单位”活动。引导机关、单位工作人员坚持学法用法，推动依法行政，在执法事项决策面前，能够主动寻求法律依据，遵循法治精神。2019年7月26日，察雅县邀请山东利公律师事务所专职律师（副主任）孙治国，在县科技培训中心报告厅以“树立法治思维 推进依法行政”为主题开展了法律专题讲座。察雅县部分县级领导及机关、单位普法负责人等共100余人参加讲座。

讲座中孙治国律师围绕《中华人民共和国行政法》，联系西藏自治区实际，围绕“法治政府建设目标要求”“依法行政基本要求”“依法行政九问”等内容，以“以案释法”形式，深入浅出地对相关法律法规进行了讲解，同时对广大公务人员如何依法行政，依法办事，促进各行政执法单位更好地开展各项工作，提出了指导意见。

法律进学校。为了进一步普及禁毒知识宣传教育，提高全县社青少年的识毒、拒毒、防毒意识，6月26日上午，察雅县公安局联合该局深入察雅县中学开展“开展禁毒斗争、消除毒品祸害”为主题的禁毒宣传。以藏语、汉语双语的形式给学生们讲解了毒品对个人、家庭、社会的危害以及如何识别毒品、拒绝毒品等方面知识，并与现场学生进行互动，对毒品的危害和识别毒品的相关知识进行有奖问答活动，通过此次禁毒宣活动传使察雅县青少年更进一步认清了毒品对个人、对家庭、对社会的危害，并帮助他们进一步增强了远离毒品、拒绝毒品的意识，提高了他们的自我防范意识和能力，从而使他们自觉做到远离毒品，将增强禁毒拒毒意识，形成共同预防毒品，宣传毒品危害、打击毒品犯罪的良好氛围。

在新中国成立70周年之际，为增强广大学生的法治意识，在节日期间营造良好的法治氛围，9月26日察雅县司法局联合县检察院在察雅县中学开展了“共庆祖国华诞，共享伟大荣光，共建法治察雅”主题法治宣传教育活动。活动中县司法局（法律援助中心）援藏律师阮巍主持并进行了宣讲，阮巍结合中学生实际，通过与学生互动答题，颁发奖励等喜闻乐见的宣传形式，围绕《中华人民共和国宪法》《中华人民共和国未成年人保护法》《中华人民共和国国旗法》《中华人民共和国国歌法》《中华人民共和国国徽法》进行了深入浅出的讲解，提升了广大学生的法治意识，引导了广大学生共抒爱国情怀，共享国庆喜悦，增强了他们的爱国情感和民族精神。

据统计，此次法治宣传教育活动受教育师生达1800余人。活动中发放了“珍爱生命，拒绝毒品”禁毒宣传资料200余份，生活用品（杯子、毛巾）50多套。

法律进社区。为进一步加强全县群众禁毒意识和抵制毒品的能力，6月26日上午，由察雅县公安局牵头组织，联合县司法局在烟多中路人流集中地组织开展了以“开展禁毒斗争、消除毒品祸害”为主题的禁毒宣传活动。

活动中，工作人员进行了有关毒品知识、毒品危害和预防毒品等相关内容的讲解，同时，还发放了“珍爱生命，拒绝毒品”禁毒宣传资料600余份，生活用品（杯子、雨伞、围裙、毛巾、帽子、环保袋）100多套，受教育人数达200余人。

“6·26国际禁毒日”宣传使察雅县群众更进一步认清了毒品对个人、对家庭、对社会的危害，并帮助他们进一步增强了远离毒品、拒绝毒品的意识，提高了他们的自我防范意识和能力，从而使他们自觉做到远离毒品，将禁毒拒毒意识普及到自己的家庭，普及到全社会，让群众充分认识到毒品对社会造成危害的严重性，增强了大家禁绝毒品的决心，在学校形成共同预防毒品，宣传毒品危害、打击毒品犯罪的良好氛围。

2019年以来，察雅县司法局以“3月法律进宗教场所普法宣教月”法治宣传活动、“弘扬宪法精神、增强法治观念”、“6·26国际禁毒日”、“民族团结主题教育”暨法律法规进寺庙宣传教育活动、“法治宣传周”为契机，深入全县13个乡镇、39余座寺庙、县中学、县完小、烟多中路等地大力开展“扫黑除恶，打非治乱”法治宣传，动员广大群众积极检举揭发涉黑涉恶线索，营造全民围剿涉黑涉恶犯罪的氛围，涉及扫黑除恶打非治乱宣讲场次61次，发放宣传资料2万份，受教育群众达2.07万余人。

【社会矛盾化解】 创新工作理念，筑牢专业调解平台。为深入推进社会矛盾化解，积极解决当前热点难点问题，察雅县司法局在发展传统调解模式的基础上，积极创新工作机制，筑牢调解平台。全县共有基层人民调解委员会162个，人民调解员共726人，2019年共受理各类矛盾纠纷11件，涉及金额共计9.14万元，调解11件，调解率为100%，调解成功11件，调解成功率为100%，调解协议执行率为100%。

【夯实基层基础】 帮教安置。为有效解决刑满释放人员“三无”困难，察雅县司法局通过为刑满释放人员提供过渡工作岗位、再就业培训和警示示范教育，耐心细致地帮助帮教对象树立生活信心，引导他们劳动致富，重归社会。2019年，全县共接收刑满释放人员12人，解除6人，其中，落实帮教措施的有12人，帮教率达到100%。

社区矫正工作进一步规范管理，深化社区矫正工作成果。察雅县司法局及社区责任人积极落实社区矫正工作内容，每月对社区服刑人员至少进行一次集中教育学习，每次学习不少于2个小时，并做好了考勤记录。司法局社区矫正办公室采用电话抽查，不定时深入一线进行抽查等方式严格进行人员管控工作。2019年累计解除社区服刑人员6人，新增15人，共有社区服刑人员23人。

加强基层司法所规范化建设取得初步成效。2019年，察雅县司法局以规范化司法所建设为契机，狠抓规范化司法所建设，全县已建成3个司法所，另外1个司法所正在工程建设阶段。

积极拓宽领域，提升服务质量，营造社会服务环境。优化质量，开展法律援助。工作中，采取多种形式，加大法律宣传力度，不断提升法律援助的社会公信力。县法援中心提供法律咨询共计300余次、代写诉状269份，全部为民事诉讼。

规范行政执法，提高执法水平，加快法治政府建设。进一步加快法治政府建设，提高执法人员执法水平。2019年4月机构改革后，法治政府职能规划到察雅县司法局，自工作开展以来，司法局紧密联系察雅县法律顾问，共代审县合同6份，7月26日邀请山东利公律师事务所孙志国律师，前往察雅县组织开展了“法律进机关、进单位”活动，为察雅县行政执法人员进行执法讲座，进一步提高了察雅县行政执法人员执法水平，逐步提升了行政执法规范化水平。

【队伍行政能力建设】 主题教育特色鲜明。察雅县司法局统筹推进“全面加强政治建警 打造过硬司法行政队伍”专题教育整顿活动活动，通过领导带头、风采展示、集中培训、专题报告、交流研讨等多种形式，引导广大干警带着问题学习、联系实际改进，取得了明显效果。

落实行政能力提升制度，实施重点工作目标倒逼管理。察雅县司法局扎实推行一线工作法，各办公室紧紧围绕2019年度确定的重点工作，坚持下基层、到一线，认真开展司法行政工作，树立了察雅司法行政队伍的良好形象。

强化业务提升基层工作水平，扩大对外宣传力度。坚持以业务建设为根本，以岗位专业化为抓手，在全局实施岗位职责量化，将工作规范、工作责任、工作标准细化；完善民主、公开、竞争、择优的选人用人制度，加大了干部交流和后备干部培养工作力度，优化了干部队伍结构；对外宣传工作取得突破。

退役军人事务

【概　况】 为加强退役军人服务保障，根据昌都市、察雅县机构改革方案，2019年3月25日，察雅县退役军人事务局正式挂牌成立。察雅县退役军人事务局以习近平总书记关于退役军人工作的重要指示批示为指导，扎实有序地推进各项工作，始终坚持用心用情全力做好军队退役军人管理服务保障工作。

【学习思想】 根据县委“不忘初心、牢记使命”主题教育相关工作安排部署，察雅县退役军人事务局严格按照“守初心、担使命、找差距、抓落实”总要求，深入贯彻落实习近平新时代中国特色社会主义思想，将其作为贯穿主题教育全程的“纲”和“魂”。因察雅县退役军人事务局未设置党支部，故在察雅县统计局党支部展主题教育，进行集中学习6次，开展主题讨论6次，切实将学习贯彻始终。

政策学习，坚定站位。依托“不忘初心、牢记使命”主题教育，结合工作使命职责，在全局上下开展党的新政策、新理论、新方略大学习工作，深入贯彻学习《习近平新时代中国特色社会主义思想学习纲要》《习近平关于“不忘初心、牢记使命”重要论述选编》《中国共产党党内重要法规汇编》《关于加强新时代退役军人工作的意见》等党内相关文件，全局内部开展各类集中学习14次，个人自主学习累计70余次，切实提高干部职工的政治站位，进一步增强“四个意识”，坚定“四个自信”，做到“两个维护”。

【召开会议】 8月2日，察雅县退役军人事务局组织召开了察雅县委退役军人事务工作领导小组第一次全体会议，会议审议《察雅县委员会退役军人事务局工作领导小组工作规则》《察雅县委员会退军人事务工作领导小组办公室工作细则》《中共察雅县委员会退役军人事务工作领导小组2019年工作要点》《〈中共察雅县委员会退役军人事务工作领导小组2019年工作要点〉明确的主要事项》，为下一步工作的开展明确了方向，为之后退役军人服务工作打下坚实基础。

【建章立制】 为尽快让初建单位步入正轨，尽快为服务对象提供优质服务，察雅县退役军人事务局第一时间召开了第一次全体会议，在会上传达了上级党委的相关工作要求，建立办公室工作制度，明确工作职能，并对日常工作责任划分到人，要求全局上下必须严格按照工作制度履行相关工作职能，进一步规范全局工作作风，为有序开展各类工作提供坚实保障。

【队伍组建】 察雅县退役军人事务局于2019年3月25日正式挂牌成立，当时人员配备仅有一名局长，无办公场所。短短时间内，办公室场所初具规模，1个县级退役军人服务中心、13个乡镇退役军人服务站已全部挂牌，135个村居退役军人服务站也正式开始运行，工作人员也已打下坚实的业务基础。5 月中旬，自治区退役军人事务厅党组成员、巡视员陈来尼玛用“平稳起步、有序推进、开局良好”三个词语表达了对察雅县退役军人机构组建工作的充分肯定。

【完善信息】 进一步摸清退役军人和其他优抚对象底数，根据《西藏自治区退役军人事务厅关于抓紧做好退役军人和其他优抚对象信息采集工作的通知》精神，在全县范围内全面开展退役军人和其他优抚对象信息补充采集工作。另外对一些采集信息不完善的对象进行了信息完善，共采集各类优抚对象 410 人（含异地采集），确保做到应采尽采、不漏一人。

【表彰先进】 按照昌都市《关于进一步做好为烈属、军属和退役军人家属悬挂光荣牌工作的通知》文件要求，2019 年 4 月 26 日上午，察雅县举行“光荣之家”门牌发放仪式。副县长四郎江村、各相关单位部门负责人及烈属、军属和退役军人代表参加此次活动，并到部分烈属、军属和退役军人代表家中现场进行“光荣之家”门牌悬挂。

【关心入微】 为了更好地贯彻落实中共十八大以来习近平总书记一系列关于加强新时代军队建设重要批示指示，为了更好地把党和政府的关心关爱送达每一个优抚对象的心坎里，建立了退役军人事务工作联络群，集思广益，征求广大退役军人的意见和建议，有力地推动了退役军人的服务保障工作的顺利开展，真正做到全心全意为每一位烈属、军属、退役军人服务。

【有序交接】 为了高效、平稳推进察雅县退役军人事务机构改革工作，察雅县退役军人事务局积极协调有关部门将相关工作有序进行交接，保证工作的连续性、正确性和稳定性，确保了工作的前后衔接，稳妥过渡，有条不紊地进行。相关服务保障工作已经按照察雅县“三定”方案要求与县人社局、县民政局进行全部工作交接，保证退役军人的服务保障不间断。

【军民共建】 按照察雅县委、县政府及县委统战部的统一安排，察雅县退役军人事务局作为察雅县“民族团结进步示范活动进军营”牵头单位，2019 年 5 月 21 日，察雅县退役军人事务局组织县人武部、县武警中队召开了“民族团结进步示范活动进军营”推进会议，对相关工作进行了安排部署，确保察雅县“民族团结进步示范活动进军营”工作的有序推进。多次就军民共建、民族团结教育、领导小组成立情况、结对帮扶、驻地周边生态建设、民兵集训等方面对“民族团结进步示范活动进军营”成员单位进行督导，确保察雅县“民族团结进步示范活动进军营”工作取得实效，结出硕果。

【加强调研】 2019 年 5 月 23—29 日，察雅县退役军人事务局联合县武装部一道对各乡镇就退役军人事务及人武建设工作进行了督导调研，对各乡镇退役军人服务保障体系建设、“光荣之家”门牌悬挂工作、退役军人优抚工作、退役军人思想政治建设、退役军人就业需求及培训、民兵组织整改、2019 年征兵等相关工作进行了督导，并提出了建设性的意见和建议，要求各乡镇及相关工作人员掌握好政策和工作程序，在抓落实上下苦工，切实把党的关怀和温暖送达到每个优抚对象。

【落实优抚】 2019 年是中国人民解放军建军 92 周年，在八一建军节前，为扎实开展好察雅县各项双拥活动，大力弘扬拥军优属、拥政爱民的光荣传统，进一步巩固和发展军民同呼吸、共命运、心连心的大好局面，2019 年 6 月 30 日，察雅县退役军人事务局下发了《察雅县退役军人事务局关于“八一”建军节慰问对象信息填报的通知》。并对各乡（镇）、各单位提供数据进行了核查梳理，反复确认。确定了察雅县“八一”慰问工作方案，提交县委、县政府审定后按慰问方案组织开展了相关慰问工作，得到了广大军烈属及退役军人群体的好评。

【缅怀先烈】 2019年是中华人民共和国成立70周年、西藏民主改革60周年，为深切缅怀革命先烈们的丰功伟绩，寄托对革命先烈的无限哀思，9月30日上午，察雅县组织县直机关干部、公安干警、部队官兵及县中小学学生300余人，在县烈士陵园开展公祭活动。这是一次具体生动的爱国主义教育活动，对推动察雅县精神文明建设和维护民族团结和正在开展的“不忘初心、牢记使命”主题教育活动都具有十分重要的意义。

【服务提效】 察雅县退役军人事务局自组建以来，通过走访调研不断收集退役军人的需求与建议，真正做到以服务对象为中心，急服务对象之所急，想服务对象之所想。不断向上级领导和单位以及相关职能部门反馈察雅县退役军人的就业需求、培训需求、政策享受需求，正开展与县自然资源局对接5名退役士兵招考到察雅县退役军人事务局执法大队以及与县相关单位对接两名退役士兵的驾驶员岗位的相关工作，充当好提升服务对象满意度的基石，自组建后，大部分提供意见的退役军人得到了满意答复。

经济管理

发展和改革

【概　况】 2019 年以来，在县委、县政府的坚强领导下和上级业务部门的指导下，在各单位的努力配合和群众的支持下，认真贯彻中央和区、市对经济工作的各项决策部署，以脱贫攻坚统领经济社会发展全局，以供给侧结构性改革促进产业转型升级，继续按照“狠抓河谷经济、破解瓶颈制约、扩大招商引资、统筹城乡发展”的发展思路，科学研判形势，积极应对挑战，全力做好稳增长、促改革、惠民生、谋发展、保稳定、创平安、促和谐各项任务，实现了全县经济持续稳定发展。

【宏观引领】 根据自治区、昌都市经济工作会议精神和县委、县政府关于全县 2019 年国民经济和社会发展的指导思想，年初经过深入细致的调查，系统地分析了察雅县经济发展趋势和发展潜力，从实际出发，提出了 2019 年全县生产总值增长目标及一、二、三产业发展目标，编制了《察雅县 2018 年国民经济和社会发展计划执行情况报告及 2019 年计划草案报告》，报经县人大十二届五次全会审议通过后下达实施，充分发挥计划在宏观经济活动中的指导与调控作用；委托重庆市农科院农经所启动了《察雅县乡村振兴战略总体规划（2018—2022）》编制工作，已完成规划征求意见稿编制。

在经济下行压力持续加大的背景下，同相关部门对全县经济运行情况进行了认真分析研判，客观准确地反映经济运行情况和面临的困难问题，对下一步经济工作提出思路建议，有效确保了全县经济在合理区间运行。

【推进项目建设】 项目建设支撑有力。进一步实施项目带动战略，以项目促投资，以投资促发展，围绕续建项目保竣工、新开项目促进度、前期项目抓落地的工作思路，全力抓好项目工作。2019 年，由察雅县负责实施的开复工项目共 13 个大项 208 个子项（续建 105 个子项，新开工 103 个子项），总投资 38.73 亿元，2019 年计划完成投资 18.01 亿元，累计完成投资 13.72 亿元，完成年度计划的 76.18%。

抓好项目管理工作。项目建设过程中严格遵循基本建设程序，加强项目建设内容及规模、建设地点的监管，确保了投资方向一致。发改、住建和项目建设单位各司其职，分工合作，定期、不定期开展工程质量检查，在确保工程质量和安全的前提下，严格按合同建设年限，定期跟踪项目进度，加大项目进度控制力度，及时解决施工企业的困难和问题，确保了工程进度跟上投资计划。同时，在及时下达投资计划基础上，财政、审计等相关部门做好资金监管，严格按工程款拨付程序及时拨付，确保了资金及时兑现，也保障了资金的专款专用，杜绝了资金浪费、截留、挪用。

加大项目跟踪落实。每月定期上报基本建设月报，加强项目建设日常督导工作，采取定期不定期组织工作组深入建设项目施工地进行跟踪督导检查，及时开展建设领域突出问题专项整治，对查找出来的问题，向项目建设单位提出整改建议和要求，确保政府投资安全和项目建设质量，促进了全县基本建设程序规范化和政府投资项目效益的充分发挥。

规范项目审批程序。严格按照《西藏自治区发展改革委关于政府预算内投资项目管理暂行办法》《昌都市基本建设资金拨付使用管理办法（试行）》等文件的规定和要求，严格执行基本建设程序和建设资金拨付使用有关规定，严禁“钱等项目”现象发生。

【易地搬迁】 加强宏观引领，科学做好规划编制。以规划为先导，从县域脱贫实际出发，积极与上级部门沟通，与昌都市“十三五”易地扶贫搬迁规划部署相衔接，与昌都市产业发展规划相衔接，编制完成了《昌都市察雅县“十三五”建档立卡贫困人口易地扶贫搬迁规划（初稿）》《察雅县深度贫困地区脱贫攻坚实施方案（2018—2020年）》，加强与各小组的配合协作，积极与上级部门衔接，配合完成《西藏自治区昌都市察雅县扶贫开发区总体规划（2016—2020）》《昌都市“大三岩”片区察雅县片区综合发展工作实施方案及片区基本情况》《察雅县“十三五”脱贫攻坚产业发展规划》上报审查工作。

加快推进易地搬迁工程建设。2016年易地扶贫搬迁工作正式启动以来，为易地扶贫搬迁集中安置点规划编制提出科学合理的建议意见，并顺利组织完成每个点的招投标工作，确保了易地扶贫搬迁工作全面实施。2016年至2019年年底，共建设易地扶贫搬迁安置点26个，涉及贫困人口2406户12751人，计划总投资86355.27万元，已到位资金85371.27万元，已拨付资金65116.94万元。

【脱贫攻坚】 大力推进东西部扶贫协作和对口支援工作，签订东西部协助意向协议，为察雅县产业发展过程中市场开发、市场拓展、市场产品、困难和问题争取技术和人才支持。积极协调、整合资源，在重庆市南岸区落地建立“察雅县重庆推广中心”，为实施“产业援藏”，销售“西藏特产”，宣传“藏东察雅”提供重要渠道。充分发挥对口援藏优势，主动加强与重庆市、广东省、中国铝业公司沟通衔接。投入计划内援藏资金31578万元，实施了学校、卫生院、新农村等19个项目，投入计划外援藏资金6045万元，建成了綦江新村、南岸新村和重庆幼儿园等民生项目，进一步帮助破解了制约经济、教育、卫生发展的基础设施不足等瓶颈。截至2019年10月，援藏资金共到位计划内资金19955.6万元，其中重庆市7128万元、广东省10175.6万元、中铝集团2652万元，计划外援藏资金6045万元。依托援藏单位优质教育教学资源，安排察雅籍干部、农牧民群众450人余次，赴重庆市和中铝公司参加政策学习和技能培训，增强本领。组团式援藏取得重大突破，上海复旦大学附属中山医院与綦江区人民医院选派医疗专家36名，组织培训200余场次，治愈病人2400余人次，帮助建章立制220条。援藏单位积极协调，组织44名医生和教师到察雅开展短期援助，有效缓解察雅县医疗和教育短板。中铝集团自对口帮扶以来，每年固定投入“格桑花”教育资金50万元，资助师生共2000人次，举办农牧民电子商务及实用技能培训班，培训人员60人次，为察雅在就业、培训、铝产业的应用合作等方面提供更多的平台和渠道。结合察雅县民生、产业和人才培训等方面，根据昌都市受援办要求，制定了“十四五”援藏项目规划需求表。

【企业帮扶】 根据《察雅县“百企帮千户”精

准扶贫行动实施方案》，积极开展企业帮扶活动，引导企业承担更多社会责任，在开展企业帮扶活动中，充分发挥监督作用，与企业签订察雅县“百企帮千户”精准扶贫行动承诺书，建立帮扶台账。以实现共同富裕和构建和谐社会为目标，以建档立卡户、贫困人口为工作对象，以增加深度贫困户的收入，实现脱贫致富为目的，实施扶贫“规划到户、责任到企”工作责任制，增强在察企业的社会责任意识和奉献意识，采取“1+1+1+N”［即1家企业、1名乡（镇）长、1名驻村工作队长联系3户以上深度贫困户］方式与建档立卡户建立结对帮扶，以送温暖为辅，结合企业实际情况帮助全县深度贫困乡镇脱贫致富。

【物价和粮食安全】 强化市场引导，物价保持平稳。继续加强监测工作，建立健全监测、预警、应急相衔接的快速反应机制，对市场部分重要商品、居民生活必需品、医疗药品及服务价格，及时告知、适时提醒。同时，加大市场监管，在节假日期间，对人民群众生活密切相关的生活必需品进行巡查检查，稳定商品服务价格，规范市场秩序，维护良好的假日消费环境，确保价格总水平的基本平稳。积极配合相关部门做好价格认定工作，向公安部门提供了三个藏式银碗及一对女生耳环等4起价格认定结论书。

加强粮食安全工作管理，确保粮食供求。每月加强开展对粮油库存的安全、数量、质量、品种、地点、储备粮轮换、粮食收获年限等情况进行检查，确保了粮食储备安全。始终把粮食生产放在经济又好又快发展的重要位置，采取综合措施，大力推进粮食的生产。加强和改善粮食宏观调控，确保粮食供求平衡。多渠道粮食流通的动态检测，深入分析供求形势和价格走势，加强对县粮食生产、消费、库存、价格的检测，进一步增强政府调控粮食市场的能力。

【机关建设】 抓好党风廉政建设。严格落实中央“八项规定”和自治区约法十章、九项要求等一系列党风廉政规定，切实履行好党组主体责任。同时，严禁项目评审验收中发放和收受红包管理，不断加强领导班子的廉政自律工作，牢固树立廉洁从政意识，紧绷拒腐防变这根弦。加强能力建设，改进工作作风。以县委第四轮巡察为契机，坚持发现问题与整改问题并重，巩固拓展作风建设成果，坚定不移“纠四风”“树新风”。做好党建工作。按照“抓党建、带队伍、促发改、保稳定”的工作思路，在结合上做文章，出实招，下功夫，寻找党建工作和发改工作的结合点，把握切入点，抓住突破点，不断创新党建工作载体，通过狠抓思想教育和规范管理，做好结合文章，带动队伍整体素质的提升，达到以抓党建工作促进发改工作。

统　计

【概　况】 2019年以来，在县委、县政府的正确领导和自治区统计局、市统计局的关心指导下，紧紧围绕“工业强县、产业富民、环境创优、民生改善”发展战略，以提高统计数据质量、提升统计形象、增强统计公信力为核心，着力加强队伍建设，充分发挥统计服务职能，为县域经济社会发展做出了应有贡献。

【经济运行指标统计】 2019年，全县地方生产总值完成14.75亿元，同比增长8.2%（可比价）；一般公共预算收入完成6180万元，同比增长18%；固定资产投资完成14.5亿元，同比增长18%；农村居民人均可支配收入达到11245元，同比增长13.6%；城镇居民人均可支配收入达到31521元，同比增长10.8%；社会消费品零售总额完成3.74亿元，同比增长10.3%。

【党风廉政建设】 抓好党风廉政建设，完善规章制度。察雅县统计局把落实党风廉政建设责任制度与各项统计业务、四项制度落实、政府信息公开工作密切配合，紧紧围绕2019年度工作要点，制定了内部管理制度，细化部门职责，建立了统计业务工作制度，即将工业、农业、商业、建筑业、投资、服务业、综合核算、劳动工资、城镇和农村住户调查等统计专业工作实施相结合工作制度。结合效能建设要求，按照四项制度的有关要求，进一步完善其他管理制度，即机关工作人员效能责任追究办法、固定资产管理办法、财务收支审批制度、公务接待制度、工作人员考勤制度、车辆管理使用制度、值班制度等，做到工作有目标、有具体内容、有完成时限、有保障措施、有责任领导、有责任股室和责任人。

【基层建设】 加强乡镇统计工作力量。出台文件要求各乡镇按照“四化”（统计管理制度化、统计业务流程化、统计调查法治化、统计手段现代化）的标准，规范乡镇统计工作，充实乡镇工作力量，做到了各乡镇配备一名专职统计员。完善村级统计网络。明确由会计或报账员兼任统计员，负责统计工作，完成上级安排的各类统计调查任务。加强企事业单位统计工作。争取各类企事业单位主管部门支持，明确设立了统计机构或在有关部门中设置统计岗位，配备了与统计调查任务相适应的统计人员，并确定统计工作负责人。所有企事业单位都按照国家有关规定设置了原始记录、统计台账，建立健全统计资料的审核、签署、交接、归档等管理制度。

【第四次全国经济普查】 进一步查实全县各类单位的基本情况和主要产品、服务活动，全面准确反映供给侧结构性改革、新动能培育壮大、经济结构优化升级等方面的进展，确保第四次全国经济普查工作顺利开展。截至2019年年底，个体户285户，运输个体户50户，单位614家，均已录入PDA，数据已上报完毕，并根据国家、自治区、市局反馈数据，进行数据核实、修改、上报，等待数据反馈。

市场监督管理

【概　况】 察雅县市场监督管理局以习近平新时代中国特色社会主义思想为指导，牢固树立“四个意识”，坚定“四个自信”，认真贯彻落实中共十九大精神，紧紧围绕中共十九大提出的“提升人民获得感、幸福感、安全感”的要求，紧扣县委、县政府重点工作，强监管，重安全，创机制，抓作风，进一步树立大局意识和服务意识，努力提高科学监管的能力和水平，全力服务察雅县发展大局。围绕“放管服”，适应新常态，把“五大发展理念”贯穿市场监管工作始终，推动商事制度改革有序推进。

【市场主体】 全力深化商事制度改革，把各项优惠政策和改革举措不折不扣地贯彻落实到位，改革红利充分释放，不断提高登记注册便利化水平，促进各类市场主体快速发展。继续全面推进注册资本认缴、先照后证、多证合一、一照一码等一系列改革措施，推进“互联网+政务”服务，全面实施简易注销改革，助推“大众创业、万众创新”，有效地实现了全县市场主体增量提质。2019年，全县共有在业的各类市场主体各类市场主体1814户，注册资金196126.69万元，分别同比增长27.2%、12.6%；国有企业35家，注册资金34283.14万元；私营企业221家，注册资金134365.5万元；个体户1512户，注册资金19138.45万元；农牧民合作社46家，注册资金8339.6万元；办理食品经营许可证65家、健康证200人。

【企业年报工作】 根据《企业信息公示暂行条例》《个体工商户年度报告暂行办法》，设立年报服务窗口，建立年报QQ群、微信群，积极开展2018年度企业年报工作，全县2018年应年报企业226户，已年报190户，年报率84.07%；应年报个体1185户，已年报1178户，年报率99.41%；应年报农民专业合作社41户，已年报农民专业合作34户，年报率82.93%。

【市场主体注销登记改革】 认真落实《西藏自治区市场主体简易注销实施方案（试行）》，简化市场主体注销程序，有效破解了创业者“退出难”问题。2019年上半年已有5户企业，通过简易程序申请注销。

【“互联网+政务”服务】 按照方便注册和规范有序的原则，大力推广工商网上全程电子化。在办证大厅设立全程电子化助推服务平台，安排专人手把手指导。截至2019年年底，企业登记人员已指导50户市场主体通过工商网上全程电子化系统办理营业执照。

【维护市场环境】 坚决贯彻执行自治区政府《关于“先照后证”改革后加强事中事后监管的实施意见》，不断强化企业信息公示、信息共享、联合惩戒，不断完善以信用监管为核心的事中事后监管新机制，全面推动事中事后监管的落实。

着力抓好特殊时期市场监管工作。按照要求，安排部署元旦、春节、“两会”、三江茶马文化艺术节、中秋节期间市场安全监管和隐患排查治理工作。共出动执法人员80人（次），排查农贸市场6个（次），检查各类经营主体260户（次）。通过检查，保障了察雅县节日市场和“两会”期间市场稳定和消费安全。

深入开展红盾护农专项行动。以红盾护农活动为载体，深入乡镇、农牧区开展农资打假、农资识假辨假宣传，共发放宣传资料180余份，开展专项检查13次，出动执法人员40人次，检查农资经营户60余户次。

规范实施“双随机、一公开”工作。依法开展企业信息抽查，明确责任领导，落实牵头部门，细化工作举措，规范工作流程，并积极组织开展抽查工作。按照昌都市市场监督管理局工作部署，截至2019年年底开展广告行业定向检查市场主体8户，开展餐饮服务行业定向抽查15户，特种设备定向抽查3户。

针对打击传销工作的实际需要，2019年4月，5名干部职工先后到察雅县5个乡镇及中小学开展以“珍爱家庭、远离传销、珍爱亲情、拒绝传销”为主题的打击传销法律宣传活动。通过讲解典型案例、发放宣传资料的形式向广大农牧民群众、学生宣传打击传销相关知识，号召广大农牧民群众拒绝传销，积极配合各项打击传销活动，积极向市场监管、公安部门举报传销行为线索，共同创建无传销乡镇、无传销学校。宣传活动累计发放藏语、汉语宣传资料200余份、雨伞50把、雨衣100件、遮阳帽100顶，受教育群众、学生及乡干部达100人次。

截至2019年年底，在烟多中路组织法律法规宣传6场，已累计发放宣传资料1300余份，张贴宣传画、宣传海报240余张；接受群众咨询125人次。

通过严格依法查处取缔无照经营行为，促进了市场经济又好又快发展，构建了“政府统一领导、部门齐抓共管、全社会共同参与”清理整治无证无照经营工作格局，实施“源头治理、堵疏结合、突出重点、分类监管”的管理模式。截至2019年年底，清理整治无照经营活动中，共出动执法人员60人次，执法车辆22台次，检查各类市场主体350户次。县城主干道持照率达100%，亮照率达99%，乡镇所在地持照率达99%，亮照率达98%。查处取缔无照经营行为，震慑了无照经营不法分子。探索建立无照经营长效监管机制，规范其经营行为。

按照察雅县委、县政府、县扫黑办有关扫黑除恶专项斗争的工作部署和有关工作要求，立足自身职责，迅速行动，广泛宣传，积极动员全员参与，发挥市场监管职能，集中打击涉黑涉恶违法犯罪活动，努力营造公平、公正、依法有序的市场经济环境。检查市场（商场）160户（次），出动人员240人（次），发放扫黑除恶宣传资料250份，悬挂横幅3条，扫黑除恶藏语、汉语双语告知书70份，张贴海报30张，制作扫黑除恶举报箱2个。辖区内未发现一起“市霸”“行霸”行为。

【消费维权】 加强消费者咨询、投诉、举报等受理工作。认真受理消费者的咨询、投诉、举报，及时分流、催办、督办各类投诉举报和咨询，全程记录处理工作流程。

及时发布各类消费警示、提示。根据消费者投诉情况和消费特点，及时发布了节日、农资、家电等消费警示、提示4条，引导消费者科学、合理消费，提醒消费者提高对不良商品和服务的警醒意识。

组织开展形式多样的“3·15”系列宣传咨询活动。多部门联合开展宣传咨询活动。“3·15”期间，联合各相关职能部门和企业，在县城开展2019年纪念“3·15”国际消费者权益日宣传咨询活动。发放宣传资料200余份，在察雅县城内企业、农贸市场悬挂宣传标语12条，受理消费者咨询30件。

做好精准扶贫各项工作。2019年上半年共上门走访帮扶对象14户次，并给帮扶对象带去了米面油等生活用品。按照察雅县“54321”结对帮扶总体方案，积极开展上半年结对帮扶走村入户及政策宣讲工作。

【民生安全】 加强食品安全监管。联合县教育局开展学校食堂食品安全执法检查，并与县中、小学及各乡镇小学签订食品安全目标责任书。开展食品经营许可现场核查，共核查130家。做好小升初、中考等重大活动食品安全保障4次。开展食品监督抽检工作，抽检食用农产品44组、餐饮9组。组织开展元旦春节期间、学校食堂、校园及周边、食品生产企业、食品和保健食品欺诈和虚假宣传等各类专项整治。快速推进食品安全民生工程建设。通过第三方检测公司上半年全县检测各类蔬菜、畜禽肉、水产品等5210批次。

强化药品安全监管。深化药品、医疗器械、化妆品日常监管，强化重点品种、重点环节专项整治。开展中药饮片质量集中整治、无菌及植入性医疗器械、藏药制剂摸底调查、美容美发行业经营使用化妆品专项检查等工作，同时联合县卫计委开展了疫苗专项检查工作。完成上半年药品抽验任务75批次，其中药品50批次，化妆品25批次。

【市场专项整治】 开展了“两节”（元旦、春节）市场打假、地理标志保护产品商标专用权、成品油市场、格式合同条款、农资市场、虚假广告、无证无照、打击传销、非洲猪瘟防控等16项专项检查。做到专项整治有计划、有过程（痕迹）、有总结、有报表、有信息、有案件。

【党的建设】 指导监督抓创新。强化对工作的指导和监督，对上级部署安排的每项工作，在吃透文件精神的基础上，紧密结合察雅县实际，转变工作思路，把好经验及工作风险给干部讲清楚，把任务、责任、方法传导给监管执法干部，进一步提升工作成效。

作风建设抓经常。牢固树立“四个意识”，坚决维护习近平总书记的核心地位。扎实开展“两学一做”学习教育，不断强化学习教育，始终坚定正确的政治方向。全面加强党风廉政建设，严格落实主体责任和监督责任，严肃党内政治生活，持之以恒加强作风建设，坚持抓常、抓细、抓长，作风建设得到了进一步加强。

基础工作抓保障。加强干部队伍建设，大力实施素质提升工程，开展了以理想信念、法律法规和作风纪律为主要内容的“三项教育”，取得了显著成效。加强法治建设，以法治工商建设为目标，不断增强法治意识、规范意识、责任意识，强化执法监督，规范主体资格，努力提升执法效能。积极开展宣传工作，舆论力也是执法力，围绕重点工作抓宣传，围绕重大活动抓宣传，积极服务改革发展大局。

加强党风廉政和效能建设。召开专题学习会

议，严肃工作纪律和作风，营造风清气正的良好氛围，驰而不息整治“四风”，开展了不作为、慢作为自查整改和“优作风、强纪律、敢担当”专项活动，进一步推动作风转变。

应急管理

【概　况】 2019年以来，在县委、县政府的坚强领导下，在市应急管理局的指导和关怀支持下，结合《昌都市安全生产委员会关于印发2019年工作要点的通知》《中共察雅县委员会关于印发〈中共察雅县委员会全面深化改革委员会2019年工作要点〉的通知》（察委〔2019〕112号）文件精神，遵照“安全第一、预防为主、综合治理”方针，全面贯彻落实党委、政府关于安全生产工作的系列指示和重大部署，坚持把安全生产作为维护经济和社会发展大局的重中之重来抓，以防范生产经营性事故为落脚点，着力抓好安全生产各项工作的落实，安全生产形势总体平稳，取得了较好的成效。

【安全生产】 察雅县安全生产委员会按照党政同责、一岗双责、齐抓共管、失职追责的要求，构建各级党委领导、政府监管、企业负责、群众参与、社会监督的安全生产格局，完善安全生产党委政府负总责、各级部门负专责、企业负主责、条块结合、齐抓共管、整体联动的责任体系。多次组织召开县委常委及县政府常务会议，研究部署安全生产工作，分析各阶段安全生产形势，研究解决各行各业安全生产工作中出现的具体问题。召开安全生产专题会议，安排部署各重要时间、阶段安全生产工作，稳步推进全县安全生产各项工作，特别是在“三大节日”、“两会”、3月复工、安全生产宣传月、汛期等重点时段，县委、县政府主要领导多次强调要求相关部门要加强开展交通重点路段、人员密集场所、加油站等重点场所安全生产大检查，截至2019年年底，共开展安全大检查、巡查3次。严格落实联合检查制度，特别是对重点要害、重点区域、重点隐患，由主要领导和分管领导多次组织相关部门一把手到现场调研、部署安全生产工作，明确落实整改责任，加大整改力度，消除安全生产隐患，确保重大节假日、重大活动期间安全生产形势稳定。

【防灾减灾宣传】 坚持以宣传、贯彻新修订的《中华人民共和国安全生产法》为重点，结合“八进”宣传教育活动，加大安全生产、防灾减灾、应急救援等常识宣传力度。以“3月综治宣传月”“安全生产月”活动为契机，联合县综治办、县卫生局、县环保局、烟多镇等多家单位，集中在中铝广场、澜沧江广场开展宣传教育活动。宣传活动以发放宣传图册、安全生产小手册、《中华人民共和国安全生产法》为主，并制作宣传栏、宣传标语、在人员密集场所张贴海报，同时对现场学习安全生产资料的过往群众进行讲解，为群众疑难解答，现场气氛活跃，受到群众的大力支持和欢迎。累计发放宣传资料种类12种，发放印有安全生产宣传知识的扑克、宣传单、图册1580余份，发放《中华人民共和国安全生产法》260余本，生活用品360余套，现场为群众讲解安全生产常识213人次。

【应急管理】 2019年是组建察雅县应急管理局的第一年，谋划做好2019年的工作至关重要，为认真做好应急管理各项工作，在完成机构整合后，加强对职责的学习，全局上下加强进一步统一思想，提高认识，围绕制定的工作要点、三定方案等重要文件学习，结合工作实际，细化任务，明确职责，确保各项工作有人抓、有人管，促进全局干部工作效率。联防联动、预防为主。及时制定《察雅县公共突发应急预案》，协调各部门制定了从上而下较为全面的各行业、各部门应急预案。积极探索县应急救援联动机制，坚持预防与应急动员相结合，立足于防范常抓不懈，防患于未然，结合实际建立察雅县应急救援联动机制，形成各部门、各乡镇协调联动，群防群控的工作格局，建立了察雅县自然灾害应急救援志愿者队伍，探索建立健全全民参与、部门协同的应急救援队伍建设。做好救灾物资管理等工作。安排专人负责救灾物资相关工作，建立健全救灾应急储备物资日常管理的规章制度，在各级开展灾害信息员统计工作，以“3+2+1”县、乡、村信息员覆盖为主，有统计灾害信息员167名。按照审计工作组要求，部分乡（镇）建立物资储备库，完善县物资储备库，提高储备效能，做到物资、管理、人员三到位，时刻做好防大灾、抗大灾准备，一旦接到险情命令，可在最短的时间内将物资运送到位，确保防汛物资备的足、调得动、运得出、用得上。截至2019年年底，开展物资救灾54户，发放大米1050千克，青稞1050千克，清油15桶，面粉1050千克，棉被26套、棉衣4套。

【防灾减灾】 按照年初制订的《察雅县2019年安全生产执法检查工作计划》要求，认真开展各类执法检查工作，对部分联合执法工作，严格落实联合执法制度，做到“全覆盖、零容忍、严执法”。

危险化学品方面。全县共有危化品企业5家（中石油察雅县加油站、中藏盟石油利民加油站、香堆加油站、吉塘加油站、液化气加气站），均在开展标准化建设，以“四不两直”检查方式为主，不定期深入加油站、液化气等检查加油、加气现场及存储点，排查和整治存在的问题和隐患。以落实联合检查为方式，在危化品（加油站、液化气、成品油、民爆物品）企业开展五落实五到位主体责任落实情况，现场纠正存在违法违规操作问题。截至2019年年底，共开展危化品检查114次，检查单位302家次，排查整治问题和隐患16处。

非煤矿山方面。重点围绕各类砂石场、砖场等各类企业主体责任落实为内容进行检查，严厉打击非法违法生产经营建设行为，督导各企业结合实际制定细致工作方案和应急处置预案，做好防汛抢险物资准备，落实安全防范责任和措施彻底排查治理事故隐患。截至2019年年底，全县共有砖厂2家，砂石场11家，开展非煤矿山检查33次，检查企业64家次，排查和整治存在的问题隐患12处，已完成整改，累计罚款10890元。

道路交通方面。加强道路安全工作，以辖区214国道、349国道、察芒公路为重点，认真开展道路隐患排查工作，加强道路防护工程建设，设立和完善危险及易发生事故等路段的警示标语工作。截至2019年年底，开展道路隐患排查工作30次，排查道路隐患28处，整改28处，加设警示牌40处，指示牌10处。加强运输企业安全生产监管，察雅县共有运输型企业8家（3家物流公司、1家客运公司、4家加油站），共检查安全生产问题8处，已完成整改7处。严厉打击各类非法违法驾驶行为，共开展车辆违法违规行为检查11次，检查车辆7500余辆，纠正各类交通违法107起，排查和整治隐患10起。

消防安全方面。围绕“防风险、除隐患、保平安”主题活动，在“5·12”防灾日期间，由消防救援大队联合相关部门开展安全教育宣传，并对学校等重点场所开展消防演练。全县16家消防安全重点单位全面实施消防安全“四个能力”达标建设，实现了重点单位“零火灾”。截至2019年年底，消防大队共排查社会单位和企业70家次，消除火灾隐患351处。

建筑安全方面。结合安全帽质量检查工作，深入各乡（镇）、施工现场，围绕三级理论学习、安全生产投入、现场隐患治理等内容开展检查。截至2019年年底，开展建筑施工检查34次，检查施工企业和单位95家次，排查和整治存在的问题26处，累计罚款1万元。

其他各领域安全稳步推进，开展校园安全检

查18次，检查各类学校146家次，排查问题隐患17处，无重大安全隐患。

城市管理

【概　况】2019年，察雅县城市管理工作在县委、县政府的正确领导下，全面贯彻落实中共十九大精神，坚持以习近平新时代中国特色社会主义思想为指导，在昌都市城市管理综合执法局的具体指导下，以全面提升城市形象和综合竞争力为重点，认真组织开展辖区内市容市貌环境卫生整治工作。

【服务导向】以党的建设凝聚合力。深入学习贯彻中共十九大精神，通过原原本本读、深入系统学、认真思考悟等形式，切实在学懂弄通做实上下功夫，推动中共十九大精神在城管系统落地生根、开花结果。坚持把全面从严治党贯彻工作全过程，推动“不忘初心、牢记使命”主题教育常态化制度化，全体党员以学促做、知行合一、争先创优，进一步坚定了理想信念，增强了纪律观念，党性修养得到明显提高。实现走企访户“全覆盖”，累计解决企业、商户、居民反映的各类问题20个，有力密切了党群干群关系。以队伍建设塑造形象。组织开展“强基础、转作风、树形象”专项行动，树立城管部门良好形象。持续加大执法队伍教育培训，组织参加各类培训3轮次，培训近50人次。构建全体执法队员“学法、宣法、执法、案件评查、责任追究”五位一体综合评价体系，不断提升执法队员业务能力。扎实推进城区城管领域诚信体系建设，健全“红黑榜”发布制度，褒扬诚信、惩戒失信；以廉政建设净化风气。党风廉政建设责任制、中央“八项规定”和自治区、市委规定得到有效落实，监督执纪问责深入推进。制定城管七项禁令，多渠道、多形式抓好党风廉政教育，守纪律、讲规矩氛围日益浓厚，机关作风有了明显转变。

【日常管理】提升日常管理水平。在环境卫生上，采取“人工+机械”的作业模式，突出了“快速保洁”和“车窗抛物”的保洁创新，强力开展“车窗抛物”整治，受理投诉12起，行政处罚12起，使路面更洁净、交通更安全。每天开展3次以上垃圾清理和降尘作业，推动环卫保洁由地面“无灰尘”向空中“无扬尘”拓展，空中扬尘大量减少。在县容秩序上，开展乱停乱靠、夜市经营、占道经营、马路市场、禁炮管理、违法广告招牌拆牌六大集中整治，对违法的坚决打击，违规的坚决取缔，取得明显效果。按照“查炮源、广宣传、沉责任、严执法、强督查”的思路开展禁炮工作，优化了城区生态环境；对广告、路牌和街道不文明广告依法强制拆除，受到了群众的广泛点赞。完成察雅大道、滨河大道综合整治，昔日“脏乱差”变为今日“洁净美”，对城区主次干道、背街小巷绿地精心管养，路灯亮灯率持续保持在98%以上，设施完好率达100%；按照大气、雅致、热烈、节俭原则，结合传统、文化、时代、区域四大元素，高质量做好了节日期间氛围营造工作，受到广大群众和县委、县政府相关领导的充分肯定。在市政维护上，对察雅大道、滨河大道等主干道路面人行道进行提质改造，对察雅大道、滨河大道路面井盖进行检查，市政设施服务保障能力明显增强；改革创新激发了活力。划转行政职能。将环卫、园林、渣土、户外广告所承担的行政职能实行了划转，实现了政事分开、高效运行。出台管理规范。以底线工作促推了城市管理和行政执法品质提升，推动公厕实现“五净三无”目标，出台《察雅县城区建筑工地（含棚改区）扬尘控制暂行规定》，使扬尘控制收到明显效果；颁布实施《察雅县城市环境卫生设施管理办法》，确保了城市环境卫生设施配套、完好和正常运行。制定地方法规。起草的机动车停车管理公告，使察雅县停车管理工作有了明确、具体、权威的管理依据。摸排闲置土地建成临时停车场对外开放，让群众切身感受到对外开放所带来的生产生活便利。中心工作凸显了形象。夯实底线工作。积极开展市容环境“六大整治”、环保突出问题“百日攻坚”等行动，推动城管领域建筑扬尘、餐饮油烟、夜市游摊、垃圾堆放点、黑臭水体整治、“两违”建筑拆除等。深化创建工作。按照全标准、全落实、全员参与、全部精力的“四全”要求，深化文明城市建设。强化服务保障。以“尽善尽美”为目标，圆满完成察雅县重大接待保障任务23次；成功应对1月下旬、12月底低温雨雪冰冻天气和5月、6月因持续降雨造成的路面落石和路面积水问题，不分昼夜清理吉塘镇至浪拉山道路、县城周边道路、桥梁等地积雪冰块和路面落石，最大程度降低了灾害天气对群众出行的影响。建筑垃圾管理成效明显。研究制定出台具体贯彻落实条例实施方案，推动建筑垃圾规范有序管理。持续推进拆迁地块建筑垃圾专项整治，强化行业自律，加大建筑垃圾运输企业监督管理。启东实行部门联动，形成整治合力，有力提升建筑渣土治理水平。

【“两违” 整治】 由于违法建筑大多存在安全隐患，随时威胁着人民群众的生命财产安全。2019年以来，察雅县委、县政府组织相关单位对唐琼孜、岗孜卡、麦堆沟进行违法建筑整治工作，共清查违法占地和违法建设面积1200平方米，根据县委、县政府安排出动国土、住建、城管等相关部门工作人员120人次，根据预案要求及城市管理和综合执法局局长的安排部署分组进入拆违现场。强制拆除违法建设面积1200平方米，在拆除过程中若有违法人员出现过激行为或抵触犯刑法的行为，由县公安部门介入。积极调动，广泛宣传。努力营造整治工作的良好氛围，宣传《中华人民共和国城乡规划法》《中华人民共和国土地法》等法律法规，使之家喻户晓。开展宣传活动，印发土地、建设的相关部门法律法规宣传资料，动员新闻媒体大力开展宣传活动。让广大干部群众逐步形成自觉防范和制止违法建设的意识，为防违控违工作打下了良好的基础。齐抓共管，通力合作。始终保持对违法建设的高压态势，从国土、住建、城管等部门抽调工作人员20人组成2个工作小组，各部门在查控“两违”方面始终坚持协调、协作，组织人员对全县城范围内的违法占地和违法建设进行摸底调查。分片监管，查处机制。将全县区域划分片区，在严格执行违法建设监管日常巡查制的同时把违法建设巡查控管的责任主体落实到每一个执法中队队员。长效管理，巩固成效。建立分片区巡查制度，实行违法建设包靠制度，加密巡查，强化监管，坚持横到边、竖到底，采取定人定时方式开展巡查，确保无死角、全覆盖。通畅群众述求渠道，引导社会力量参与、监督违法建设治理工作。在已拆除违建土地上，调集资源集中造绿，从根源上彻底解决“治乱”反复的问题。同时，加强对各街道区的整治工作落实情况的跟踪督查督办。

资产管理

【概　况】 2019年，察雅县国资委在县委、县政府正确领导下，在财政局的直接领导下，加强政治理论学习，团结协作，尽职尽责，牢固树立全心全意为人民服务的宗旨，进一步增强公仆意识，完成全年各项工作任务。

【国有资产管理】 根据县财政局的安排，2019年加强对全县固定资产的管理，对全县各单位闲置房屋进行出租，确保了固定资产的保值增值，房屋出租收益178.4268万元；同时加大对固定资产报废处置力度，2019年共计报废公车42辆。

【政治理论学习】 2019年积极参加政治理论学习活动，认真学习贯彻执行党的路线、方针、政策，学习法律、法规，钻研业务，加强作风建设。工作作风扎实，学习氛围浓厚。2019年认真学习国有资产管理法规条例，在学习过程中，认真写笔记，熟记条例内容，形成了“比、赶、超”的良好氛围，极大地提升了业务能力和学习各项法律、法规的意识。

理想信念牢固，服务意识增强。按照各项法律、法规及各种条例，深入细致地开展各项工作，特别是涉及的产权交易行为，国资委的党员干部在服务基层中积极主动，热情周到，在资产核实的过程中，坚决做到限时办结、保质保量，促进了国有资产的保值和增值。

【国有资产监管】 为了保证行政、事业、企业年度统计报表工作，准确及时掌握各单位资产占有和变更情况，以及资产监管和企业资产变现等实际工作的推进步伐，克服人员少、任务重、时间紧等不利因素，积极主动开展统计、分类、建档、立卷、造册及时准确掌握了行政、事业、企业单位资产占有和变更情况。

【加强廉政建设】 在国有资产管理执法检查和资产评估、国有资产拍卖工作中都会遇到求情和讲情的人，坚持耐心讲政策法规，坚持公平、公开、公正原则，依法行政，不勒不卡，按法规程序办理，拒吃请，拒礼贿，避免了一些部门在处置资产中不进行产权公开交易，使资产缩水，搞暗箱操作，掠夺和侵吞国有资产，不考虑企业职工的合法权益的事件发生。

审　计

【概　况】 2019 年，在县委、县政府和市审计局的领导下，认真贯彻落实中共十九大和中央、自治区、昌都市审计工作会议精神，紧紧围绕县委、县政府工作中心，认真履行审计工作职责，严格审计执法，审计各项工作顺利开展。

【加强学习】 结合“不忘初心、牢记使命”主题教育活动，积极参与支部集中学习，深入学习习近平新时代中国特色社会主义思想和中共十九大精神，学习《习近平谈治国理政》等，开展警示教育，学习《中国共产党章程》和《中国共产党纪律处分条例》等党内法规，树立“四个意识”，坚定“四个自信”，做到“两个维护”，提高政治站位。用习近平新时代中国特色社会主义思想武装干部头脑，指导审计工作。领会中央、自治区、昌都市加强审计工作精神，提高干部思想认识。积极组织开展审计业务培训，进一步提高审计干部政治素质和业务素质，增强工作信心。

【机构改革工作】 按照全县机构改革工作安排，及时组建县委审计委员会和县委审计委员会办公室，将县发改局的重大项目稽查职责和县财政局的预算执行和其他财政收支情况的监督检查职责等划入县审计局，优化职能配置。按照编办安排，做好人员和职责的转隶及时制定三定方案，通过机构改革，理顺审计工作的职责。

【审计监督】 统筹规划，制订 2019 年度审计项目计划。坚持围绕政府工作中心、关注热点难点、整合资源，量力而行，分步骤、有重点地逐步实现审计全覆盖。在市审计局下达审计项目计划的基础上，认真开展调研，听取意见，科学筹划，制订察雅县审计项目计划。已完成 2019 年度审计项目计划草拟工作。

认真做好专项审计。认真做好清理拖欠民营企业中下企业账款审计。对察雅县拖欠民营企业中下企业账款情况进行了审计调查，摸清底子，积极配合有关部门做好察雅县清欠工作，营造践诺守信的市场环境。开展中央对陕西省脱贫攻坚专项巡视反馈问题整改情况的专项检查，促进扶贫领域排查问题的整改落实。

持续推进重大政策落实和追赶超越目标任务完成情况审计。对察雅县 2019 年一季度重大政策措施落实进行了跟踪审计，重点对 2018 年四季度重大政策措施落实情况和追赶超越目标任务完成情况跟踪审计发现问题的整改情况进行了检查。

做好政府投资项目工程审计，提高审计工作成效。坚持工程审计与项目资金审计相结合，突出审计重点，不断加强固定资产投资审计。共完成泾阳县2017年省级财政专项扶贫资金项目、安吴镇安吴小学综合楼等决算审计12个。审计中，严把工程量、取费标准、主材价格“三关”，切实把高估冒算的“水分”挤压下来，为提高投资效益和科学管理投资项目发挥了审计监督作用。

强基础惠民生

【概　况】 自第八批驻村工作队入驻以来，根据区、市创先争优强基础惠民生活动第七批驻村工作总结表彰暨第八批驻村工作动员大会精神和自治区党委书记吴英杰、昌都市委书记阿布重要讲话精神和市办工作要求，察雅县高度重视，精心组织，积极谋划，统筹推进第八批干部驻村工作，坚持以区、市表彰动员大会精神为指导，严格落实市委书记阿布提出的“六个一”新举措，做到重视程度高、组织力度强、安排部署实，努力在新时代展现强基惠民活动新气象，推动第八批干部驻村工作有序开展。

【小调整大稳定】 2019年是察雅县脱贫摘帽年，脱贫攻坚进入了关键期。为保证察雅县第八批驻村工作的连续性，按照自治区“无缝隙、全覆盖，大稳定、小调整”工作要求，结合各乡镇、单位实际，综合考虑驻村干部健康状况、工作能力等因素，对县级选派的27个驻村点进行了调整充实，涉及驻村干部102名（其中，新选派75名）。调整后，察雅县第八批驻村工作队共有138个551人。其中，自治区5个单位（扶贫办、审计厅、国资委、邮储银行、交通厅）选派13个工作队52名驻村干部（含5名选派第一书记）；昌都市22个单位选派24个工作队47名驻村干部；察雅县直单位选派59个工作队85名驻村干部；乡镇选派42个工作队367名驻村干部（含选派第一书记133名）。同时，为加强对驻村工作的领导，各乡镇结合实际陆续对活动领导小组进行调整充实，保证每个乡镇有2～3名专职工作人员，有1名专职负责人专抓专管。

【工作会议】 在自治区、市表彰大会结束后，紧跟步伐，召开了察雅县2018年度创先争优强基础惠民生活动第七批干部驻村工作总结表彰暨第八批干部驻村工作动员大会。会上对区、市表彰动员大会精神特别是市委书记阿布提出的“坚定一个信念、形成一个报告、发现一个隐患、建强一个支部、办好一件实事、交上一个朋友”六个一新举措进行了传达学习。市政协副主席、县委书记任厚明在肯定全县第七批干部驻村工作成绩的同时，从“立足工作调研，保持工作连续；立足两个维护，强化思想引领；立足乡村稳定，促进社会和谐；立足基层党建，筑牢战斗堡垒；立足脱贫攻坚，助力脱贫摘帽；立足观念转变，塑造文明乡风”六个方面对2019年干部驻村工作进行了明确。县委副书记、县长其珠多吉对全县脱贫摘帽工作提出了“宣讲好政策、准备好资料、动员好群众”三个具体要求。同时，为更好地指导各驻村工作队工作，察雅县及时完善了察雅县2019年度强基惠民活动干部驻村工作要点。以表格形式，明确了9项重点工作、43项具体任务，细化分解各阶段、各环节工作要点74项，提出工作具体要求66条，并将主要工作直接责任到人。统一制作了驻村日记本、民情日记本1000余本，将写作要求和支农惠农政策印于日记本内，便于驻村干部学习宣传。

【组织培训】 紧密结合强基惠民生活动、干部驻村工作“七项重点任务”和市委“六个一”新举措，精心设置培训课程，邀请县扶贫办、组织部等单位的工作人员担任授课老师，结合区、市、县关于干部驻村工作的新要求、脱贫攻坚政策、村级组织活动场所标准化建设、基层党建、包户帮扶、传帮带、驻村干部管理制度等内容进行讲解。帮助新选派的55名驻村工作队队长和13名强基办工作人员理清工作思路、明确工作任务、掌握工作方法、提升工作能力，增强驻村工作的责任感和使命感。昌都市驻村干部示范培训班结束后，察雅县立刻举办党务知识培训班。围绕党员政治教育、党务知识、智慧党建平台推广使用等方面工作开展培训，涵盖《中国共产党支部工作条例》浅析、党费收缴工作注意事项、发展党员工作流程图解、干部结对帮扶工作规范、党表填写规范、新时代如何做好基层党支部书记工作、扎实开展“传帮带”工作、昌都智慧党建平台使用等12个方面的内容并在培训班结束后进行结业测试，进一步帮助驻村干部明确了基层党建工作要求。

【制度建设】 加强组织领导。各乡镇第一时间对强基惠民活动领导小组和办公室进行调整充实，并逐一签订察雅县2019年度干部驻村工作派驻单位目标责任书、察雅县2019年度干部驻村工作目标责任书，确保了干部驻村工作有人管、有人抓、有人落实。从严属地管理。要求落实“第一责任人”责任，发挥属地管理作用，深入研究驻村工作，细化目标任务、强化责任追究，重点加强对驻村工作的规划指导，解决实际问题。把干部驻村工作作为一项重大政治任务，与日常工作同谋划、同部署、同检查、同落实，确保重视程度、人员力量、资金投入、工作力度不减。加强督导检查。把督导检查作为推动工作的有力抓手，制定以日常督导、巡回检查和专项督查三个方面为主要内容的督导考核制度，针对年初工作目标和任务细化分解表全面开展督导检查，跟踪问效，追踪问责。县强基办安排专人组建暗访组，按照每月不少于1次的要求，加大对全县驻村干部在岗履职、村两委作用发挥等情况的督导检查，及时总结经验，整改问题，提升水平。对不服管理、擅自离岗脱岗、违反驻村纪律、工作开展不力的驻村干部，以“零容忍”的态度，严惩不贷。截至2019年年底，县强基办开展电话查岗6次、实地督导检查56次，下发通报批评12期，通报超假人员14人，擅自离岗人员41人。

【精准考核】 根据《西藏自治区干部驻村工作精准考核暂行办法（试行）》精神，结合县情下发《关于做好驻村干部考核工作的通知》，要求各乡镇高度重视驻村干部考核工作，及时组建考核组，坚持考勤与考绩相结合，日常督导与专项督导相结合，把工作成绩具体化。第一季度考核驻村干部548人，优秀165人，称职382人，基本称职1人，考核138个驻村工作队，优秀39个，称职99个。第二季度考核驻村干部549人，优秀162人，称职380人，基本称职7人，考核138个驻村工作队，优秀46个，称职92个；第三季度考核驻村干部549人，优秀162人，称职380人，基本称职7人，考核138个驻村工作队，优秀46个，称职92个。通过精准考核，让实干者有盼头，让慵懒者有压力，有效激发了驻村干部队伍干事创业热情。

【目标任务】 立足两个维护，强化思想引领。各驻村工作队结合实际制定中共十九大精神学习宣讲工作方案，定内容、定时间、定宣讲人员，努力在学懂弄通做实中共十九大精神上下功夫，把学习宣传好、贯彻落实好中共十九大精神作为驻村工作的首要政治任务，通过开展民俗活动、拉家常、设立生动形象的宣传专栏等把中共十九大精神讲清楚、讲明白，把中央的特殊关怀、特殊关心、特殊支持和习近平总书记的重要指示、亲切问候传达到基层、传达到各族群众心中。截至2019年年底，各驻村工作队用藏语、汉语双语向群众宣讲习近平新时代中国特色社会主义思想和中共十九大精神687场次，受教育群众4.4

万余人次；举办专题讲座252次，发放宣传材料2422份，开辟专题宣传栏150期。立足脱贫攻坚，助力脱贫摘帽。各驻村工作队紧密结合全年脱贫攻坚目标任务，按照“五个一批”“六个精准”“七个强化”“八个到位”“九下功夫”的总要求，全力协助相关部门，开展易地搬迁、推进产业脱贫、抓实教育脱贫、抓稳生态补偿脱贫、抓好社会兜底工作。截至2019年年底，帮助村（居）两委制订实施年度脱贫计划171个，协助村（居）两委制定扶贫资金和项目公示制度181个。向驻地村（居）群众宣传精准扶贫、精准脱贫政策1508场次，受教育群众4.8万余人次，印发扶贫宣传资料1.5万余份，开辟宣传栏167期。组织开展贫困群众技能培训99次，帮助贫困群众转移就业611人。自治区审计厅派驻察雅县香堆镇学龙村驻村工作队积极联系派驻单位和西藏自治区红十字会，组织该村59户建档立卡户开展了“发物资、讲政策，激发困难群众脱贫信心活动”，在做好政策宣讲的同时，为群众发放60套衣物。昌都市工商联派驻察雅县烟多镇巴西村驻村工作队积极发挥派驻单位优势，多次与派驻单位和福建省工商联沟通协调，举行了“情系昌都彰显大爱无疆，携手帮扶助力脱贫攻坚”——福建省工商联昌都扶贫捐赠仪式，将77台50寸康佳液晶电视、77台打茶机、21套卡垫共计237650元的生活物资发放到群众手中。昌都市国资委派驻察雅县荣周乡姆巴村工作队联合派驻单位，根据实际情况为在校大学生每人每学期补助4000元，其他省西藏班学生每人每学期补助2000元。聚焦教育脱贫，开展扶贫助学圆梦行动，共资助了姆巴村36名在校大学生和3名其他省西藏班在校学生共计15万元助学金。察雅县肯通乡派驻肯通乡爱如村驻村工作队在爱如村显著位置悬挂横幅，发放精准扶贫宣传资料70多份，开展政策知识有奖问题，入户走访、以群众喜闻乐见的方法，多次宣传精准扶贫政策和党的惠民惠农政策，使各项政策家喻户晓、深入人心。立足乡村稳定，促进社会和谐。逐级签订维稳目标责任书、综治责任书，更新值班表，制定应急预案，明确措施和要求，建立矛盾纠纷调处台账、安全隐患排查台账，主动加强重要时间节点的维稳值班和治安巡逻工作，在矛盾化解、突发事件报告等方面主动担当、勇为先锋。切实发挥村两委班子作用。截至2019年年底，驻村工作队协助村（居）两委制定工作方案和应急预案507个，建立健全农牧区工作机制138条，建护村队、护路人、护校队、护厂队138个；宣传党的民族宗教政策等宣讲会426场次，参会群众5.9万人次；召开村情民意群众会议440场次，积极化解和妥善处理各类社会矛盾115件，排查调处与邻乡、近村之间草场、水源、矿产等矛盾纠纷33件。自治区交通厅派驻烟多镇白久村驻村工作队与村两委班子组织白久村联防巡逻工作，严格执行24小时带班值班制度，同时，增强村民安全饮水、安全用火、防火防盗等重大事项防范意识。察雅县王卡乡派驻帕贡村驻村工作队组织村两委、建档立卡贫困户代表，开展远程教育、观看学习《新旧西藏对比》，并对脱贫攻坚等一系列政策知识掌握情况进行了测试及宣讲。察雅县新卡乡派驻烟多镇达浪村工作队通过悬挂横幅、发放宣传资料及宣传图册、接受现场咨询等多种形式，宣传了《中华人民共和国宪法》《中华人民共和国刑法》等法律，进一步增强了社会公众的法治观念和创建平安社会意识。立足基层党建，筑牢战斗堡垒。各驻村工作队坚持把政治建设摆在首位，组织群众、村（居）两委班子成员全面加强政治学习。同时，严格“三会一课”制度，不断强化理想信念教育和党性教育，加强对信教党员的思想教育，坚定不移地拥护党的领导，不折不扣地执行党的决定，确保党的路线方针政策和决策部署贯彻落实。同时，各驻村工作队进一步明确“传帮带”具体内容，结合村级活动标准化建设，各驻村工作队有意识地向村（居）干部“压担子、下任务”，逐步改变以往会议模式、活动模式，由村两委干部“坐中间”“先发言”“当好主持人和组织者”引导村（居）干部转变思想观念，帮助他们掌好工作“主动权”，当好“主角”。截至2019年年底，各驻村工作队组织党员开展“不忘初心、牢记使命”主题教育活动136次，参与党员1426人，培训村两委班子成员和后备干部1.7万余人次。驻村工作队协助村（居）两委开展活动212场次，召开各类会议674次、上党课690余次，村（居）两委干部主持召开日常会议257场次。立足观念转变，塑造文明乡风。各驻村工作队坚持把提高农牧民群众思想素质，树立科学健康的生活理念、生活态度、生活方式为出发点，广泛开展“四讲四爱”群众教育实践活动和“神圣国土守护者、幸福家园建设者”“爱国主义影视展播”“民族团结在身边”“讲美德故事、学道德模范”等一系列宣传教育活动，让群众在文化熏陶中受教育。同时，积极协助相关部门开展“两降一升”和包虫病综合防治工作、“六病”筛查工作，引导群众改变不良生产、生活方式，提高群众防病意识和自我保护能力，筑牢群众健康防线。截至2019年年底，帮助村级组织健全村规民约234条，针对农牧民群众中存在的不良习惯和陈规陋习行为开展教育活动260场次，受教育群众13500人次。举办“争做神圣国土守护者、幸福家园建设者”专题讲座310场次，参与群众12290人次，发放宣传资料3860份；宣传“厕所革命”、“两降一升”和包虫病、结核病、肝炎、风湿病、大骨节病等地方病综合防治工作270场次，覆盖群众20805人次。自治区审计厅派驻香堆镇学龙村驻村工作队积极发挥村两委班子作用，对该村36名适龄儿童进行现场义务教育政策宣讲，因户施策做好“控辍保学”劝返工作。昌都市政府办公室派驻烟多镇帮嘎村驻村工作队联合村“两委”，组织全体村民开展趣味运动会，驻村工作队与村民一起娱乐、一起运动，并为优胜者颁发奖状和奖品，融洽了干群关系，增进了民族团结，丰富了群众精神文化生活。察雅县卡贡乡派驻卡贡乡卡贡村工作队协助村两委班子，组织村民开展了“清除河岸垃圾，美化河道环境”的环境清扫活动。

财政　税务

财　政

【概　况】2019年，察雅县财政局在县委、县政府的正确领导下，深入贯彻落实中共十九大精神，以习近平新时代中国特色社会主义思想为指导，紧紧围绕年度任务目标，认真落实县委、县政府各项决策部署，保持求真务实的工作作风，坚持精准发力，狠抓落实，提高财政运行质量和效益，聚焦“稳增长、促改革、调结构、惠民生、防风险”，推进全年财政目标任务的落实。

【财政预算】2019年，全县一般公共预算收入完成6180万元，同比增长18.5%。其中：税收收入4057万元，占一般公共预算收入的65.65%；非税收入2123万元，占一般公共预算收入的34.35%。2019年，全县一般公共预算支出263362万元，增长51.6%。

【民生保障】坚持以人民为中心的发展思想，调整优化支出结构，加大社会事业投入，着力保障和改善民生，贯彻“发展为了人民，发展依靠人民，发展成果由人民共享”的理念，为群众解难事、办实事、做好事，以实实在在的发展变化增进群众获得感，不断提升民生保障水平。2019年累计直接兑现惠民资金25010.27万元。其中：“三大节日”慰问金71.57万元；残疾人两项补贴555.84万元；农村最低生活保障1414.62万元；城镇低保142.41万元；五保户生活补贴392.26万元；寿星老人补贴24.93万元；经济困难高龄老人补贴32.52万元；临时救助526万元；医疗救助748.95万元；村医工资327.6万元；村兽医工资165.6万元；2019年新型农村合作医疗补助资金3273.99万元；草原生态保护补贴奖励2158.84万元；森林生态效益补偿金1776.14万元；双联户户长工资274.66万元、表彰资金103.49万元；离任村干部生活补助27.06万元；村干部基本报酬及绩效1252.39万元；三老人员生活补助176.36万元；村民监督委员报酬753.06万元，生态脱贫就业岗位资金7582.75万元；落实教育“三包”资金3584.79万元。

【脱贫攻坚】2019年是察雅县脱贫摘帽之年，为全力打赢脱贫攻坚战，察雅县财政局紧扣脱贫攻坚任务需求，积极与相关部门沟通对接，统筹整合使用的区、市、县涉农资金。科学合理地编制了《察雅县2019年财政涉农资金统筹整合使用方案》，共整合资金112803万元，坚持统筹整合资金“一支笔”审批、专账管理、专户核算等制度，严格执行公告公示，加大监督检查力度，逐步健全扶贫资金动态监控网络，对资金运行的全过程进行监督和控制，提高涉农资金管理的公平性、公正性和透明度，确保涉农资金安全运行。2019年县本级配套预算精准扶贫资金1000万元。

【重点项目建设】多渠道筹措资金，加快重点项目建设，夯实发展基础。积极建设村级活动场所、吉塘镇特色小城镇建设、棚户区改造工作。2019年共盘活存量资金9404万余元用于棚户区改造、基础设施建设等民生项目。

【完善财务制度】 严格财经法规，持之以恒贯彻落实中央“八项规定”、区党委约法十章、市委实施办法和县委相关规定精神和党员干部作风“十不准”。压缩县本级行政经费预算。严格执行接待费、会议费、差旅费管理办法，严格控制会议标准、规模、预算，降低行政运行成本。采取不定期巡查方式，联合相关单位对乡镇惠民资金落实情况进行监督、检查。严格执行《察雅县财政专户管理办法》《察雅县关于规范行政事业单位干部职工津贴补贴发放标准办法（暂行）》，制定出台《察雅县精准扶贫资金财务管理暂行办法》等，为财政资金安全运行提供制度保障。

【财政改革】 加快“一卡通”改革工作。自2018年起全面推行了“一卡通”信息系统建设，2019年实现了13个乡镇所有惠民资金通过一卡通兑现。预决算公开制度。从2016年开始，察雅县实行部门预决算公开制度。2019年，全县109个单位和部门（除保密部门外）向社会公开了2018年决算和2019年预算情况。不断推进国库集中支付改革。2019年实现国库集中支付达4583笔，金额达到179941.75万元，占总支出的68%。推进乡镇财务改革。自2018年起13个乡镇都启用U8财务软件，实现了电算化会计，并于2019年起得到了进一步的巩固和提升；严格执行政府采购制度。政府会计制度。2019年，开始实行新的政府会计制度，各乡镇及全县所有单位均严格按照新的政府会计制度进行记账和核算，2019年已编制了2018年政府财务报告。实行资金绩效管理。财政专项扶贫资金进行绩效管理，严格按照上级要求，进行系统填报。严格执行中央减税降费相关政策。2019年减税降费金额642万元，惠及企业372家、700余人。

【债务风险】 强化制度建设。2019年成立政府性债务管理领导小组，制定《察雅县政府性债务管理办法》《察雅县防范化解政府性债务的实施意见》《察雅县政府性债务风险应急处置预案》《察雅县防范和化解政府债务风险工作方案》《察雅县政府隐性债务风险应急处置预案》，对政府性债务的举借、使用、偿还和监督管理中各部门职责、总体要求、遵循原则和风险控制措施作出规定。控制新增债务，规范举债行为。遵循“举债适度，讲求效益，加强管理，规避风险”的原则，对举债进行事前评审论证，加强债务绩效评价和工程投资评审，整体把握和控制全区政府债务总规模；县政府及部门和单位不得通过除自治区财政厅代理发行地方政府债券以外的任何形式进行融资举债。察雅县债务规模得到有效控制，债务风险有效可控。

【党的建设】 工作中自觉坚持党要管党，从严治党的方针，切实把党建工作摆在重要位置，与财政工作同研究、同部署、同检查、同落实。借助“不忘初心、牢记使命”主题教育工作，深化对新形势下做好党支部党建工作重要性的认识，以求真务实的工作作风和态度，扎实深入地推进党支部党的建设，保证了党支部党建工作组织领导到位，思想认识到位，措施要求到位，推动了各项县委工作的健康顺利开展。建立健全党内生活制度，严格执行“三会一课”、支部委员会、党员大会、“三重一大”等制度。持续推进党建工作规范化。加强《中国共产党问责条例》《中国共产党党内监督条例》《中国共产党纪律处分条例》《中国共产党党员权利保障条例》等的学习，切实增强党员干部遵章守纪的自觉性。深入开展“不忘初心、牢记使命”主题教育、“四讲四爱”学习教育活动，加强党员干部党性修养，增强为人民服务的宗旨意识。

税　务

【概　况】 2019年，在市税务局党委和县委、县政府的坚强领导下，察雅县税务局紧紧围绕

2019年全市税务工作会议总体部署，坚持以习近平新时代中国特色社会主义思想为指引，认真学习贯彻中共十九大、十九届四中全会精神，积极发挥基层党建引领作用，扎实落实各项组织收入工作，深入开展第二批“不忘初心、牢记使命”主题教育，切实增强“四个意识”，坚定“四个自信”，做到“两个维护”，有力保证了各项工作任务的顺利完成。

【学习教育】 察雅县税务局党委坚持抓好思想教育这个管党治党的根本，以身作则、率先垂范，积极发挥“领头雁”“火车头”作用，教育引导党员干部牢固树立“四个意识”，做到理论上清醒、政治上坚定、行动上自觉。通过党委理论中心组学习、“三会一课”、干部讲堂等形式，持续推进“两学一做”学习教育常态化制度化，深入推进“不忘初心、牢记使命”主题教育，认真学习习近平新时代中国特色社会主义思想，深入学习贯彻中共十九大、十九届四中全会精神，全面落实自治区税务局、市税务局各项决策部署，不断强化思想意识，统一思想行动，以勇于担当的精神严格落实各项工作任务。察雅县税务局全年组织开展党委理论学习中心组学习17次，“三会一课”学习28次，党委书记、支部书记等讲党课5次。

【基层党建】 高度重视党建工作的开展和落实，紧紧围绕坚持党的领导、加强党的建设、落实全面从严治党等重点工作，持续强化党委书记党建工作第一责任人意识，突出党建主责主业，牢固树立“抓好党建是本职，不抓党建是失职，抓不好党建是不称职”的理念，切实履行管党治党主体责任，营造“党建强、发展强”的工作氛围，不断推动基层党建工作责任制度化、规范化、科学化。构建了以察雅县税务局党委为核心、党支部为主干的党建工作格局，进一步强化了支部主体责任和党支部书记第一责任人责任，形成了齐抓共管的工作局面，为进一步规范基层党组织建设，切实增强支部班子战斗力、凝聚力、执行力提供了强有力的组织保障。进一步明确党委、党委书记、党委委员、党支部和党支部书记各项主体责任，紧紧把握好“下抓两级、抓深一层”的工作机制，将责任链条层层传递到每一位党员干部，有力确保了基层党建工作责任制的落实。坚持纵合横通强党建的工作原则，积极整合“条主责、块双重”的工作思路，制定完善各类党建工作制度，认真落实“三会一课”、民主生活会、组织生活会、民主评议党员制度，坚持强化制度执行，压实党建目标责任，有效提升了基层党建工作科学化、制度化、规范化水平，确保了党建管理各项工作的无缝链接和稳健运行。同时，坚持用制度促行动，全力打造市、县两级党建工作“示范点”“结合点”“共建点”，党建体系得到了昌都市税务局党委的有力支持和地方党委、组织部门的高度认可。全年组织召开全面从严治党工作会议1次，党委听取并专题研究党建和党风廉政建设工作6次，向昌都市税务局党委、地方党委政府专题汇报党建工作3次，开展各类谈心谈话19人次，召开专题民主生活会和专题组织生活会各1次，开展主题党日活动3次，全年培养和发展正式党员1名、预备党员1名。

【严抓严管】 党委、党委纪检组紧紧围绕全面从严治党，不断强化党内监督，力行监督执纪问责，通过抓思想、抓防范、抓监督、抓落实，坚决把纪律和规矩立在前面、讲在前面、挺在前面，有效引导党员干部自觉在廉洁自律上追求高标准，切实筑牢党员干部遵规守纪的思想防线。积极履行监督责任。高度重视党风廉政建设工作，切实履行党风廉政建设党委主体责任。一方面，突出监督重点。加强作风监督，监督重点放在党员干部落实中央“八项规定”精神和纠正“四风”突出问题上，严格落实公务接待管理、公务用车使用管理等制度；另一方面，拓宽监督渠道。通过督查、微提醒、廉政谈话、通报、发放廉政监督卡和廉政调查卡等多种方式加强对党员领导干部的日常监督。重视信访举报。结合税收执法、干部行为规范、执行落实减税降费政策等内容，加强信访举报工作管理，充分利用检举箱、监督电话、网络等渠道，及时掌握纳税人、缴费人对察雅县税务局干部的问题反映情况，切实做到信访举报有人管、管到底。开展廉洁从政教育。一方面，重视思教，在理论学习上抓认识。通过定期和不定期学习不断提升干部廉政理论素养，结合集体廉政谈话、述职述廉、民主生活会、组织生活会等，对干部职工进行廉政教育。另一方面，警示防范，在遵纪守规上抓落实。组织干部职工观看警示教育专题片、开展典型案例分析等活动，积极引导干部职工筑牢拒腐防变的思想道德防线。廉政提醒，在严纪明规上抓防范。把握重要节点，深入开展廉政谈话提醒，紧紧围绕“四风”突出问题、税收执法等重点内容，切实筑牢干部职工遵纪守规的思想防线。全年开展廉政谈话2次，组织观看警示教育专题片2次，开展反腐倡廉专题学习3次，传达相关违纪违规通报5次，层层签订党风廉政建设目标责任书、党员干部廉洁承诺书10份，建立日常监督、廉政提醒、信访举报、公车管理、“四种形态”等监督管理台账5本。着力开展专项整治。本着“抓早抓小、治病救人”的原则和发现问题、严肃整治、全面整改的决心，针对吃拿卡要、违规收送礼品礼金、违规参与涉税中介以及形式主义、官僚主义、不作为、慢作为等突出问题，找准切入点，制定实措施，严格对标对表，有效运用监督执纪“四种形态”尤其是第一种形态，进行专项整治，持续强化执纪问责，坚决杜绝察雅县税务干部违纪违规行为的发生。

【主题教育】 按照中央关于开展第二批“不忘初心、牢记使命”主题教育的总体部署及国家税务总局党委、自治区税务局党委、昌都市税务局党委关于开展好税务系统第二批主题教育的统一要求，立足实际，深入开展“不忘初心、牢记使命”主题教育，认真落实中央“守初心、担使命、找差距、抓落实”的总要求，紧密结合“四项教育”“六项行动”，深学细照每一项党纪党规，严查细究每一个存在的问题和差距，抓整改、明措施、定方向，不断改进工作作风，提升工作能力，确保主题教育取得实实在在的成效。成立了由县局党委书记、局长任组长的主题教育领导小组及领导小组办公室，其间，组织召开主题教育领导小组会议共4次，召开主题教育专项推进会1次。结合相关任务清单和文件要求，相继研究制定了《国家税务总局察雅县税务局开展“不忘初心、牢记使命”主题教育实施方案》《国家税务总局察雅县税务局“不忘初心、牢记使命”主题教育学习计划》《国家税务总局察雅县税务局“不忘初心、牢记使命”主题教育专项整治工作方案》《国家税务总局察雅县税务局“不忘初心、牢记使命”主题教育检视问题工作方案》《国家税务总局察雅县税务局“不忘初心、牢记使命”主题教育调研方案》《国家税务总局察雅县税务局“不忘初心、牢记使命”主题教育“四个对照”工作方案》。结合中央确定的8个专题和国家税务总局确定的4个专题，采取集中学、自学、专题学习研讨等形式，深入学习习近平新时代中国特色社会主义思想、习近平总书记关于“不忘初心、牢记使命”的重要论述及系列讲话、习近平总书记关于税收工作的重要论述等内容，共组织各类学习16次，开展相关专题研讨8次，支部书记讲党课1次，撰写心得体会34篇。采取召开座谈会、走访、发放调查问卷等形式深入开展主题教育调研活动，共实地调研纳税人缴费人4户，召开纳税人缴费人座谈会1次，召开税务干部职工座谈会1次，发放调查问卷13份，走访党政部门5家，撰写调研报告3篇。充分运用学习和调研成果，对标对表，深入开展问题检视剖析，着力在发现问题、找到差距、抓实整改、改进作风、提升能力、推动工作上下功夫，检视发现党委班子及班子成员各类问题共33条，提出解决措施25条，已立行立改4条，需长期坚持整改的7条，其余问题将陆续整改完成。

【结对帮扶】 积极落实中央和地方脱贫攻坚、精准扶贫有关政策，严格按照县委、县政府关于精准扶贫工作的统一部署，成立察雅县税务局精准扶贫工作领导小组，进一步加强组织领导，把精准扶贫工作列入党委重要议事日程，详细制订结对帮扶工作计划，精准实策，对症下药，实行单位与个人相结合的帮扶制度，全年先后4次深入结对帮扶户开展慰问帮扶工作，发放慰问金、慰问物品等折合9000元，开展政策宣传、思想教育等4次，为实现结对帮扶户脱贫摘帽提供了一定的帮助。除此之外，为干部遗属爱心捐款3050元。

【改革发展】 在国务院、国家税务总局深化一系列税制改革的决策部署中，察雅县税务局始终聚焦“为国聚财，为民收税”使命，不断强化征管、规范执法、优化服务，精准分析、精准收税，全年共完成组织收入（不含社保费）8147万元，为确保国家各项税制改革顺利推进和地方经济社会稳定发展做出了应有的贡献。实施减税降费政策。严格履行党委抓减税降费工作的主体责任和纪检组督查督办减税降费工作的监督责任，切实增强狠抓减税降费政策落实的政治自觉、思想自觉和行动自觉，主动汇报请示、加强协调联动、强化学习宣传、建立问题台账，确保了减税降费政策在县域内不折不扣落地。数据显示，全年共计减税4874.93万元，同比增长63%，共惠及纳税人1587户次，同比增长78%，新增减税降费1008.18万元。社保费征收工作。根据社会保险费征管职责划转工作要求，加强与相关部门的沟通协调，主动作为、勇于担当，截至年底，察雅县机关事业单位参保单位共计63户，参保人数2500余人，平均每人6个险种，核对和校正参保数据18万余条，于12月23日在规定时间内完成申报和入库工作，共计入库118823381.44元。城乡居民养老保险参保人数为19128人，合计征收3694400元。以上两项合计征收122517781.44元。

城建　环保

住房和城乡建设

【概　况】 2019年，始终以中共十九大精神和习近平新时代中国特色社会主义思想为指导，紧紧围绕“守初心、担使命、找差距、抓落实”的工作要求，充分发挥住建职能，狠抓项目建设，以为察雅县群众谋福祉为目的。

【理论学习】 2019年，察雅县住建局制订理论学习计划87个，召开理论中心组学习会56次，成立了“不忘初心、牢记使命”工作领导小组，制定了工作方案。为抓好五项措施、对照“十六个一”学，切实把习近平总书记在“不忘初心、牢记使命”主题教育讲话将精神学到心里，通过制作展板、宣传栏、LED等方式方法大力宣传主题教育精神。党支部成员通过集体学习和自学的方式深入学习《习近平新时代中国特色社会主义思想学习纲要》、中共十九大报告、习近平总书记在中央第六次西藏工作座谈会上的重要讲话精神、习近平总书记治边稳藏的重要论述和一系列重要指示批示精神、各种条例、纪委下发的典型案例通报文件精神来武装干部的头脑，进一步加强干部的干事创业能力和宗旨意识。

【项目建设】 易地搬迁项目。2016—2019年共建设易地扶贫搬迁安置点26个，涉及贫困人口2406户12751人，新建住房总面积213595.24平方米，人均面积16.75平方米，计划总投资86355.22万元，已到位资金85832.43万元，已拨付资金71275.58万元。

2019年，26个安置点已完工，并全部入住，入住率100%。根据市委、市政府、市易地搬迁组的要求，易地搬迁组按照“行业归口”原则，全面推进全县26个易地扶贫搬迁安置点“十项提升工程”工程，察雅县易地扶贫搬迁安置点“十项提升工程”成立了专项领导小组，按照行业归口的原则各县直部门全权负责实施，并定期召开易地搬迁“十项提升”专题推进会，“水电路信网，科教文卫保”已全部覆盖完成，受益人口2406户12751人，确保每个安置点搬迁群众能够享受到“水电路信网，科教文卫保”带来的便民实惠，真正实现安居乐业。利用好各自优势和资源，与配套产业相对号。坚持以易地搬迁是手段，增收致富才是目的为导向，由农、林和扶贫等单位结合安置点自身资源禀赋进行产业规划设计，并与易地搬迁建设同步实施或提前实施，全县53个产业项目有效覆盖全部集中安置点。同时，加强与转移就业相配合，通过察雅县人社局劳动技能培训基地，加大搬迁群众劳动力培训力度，提升劳动技能，通过转移就业1448人，通过技能培训2663人，保障搬迁群众入住后有事做、有收入、有盼头，让搬迁群众彻底放下后顾之忧，达到“一户一就业”的标准，真正实现搬得下、留得住、能致富的脱贫目标。

【2019 年公租房项目】 为切实解决外来务工人员住房困难问题，提高察雅县住房条件，实施了 2019 年公租房建设项目。

2019 年察雅县公租房下达指标 852 套，42600 平方米，9.43 万元/套，共计 8034.36 万元。

2019 年公租房采取委托代建总承包模式，由西藏察雅县雅吉投资有限责任公司进行项目开发统筹修建。该项目分 5 个地块 6 个标段实施，共计修建 565 套，总建筑面积 42286.3 平方米，包括设备采购及附属工程。该项目总投资 17234.74 万元，已完成总工程量的 55%，预计 2020 年 9 月全部竣工。

待 2019 年第一批公租房修建完成，商业销售回笼资金后修建剩余指标 287 套。

【棚户区（旧城）改造项目】 正在实施第一期（烟多卡片区和松德卡片区），与中国农业发展银行西藏分行签订了 4.3 亿元的贷款合同。烟多卡片区总投资 1.26 亿元，惠及 92 户群众，建筑总面积 35062.87 平方米，商业面积为 11574.67 平方米，住宅面积 15210.02 平方米，该项目已交付使用，正在进行回迁工作。

松德卡片区总投资 2.2005 亿元，涉及拆迁户 164 户，总建筑面积 67087.44 平方米，其中住宅面积、商业、酒店总建筑面积 52707.71 平方米，地下室 14333.73 平方米，公共卫生 46 平方米。已完成工程量的 90%，预计 2020 年 5 月竣工。自察雅县棚户区（旧城）改造实施以来，不仅改善了困难家庭的住房条件，也提升了察雅县整体风貌，同时有效拉动投资、消费需求，带动了相关产业发展，助推察雅县经济实现持续健康发展和民生不断改善的积极效应。

【市政基础设施】 市政道路工程：实施了察雅县拥军路市政道路改扩建工程、察雅县林卡路市政道路新建工程、察雅县林卡路二期路市政道路新建工程、察雅县央庆路市政道路改扩建工程。察雅县利用财政整合资金对察雅县主要支路拥军路、林卡路、林卡路二期、央庆路进行新建和改扩建，总投资 1085 万元，均已竣工且交付使用。

污水处理厂：项目总投资为 2998.8 万元，新建污水处理厂 1 座，近期处理 0.25 万立方米/天，远期处理 0.50 万立方米/天；接收县城范围内城市综合排水，新建城区污水收集主干管，总长度 1.32 千米，设计管径 DN500，管材选用 HDPE 双壁波纹管，排放标准为一级 B，拟建污水处理厂厂址位于西藏昌都市察雅县烟多镇中铝新村，总占地 3.79 公顷，其中近期占地面积 2.7 公顷，预留远期用地 1.09 公顷。污水处理厂处理工艺采用“一级强化+人工湿地”工艺。项目采用 EPC 模式，由西藏建设投资有限责任公司承保代建，已经完成相关土地审批以及解决了相关征地工作。

垃圾填埋场：设置了王卡乡王吉村易地扶贫搬迁安置点生活垃圾无害化处理设施、荣周乡佐通村易地扶贫搬迁安置点生活垃圾无害化处理设施。察雅县利用易地扶贫搬迁资金，完善易地扶贫搬迁安置点基础设施。王卡乡无害化处理设施总投资 2192.07 万元，荣周乡无害化处理设施总投资 730.94 万元。已完成所有前置审批资料，预计 2020 年 11 月完工。

【村级活动场所建设项目】 察雅县村居总个数为 138 个，2018 年县基建领导小组批复投资建设村委会为 124 个，全部为新建，该工程概算投资 23707.80 万元。已完工 80 个村级活动场所，初步完成验收并交付使用的村委会 80 个，正在整改的村委会有 17 个，已经基本整改完成等待县基建领导小组统一组织各部门复验。

2019 年，全县需要新建设的任务是 44 个村委会，其中需要维修改造的有 17 个，需要新建的 23 个，其中烟多镇梅巴村、居雪村巴日乡吉嘎村、俄宗村 4 个村居已经实施易地搬迁，当地农牧民群众已经整体搬迁，需要新建的村居已经完成初步设计，需要维修改造的已经完成维修方案，待上级资金到位后，可以立刻展开实施。

【建设项目监管】 规范建筑市场，强化对建设项目的监管。2019年，组织人员5人赴察雅县县城以及13个乡镇对施工现场、加油站、商混站、砖厂进行安全生产检查、人员资质备案检查、消防检查、特种人员备案检查、塔吊备案检查等20次。通过不断宣讲、督促，已办理施工许可证30本，施工单位备案25个，监理单位备案4个，出具加油证明12份。

强化工程项目履约保证金的缴纳和支付。为了规范察雅县工程建设领域履约保证金管理，根据《中华人民共和国建筑法》《中华人民共和国招标投标法》《中华人民共和国担保法》《中华人民共和国招标投标实施条例》《国务院办公厅关于清理规范工程建设领域保证金的通知》等法律法规，2019年1—10月，察雅县共计155个项目缴纳履约保证金18546589.53元；共退还56个工程项目履约保证金12605400.99元。

强化质量监管，营造良好发展环境。随着察雅县建筑市场不断扩大，房屋和市政建设越来越多，无论是学校、医院，还是住房建筑的工程质量都与人民群众生命财产安全密切相关，作为质量监管主管部门，严把建筑质量监督管理这道关，严格执行《质量监督管理办法》，永远把人民群众的根本利益放在第一位。

2019年，察雅县住建局组派人员至13个乡镇对易地搬迁项目、村级活动场所、学校、卫生院等工程项目进行工程质量检查，里程达13万千米，对发现存在质量隐患问题的工程项目，严格依照《中华人民共和国建筑法》《察雅县施工单位不良行为管理办法（试行）》《察雅县监理单位不良行为管理办法（试行）》等进行处罚并责令相关单位及时整改。截至2019年年底，处罚施工单位27家，罚款金额为224500元；处罚监理单位5家，罚款金额为155000元，罚款金额共计379500元，通过规章制度对违规企业进行处罚，不仅提高了察雅县的工程质量，也保障了人民群众的根本利益。

【住房公积金管理】 截至2019年年底，办理提取业务189笔，审核通过84笔，提取金额4985872.3元。2019年缴存2018年第四季度行政系统缴存5856518.2元，其中个人缴存2928259.1元，财政配套2928259.1元；教育系统1—6月缴存额为11030368元，其中个人缴存5515184元，配套5515184元。行政系统1—9月缴存额为32410204元，其中个人缴存16205102元，财政配套16205102元，跟财政局核实后计划10月20日左右缴存完，核实办理转移19笔，转移金额为4628268.2元，办理开户46户。

【党风廉政建设】 为深入贯彻中共十九大精神和习近平新时代中国特色社会主义思想，牢固树立“四个意识”，坚定“四个自信”，坚决做到“两个维护”，以中央“八项规定”为准绳，切实加强党风廉政建设，提升党员干部整体作风。2019年，召开党支部书记讲党课会议2次，各科室分管领导述职述廉报告2次，要求工程师签订党风廉政目标责任书，对2019年党风廉政和反腐败工作进行了全面安排部署，结合住建工作实际，按照“谁主管、谁负责”的原则，层层明确责任，对党员干部廉洁自律、源头治理和监督工作，作风建设、宣传教育等工作细化了目标任务，夯实了领导责任和直接责任人。把目标任务与要求尽量细化到办公室和负责人头上，形成上级抓、下级做，逐级负责的工作机制。

【扫黑除恶、打非治乱】 建立了工作领导小组、制定专项整治方案，在工作上做到压实主体责任，加强组织领导，广泛宣传教育、积极摸排调查，设立举报信箱并建立罚款机制。号召群众积极举报建设领域涉黑涉恶违法犯罪线索。对于举报材料和举报人信息，将会严格保密，依法保护举报人的合法权益。2019年以来开展建筑工程领域执法巡查50余次，检查企业20家，罚款224500元。

【业务培训】随着察雅县的经济建设不断进步，信息化技术日新月异，制度的逐步建立健全，干部队伍整体素质不能满足住建工作要求，为了加强干部的业务能力、提升为民办事效率，2019年，共派出干部至拉萨市、昌都市以及其他省市区参加培训5人次，培训内容有消防设计与节能培训、西藏一体化平台建设、“互联网+政务服务”等。通过对干部培训，整体素质进一步提高，为民办事效率得到有效提升。

【投资公司运作】雅吉投资公司2019年年底账面资金为15317.09万元，资金主要包括委托代建阿孜乡阿旺绵阳养殖基地项目资金1096万元，委托代建统筹资金项目察雅县扶贫开发产业园二期（扶贫车间）项目资金2000万元，委托代建统筹整合资金项目（吉塘居委会易地扶贫搬迁供水工程、香堆居委会易地扶贫搬迁供水工程、2019年深度贫困村基础设施提升工程）项目资金6654.09万元，水利局资金718.54万元，吉塘特色小城镇民工工资及履约保证金1738万元，吉塘特色小城镇房屋押金81.94万元，房屋销售及车库资金3028.52万元。

2018年3月西藏察雅县雅吉投资有限责任公司与卡若区朗业房地产营销策划有限公司签订《昌都察雅·吉塘特色小城镇建设项目营销代理服务合同》，包括前期策划、招商代理、销售代理及广告代理活动。并于2018年9月在昌都市茶马广场举行商业推荐活动，雅吉投资公司于2019年3月终止与卡若区朗业房地产营销策划有限公司对吉塘特色小城镇的营销代理合同，由雅吉投资公司自主经营，并安排工作人员到吉塘特色小城镇设点进行销售和出租等一系列工作，并于2019年8月19日在昌都市茶马广场举行商业推荐活动，同时在各大媒体及微信政府公众号平台进行推广，吉塘特色小城镇已租商铺19户面积6336.78平方米，出售商业房2栋面积3374.35平方米。

自然资源管理

【概　况】2019年以来，察雅县自然资源局以习近平新时代中国特色社会主义思想为指导，牢牢把握机构改革赋予的新机遇和新挑战，坚决贯彻落实县委、县政府和市自然资源局决策部署，充分发扬敢为人先、敢闯敢拼的实干精神，协同推进机构改革、业务和党建各项工作，较好地完成了2019年度预期目标。

【规划引领】抓好全国第三次国土调查工作。第三次全国国土调查工作是国务院确定的一项政治任务，严格贯彻国家和自治区三调工作会议精神，按照“真实、真实、再真实”的要求，严密组织实施实地举证等各项调查任务。为确保察雅县国土调查的准确性，干部分组陪同重庆测绘院调查人员前往各乡镇开展国土地类信息采集工作，开展“实干快干”集中攻坚，顺利完成国家规定的调查任务并交付验收，已通过国家级审查，为开展各项规划工作绘好一张“底图”。

【服务保障】落实项目用地保障。2019年度该局共出具项目用地预审意见23份，审查用地面积41.3798公顷；初审意见3份（分别为巴日乡35千伏变电站、川藏铁路察雅段、吉塘110千伏输变电工程），审查用地面积55.6395公顷；函8份，审查用地面积0.7656公顷；审查用地总面积97.7849公顷，有力地保障了各类项目的用地需求和经济社会的发展。结合察雅县正在开展的国土资源领域违法用地清查整改工作，2019年度共上报两个用地批次，分别为察雅县2019年度城市第一批次建设项目，申请用地总面积21.99公顷，其中农用地18.12公顷，建设用地2.61公顷，未利用地1.27公顷；2019年村镇第一批次建设项目，申请用地总面积24.078公顷，其中农用地22.32公顷，建设用地1.76公顷，未利用地0.00267公顷。报件已通过自治区审查，并已下达新增建设用地有偿使用费缴款通知书。做好征地及征地费兑现工作。2019年度共征收察雅县林卡路、香堆镇市政道路、集中式饮用水一级保护区等项目用地5.91公顷，兑现征地费518.2316万元。

加强市场调控。2019年度共办理14宗地土地挂牌出让相关手续，出让金总价款为3385.2452万元，其中缴纳部分共计3653.577万元（含2宗地保证金80万元）；正在办理8宗公开拍卖出让手续，根据土地评估结果，拍卖底价总价款为254.7163万元。

深化“放管服”改革。进一步优化不动产登记办证流程，强化窗口服务，严格按时限办结，除历史遗留问题及农村宅基地“房地一体”登记，已全面实现不动产登记7个工作日办结的目标，2019年以来，共受理各类登记505件，发放不动产登记证书483本、不动产登记证明22本。数据整合情况，土地属性整合2053宗地，房屋属性整合整合4287幢，图形数据整合4个地籍子区的宗地图2053份。为继续深化土地不动产权籍调查成果，落实为民服务的宗旨，经县人民政府同意，拨付132.35万元用于察雅县城区4.3平方千米的不动产权籍测量工作，共计调查2053宗地的权籍调查，分9个街坊，外业资料已移交完成。

【生态保护】 严守耕地保护红线。加强永久基本农田特殊保护，结合“三调”初步成果开展永久基本农田变化情况分析调研，部署启动永久基本农田储备区划定工作，进一步强化永久基本农田刚性约束。察雅县基本农田储备区划定工作的外业核实举证已全部完成，并进入县级自检阶段，共调查地块178块，占地面积约133.33公顷，实际净面积约120公顷，完成了储备区划定占基本农田总面积2%的要求，正在按照汇交要求准备进行自检的外部数据收集及成果包的制作工作。

做好精准扶贫项目已占用永久基本农田的补划工作。根据《国土资源部关于支持深度贫困地区脱贫攻坚的意见》（国土资规〔2017〕10号）文件精神，聘请第三方作业队伍，对占用永久基本农田情况开展实地核查。经统计，察雅县涉及占用永久基本农田项目43个，用地总面积27.69公顷，其中占用基本农田面积17.71公顷。积极筹措资金80万元，已完成补划地块的踏勘比选，计划补划面积17.71公顷，补划方案已经编制完成，近期将召开县级自检会议。

做好土地开发整治工作。完成已建项目荣周乡姆巴村一期、二期移交工作，会同荣周乡党委、乡政府和项目所在地村两委班子对该项目进行了移交，并就后期种植、经营和管理等事宜进行了安排。2019年新开工的吉塘镇雪谢村土地开发项目总投资196万元，其中开发土地13.33公顷，整理土地14.67公顷，已完成总工程量的80%。持续抓好已开发项目系统录入事宜，尽早解决耕地占补平衡挂钩指标，保障各类重大项目顺利报批。

加强矿产资源开发利用监管。2019年以来，全县共备案矿权4宗，均为探矿，分别为吉塘镇国龙卡铅矿矿点（探矿单位为西藏金泰地质矿业开发有限公司），王卡乡都日铅、银矿矿点，王卡乡优日铅多金属矿矿点（探矿单位为西藏盛源矿业集团有限公司），扩达乡马拉松多铜矿（探矿单位为西藏地质六队）。察拉花岗岩因办证资料不齐等原因未能办理采矿证，已督促矿权企业及时继续办理。

强化生态保护修复工作。及时制定《察雅县2019年度地质灾害防治方案》《察雅县地质灾害应急预案》并下发至各乡镇，成立地质灾害防治工作领导小组，2019年度察雅县新增群测群防员79人，群测群防员共计589人。为进一步掌握全县地质灾害地质结构发育情况，确保人民群众生命财产安全，根据昌都市国土资源局安排，安排专人同四川眉山勘察院地质灾害排查小组在察雅县开展为期一个月的地质灾害排查工作，其中重点排查了中铝新村聂拉果滑坡群（1号、2号）色嘎村雪巴滑坡群及新增的色嘎村夏马通滑坡点、卡贡乡莫日村泥石流沟等地质灾害隐患点进行实地排查。经排查，烟多镇色嘎村雪巴滑坡群和中铝新村聂拉果滑坡群隐患点潜在隐患较大，其威胁对象为县城11290人的生命财产安全，潜在威胁财产达6.4亿元以上，同时前往香堆镇和荣周乡对地质灾害群测群防员进行简单的培训。

【节约集约】 深化节约集约用地。2018年城乡建设用地增减挂钩设计方案已于2019年通过自治区审查，因拆旧区面积较大，增减挂钩工作分为两个项目区，面积为62.71公顷。其中察雅县荣周等7个乡镇荣周等37个村2018年城乡建设用地增减挂钩项目区涉及农户241户、1529人，该项目区预算投资929.96万元；烟多等5个乡镇白久等50个村2018年城乡建设用地增减挂钩项目区涉及农户319户、1589人，该项目区预算投资974.81万元。以上两个项目涉及调剂资金共计2.8亿元，2019年9月底，市财政局下达调剂资金1.36亿元，以新卡乡、吉塘镇6处拆旧区作为试点开展调查摸底工作，已完成摸底工作。

助推乡村振兴。加强政策支持，引导土地等各类要素向农村倾斜，提升农村土地资源利用效能。强化设施农用地管理，在不占用永久基本农田前提下，研究探索适当扩大设施农用地内涵和类型政策，满足农业高质量发展需求。

【执法监管】 扎实开展扫黑除恶专项斗争。为有效整治察雅县私搭乱建问题，先后在县城区中心周围巡查20余次，对私搭乱建人员进行了思想教育，并下达责令停止违法行为通知22份；对察香公路沿线对16户私搭乱建群众进行了思想教育，并下达了责令停止私搭乱建行为通知达16份，会同相关部门拆除房屋30余处。开展了烟多镇色嘎村违法买卖土地案件调查工作，经调查发现涉案金额达400多万元，涉案面积为28985.6平方米，涉案人员7人，按照县委、县政府主要领导指示精神，将此案移交至县扫黑除恶打非治乱领导小组办公室，因与扫黑除恶打击对象不符，又将此案移交至县公安局刑警大队，已按照刑警大队要求初步完成证据材料的准备工作，下一步将把证据材料提交至县公安局刑警大队。

土地卫片执法方面。2019年1月由自治区国土资源厅聘请的变更队伍到察雅县开展土地卫片外业核查工作，经核查，2018年度全县共有69个图斑，监测面积共138.34公顷；判定为临时用地的图斑16宗，设施农用地4宗，实地伪变化4宗，农村道路及光伏项目图斑共计18宗，其余27宗均判定为违法图斑。27个违法图斑中，吉塘镇亚许村易地搬迁点、宗沙乡热觉村村级活动场所涉及占用基本农田，用地面积为0.707公顷，已经列入基本农田调整补划范围内；8个图斑尚未组件，待收集相关报件资料后将及时组件报批。

【从严治党】 始终把党的政治建设摆在首位。以支部中心组为主阵地，每月集中开展理论中心组学习，将习近平总书记生态文明思想等内容纳入学习范围，进一步强化思想理论武装。大力发展党内政治文化，充分激发党员先锋模范作用。

始终坚持党管干部原则。基本完成机构改革各项工作，三定方案经县委、县政府审定下发后，在职能、科室和人员配置方面，做到上下承接、左右呼应。立足机构改革实际，全面理顺党组织架构，及时调整党的建设工作领导小组和办公室，全方位夯实基层党组织建设基础，提升党组织凝聚力、战斗力。

始终坚持抓好党风廉政建设。召开自然资源系统全面从严治党工作会议，进一步明确责任清单，推动落实主体责任和“一岗双责”。完善出台局党支部议事规则、“三重一大”议事规则等制度，牢牢扎紧制度牢笼，牢筑党员干部拒腐防变思想防线，努力营造风清气正的良好氛围。

生态环境

【概　况】 2019 年以来，在市委、市政府、县委、县政府的坚强领导下，在上级部门的精心指导下，以推动全县生态文明建设为重要抓手，以加强环境保护、促进绿色发展为宗旨，严格按照上级部署要求，加大“回头看”“自查自纠”整改力度，坚持以问题为导向，对自治区、昌都市指出的环境问题实行一对一、点对点跟踪督办。同时，根据中央环保督察组相关要求，不断加大自查整改力度，进一步查漏补缺，结合察雅县实际，针对自身存在的漏洞和不足，认真研究解决措施，不断创新完善工作机制，层层分解落实环境保护责任指标。

【深入推进中央环保督察反馈问题整改】 2018 年 2 月，中央第六环境保护督察组向自治区反馈问题 86 项，收到中央环保督察组反馈的共性案件 1 起，昌都市向察雅县反馈问题 32 项。切实做到了整改不到位不收兵，落实不到位不销号，打造了纵向到底、横向到边的环保监督整治体系。对所有问题整改方案、整改落实情况、销号支撑材料进行收集整理并按照“一案一册”收存。对照中央环保督察整改反馈问题（29 大项 86 小项），已完成销号 39 小项，其余 47 小项已按时限要求长期坚持整改。

【认真落实自治区第二环保督察组反馈问题】 高度重视自治区第二环保督察组工作，坚持将环保督察作为从严抓好生态环境保护、深入推进各项整改措施落实、不断完善环保工作方式方法的重要契机，将支持环保督察当作重大政治任务，严格按照自治区考核相关文件要求，及时做好考核资料的收集、梳理、汇总和归档、装订工作，并上报市生态环境局。2018 年 10 月，收到自治区第二环保督察反馈问题后，高度重视，先后多次召开环保整改会议，对反馈问题进行部署、推进。结合实际，制定了《关于上报察雅县贯彻落实自治区第二环境保护督察组反馈意见整改方案》和《察雅县贯彻落实自治区第二环境保护督察组反馈意见整改措施清单》。对照自治区第二环境保护督察组整改反馈问题涉及全县的共 9 大项，27 小项，整改销号 13 项，整改完整 26 项，其余 1 项正在稳步推进。

【扎实为迎检做准备】 根据中央生态环境保护督察办公室部署安排，初步计划 2019 年 11 月初对昌都市开展第二轮中央生态环境保护督察工作，察雅县高度重视，并参照第一轮中央和自治区本级生态环境保护督察经验和做法，以督察整改工作台账为基础，对生态环境保护工作学习研究、安排部署、贯彻落实等工作资料进行一次全面梳理，查缺补漏、充实完善，保证资料台账的系统性、完整性、准确性。

【开展全县环境卫生整治】 为切实解决群众老大难问题，尤其是生活垃圾乱丢、乱倒现象，结合察雅实际，制定下发了《察雅县环境综合整治工作方案》，积极开展环境卫生综合治理，形成了分管领导亲自督导、广大干职群众积极参与、环境卫生整治齐抓共管的浓厚氛围。针对全县城乡环境卫生不理想依然存在“卫生死角，脏、乱、差”的情况，在原有的 735 名城镇保洁员环境监督员岗位基础上再增加 100 名城镇保洁员环境监督员岗位，从而进一步加强察雅县城乡环境卫生治理工作，9 月为各乡镇发放物资（垃圾桶 350 个、垃圾车 29 辆）总价 64.7 万元，各乡镇环境卫生清理工作有效深入开展，环境卫生改善效果明显。

【建造农村垃圾收集设施】 察雅县 2019 年农村垃圾收集设施建设工程，新建 17 座垃圾池，每座垃圾池长15米、宽8米、高2.5米，总投资为158.98万元。垃圾池的建造是清洁乡村活动中重要的一环，一直发挥着不可或缺的作用。垃圾池有效改善了乡村整体的形象，同时解决了环境卫生脏、乱、差等现象。

【大力加强生态村（居）创建】 2019年，察雅县聘请有资质的第三方对县域符合相关条件的村（居）进行大气、水、噪音等指标监测。经上级部门实地考察研究决定，2019年，察雅县已申报自治区级生态村（居）11个。

【稳步推进生态红线划定】 高度重视，严格要求，多次召开生态保护红线划定工作部署会议。生态保护红线已完成初步成果，处于最后校对阶段。

【全面开启全国第二次污染源普查】 根据《全国污染源普查条例》《国务院办公厅关于印发第二次全国污染源普查方案的通知》等文件要求，经清查审核后，需普查企业共计82家（其中，工业源68家、农业源2家、集中式1家、入河口排污口9家、加油站2家），已完成数据核算工作。

【全面建造农村饮用水水源地保护工程】 农村饮用水水源地保护工作直接关系到农村居民的饮水安全，2019年察雅县农村饮用水水源地保护工程，共涉及7个点位，保护工程包含保护区隔离防护标志牌建设及保护区辅助工程，总投资为160.12万元。下步将努力做好农村水源地的有效管理，加强对水源地实施保护性巡逻，加大宣传治理力度，提高群众保护意识。

【多措并举抓好水源地整改工作】 县委、县政府整合305.2万元建设资金用于水源地整改保护工作（其中水源地整改投入资金256万元，水源地保护项目资金投入49.2万元），在确保原有水源点建筑设施不毁坏，减少施工污染的情况下，将水源点取水口向上延伸1.2千米，有效解决了水源地整治与群众居住、农田的矛盾问题。察雅县按照自治区水源地划定方案要求，对水源地一级边界处设置网围栏2500米，标识牌3个、界桩16个、交通警示牌2个、宣传牌3个、监控系统两套。截至2019年年底，整改工作已按要求全部完成整改。存在的困难和问题还存在两点：一是经费和人员保障不足。水源地保护工作是一项长期工作，需要持之以恒的做好，需要配备专人负责管理和相应经费保障。二是环境保护意识有待加强。水源地所在地群众经过前期宣传教育有了一定的环保意识，但与集中式水源地保护还有差距。

【持续加强生态环境保护宣传】 充分利用“3月综治宣传月”“6·5世界环境宣传日”，以及微信公众号、广播电视、LED屏幕、广告牌、宣传册等多种形式，不遗余力地全面宣传报道环保各项工作；在县城、乡镇、村（居）等重点区域显著位置张贴《关于察雅县环境违法行为有奖举报公告》海报200余张，引导广大群众参与发现解决环境问题的热情与积极性。营造了全社会关心、支持、参与和监督生态环境保护的浓厚氛围。

【努力构建坚实的环保支撑体系】 健全生态文明建设目标评价考核体系，严格环境保护属地责任和部门行业监管责任，从节能降耗、生态保护、国土资源和资源利用等方面对各乡（镇）进行考核，将考核结果作为干部评价使用的重要依据，切实将环境保护“党政同责、一岗双责”落到实处；立案处罚3家，罚款11万元，检查企业或项目120余家，出动500余人，下发整改通知32份。制定市级突发预案并印发执行，制定察雅县突发环境事件应急预案并印发执行，企业突发环境事件应急预案备案10家。开展环境基础设施专项行动共检查5家，整改3家。

交通　通信

交通运输

【概　况】 2019 年，在察雅县委、县政府的关心下，在昌都市交通运输局的悉心指导下，察雅县交通运输局以农村公路建设工作、党风廉政工作、党建工作等重点，团结带领交通系统的干部职工，努力推动各项工作顺利开展。

【项目建设】 2019 年，全县新续建交通建设项目 116 个，总投资 136483.61 万元。2019 年扶贫整合资金项目 48 个，建设里程 245.026 千米。已完成投资 8670.82 万元，占总投资的 60%。

【农村公路养护】 制定了大量警示、指示牌，安装于各主干道岔口及危险路段。此外，为各乡镇养护员购买养护服装，设置养护工人公示牌，并要求与农村公路养护人员签订农村公路养护聘用合同。截至 2019 年年底排查隐患 300 余处。

【项目质量、进度监管】 根据项目特点、集中度，把全县项目分片区进行监管，单位干部负责对项目的质量、进度进行跟进，项目进展到每个阶段必须安排检测公司进行检测，检测时业主方、监理方、施工方需同时在场，确保数据的真实性、有效性，用科学、准确的数据保证每个项目按时、按质、按量完成。

【党风廉政建设】 在狠抓业务工作的同时，对党建、党风廉政建设、综治、精神文明工作进行细化落实，强化党的领导，牢固树立“四个意识”，坚决拥护以习近平同志为核心的党中央，在思想上、行动上与党中央保持高度一致。认真学习中共十九大精神及习近平总书记系列讲话精神。思想上筑牢反腐底线，经常性教育干部抵制“糖衣炮弹”，坚决杜绝干部任何形式的吃、拿、卡、要。组织干部传阅学习各级纪委通报的典型案例，警醒干部职工要严于律己。

【交通项目带动脱贫】 吸纳贫困户参与建设。积极开展交通脱贫工作，同时也协调施工方开展扶贫工作，主要做法：吸纳当地建档立卡贫困户参与建设。组织 4 家“四好”农村公路施工单位对建档立卡户进行帮扶并购买了家具。看望察雅县五保供养中心老人，为他们送去了米、面、油、奶等慰问品等。组织施工企业为当地建档立卡贫困户送去慰问品及助学金。

开展结对帮扶工作。积极组织干部职工开展结对帮扶工作，时常入户与帮扶对象进行交流谈心，商讨脱贫计划，为其送去生活物资等，还积极协调附近施工方对其进行施工技术教授，吸纳其参与项目建设。

开展就业培训。联合人社部门对 200 名搬迁到唐琼孜卡安置区的贫困户开展施工技能培训，并协调了施工方进行吸纳，给贫困户就业机会，增加收入。

【扶贫出租车及客运项目】 出租车项目。根据市政府要求，察雅县成立了政府投资的雅达察雅县交通建设投资有限责任公司，用于开展察雅县出租车业务及客运业务，出租车已购买完成，并且已经从搬迁到唐琼孜安置区的建档立卡贫困户中选取了30名符合要求的驾驶员从事出租车驾驶工作，为其解决就业问题，让搬迁户能有经济来源，且学会一技之长。

客运项目。为进一步优化农村客运网络布局，提高农村道路客运通达深度和运输总体效益，促进农村公路运输市场健康、有序、稳定地发展，加快推进城乡客运一体化建设，以县城区为中心，以主干公路为骨架，以农村公路为支点，坚持“政府主导、行业主管、市场主营”的思路，按照“车头向下，村头始发，干支联网，服务到家”的目标，加快农村客运基础设施建设，提高农村道路客运通达深度，完善农村客运网络，推进农村客运市场健康有序运行，满足群众出行需求，促进农村经济社会快速发展。编制了客运发展规划，并报送上级部门。

移　动

【概　况】 2019年，察雅县移动公司本着“客户为本，服务至上”的理念，以“创无限通信世界，做信息社会栋梁”为企业使命，做了一系列工作，截至2019年10月底，察雅县分公司移动客户数为14619户，运营收入完成1654万元，全年累计投资约1200万元，主要用于行政村、国道沿线、重点景区等区域的网络覆盖以及农村宽带建设。

移动基站总数达178个，全县已经完成13个乡镇网络信号100%覆盖，行政村网络覆盖率达90%，家庭宽带用户数达3877户，已经完成县城和乡镇以及大的行政村家庭宽带网络覆盖，正在投资建设村级家庭宽带资源覆盖工程，为偏远老百姓解决上网的需求。行政村电信普遍服务站点完成32个，覆盖率达31%，已签约8个乡镇移动业务代理点，乡镇业务代理点覆盖率为85%，为偏远老百姓解决了移动通信和业务办理的难题。

电　信

【概　况】 认真落实2019年中国电信集团公司昌都分公司工作会议精神，察雅县电信局紧紧以企业经营发展为中心，从实际出发，着力提升企业的执行力和员工的创造力，较好地完成了察雅电信各项工作。

【基础建设】 2019年，察雅县131个行政村全面实现了光纤接入，每家每户都实现了百兆光宽接入，截至2019年电信宽带用户数已达到6315户，截至2019年10月宽带新增数为1980户。

按照有关加快消除移动通信盲区工作的通知，察雅电信在察雅有122座移动基站（包括3G升4G），覆盖13个乡镇及133个行政村，基本实现98%的乡村全覆盖。2019年，新建移动基站8座。

截至2019年9月已完成91个行政村党建活动室免费安装一部宽带，剩余的行政村由于重建或其他原因致未装，后期条件具备陆续安装。26个异地搬迁安置点已全部完成电信网络覆盖。

【安防保通】 察雅县电信局贯彻执行县委、县政府和昌都分公司的安防工作要求，一直把安防工作作为当前各项工作的要务之要务、重点之重点，按照要求常态化进行安全巡检整改，未发生一起安防事件。

【经营、服务】 作为服务行业，察雅电信局始终坚持客户至上的服务理念，紧紧围绕完成年度的任务指标为核心目标，信息化全面应用作为全年工作的关键点，全力打造客户服务能够高效支撑保障全年重点工作的稳健开展和促成目标的完成。按照“精准扶贫，就业先行”的工作思路，察雅县电信局为有就业需求的贫困人员提供就业帮扶6人，鼓励他们用勤劳的双手创造财富，实现脱贫。2019年营业收入完成预期目标1500万元。

农业　农村

农牧业

【农业方面】 作物播种。2019年全县春播总面积5.38万亩。粮食春播面积4.49万亩，截至2019年年底已完成播种5.38万亩，包括春小麦5900亩、春青稞38400亩、豆类2300亩、油菜3200亩、土豆550亩、青饲料350亩、其他作物3100亩。

新品种示范种植。在荣周乡荣周村完成“喜拉22”示范种植300亩，用种量6750千克，亩产达到285千克。

“3414”肥料效应田间试验。在烟多镇巴西村试验“3414”田间肥效，种植“藏青2000”约3亩。

荣周乡二级种子田开展情况。2019年在荣周乡实施二级种子田项目，种植了“藏青2000”1701亩，经过实际测量，亩产达到302千克。

【牧业工作】 疫苗注射工作。制定下发全县动物防疫工作方案，组织召开春季动物防疫工作会议，动员部署重大动物疫病防控工作并与各乡镇签订目标管理责任书，完成春季疫苗注射192008头、只，其中，牦牛131914头、羊54009只、猪85头，注射禽流感疫苗6000只，注射率分别达到99%、99%、100%、100%。秋季疫苗已经发放到各乡镇，正在开展注射工作。

包虫病防治工作。已完成犬只驱虫累计2125只、家畜148471头。

产地检疫。为保障群众生活质量安全定期组织专业技术人员对察雅县市场、成品区进行检疫，2019年年底，检疫猪肉产品共计1.9万千克，其中查处变质猪肉36.5千克，检疫牛肉1.56万千克，无变质及疫病牛肉，全部进行深埋，无害化处理。

黄牛改良。黄牛改良人工冷配271头。

【非洲猪瘟防控】 制定察雅县非洲猪瘟防控工作方案及应急预案，对察雅县1个生猪定点屠宰场（鸿运屠宰场）1个猪肉交易市场（菜市场）和2个生储养殖点（古塘公路养护段、新卡乡察俄村）定期开展非洲猪瘟排查工作，共排查察雅县当地生猪85头，未发现非洲猪瘟疫情；并严格落实非洲猪瘟疫情排查日报告制度，对察雅县生猪养殖点及屠宰场宣传非洲猪瘟防控知识，落实责任，加强问责。除此之外，严禁从疫情省份调运生猪，并设立了竹卡临时检查站，对进入车辆进行盘查，发现运输生猪及猪制品车辆，及时通告县指挥部，防止疫情传入察雅县。通过排查，察雅县共有生猪85头，其中，察雅县吉塘镇公路养护段22头、新卡乡察俄村63头，共于涉及生猪及其产品的单位和个人签订非洲猪瘟安全责任承诺书8份。

【农牧民增收】 截至2019年9月底，察雅县农村居民人均可支配收入增速达到15.7%；重点建设项目使用当地农牧民劳动力用工量达到64%。

加快发展现代农牧业，夯实增收基础。截至2019年年底，全县粮食产量完成1.1504万吨，蔬菜产量完成1.3505万吨，均完成目标产量。肉产量完成0.87万吨，目标任务0.93万吨，奶产量完成0.85万吨，目标任务0.93万吨。积极举办培训班，大力推广新技术，引导农牧民群众种植冬青18号和喜拉22号，补贴10万余元。实施经济林、杂交构树、牦牛育肥、绵羊扩繁、苗圃培育、吉塘靴厂等种植业、养殖业、加工业产业扶贫项目81个，总投资3.65亿元，已完工61个，57个投入运营，覆盖建档立卡贫困人口4334人，年底分红人均超过1000元。

深化农牧区改革，激活内生动力。2019年全县惠民资金总计1.9亿元，已拨付1.14亿元，占总量的60%。土地流转5000余亩，帮助173户群众年增收261万余元。完成农村集体资产清查核资工作，清查出全县13个乡镇138个行政村（居）资产总额为5412万元。其中，经营性资产总额21万元，非经营性资产总额5391万元，全县集体土地总面积为12万亩。

完善就业创业政策，拓宽增收渠道。全年技能培训任务850人次，已完成劳动技能培训650人次，完成率76.47%，培训就业300人，培训就业率为50.2%。全县劳动力转移就业1.6万人次，就业增收3520万元，完成年度任务的88%。

培育壮大新型经营主体，强化带动增收。2019年以来察雅县农牧民创业工作有序推进，全县共有10个高原特色农产品基地，注册农牧民合作社和公司8家。全县共有42家农牧民专业合作社，34家为农牧业，8家为制作业，通过农牧民合作社助推农业农村发展。

加快产业融合发展，强化增收支撑。完成吉塘镇卓玛温泉和吉塘镇酒咧营地旅游资源开发，带动5名农牧民就业，实现月均增收3500元。针对生产加工企业，严格按照《西藏自治区人民政府关于印发西藏自治区招商引资优惠政策若干规定（试行）的通知》，实行招商引资优惠措施，对特色农畜产品生产及加工执行西部大开发15%的企业所得税税率，地方税全免。

健全金融服务机制，促进持续增收。金融信贷全力支持农牧产业发展，截至2019年年底，为建档立卡户发放精准扶贫到户贷款610笔，金额为2724.5万元；为农牧户发放小额贷款1809笔，金额为1.09亿元。

健全农牧民参与固定资产投资项目建设机制，扩大增收渠道。补贴购置手动微耕机41台，农机化率持续上升。2019年1—8月，全县共实施项目174项，短平快项目22项，使用民工1416人，其中当地农牧民工461人，用工比达到32.56%；符合项目要求的2个交通项目交由农牧民施工队。开发就业岗位500个，城镇新增就业500人，城镇登记失业率控制在3%以内，完成年度任务的131.5%。

【农牧项目】 察雅县退牧还草工程。项目投资1160万元，已完成水渠建设，草种子、网围栏和灭鼠剂的采购和客土改良、土地平整等工作；正在建设棚圈，完成投资1102万元，投资完成率95%，预计2019年12月底完工。

察雅县肯通乡等8个乡镇农牧业防抗灾物资储备库建设项目。该项目投资880万元，已完工，已完成投资880万元，投资完成率100%。

察雅县人工种草与天然草场改良建设项目。该项目投资390万元，已完工，已完成投资390万元，投资完成率100%。

扩达乡牦牛育肥项目。该项目投资308万元，已完成管理用房的建设，已完工，已完成投资308万元，投资完成率100%。

高标准农田建设项目。已开工建设，完成投资60万元，投资完成率5%。

【其他工作】 农村户用沼气设施的核查与安全处置工作。联合各乡镇对察雅县农村户用沼气设施进行核查与安全处置，“十一五”期间建设的农村户用沼气设施的核查与安全处置工作已基本结束，全县共建设4598座，在用数0户，报废数4598户。其中报废原因以新能源替代和气候因素较为显著。累计完成安全处置4598户，其中包括农牧户自行处置和改作他用部分。

人居环境整治工作。人居环境整治工作正在进行当中。其中，全县农村户用卫生厕所建设情况已核查统计完毕，正在编制《察雅县农牧区人居环境整治三年行动实施方案（草案）》。

防抗灾工作。2019年以来，完成了260吨抗灾饲料（青贮玉米）的发放工作，并进行了县级、乡镇级防抗灾物资储备库抗灾饲料的采购，已完成100吨燕麦干草的采购，其他抗灾饲料的采购还在有序进行中。

草奖工作。严格按照工作要求，将草奖资金全部发放到各乡镇，兑现到户。

农产品安全质量检测工作。积极推进农产品质量安全县创建工作，申报农产品质量安全检查站及追溯点项目建设，各乡镇农牧综合服务中心在编人员承担各乡镇行政区域内农、畜产品质量安全常规监督检验检测工作，县农牧局承担全县行政区域内农、畜产品生产基地和批发市场的质量安全，开展日常性的监督检验检测工作。主要农、畜产品质量安全检测合格率为98%。其中种植业产品（蔬菜、水果）与茶叶合格率为97%，未出现重大农产品质量安全事件。黑青稞已通过“三品一标”认证工作。

林　草

【概　况】 在县委、县政府的领导下，在市林草局的具体指导下，察雅县林草局牢固树立和践行“绿水青山就是金山银山、冰天雪地也是金山银山”的理念，大力实施以“神圣国土守护者、幸福家园建设者”为主题的乡村振兴战略，深入贯彻落实中共十九大和习近平总书记在深度贫困地区脱贫攻坚座谈会上的讲话精神以及自治区、市林草工作会议精神，抓住精准扶贫这条主线，以经济林产业发展为重点，以助农增收为核心，真抓实干，林业工作取得较好成绩。

【森林资源保护】 及时制定了《察雅县森林资源保护具体措施及管理办法》，层层落实责任，责任到人。加强森林资源政策宣传。组织乡镇、村（居）干部、群众学习有关森林资源保护的林业政策、法律法规。对进入林区人员进行宣传，做到人人进入林区皆知如何保护森林资源。在林区内内设置永久固定标牌，在交通要道悬挂宣传标语。层层签订责任书。2019年年初，与13个乡镇签订察雅县2019年保护和发展森林资源目标责任书，结合生态岗位护林员的管理，与护林员签订管护合同，使责任得到层层落实。成立以察雅县林草局局长为组长的目标责任制考核小组、目标责任制领导小组，制定平时工作措施，安排部署森林资源保护工作，明确职责，将保护森林资源目标责任制纳入干部政绩考核中。强化林木采伐管理。坚持按照“六定”管理办法，依法执行采伐管理和凭证采伐制度，坚守采伐限额红线，严禁生态公益林的商品性采伐，坚持林木采伐依法审批。由采伐人伐前、伐中和伐后自主管理和自我约束，专业管护站加强指导和监督，有效地保证林木采伐限额真正落实到位。强化林地资源管理。为保证林地资源管护工作落到实处，规范林地征占用审批，把好林地审批关，严格执行林地征占用审批制度，依据林地保护利用规划审查建设项目使用林地，控制用地规模，坚守林地红线，继续完善森林防火和林业有害生物检测，维护森林资源安全。联合公安局、国土局等执法部门严肃处理无证采伐、乱砍滥伐、违法占用林地、违规野外用火等破坏森林资源的行为，对破坏森林资源的责任人员依法追究刑事责任，做到有案必查、违法必究。强化、完善资源管理系统。积极组织开展森林资源管理自查自纠工作，进一步摸清全县森林资源管理情况，对全县木材经营加工厂生产情况进行详细的调查摸底，全面掌握企业生产动态，做到底子清、情况明、数字准，下一步将逐步规范林业生产企业的详细生产档案，坚持规范的审批、严格的监管、严厉的处罚和严肃的问责，加大森林资源保护力度，逐步完善察雅县森林资源管护系统。

【森林防火】 建立健全森林防火机制。根据自治区、市、县三级森林防火工作会议精神，坚持“预防为主、积极消除”的工作方针，制定和完善《察雅县森林防火应急预案》。年初，与乡镇签订森林防火工作责任书，并积极与市林草局争取森防物质，物资已到位。全县严格执行24小时职工轮班制度，科学调度，强化值班制度，规定在防火期，各乡镇必须有以为党政主要领导24小时在岗带班。县、乡两级领导深入乡镇、村（居），督促、检查森林防火开展情况，随时关注气象信息、接处群众森林防火报警，及时、准确掌握森林防火相关信息，积极调度，妥善处置，确保各项措施到位。截至2019年年底，全县未发生森林火灾。

定期开展森林防火隐患排查工作。各乡镇以村为单位划分森林防火责任区，在每块责任区均落实责任领导及包干护林员。同时，切实加强对痴、呆、傻、精神病患者和未成年人群体的监管力度，有效预防因“五类人”而引发的森林火灾。认真组织开展了森林火险隐患排查。各有关单位对火险隐患层层排查处处排查、时时排查。截至2019年年底，组织进行5次火灾隐患排查工作，护林员每日都对管辖范围内进行全方位和不间断的火情排查，发现隐患及时报告、及时处置。乡镇、村（居）和公益林专业管护站认真督促专业管护员、护林员尽到“八抓”“八防”职责，把森林防火工作作为首要任务抓紧抓好。

加强森林防火宣传力度。充分利用电视、县城街道LED屏幕、横幅、宣传册、微信公众号等多种宣传方式，开展内容丰富形式多样的森林防火宣传教育活动，切实提高全民防火意识和法治观念，做到防火教育警钟长鸣。在进入林区的主要路口、重点地段设立永久固定森林防火宣传警示牌和悬挂宣传标语；在电视、微信公众平台宣传《察雅县森林防火应急预案》，在全县主要路段悬挂森林防火横幅，营造了浓厚的防火舆论氛围。在采取行政手段抓森林防火的同时，切实加强法治教育，坚持依法治火，充分发挥法律手段在森林防火中的重要作用通过全方位、立体式的防火宣传，切实增了广大干部群众的森林防火责任和意识，在全县营造了“人人防火，共同防火”的良好氛围。

【造林绿化】 进一步实施2018年察雅县林业产业项目。利用地理优势、自然优势、区位优势，2018年察雅县启动了林业产业项目，总投资6822.39万元，总面积为8320亩。项目实施以来积极吸纳当地群众投工投劳，共计吸纳群众137户795人，其中建档立卡户59户304人，预计发放工资性收入110余万元，户均增收8000余元，实现了群众不离乡不离土在家门口就业的愿望。根据规划，经济林项目建成3～5年后，将移交给当地群众作为集体经济，采取“公司+基地+农户”的模式为群众脱贫增收。项目已实施完毕，存活率良好。

完成2019年全民义务植树造林工作。3月18日，开展了2019年全民义务植树造林工作，参加此次义务植树活动的干部群众、驻察雅官兵等共300余人，种植各类苗木1500余株，栽种树木以当地红叶李、当地杨为主。各乡镇同时组织安排各乡镇干部职工、驻村工作队和寺管会人员及当地群众在各辖区内开展义务植树活动。全县中小学、幼儿园组织在校园内外开展义务植树活动。

积极开展消除“无树单位”和提质增绿行动。根据全区林草工作会议精神，实施了察雅县消除“无树单位”和提质增绿行动，已完成《察雅县绿化委员会关于开展消除“无树单位”和提质增绿行动的实施方案》编制工作。截至2019年年底，已投资140万元，发放当地柳、云杉、榆树等苗木总计2万株。

完成易地扶贫搬迁点绿化。为全面打赢脱贫攻坚战，以建设美丽乡村（安置点）为主线，按照强化安置点绿化、美化及环境建设的要求，为群众积极营造出“畅、安、舒、美”的居住环境。在全县13个乡（镇）26个易地扶贫搬迁点种植云杉、红叶李、苹果、桃树等苗木9010株，铺洒草籽95500平方米，配套建设网围栏等设施。由涉及乡镇组织安置点的生态岗位人员进行浇灌、修剪、病虫害防治等日常管护，并对项目区域的设施设备进行统一维护和管理。涉及乡镇将日常管护工作纳入生态岗位年终考核中，按照考核办法实行奖惩制度。

【新一轮退耕还林】 2019年度新一轮退耕还林工程约13850.9亩，按照新一轮退耕还林补助标准1600元/亩计，预计可为群众带来退耕补助1662.108万元。项目作业设计、招投标等前置工作已完成，待2020年开春后将立即开展造林工作。

【集体林权制度改革】 全县林改完成外业勘界4197.9亩，小班数51个。涉及3个乡镇（巴日乡、香堆镇、王卡乡），24个行政村，无集体林地纠纷发生，按期保质保量完成了集体林权制度改革各项工作，达到了林地产权明晰、经营主体到位、责权利划分明确的改革效果，充分调动了广大群众造林、育林、护林的积极性，为实现资源增长、农民增收、生态良好、社会和谐的经济社会效益和全面建设现代林业产权制度奠定了基础。

【林业生态脱贫】 生态岗位招收、管理情况。强化生态岗位政策宣传和落实。加强对村（居）两委和驻村工作队的政策解读，确保各级生态补偿脱贫攻坚工作责任领导及扶贫专干能学好政策、懂好政策、用好政策。同时，采取各种宣传教育形式，加强对农牧民群众尤其是岗位人员的政策解读，让群众学习清楚生态保护岗位的招收条件、补助标准及需要履行的职责。确保招收工作精准落实、岗位人员按职履责。严格按照相关政策和要求，认真做好各项工作。严格按照“定岗定员、定岗定责、定岗定酬、一人一岗”要求及生态保护政策性岗位招收政策，进一步核实确认已招收生态保护政策性岗位人员基本条件，对无劳动能力、长期外出、在校生、死亡人员等不符合招收条件的人员要坚决踢出，并将腾出岗位安排给符合条件的人员。确保不出现有不符合生态岗位招收政策人员鱼目混珠的情况，对符合要求的人员建档立册，确保贫困人员切实享受生态岗位扶贫政策。

强化考核管理。制定《察雅县脱贫攻坚生态保护转移就业岗位考核管理办法（试行）》，加强和规范察雅县脱贫攻坚生态保护转移就业岗位人员管理，落实工作责任，严格日常监管，切实维护好管护区域自然资源安全，积极推进生态文明建设。对生态岗位人员半年和年度工作情况进行考核。考核监管由乡镇和村（居）共同完成。村（居）主要对生态岗位人员的日常管理情况进行全面监督与考核；乡镇负责生态岗位人员日常履职及管护成效进行抽查，并做好抽查记录，作为考核评分及动态管理的重要依据。考核小组由乡政府与村（居）两委班子和驻村工作队人员组成，共同开展生态岗位人员的考核，并对考核结果负总责。进一步规范管理察雅县生态补偿脱贫一批档案资料，建立准确无误的管理台账。严格按照生态补偿岗位及生态保护工程管理台账模板，认真填写相关数据，并做好审核及归档工作。按照“定岗定员、定岗定责、定岗定酬”“退耕一批、补贴一批”“投劳一批、补助一批”的原则，乡、村、户三级做好资料归档工作。县脱贫攻坚指挥部统一安排，由县生态补偿组统一制作了生态保护政策性岗位上岗证和合同书。各乡镇按照“定人定职、定职定责”原则，向核实调整后绝对符合条件的岗位人员统一发放上岗证和签订合同，及时填写上岗证和签订合同须知。同时，要在发放上岗证和签订合时，对新招收人员进行培训，确保所有生态保护岗位工作人员明确其责、发挥其用。

已完成生态补偿脱贫购买服务转移就业2018年新增岗位4100人的招收任务。全县生态补偿脱贫购买服务转移就业岗位累计21765人。其中，护林员岗位5131人，野生动物疫病监测岗位2165人，湿地生态保护管护岗位1719人，草原生态保护补助奖励机制岗位4589人，水生态保护和村级水管员岗位5496人，农村公路养护岗位790人，旅游厕所保洁员岗位630人，城镇保洁员和村级环境监督员岗位735人，地质灾害群防群测员岗位510人。兑现完成了2018年生态补偿资金总计7617.75万元，兑现率100%。因政策、名额有变动，2019年的生态岗位花名册在招收与核实中，等花名册确定后，立即开展生态人员岗前培训，使其及时上岗履行职责。

林业特色产业发展情况。2017年4月，察雅县投资600万元，建设了1.29万平方米的母本扦插繁育高效温棚，作为察雅县乃至全市杂交构树繁育基地，有1.4万株中科1号杂交构树母本及6万株幼苗的培育。杂交构树繁育基的建设成功标志着察雅县种植杂交构树从零到有的阶段。成功建设杂交构树繁育基地后，立即开始尝试杂交构树户外种植，并阶梯式推进海拔高度。

2017年8月，在不同海拔的4个乡镇进行了杂交构树户外种植，即在海拔2900米的卡贡乡、海拔3100米的烟多镇、海拔3500米的王卡乡和海拔3600米的香堆镇试种植了1万株构树。组派专业技术人员每天对以上4个乡镇的杂交构树的生长情况进行详细记录，根据不同环境的杂交构树的生长情况及时调整种植技术，2019年长势良好，存活率达75%以上。杂交构树户外试种植成功，为察雅县进一步扩大杂交构树种植面积提供了科学依据。

2018年3月，决定在烟多镇帮嘎村种植1083亩杂交构树，总投资893万元，2019年长势良好，存活率超过70%。2019年3月，计划在新卡乡乃帕村种植1379亩杂交构树，已全部完成。

察雅县构树产业的社会效益。通过种植构树，察雅县建设了构树饲料加工厂等，构树的加工和销售均可带来新增税收。发展构树产业增加农牧民收入的同时，使企业与农牧户结成种植、加工、利用（销售）的利益共同体，将农户、公司、市场紧密地联系在一起，形成“苗圃—种植基地—生产加工—市场销售”的产业链。察雅县构树产业的生态效益。构树种植配合了退耕还林和水源涵养、水土流失等治理的需要，进一步恢复和保护生态环境，可以让察雅的荒坡披上绿装，使察雅的水更清，空气更清新；同时，有利于加快察雅农牧业产业结构的调整，巩固水土流失、荒漠化治理和退耕还林成果，有利于解决察雅“三农”问题，有效促进生态经济的建立。察雅县构树产业经济效益。察雅县莫东村杂交构树繁育基地项目每年群众都可获得土地流转费3.04万元，20户103人建档立卡贫困户通过投工投劳人均可增收1000元。项目建成投产后，每年可产100万株当年生杂交构树扦插苗，年销售收入300余万元。杂交构树栽植3年进入盛产后，每亩一次可收割杂交构树饲料原料1.5吨，每年可收割1.5次，按当前察雅县杂交构树2500亩的种植量每年可产杂交构树饲料原料5625吨。按当前市场价格，1吨杂交构树饲料原料可卖700元，通过种植杂交构树一年可产生292.75万元收入。

【草原工作】 察雅县2019年度天然草原退牧还草工程项目主要在宗沙乡、荣周乡、察拉乡实施休牧围栏20万亩、种草改良3万亩。该项目的建设，能有效改善草原生态环境。通过种草改良建设，草地产草量、植被盖度明显提高。项目建成后，休牧围栏草地产草量增产50千克/亩；种草改良草地产草量达到300千克/亩、植被盖度约提高30个百分点。项目招投标工作已完成，待2020年春夏季就开始实施。

【森林病虫病防治】 加强组织领导，强化主体责任。将林业有害生物防治工作纳入重要议程，确保防治目标、任务、资金、责任“四落实”，取得良好效果。重点有害生物治理工作。2019年全县林业主要有害生物监测面积1120亩，实际发生面积503亩，主要是杨树黑斑病，发生地多数是在烟多镇、扩达乡等地，无成灾面积，发生面积比往年下降。鼠兔害防治工作。察雅县鼠（兔）害监测10亩，在13个乡镇设置固定标准样地，对察雅县近几年新栽植的林木、中幼林进行监测，经过调查树木危害情况，察雅县无发生鼠（兔）害疫情。苹果病虫性疫情防控工作。察雅县在果农大户设置了苹果病虫固定监测点4个，其中重点监测点2个，均匀分布在全县范围内，并安排专人定期监测。经监测察雅县域内无苹果病虫害疫情发生。松材线虫检检测工作。3月底，在全县开展了松材线虫疫情普查工作，沿着固定线路进行监测调查，未发现松材线虫病疫情，并对进出口木材进行检疫，均未发现木材疫情。野生动物疫源疫病防治工作。制定《察雅县野生动物疫源疫病应急预案》，坚持信息报告制度，确保人员到岗到位，通信畅通。按照“勤监测，早发现，严控制”的要求，确保一旦出现异常情况，及时报告。

强化目标考核，推进目标责任落实。年初，给各乡镇下达防治目标管理指标，察雅县林草局和各乡镇层层分解指标任务，签订目标管理责任状。采取平时检查与集中考核、现场抽查和自我检查相结合的方式，加强对“四率”指标为主体的防治目标管理检查考核，有力地促进了林业有害生物防治工作由重除治向重预防、由治标向治本为主、由一般防治向工程治理、由以化学防治为主向以生物防治为主的转变。

加大宣传力度，提高群众意识。林业有害生物防治只有调动方方面面的力量和人民群众，实行专业防治和群防群治相结合，才能确保林业有害生物防治以最小的代价和成本，换来最大的效益。充分利用电视、微信公众平台等多种形式，广泛宣传林业有害生物防治工作的重要意义，让广大人民群众了解到林业有害生物防治的重要性，更多的人投入到林业有害生物防治工作之中。

扶贫及农业开发

【概　况】 自2016年打响脱贫攻坚战以来，察雅县坚持以习近平新时代中国特色社会主义思想为指导，深入学习习近平总书记关于扶贫工作重要论述，在区、市党委、市政府的正确领导和市脱贫攻坚指挥部的大力支持帮助下，按照精准扶贫、精准脱贫基本方略总体要求，围绕“六个精准”“五个一批”具体要求，全力聚焦“两不愁三保障”目标，精准施策，真抓实干，奋力拼搏，有序有效推进全县脱贫攻坚工作。

2015年年底，全县共识别建档立卡户4526户20829人，占全县农牧民总人口数的33%，察雅县属全区44个深度贫困县（区）之一。通过几年的努力，全县减少建档立卡贫困人口4140户20744人脱贫。其中：2016年246户1461人脱贫，2017年426户1828人脱贫，2018年218户1148人脱贫，2019年3250户16307人脱贫，贫困户降至24户65人，实现了138个贫困村退出。建档立卡贫困人口实现“不愁吃、不愁穿，住房安全、基本医疗、义务教育三保障”，达到了贫困户脱贫、贫困村退出和贫困县摘帽要求。

脱贫攻坚工作开展以来，察雅县委、县政府

高度重视，始终把脱贫攻坚工作作为头号政治任务、第一民生工程和最大发展机遇，坚持“狠抓河谷经济、破解瓶颈制约、扩大对外开放、统筹城乡发展”的经济社会发展思路，以脱贫攻坚工作统揽全县经济社会发展全局，结合县情实际，实行靶心突破，聚焦重点难点，合力推进脱贫攻坚，“五个一批”等各项工作措施呈现力度大、进度稳、质量好的良好态势，“两不愁三保障”等各项工作目标顺利完成，打赢打好了脱贫攻坚战。

【加强组织领导】 脱贫攻坚工作开展以来，始终坚持以习近平新时代中国特色社会主义思想为统领，增强“四个意识”，坚定“四个自信”，做到“两个维护”，全面深入贯彻落实中共十九大会议精神和中央第六次西藏工作座谈会精神，深入学习贯彻习近平总书记关于扶贫工作的系列重要论述，以处理好自治区提出的经济社会发展“十三对关系”为根本方法，积极融入昌都市“强工兴市、带动两翼、创建基地、融入东西南、协调发展、夯实三基”发展战略，依托“狠抓河谷经济，破解瓶颈制约，加大对外开放，统筹城乡发展”基本发展思路，围绕“六县六化”强县目标，把脱贫攻坚作为一项重要政治任务和第一民生工程，紧紧围绕习近平总书记在重庆解决“两不愁三保障”突出问题座谈会上的重要讲话精神为指导，科学分析形势，积极应对挑战，加强组织领导，狠抓责任落实。强化组织保证。认真落实县委牵头抓总、整体谋划、统筹协调的扶贫工作责任，成立了以县委书记任组长的扶贫工作领导小组和县长任总指挥长的脱贫攻坚指挥部，指挥部下设办公室和易地搬迁、产业发展、社会保障、宣传发动、结对帮扶等14个专项小组，并分别明确一个职能部门具体抓落实，抽调37名干部专职负责精准扶贫工作；各乡镇分别设立了两个扶贫专岗，党政正职始终保持稳定，选优配强了138个村居党支部书记和驻村工作队员，确保了县、乡、村精准扶贫工作有人抓、有人管、有人落实，有效加强了组织领导。健全责任体系。按照“五级书记”抓扶贫和“区负总责、地市直管、县抓落实、乡镇专干”以及“党政同责”的要求，将全县划分为13个战区，完善了县、乡镇、村居三级书记抓扶贫工作责任制和“县委常委包乡镇、科级干部包村居、一般干部包户”的协调推进工作机制，县委、县政府与各乡镇党委政府，乡镇党委、政府与村居党支部逐级签订脱贫攻坚工作目标责任书，修订完善了《中共察雅县委常委会议事决策规则》，定期听取脱贫攻坚工作汇报。2016年以来，县委、县政府、县扶贫工作领导小组、县脱贫攻坚指挥部召开各类会议223次，及时学习贯彻上级文件和会议精神。各乡镇结合实际制定了扶贫例会制度，定期总结扶贫工作成效，查找不足，分析原因，提升工作水平，形成了县委总揽全局、部门各司其职、乡镇齐力攻坚的扶贫工作体系。加强督促指导。坚持把督导检查作为推动脱贫攻坚工作的有力抓手，建立了党政一把手模范带头，县级干部带队蹲点推动，责任乡镇、单位共同参与的督导机制，制定了察雅县委常委督导包片工作制度，严格执行“四定”措施（即每个县直单位固定督导一个乡镇、每个单位固定藏族、汉族督导人员两名、脱贫攻坚指挥部分解确定每阶段督导任务、制定督导标尺），积极发挥县委政府督查室、组织纪检等部门监督作用。2016年以来，县委、县政府主要领导以身作则，遍访所有乡镇、村居，乡镇党委书记、乡镇长和选派村党支部书记做到了辖区贫困户走访全覆盖，各相关单位通过书面督导、实地督查、随机抽查等方式开展督导检查30余次，实现了督导工作全覆盖和常态化，形成了环环相扣，层层加压，整体推进的良好工作局面。营造浓厚氛围。按照“智志双扶”和注重激发贫困群众内生动力的工作要求，根据《察雅县脱贫攻坚政策专项宣传实施方案》，依托

“四讲四爱”群众教育实践活动，借助各类新闻媒体，通过设置宣传牌、悬挂横幅、张贴标语、入户宣讲等多种形式，广泛宣传报道党和国家的扶贫政策，以及全县脱贫攻坚工作开展情况和取得的成效。2016年以来，累计举办各类宣讲培训班710余场次，培训宣讲人员5300余人次，发放藏语、汉语双语宣传资料2.47万余份，开展各类宣讲活动2500余场次，受教育群众17万余人次。深入13个乡镇开展文艺巡演活动50余场次，“新旧西藏”图片对比展70余场次，播出精准扶贫新闻信息700余条，精准扶贫专题片10余部，利用微信公众号发布相关信息700余条，在政务网站发布稿件1900余条，LED滚动播放扶贫宣传标语7900余次，制作大型户外广告牌、墙体广告、宣传栏等1100余个，营造了浓厚的扶贫工作氛围。从严执纪问责。始终把监督问责摆在重要位置，不断完善问责机制，保持反腐败的高压态势，紧盯重大工程、重点领域、关键岗位，强化对权力集中、资金密集、资源富集部门和行业的监督，持续深化扶贫领域腐败和作风问题专项治理。2016年以来，累计受理扶贫领域问题线索18件，已办结10件，8件正在办理中，先后诫勉谈话2人、党纪政务处分4人，释放了失责必究的强烈信号，为脱贫攻坚提供了坚强纪律保障。

【深入调研精准识别】 严格按照《昌都市脱贫攻坚精准识别工作方案》精神和昌都市脱贫攻坚建档立卡贫困户信息卡填写要求，从县、乡、村抽调工作人员，组成工作专班，通过“六看、四访、三公、二审、一告”五步工作法（“六看”，即看粮、看车房、看家中是否有病人、看牛马羊、看劳动力、看家中是否有读书郎；“四访”，即访地、访草场、访虫草收入、访发展愿望；“三公”，即村级公示、乡级初步公示、乡镇审核公示；“二审”，即县区、乡镇两级审核；“一告”，即县区级公告），全面开展精准识别工作，确保了识别精准、客观、公正，准确掌握了全县贫困对象的基本情况，做到了底数清、情况明。并及时按照“人有名、户有卡、村有册、乡有簿、县有电子档案”的工作要求，扎实做好基础资料收集整理归档工作，建立翔实的建档立卡档案2万余份，详细记录了全县贫困户家庭人口、生产资料、致贫原因、脱贫措施等信息，有效提升了县委、县政府决策部署的科学性，提高了全县脱贫攻坚各项措施落实的精准度，做到了因人施策、因情施策、精准施策。在开展建档立卡贫困户退出工作时，严格按照“两不愁、三保障”“三率一度”标准，执行“一申请、一评议、二审核、三公示、县区审定”的工作程序，由贫困户申请脱贫，村民代表大会评议，村居两委和乡镇党委、政府审核，村居、乡镇、县三级公示，县扶贫开发领导小组审定。在开展贫困村退出工作时，坚持以贫困发生率降至3%以下为主要衡量标准，统筹考虑村内基础设施、基本公共服务、产业发展、集体经济收入等综合因素，严格履行县、乡镇两级审核公示程序，坚决防止和杜绝了“假脱贫”“数字脱贫”“被脱贫”，做到了识别精准，退出严格，群众认可。

【推进“五个一批” 脱贫措施】 坚持把易地扶贫搬迁作为重要补充。综合考虑局部与全局、扶贫与生态、搬迁安置与产业发展、近期与长远的关系，严格按照“六靠、五方便、两避让”原则，投入资金7.8亿元，建设易地扶贫搬迁安置点26个，对自然条件恶劣、资源匮乏、“一方水土养活不了一方人”、不易人居的2406户12751人建档立卡群众实施易地搬迁。所有安置点已全部完工，涉及建档立卡群众全部搬迁入住。同时，投入资金3980万元（县级整合资金889.1万元），按照户均29970元的标准和“科学规划、统筹发展，政府引导、群众自愿，经济适用、确保公正”的原则，结合农牧区特点，实施“六改”措施，即改基础、改屋面、改独木梯、改门窗、改厨房、改厕所，对全县1328户（含建档立卡户374户）群众，实施农村危房改造。已全部改造完成，困难群众的住房安全得到了有效保障。

坚持把发展产业作为主攻方向。立足区位优势和气候优势，将发展产业作为脱贫攻坚长久之策和治本之举，以“五个一万”产业为载体，以“六个千万级”工程为龙头，按照大、中、小、微类型产业项目分别带动县、乡、村、户工作机制，紧抓县委、县政府既定的发展经济林果、苗木、蔬菜、牛羊育肥等特色主导产业不放松，加快产业项目实施，确保扶贫产业项目成效。截至2019年年底，察雅县投入产业扶贫资金4.8亿元，实施产业项目92个，共带动建档立卡贫困群众5431人实现增收，已发放土地流转费、打工工资、效益分红等扶贫收益770余万元，贫困群众增收效果逐步显现。

坚持把发展教育扶贫作为治本之计。扎实开展控辍保学工作，积极推行制度控辍、条件控辍，做到应招尽招。实施“县、乡、村、户”“局、校、班、户”双线控辍责任制，全面落实控辍保学“四书制”，将防流控辍和足额招生作为乡镇党政一把手工程，作为经济社会考核的重要指标。2019年，全县义务教育阶段共有在校学生7552人。其中，小学在校生5809人，入学率为100%，初中在校生1743人，入学率为100%。全面落实教育“三包”政策，及时足额拨付学生“三包”经费和学生营养改善经费。2016年以来，累计投入学生“三包”经费7270万元，投入营养改善计划资金1491万元。兑现区市县困难大学生资助资金1063.616万元，受益大学生1528人次。兑现“中铝格桑花”资助金59.7万元，受益学生238人次。同时，加大教育基础建设。2016以来，累计投入资金1.83亿元。其中，申请国家投资9883万元，自治区配套资金1100万元，昌都市配套资金1000万元，援藏投资5063.72万元，其他资金1274万元。新建学校2所，改扩建学校19所。全县共有各类学校39所，办学条件持续改善，贫困人口子女都能接受良好的基础教育，切断了贫困代际传递。

坚持把生态补偿作为双赢之策。坚持绿色发展、生态富民的可持续发展道路，让有劳动能力的贫困人口实现生态就业，既加强生态环境，又增加贫困人口就业收入。投资9834万元，实施了“万亩经济林”建设项目，种植经济林木1.17万亩，种植杂交构树、苹果、桃子等经济苗木，吸纳群众83户498人，带动增收170余万元，户均增收5000余元，实现了群众不离乡不离土在家门口就业的愿望。积极实施还林、还草、草场保护和减畜奖补政策，安排生态岗位21665个，严格岗位人员招收标准，按照“定人定职、定职定责”原则和“一人一岗、设岗定责”要求，向符合条件的岗位人员一一签订合同，凭证上岗。制定完善《察雅县脱贫攻坚生态保护转移就业岗位考核管理办法（试行）》，进一步加强和规范生态保护转移就业岗位人员管理，切实发挥岗位作用。2016年以来，累计兑现生态补偿资金2.1亿元，兑现率100%。

坚持把社会保障兜底作为基本防线。制定出台了《察雅县“十三五”社会保障脱贫实施方案》，根据每年社会保障工作实际，制订年度社会保障工作计划，明确每年工作内容，细化工作措施，健全完善五保供养、农牧区最低生活保障、社会救助体系，全县五保意愿集中供养率达100%。2016年以来，累计落实30911人次农村低保对象保障资金5586.75万元；落实8469人次困难“残疾人两项补贴”资金1607.49万元；落实困难群众临时救助1539人次，落实资金371.96万元；医疗救助4304人次，落实资金1497.06万元；向分散特困人员落实生活补贴资金802.84万元；集中供养特困人员实现“老有所养、老有所医、老有所乐”，有效解决了困难群众的后顾之忧，用社会保障兜住失去劳动能力人口的基本生活。

【抓好转移就业工作】 坚持政府主导、尊重农牧民就业意愿、立足产业发展、突出培育重点、注重工作实效的原则，突出目标导向、需求导向和问题导向，完善就业服务体系，建立三级就业服务平台，广泛开展技能培训，培养了一支有文化、懂技术、善经营、会管理的农牧民技能人才队伍，实现了培训促就业，就业促增收，增收助脱贫，脱贫奔小康的良性循环。2016 年以来，察雅县结合建筑施工、民族服饰、生产加工、服务行业、种植养殖、家电维修等实际需求，通过“订单、定岗、定向”的方式，培训农牧民群众 4412 人。通过岗位推荐、就业引导、自主就业等方式，农牧民富余劳动力转移就业 6.7 万人次，就业增收 1.93 亿元。

【做好健康扶贫工作】 大力实施“三个一批”工程，简化建档立卡贫困户患者医疗报销程序，实行先诊疗后付费，入驻便民政务服务大厅，推行“一站式”服务。截至 2019 年年底，全县纳入大病集中救治一批 574 人（含建档立卡群众 221 人），慢病签约服务管理一批 3561 人（含建档立卡群众 1732 人），重病兜底保障一批 70 人，兜底资金 35.83 万元，建立起了“基本医保+大病保险+医疗救助”三重医疗保障防线。2016 年以来，累计报销城乡居民基本医疗保险 1 亿元，群众受益 1.6 万余人次，其中建档立卡贫困户受益 4581 人次，报销金额 3258 万元。投入资金 691.24 万元对 27162 名群众进行 45 类重点疾病筛查，建档立卡户筛查全覆盖。完成 57475 人的包虫病筛查任务，筛查率实现 100%，手术治愈 122 人，药物治疗全覆盖。完成慢性患者及建档立卡贫困户家庭医生签约服务工作，签约服务率达 100%。同时，投入资金共计 1.4 亿元，实施了新卡、察拉、宗沙等 7 个乡镇卫生院基础能力提升，完成了县人民医院、藏医院、疾控中心、吉塘镇、巴日乡、香堆镇、阿孜乡卫生院新建工程，对全县卫生室完成提质改造，县人民医院门诊综合楼和各类医疗设备焕然一新，创建“二级甲等综合医院”工程顺利通过初评，全县医疗条件显著提升，将群众“因病致贫、因病返贫”的风险降到了最低。

【做好结对帮扶工作】 深化“54321”结对帮扶制度，依托县级干部结对 5 户、副县级干部结对 4 户、正科级干部结对 3 户、副科级干部结对 2 户和一般干部结对 1 户的结对帮扶机制，实现了贫困群众结对帮扶全覆盖。通过深入开展政策宣传、感党恩教育、出谋划策、慰问帮扶等措施，帮助困难群众转变思想观念、树立脱贫信心。2016 以来，全县干部累计投入结对帮扶资金 630 万元，电话联系 1.5 万次，入户走访 5.1 万次，开展宣讲活动 1.2 万余次，群众受教育 12.7 万人次。在察企业通过“百企帮百村”活动累计帮扶建档立卡贫困户 48 户，落实帮扶资金 37 万元。通过结对帮扶让贫困群众切身感受到了党和政府的温暖，拉近了党群干群关系，党在基层的执政基础得到了进一步夯实。

【做好金融扶贫工作】 县金融部门按照“服务三农、精准扶贫、做强县域经济”的发展思路，积极发挥金融行业优势，广泛宣传精准扶贫金融政策，精简贷款程序，提升金融扶贫水平。2016 年以来，累计发放精准扶贫农户小额到户贷款 3132 笔，累计发放金额为 1.32 亿元，发放产业扶贫贷款 8 笔，累计发放金额 935 万元，带动当地建档立卡贫困户就业 196 户 263 人。

【做好援藏扶贫工作】 重庆市、广东省、中国铝业等援藏省市、企业深入贯彻落实东西部扶贫协作座谈会精神，主动融入察雅，不断加大援助力度。2016 年以来，累计投入计划内援助资金 3.1 亿元，实施了学校、卫生院、新农村等建设项目 19 个。重庆市在完成计划内援助任务的同时，积极争取计划外资金 6085 万元，建成了县城第二幼儿园、南岸新村、綦江新村等民生项目，破解了制约察雅经济、教育、卫生等基础设施不足的瓶颈。援藏省市、企业先后派遣党政干部和教师、医生等专技才人27名，依托援藏单位优质教育教学资源，安排察雅籍干部、农牧民群众450余人次，赴重庆和中铝公司参加政策学习和技能培训，增强本领，复旦大学附属中山医院和重庆市綦江区人民医院组团式援藏成效显著，有效缓解了察雅医疗和教育事业发展短板。

【做好基础设施改善工作】 统筹整合行业资源，全力补齐基础设施短板，大力实施“水电路信网、教科文卫保”十项提升工程，全面改善贫困地区基础设施条件和公共服务水平。2016年以来，改善基础设施建设共计投入资金12.6亿元，对365个农村安全饮水点进行新建、改造、升级、配套，群众饮水安全全部达标；实施农村电网改造升级工程，主电网覆盖12个乡镇，覆盖率92.3%；实施道路交通项目98个，建设公路里程629千米，新建桥梁11座，改造危桥13座。全县公路总里程达到1613千米，13乡镇11个通畅、2个通畅在建，138个行政村道路47个通畅、65个通畅在建，通达率100%；手机网络信号实现全覆盖；广播电视覆盖率98.2%；县城和乡镇中心小学教育网全覆盖，中学理化生实验室及科学实验室、音体美卫设备配备到位，满足了教育教学需要；医疗卫生覆盖率100%，新农合参保率100%，村卫生室实现全覆盖，农牧民群众30分钟健康服务圈基本形成。

【做好强基惠民工作】 按照自治区“无缝隙、全覆盖，大稳定、小调整”工作要求，以及市委提出的“六个一”新举措，及时完善了《察雅县2019年度强基惠民活动干部驻村工作要点》，扎实推动察雅县干部驻村工作有序开展，充分发挥战斗堡垒作用，有力地助推了脱贫攻坚。2016年以来，全县各驻村工作队帮助村（居）两委制订实施年度脱贫计划115个，协助村（居）两委制定扶贫资金和项目公示制度181个，宣传精准扶贫、精准脱贫政策970场次，受教育群众27523人次，印发扶贫宣传资料4772份，开辟宣传栏82期；兴办符合产业政策、市场前景好、就业带动强的集体经济实体21个，专业合作经济组织74个，725人通过实体项目实现稳定增收；从各渠道争取扶贫项目15个，争取资金467万元。

【加强党的建设】 领导带头，组织更加有力，找准党的建设与脱贫攻坚的融合点和交会点，切实增强党对脱贫攻坚工作的领导。完成了138个村（居）的换届选举，建强配齐了基层班子，整顿了软弱涣散基础组织，提升了脱贫攻坚战斗堡垒。密切党群关系，深入开展“知民情、解民忧、暖民心”活动，大力倡导调研之风。近年来全县党员干部共开展脱贫攻坚调研1736次，提出工作建议127条。通过走访慰问、就业扶持、解决技术难题和帮助贫困群众生产劳动等多种方式，帮助群众改善民生，拓宽增收致富渠道。2019年，全县多方整合资金，建立村级集体经济46个，实施了西西村党员驴友服务站、洗车加水点、卡贡乡摩托车维修点等致富项目，帮助建档立卡贫困户增收致富。依托“党员干部进村入户、结对认亲交朋友”、在职党员到村（居）报到服务等活动，营造脱贫攻坚良好氛围。近年来，全县共表彰在脱贫攻坚工作中成绩显著的集体126个，作用发挥明显的个人185人。以基层党组织为单位，大力宣讲“团结稳定是福，分裂动乱是祸”的道理，以“五下乡”“四讲四爱”主题教育实践活动为载体，开展各类政策宣讲活动，充分调动群众内生动力，教育引导贫困群众坚定致富信心。

【发展绿色经济】 察雅县利用河谷小气候优势，用心做好生态绿化、大力推动经济林果建设，努力实现生态治理与脱贫攻坚互促双赢，形成了“土地流转得租金、转移就业得薪金、参与经营得股金”的群众增收新型模式，真正让绿水青山变成群众致富增收的金山银山。因地制宜，大力发展经济林产业促脱贫。察雅县利用地理优势、自然优势、区位优势、气候水文优势，明确“一环、二线状结合”的规划思路，于2015年启动了察雅县万亩经济林项目，栽植经济林总面积11720亩，总投资9834万元，已全部完工。项目包括迪嘎纳山、德日那山片区；杂交构树产业片区及澜沧江种植区3个片区，种植杂交构树、苹果、桃子等经济苗木52万余株。项目实施以来积极吸纳当地群众投工投劳，共计吸纳群众340户2000人，其中建档立卡户150户1010人，预计发放工资性收入300余万元，户均增收5000余元，实现了群众不离乡不离土在家门口就业的愿望。根据规划，经济林项目建成3～5年后，将移交给当地群众作为集体经济，采取“公司+基地+农户”的模式为群众脱贫增收。2017年，察雅县租用卡贡乡邓学村群众土地309亩开展苗圃建设，投资2800万元培育当地云杉、核桃等苗木93万株，年出圃苗木4万株以上。年兑现群众租地费用30.9万元，全村33户197人全部参与苗圃建设并从中受益，其中建档立卡贫困群众21户104人，户均增收9363元，人均增收1568元。通过苗圃建设项目，当地贫困群众有了致富门路，真正实现了在家门口就业致富。同时，察雅县坚持“培训一人，就业一人”的原则，结合实际，对邓雪村贫困群众开展育苗、苗圃管理等技术培训，并吸纳为苗圃工人，参与育苗、管护等工作，促进贫困群众长期稳定增收。截至2019年年底，共培训群众150人次，140人被吸纳务工，发放劳务收入40万元。科学实验高原新树种，生态产业助力精准扶贫。依照国家十大精准扶贫工程部署，察雅县通过阶梯式、科学性论证种植杂交构树的可行性，利用荒山荒坡进行种植，引进龙头企业建立种植示范点，带动当地贫困群众增收致富，实现了杂交构树精准扶贫项目的规模化、产业化和杂交构树“林—料—畜”一体化的产业扶贫目标。2017年4月，引进龙头企业，建设了全区首个杂交构树繁育基地，2019年有1.4万株中科1号杂交构树母本和6万株幼苗，建成了杂交构树循环产业综合体验中心。2017年8月至2018年3月，顺利完成了海拔2900米、3100米、3500米、3600米4个跨度户外试种，存活率超过70%。截至2019年3月，察雅县在烟多镇帮嘎村、新卡乡乃帕村先后完成1083亩1379亩杂交构树连片种植，全县杂交构树种植面积已经超过2500亩，已经建立杂交构树茶叶加工厂，并规划建设杂交构树饲料加工厂，使之形成完整的产业链。

【贫困残疾人帮扶救助】 抓机构建设保障脱贫攻坚。结合实际制定印发了《关于成立察雅县残疾人工作委员会的通知》《察雅县人民政府残疾人工作委员会工作规则》《察雅县人民政府残疾人工作委员会成员单位职责分工》，县、乡两级组织机构逐步健全，对进一步做好残疾人工作细化了分工、明确了责任。抓精准康复服务脱贫攻坚。按照《贫困残疾人脱贫攻坚行动计划（2016—2020年）》《西藏自治区打赢深度贫困地区脱贫攻坚三年行动计划》等各级文件精神，结合察雅县实际，第一时间制发《察雅县贫困残疾人帮扶计划》，民政、卫健等部门凝聚合力，组成5个专班出动50人次深入全县各乡镇走村入户开展残疾人上门办证服务，至2019年7月累计为2914名群众办理残疾证（其中建档立卡残疾人1045人）。及时开展全县残疾人康复需求摸底调查、建档立卡和康复服务工作。在深入了解残疾群众辅助需求及康复需求后，分门别类对辅助器具完成统计，确定需要轮椅有355人，需要盲杖、拐杖类有369人，需要助听器有233人，辅助器具已按政府采购程序进行购置，8月份前将完成采购发放工作；确定需要实施白内障手术434人，需要进一步诊断、治疗耳疾419人，白内障手术将于7月份通过卫健委与衔接援藏基金会实施，耳疾筛查治疗工作已同市民政局衔接。抓教育就业提升脱贫攻坚。借疑似失学儿童情况核查和劝返复学工作开展之机，民政、卫健等部门及时完成残疾、重病儿童数据筛查，依法依规为104名残疾儿童办理残疾证，切实做好县域内残疾儿童的关爱帮扶工作，采取随班就读、送教上门等方式确保残疾儿童纳入义务教育体系。同时，针对有就业能力和就业意愿的残疾人，通过残疾人劳动技能培训，提高残疾人的劳动素质，促进就业，实现增收。2019年组织宗沙乡2名残疾人、王卡乡1名残疾人前往自治区就业中心参加培训，近期将协调人社部门组织部分有劳动力残疾人举办一期残疾人编织技能培训班，在培训班顺利结束后选择6名成绩优异贫困残疾人到察雅县福志商贸公司就业。抓示范带动、创新脱贫攻坚。以“政府+大学生创业+困难残疾人”模式注册成立察雅县福志商贸有限公司，通过积极开展洗涤业务、手工艺品编织、电子商务等业务拓展了7个就业岗位，运营后解决1名大学生和6名贫困残疾人就业。抓人文关怀引领脱贫攻坚。在残疾人助残日，利用电视台、新闻报刊等，不断对残疾人事业进行广泛宣传，让社会更多了解了残疾人生活。近年来发放宣传资料800余册(本)。在“三大节日”、助残日等重大节日期间开展54次贫困残疾人慰问工作，共送出慰问金3万多元。同时，积极落实残疾人两项补贴资金(即困难残疾人生活补贴、重度残疾人护理补贴)，2016—2019年累计向8469名残疾人发放两项补贴资金1607.49万元。全面落实农村低保实现建档立卡残疾人社保兜底脱贫，通过农村低保保障困难残疾人426人。

【巾帼创业岗位帮扶贫困单亲母亲】 摸清底数，建立档案。县妇联联合县扶贫办、县民政局等单位，组织人员，对全县单亲母亲困难家庭再次进行统计，切实摸清贫困单亲母亲家庭底数。同时，按照“一人一档，一户一策”帮扶要求，结合单亲家庭实情，制定帮扶方案，切实解决他们的实际问题。经统计，截至2019年年底，全县单亲母亲共计1812名，其中建档立卡户有965人。开展宣讲活动，转变思想观念。利用三八妇女节、中秋节等重要节日，深入乡镇、村组，通过入户走访、发放宣传单等方式，宣传脱贫攻坚政策和涉及妇女儿童切身利益的法律法规，引导贫困单亲母亲克服“等、靠、要”思想，发扬自尊自信自立自强精神，累计发放各类宣传资料3000余份，提供咨询服务50人次，有效引导了贫困单亲母亲树立起勤劳致富的信心，增强了脱贫致富的决心。大力开展技能培训，实现转移就业。结合“送培下乡”活动，整合资源开展各类培训，制定详细培训方案，持续扩大技能培训范围，努力提高就业能力和劳动价值，结合扶贫产业发展前景和劳务市场用工需求，对因缺技术致贫的单亲母亲家庭实施应培尽培。大力扶持巾帼创业岗位精准扶贫短平快项目，帮助18～45岁之间的单亲贫困母亲拓展就业渠道。县政府全力给予该项目资金支持，安排专项资金25万元，助推建设以制作灯芯、刺绣、串珠、藏式腰带编制、甩带（挂式）、毛衣、衣帽等手工艺品为主的示范带动基地。预计项目建成后，将带动60名贫困单亲母亲增收，实现每人每月增加收入2000元。

【退出程序】 贫困人口退出程序履行情况。严格按照《中共西藏自治区委员会办公厅 西藏自治区人民政府办公厅关于印发〈西藏自治区贫困人口脱贫考核办法〉》(藏党办〔2016〕31号)文件要求，以贫困户人均可支配收入稳定达到扶贫标准以上，实现“两不愁三保障”和“三率一度”为目标，通过“一申请、一评议、二审核、三公示、县审定”的贫困户脱贫程序，审核确认了4140户20744人脱贫。其中：2016年246户1461人脱贫，2017年426户1828人脱贫，2018年218户1148人脱贫，2019年3250户16307人脱贫。

贫困村退出程序履行情况。严格按照《中共西藏自治区委员会办公厅 西藏自治区人民政府办公厅关于印发〈贫困村（居）退出与贫困县（区）摘帽考核办法〉的通知》（藏党办〔2016〕33号）文件要求，以贫困发生率降至3%以下为主要衡量标准，统筹考虑村内基础设施、基本公共服务、产业发展、集体经济收入等综合因素，认真履行县、乡镇两级审核公示程序，基本实现了群县13个乡镇138个贫困村（居）退出和全县脱贫摘帽，并按照程序向市扶贫开发领导小组提出了脱贫摘帽申请。

易地搬迁安置

【概　况】 2019年，唐琼孜管委会在县委、县政府正确的领导下，在各乡镇党委、政府的全力支持配合下，在搬迁点党员、双联户户长的积极拥护下，管委会按照构建和谐、富饶稳定环境为目标，认真履行职责，大胆开展工作，积极摸索经验，带领和团结管委会的农牧民群众，建设美丽家园。

察雅县烟多镇唐琼孜易地扶贫搬迁安置点共建设住房楼43栋1072套房屋（其中一期24栋518户548套、二期16栋433户455套、三期3栋69户69套）。共计安置1018户5269人，涉及全县13个乡镇107个行政村的建档立卡贫困户（其中烟多镇396户1920人、扩达乡177户864人、巴日乡121户817人、王卡乡108户563人、荣周乡103户560人、香堆镇32户179人、肯通乡28户117人、新卡乡14户52人、阿孜乡13户74人、卡贡乡13户47人、宗沙乡8户47人、察拉乡4户25人、吉塘镇1户4人），共有党员134人（其中妇女党员18人）。2019年4月已将三期房屋全部分配完毕。

【队伍建设】 坚决深化干部作风建设。作风建设永远在路上，唐琼孜管委会全体党员干部树立和发扬好的作风，严以修身、严以用权、严以律己，加强学习教育，在提高思想素质上下功夫，通过开展政治纪律教育活动等一系列的活动，教育引导党员干部坚定理想信念，增强党性修养，促进党的思想建设，筑牢广大党员干部特别是领导干部拒腐防变的思想道德防线，着力解决领导干部作风方面存在的突出问题，确保党的路线方针、政策和决议不折不扣地贯彻落实。

加强基层管理，精准服务到户。加强基层调研，将调研和日常工作结合起来，全面了解农户的状况，分析致贫的原因提供相应的帮扶措施；认真开展干部入户走访、在职党员（双联户户长）到管委会报到为群众服务等活动，坚持为农牧民群众办实事、解难事、做好事，不断改善群众生产生活条件，提高农牧民群众自我发展能力，增加农户收入，通过了解各户家庭情况、人员结构及特长，筛选出想致富、有就业意愿但缺乏门路的困难家庭，将其收录到管委会就业服务大厅做好报备工作。截至2019年年底，唐琼孜管委会就业服务大厅向各单位部门推荐劳务人数865人，长期就业135人、季节性就业421人，依托“短平快”项目的实施，共开设藏餐馆、服装店等11项产业项目，带动贫困户创业、就业135人。加强党的路线、方针、政策、精准扶贫等宣传教育，让贫困户从“要我脱贫”向“我要脱贫”的思想转变，推进搬迁点贫困户脱贫的步伐。

强化学习教育，加大宣传力度。高度重视，精心策划。为认真开展好各项宣传活动，唐琼孜管委会结合实际制定了具体活动方案，安排专人组织实施，确保各项宣传工作落到实处。

突出重点，加强全体干部思想教育。唐琼孜管委会全体干部集中深入学习习近平总书记系列重要讲话、“不忘初心、牢记使命”主题教育、“四讲四爱”、“精准扶贫”、“扫黑除恶”等相关知识。同时，也开展了与易地搬迁安置点密切相关的各类实施条例等相关法律法规学习活动。

开展了形式多样的宣传活动。采取悬挂横幅、张贴标语、利用LED显示屏及办公区域宣传栏等多种宣传途径进行宣传活动。进一步增强了广大搬迁户群众的思想意识。通过一系列宣传工作的开展，不但增强了干部的思想素质，更提高了广大农牧民群众对各类政策、主题活动、讲话精神、法律法规等的知晓率，为进一步推进宣传教育工作的实施增添助力。2019年以来，共制作20余条横幅，宣讲人员42人，受教育群众5000余人次，理论学习26次，集中宣讲30余次，入户宣讲1000余次。

【综合治理】 唐琼孜管委会为营造安全、和谐、稳定的社会环境，成立由县政协副主席、唐琼孜管委会主任梅勇任组长的领导小组，其他干部成员片区分栋的工作的工作模式，开展安保工作，召开动员部署会议，制定方案、预案。

走访联系群众，防控重大事件发生。坚持不间断地走访群众，确保干部对安置点所有群众进行集中走访。

充分发挥双联户作用，确保平安和谐。及时排查了解联户单元内每户的家庭基本情况，了解是否存在家庭纠纷、房屋买卖等情况，及时进行调解、规劝、制止，规范社会秩序，平息矛盾纠纷。截至2019年年底，户长反馈房屋水电问题达212次、反应邻里纠纷23次、反应联户成员劳动诉求800余次、反应安全隐患3次，已全部解决，实现了“小事不出村、大事不出管委会”。研究制定双联户环境卫生联合治理办法，建立奖惩约束机制，组织双联户各联户单元居民共同对辖区开展脏、乱、差等卫生死角的联合治理，共同监督，创造良好生活环境，为营造美丽生态作出应有贡献。截至2019年年底，共组织成员治理环境达300余次，通过一系列的整改部署，安置点的环境得到了彻底的改善。

加强督查，严格考核。认真贯彻落实区、市、县三级党委、政府重大决策部署和关于“三大节日”期间工作部署要求，确保安置点辖区内和谐稳定，让广大农牧民群众过上安定祥和的节日。

工 业

电 力

【概 况】 2019年以来，坚决贯彻国网昌都公司和察雅县委、县政府的决策部署，紧紧围绕年初“两会”目标，积极落实公司深化改革、创新建制和管理提升等重点工作方案，持续加强党的建设和人才队伍的建设，全力做好农电直管前期准备工作。2019年，重点围绕安全生产、党团建设、增供扩销、农电划转以及制度优化等几方面开展工作。营收方面：累计完成供电量3765.75万千瓦时，购电量2982.48万千瓦时，售电量完成2712.96万千瓦时，同比增长87.57%，综合线损为27.96%，同比降低9.72个百分点，应收电费1575.59万元，同比增长1.93个百分点；实收电费1553.16万元，电费回收率98.58%，同比增长5.36个百分点。

【零容忍保障零事故】 2019年，在安全管理制度和责任落实方面有了较大的突破，通过签订安全目标责任书，开展安全专题教育，组织安规培训和普考，特别是“两票三制”工作落到了实处，确保了2019年未发生任何安全事故。

【三个建设】 党团建设持续提升。通过在县委组织部和国网昌都公司党建部的指导下，深入开展“不忘初心、牢记使命”主题教育，持续推进党团建工作标准化建设，筑牢全体党员干部不能腐、不敢腐、不想腐的思想防线，及时有效解决查摆出的问题。坚持党建带团建，五四红旗团支部称号的获得，实现了电力公司团支部荣誉的零突破。同时，率先于2019年12月完成党组织关系的转接，为后续国网公司直管奠定了可靠的基础。紧紧抓牢员工的成长成才。2019年很好地抓住了东西帮扶的契机，充分发挥了援藏帮扶的作用，持续深入地推进了青年素质提升工程的开展；特别是2019年新分配的17名大学生，通过为期一个月的专项培训，基本能够快速的转变角色并融入自身的岗位上来，这说明培训是有效的、可行的。但依然存在被动学习大于主动学习的现象，这并不利于自身的发展，将来也跟不上公司的发展，希望存在这种陋习的同事们要及时纠正，主动、广泛地加强自我的学习。企业文化建设有突破。2019年，制作了宣传片，创办了察雅电力微讲堂，扩展了“千里传音”在社会上的根植，并对企业文化的宣传阵地进行了电子化的改造，改变了以往古板、单调、单一的宣传模式，从基础上改变了宣传的质量和效果。

【营销业务管理】 2019年通过减少业扩报装流程缩短时限，强化审批把关环节和供电合同管理，规避法律风险的同时为用户提供了优质的服务；同时严格按照SG186系统的要求来完善用户数据，把工作流程的管控做到每一步环节上，确保了信息采集全面准确；利用夜校培训的藏汉双语、礼仪培训、口语交际、营销专业知识等课堂开展，全面提升公司营销人员的综合素养，有针对性地为客户制定出解决方案，让优质服务深入客户内心。特别是在2019年年底和2020年年初接管吉塘片区的事宜上，与昌都公司营销部进行无缝衔接，有效地开展了用户资料的收集和摸底工作。

优化营商环境工作加速推进。按照国网昌都公司要求，所辖区域内所有用户全面执行全区统一电价，促进察雅县经济社会平稳健康发展。深入开展关于漠视侵害群众利益的专项整治工作，组建专项工作小组，排查失维失修电网设备，优化业扩报装流程，缩短业扩报装时间，设立了停电抢修群众反馈热线和举报热线。

【脱贫攻坚】 在脱贫攻坚的决胜阶段，为坚决做好后盾工作，积极落实国网昌都公司党委和县委、县政府的决策部署，顺利地完成了察雅县25个易地搬迁安置点的通电工作，为2018户、10674人的入住提供了有效的电力保障，剩下一个巴日乡的安置点，因主电网未覆盖而未实现通电，在2020年“三区三州”实现巴日乡主电网覆盖后，要第一时间做好该安置点的通电工作，决不能遗漏任何一户。

【电网建设】“三区三州”项目的实施，充分发挥出属地协调作用，为项目实施提供可靠保障，坚持管控施工作业现场安全，落实督导责任，有序推进项目现场施工进度，2019年项目总体进度达到年度目标的90%，且2019年“三区三州”项目基本已全面进入复工阶段。积极配合开展“十三五”增补项目的申报和协调，涉及总投资9440万元。2020年在“三区三州”和“十三五”增补项目全面完工后，察雅电网的覆盖率将达到100%。

供　水

【概　况】 2019年以来，察雅县供水公司以保障县城供水为根本，以发展为主线，服务为龙头，解放思想、创新观点，强力推进各项工作。

【效益分析】 自来水厂收入情况：2019年水费收入137.42万元，安装费12.43万元，总收入149.85万元。较之2018年收入178.5万元，收入减少了16.05%。因2018年对公安局、医院、中学等用水大户进行了往年水费的回收，所以相对2018年，2019年收入减少。

东憧圣泉的生产情况：东憧圣泉瓶装水从2019年1—11月共生产900件，生产的瓶装水200件用于推广工作，剩余700件用于政府后勤采购和县直各部门采购，每件出厂价为24元/件，共计收入1.68万元。东憧圣泉桶装水从2018年2月开始委托代理人在县城进行配送，2019年已送出6630桶，出厂价7元/桶，共计收入4.64万元。

【收入支付】 水费收入主要是用于以下方面的支付：职工工资75.86万元、电费2.5万元、办公室房租1.7万元、民工工资5.31万元、油费和车辆维修费用4.2万元、水源点监控费用及水厂安全标语4.86、修建水厂值班室24.81万元、购买给水材料7.95万元、电脑及办公用品、宽带费4.42元、取水许可证预付4万元。2019年共计支出135.61万元。

【智能水表更换及维护】 截至2019年年底，全县共计需要安装智能水表4200余支，全县已更换3533支智能水表，已开户3140支，安装率84.12%，开户率88.88%。在智能水表更换工作的同时，不定期对前期已更换的水表进行检查及维护工作，发现有问题的水表及时进行更换。

中国石油

【概　况】 2019年，在县委、县政府的坚强领导下，在县各职能部门和上级公司的大力支持下，面对油品表观需求不稳、竞争激烈的复杂市场环境，中国石油察雅加油站紧紧围绕“安全服务、扩销增量”的工作目标，狠抓规范管理，抢抓市场机遇，争先创优，迎难而上，取得了较好的经营业绩，经受住了严峻的市场考验，完成汽油、柴油销售3500吨，非油商品销售50万元。

【提高业务素质】 中国石油察雅加油站组织员工认真学习中共十九大精神，深入贯彻落实县委、县政府、上级公司的各项指示精神，坚持学习“标准站创建要求”“加油站管理规范”“六条禁令”“石油职工廉洁自律手册”等规章制度，不断提高自身素质、文化修养，筑牢思想防线，严守中央“八项规定”，同时加强家庭廉洁教育。在日常工作中，定期组织员工学习业务知识，培训员工技能，并定期进行考核，培养员工适应新时代、新形势下的综合能力，为全年各项工作取得良好成绩打下坚实的基础。

【规范化服务】 抓好安全教育，促安全管理。加油站是经营易燃易爆品场所，要是员工的安全意识不强，操作不正确都可能有危险，因此在平时的管理中，加油站管理人员十分重视安全工作。提高员工的安全意识，每月定时开展消防演练培训及教育活动，全年共开展应急演练12次。要求每位员工时刻有警惕心，严防车辆不熄火加油，顾客在站内打手机和塑料桶加油等。在检查上，要求做到勤检查，勤保养，杜绝隐患，发现加油机和加油枪有渗漏及时处理。日查、周查、月查不走过场，不留死角。及时开展隐患治理，完善应急预案，组织员工开展预案推演，提高了员工安全防范能力和处置突发事件的能力，确保企业财产和员工生命安全。

采取灵活手段，抓优质服务。提升服务质量是加油站的宗旨，也是更好地履行在藏央企“三大责任”的重要抓手。中国石油察雅加油站紧抓优质服务这条主脉，在规范化服务上狠下功夫，努力争取更多的顾客。从站长到员工都要求熟练掌握加油“八步法”，把销售“六”技巧作为上岗员工的必备武器，要求员工要对每一位到站的顾客，来有迎声，走有送语，做到热情周到微笑服务，对于有困难的顾客一定要积极主动帮助。

【扩大销售量】 销量是一个公司存在及发展的生命线。只有不断扩大销量，才能保证加油站的长盛不衰。这一年中，加油站多次组织员工进行座谈，发动员工想办法出主意，增加销量。在网络开发方面，积极响应县委、县政府和上级公司的号召，在县委、县政府的正确指导下，经与相关监管部门多次会晤协商，完成了察雅德嘎纳加油站的建设施工，并顺利投入试运营，为更好地服务察雅县人民群众注入新的活力。

【非油品销售】 在非油品销售工作上，较早走出了“在加油站卖饮料、副食等商品对成品油销售影响不是很大”的误区，认识到非油品业务的开展能极大地促进我们的成品油销售。顾客在购买商品的同时绝大部分都会加油，加油的同时又会购买商品，两者之间是互相促进的。在某种程度上也是一项便民服务措施，为当地群众提供优质的润滑油、生活用品也是加油站义不容辞的责任。

商务　旅游

商　务

【概　况】 2019 年以来，在县委、县政府的坚强领导和市商务局的支持下，察雅县商务局以满腔的工作热情和对党对人民高度负责的精神，立足商务职能，凝心聚力，深入贯彻新时期商务工作新要求，自加压力，主动作为，开拓了商务工作新局面。

【商贸市场监管】 察雅县商务局积极引导各类市场主体，根据春节、藏历新年、国庆节等市场消费特点，积极组织货源，增加适销对路的商品品种，提早备足日用消费品和副食品货源，以保障供应，并对节日期间全县范围的商贸流通企业运营情况进行全面统计。

巩固察雅县消除碘缺乏危害成效，保障食盐市场化供给，科学高效开发资源，全面提升企业造血功能，统计全县十三个乡镇农牧民食用碘盐配送计划数据，全年计划配送碘盐 388866.5 千克，覆盖率达 100%。

成品油市场。全县有成品油经营企业 4 家，截至 2019 年年底销售的汽柴油约为 340.18 吨，并监督检查加油站油气回收工作、加油站单层罐改双层罐工作，截至 2019 年年底察雅县所有加油站均完成油气回收、双层罐等升级改造。

【商务执法】 与市场监管局、应急管理局、公安局等部门对饭店、学校、百货店、超市、菜市场组织 10 次商贸领域安全生产检查，共检查各类企业 142 家次，并在敏感节点加大对加油站的安全生产检查力度。

【产业园区日常监管】 察雅县扶贫产业园已引入企业 9 家，带动扶贫建档立卡户 186 人就业。民族手工艺产业、特色农牧产品（金银器加工、矿物质颜料、木雕）等，年产值达到 3000 万元。双创孵化池孵化企业 13 家。润丰伟业农牧科技有限公司获得农牧科技项目发明专利，西藏易和健康科技有限责任公司正在申请专利，这两项专利为察雅县在农业和医药科技上有了新发展、进步，并先后迎接上级督导工作组 20 余批次。

【非洲猪瘟防控】 根据国务院非洲猪瘟防控工作电视电话会议和《西藏自治区重大动物防疫防治指挥部〈关于进一步加强非洲猪瘟防控工作的紧急通知〉的通知》要求，2019 年与县农牧局、食品药品监督管理局对县城的餐饮单位、农贸市场、冻制品专营店开展“非洲猪瘟”防控专项检查工作 5 次，切实保障群众肉类食品安全，并要求被检查人员所采购猪肉必须持有“两证一章”，并明确专人验收，做好进出库记录，严禁采购、使用无合法来源、未经检验检疫或者检验检疫不合格猪肉及生猪产品。

【结对帮扶】 前往香堆镇坤达村、荣周乡莫巴村看望和慰问帮扶对象，按照“精准扶贫、不落一人”的要求，为贫困群众办实事、解难事、做好事，切实体现权为民所用，情为民所系，利为民所谋，不断改善贫困村生产生活条件。此次帮扶给每户送1袋米，1袋面、1桶菜籽油，并宣传扶贫政策、找门路，让贫困户早日脱贫。

【电子商务】 为贯彻落实农牧民技能培训政策，进一步提升农村电子商务网络认知能力，普及农产品电子商务知识与技能，促进特色农产品网络经营效益，推动察雅县电子商务发展，察雅县商务局分别于8月6日和9月24日组织对全县部分建档立卡户、农牧民合作社、创业大学生等80余人进行电商培训。此次培训由西藏自治区电子商务与商贸物流协会的专业人员进行授课，培训内容：针对村民开设电商发展形势、农产品网销、网络购物、网上交易、网络平台使用、农村信息服务、公共服务平台应用、农产品销售技巧、网络安全等相关课程；针对电商创业意愿的人员开设电商（淘宝等）交易平台的店铺注册、网店设计装饰、运营管理及推广等教程。

【参加昌都市第五届“三江茶马文化艺术节”特色产品展销会】 2019年8月19—25日，由县委常委、副县长任建利带队，县商务局牵头联合县农牧局圆满完成了第五届“三江茶马文化艺术节”特色产品展销会察雅县展销工作。展销会上，察雅瓜果（桃子、小西红柿、黄瓜）、察雅苹果醋、构树茶、牦牛肉酱、察雅县藏香、黑青稞糌粑、巴日蜂蜜、吉塘藏靴、麦堆银器、红拉山藏鸡蛋等产品取得了良好的销售成绩，其间，察雅县各类产品销售业绩达17万元。察雅县构树茶在此次展活动中获得了“最佳产品创新奖”。

【主题教育】 按照全县主题教育学习计划，结合单位实际制订商务局党支部“不忘初心、牢记使命”主题教育学习计划，按计划以集中学习和自主学习的方式先后学习了《习近平新时代中国特色社会主义思想学习纲要》、中共十九大报告、习近平总书记在中央第六次西藏工作座谈会上的重要讲话、《中国共产党章程》、《关于新形势下党内政治生活的若干准则》、《中国共产党纪律处分条例》等，并认真撰写学习心得体会、学习情况报告。

为进一步深化“不忘初心、牢记使命”主题教育工作，牢固树立“四个意识”，坚定“四个自信”，坚决做到“两个维护”，按照《察雅县“不忘初心、牢记使命”主题教育专题研讨方案（讨论）》（察教组发〔2019〕7号）文件要求，紧紧围绕主题，开展研究讨论，支部书记和党员干部分别作了交流发言。

【招商引资】 昌都市下达2019年的招商引资目标任务3亿元。2019年招商引资项目共有10个，协议资金5.55亿元。7个项目为续建：烟多镇如给村物流园、烟多镇帮嘎村光伏电站、德嘎纳加油站、香豪加油站、察雅县日峰酒店、察雅县德玛大酒店、唐卡泥塑加工项目，3个新建项目为元丰汽修厂和察雅县棚户区改造项目、金河福临砂石厂。已到位资金为31941万元，7个项目已完成建设。2019年接待到察雅的招商引资项目考察企业58家，包括建材、矿泉水、冷链物流等。正在洽谈的项目2个（投资宾馆、建材），两个风力发电项目正在测风收集数据阶段。

旅　游

【概　况】 围绕国家全域旅游示范区创建及打造生态文化旅游产业集群工作目标，突出旅游规划编制、景区建设、旅游基础设施建设、安全管理、行业市场整治等工作，全县旅游业稳定健康发展。

【工作开展】 全域旅游规划编制完成。《察雅县县全域旅游十年行动计划》已通过初评，已报市旅游发展局评审。

景区建设取得突破性进展。督促、指导吉塘景区和香堆景区加快建设，前置手续已经办理完毕，于6月挂网招标，6月30日之前进场施工。

旅游安全形势、行业市场秩序稳定。根据旅游的安全形势及市场秩序的稳定，组建综合整治工作专班，经过长时间的整治巡察，察雅县未发生任何旅游安全事故。

对旅游项目生态环境保护的办法。加强旅游环境保护的科研工作和旅游环境保护知识的宣传教育。进行旅游开发的环境影响评价。在旅游区发展建设中做好旅游环境规划。对破坏生态环境的旅客进行严厉的处罚及教育。

【工作计划】 完善旅游公共服务体系。已申报“十四五”项目规划，完善察雅县各乡镇旅游景点的基础设施。

推进旅游标准化体系建设。支持未创星酒店创星，通过提高档次提升吸引力，有两三家酒店有意愿创建星级酒店。同时抓好国家和援藏方面的项目落地工作。

加强旅游行业市场秩序整顿。扎实开展旅游市场秩序整治工作，联合公安、消防、应急管理局、市场监管局等相关部门，共计开展旅游市场专项整治行动3次。对藏家乐、非星级酒店等涉旅企业进行执法检查，发现隐患问题8项，责令整改完成8项，整改率达100%；通过走访群众、现场调查，摸排线索等方式汇总网络、微信、举报等信息，广泛收集各类相关违法线索6条。

【人才培训】 为提高旅游工作者管理水平，组织群众去山南学习。将之学习成果带回察雅县，让其按照要求培训旅游业工作人员，已达到更高的标准。

严格落实县委、县政府部署的中心工作。围绕精准扶贫精准发力，严格落实上级部门、县委、县政府关于精准扶贫的决策部署。积极完成宣传。到全县各酒店宣传旅游政策，按要求培训酒店工作人员。做好党建工作，开好“支部主题党日活动”，规范党建工作程序，强化支部工作力量。党风廉政建设、综治、文明单位创建等常规工作有序推进。结合中央、自治区的文件要求，抓好“不忘初心、牢记使命”主题教育的学习。

【旅游行业扶贫】 2019年，全县旅游保洁员630名，每名每年3500元，计220.5万元。在农业示范园、卓玛温泉和各大酒店务工人员共计92名，每名每年30000元，计276万元，带动农牧民群众增收共计496.5万元。随着吉塘景区和香堆景区的开发，农牧民进场务工的积极性较高，可实现带动群众30名进行务工增收。让旅游行业彻彻底底地带动建档立卡贫户的增收，有效扎实地推进扶贫工作的攻坚战。

结合援藏的要求，已经报了5个援藏项目，等待援藏办的批复。

教　育

综　述

【概　况】 2019年，察雅县教育局加快推进教育现代化建设，巩固义务教育均衡发展工作成效，各项工作顺利有序开展。2019年，全县有学校39所，其中初级中学1所，小学18所，村教学点3所，县幼儿园2所，村级幼儿园15所。2019—2020学年，全县有在校学生9316人，其中小学在校生5817人（不含在外借读），小学适龄儿童入学率为99.84%；初中在校生1743人（不含在外借读），初中学生入学率为98.11%；学前教育在园幼儿1756人（不含在外借读），幼儿园毛入园率为70.44%。全县有专任教师643人，其中小学专任教师424人，初中专任教师130人，幼儿园专任教师89人；全县有临时工和公益性岗位297人（其中公益性教师103人），西部志愿者教师1人。

【维护安全】 各级各类学校坚持稳定压倒一切，进一步强化政治意识、大局意识和责任意识，切实维护社会局势稳定。建立健全学校安全工作领导机构，加强对学校安全工作的督查和指导。县教育局多次下发关于做好校园安全工作的相关通知，对学校安全工作提出明确要求，制定学校安全检查工作方案和各类突发事件应急预案。县教育局认真落实安全工作目标管理责任制，健全各项安全管理制度，实行学校安全工作一票否决。在县委、县政府的统一指挥下，全体教职员工在思想上和行动上始终与各级党委、政府保持高度一致，各学校制定了安全工作方案和应急预案，强化了工作措施，明确了工作责任。通过教育系统全体干部职工和师生们的共同努力，2019年以来全县各学校社会局势稳定，治安状况良好。

【推进全县教育整体水平】 加强学校德育工作。紧紧围绕"为谁培养人，培养什么人，怎样培养人"这一主题，根据学生身心发展特点和年龄特征，创新德育工作方法，进一步增强德育工作实效。各学校组织了丰富多彩的文体活动，特别是以建党98周年、新中国成立70周年为契机，认真组织开展了新旧西藏对比教育、反分裂教育、民族团结教育等形式多样的爱国主义教育。抓实学校常规管理。落实校长、教师的岗位职责，建立并不断完善激励机制。以教学为中心，开展有效课堂建设，努力提高课堂教学效率。加大教育检查力度。县教育局注重细节检查与过程监控，教研室定点联系学校，定期到学校指导，加强对教育教学常规的检查，2019年已完成全面督导检查4次，着力规范学校教育教学的每一个层次、每一个环节。2019年9月和10月组织开展了第三届中小学电脑制作活动。全面推进"5个100%"教育工作，紧紧围绕实现"五个100%"教育工作目标和质量提升计划，扎实开展各项工作，努力促进全市教育事业健康和谐发展。成立了“五个100%”教育工作领导小组，明确职责，多次召开了“五个100%”教育目标工作的部署会议，并结合察雅县实际，制定了“五个100%”教育目标工作方案。在上级领导的正确引导和全县师生的共同努力下，察雅县“五个100%”教育目标取得明显成效。截至2019年年底，均实现中小学双语教育普及率达到100%、小学数学课程开课率达到100%、中学数理化生课程计划完成率达到100%、中学理化生实验课程开课率达到100%。

主要工作

【义务教育均衡发展】 继完成义务教育均衡发展工作自治区督导评估和国家验收后，察雅县紧抓均衡发展巩固提升工作不放松，多措并举推进义务教育学校基础设施建设、标准化学校建设、数字化校园建设，全面推进控辍保学工作，积极推进学校素质教育工作，把提升和巩固均衡发展成果列为重要议事日程，加快推动优质均衡工作。

【控辍保学】 县委、县政府的高度重视疑似失学儿童核查和劝返复学工作，先后召开多次工作推进会，统筹领导。县教育局狠抓落实，多部门联动，对数据进行反复核查，确保数据准确。全县疑似失学儿童劝返复学完成率达到100%。同时，察雅县委、县政府、县教育局、各乡镇、各学校全面落实控辍保学工作措施。制度控辍：从制定控辍保学实施方案、奖惩制度、问责办法，执行“控辍保学四书制”、“控辍保学双线目标责任制”，印发《中共察雅县委员会关于调整察雅县县级干部包乡（镇）、村（居）学校、寺庙分工的通知》，形成了32个县级领导片区包校的工作机制，明确了坚持教育优先战略不动摇的工作思路，突出了重点任务，加强对联系点学校控辍保学、基础设施建设的督导、跟踪、问效，从严落实控辍保学工作。责任控辍：在县人民政府每年和各乡镇签订目标责任书基础上，实施“县、乡、村、户”“局、校、班、户”双线控辍责任制，层层落实，对辍学学生实施“一生一策”劝返，把工作做精、做准、做牢。监测控辍：加强学生失学辍学情况监测，把流动、留守、残疾、家庭经济困难适龄儿童作为重点监测群体，定期发布监测报告。宣传控辍：通过街道LED、电视广播、微信公众平台、横幅150余条，进一步加大有关政策法规的宣传力度，切实增强家长依法送子女入学的自觉性和主动性，先后开展教育宣传活动60余次，受教育群众达5万人次。关爱控辍：县教育局、团委、民政、妇联等部门积极开展多种形式的关爱活动，动员和组织全社会大力开展残疾儿童、贫困生关爱行动，着力构建学校、家庭、社会三位一体的关爱工作体系，稳定学生队伍。

【安全卫生体育艺术工作】 按照相关文件要求，县教育局下发了《关于进一步做好校园安全工作，加强校园管理的紧急通知》《关于加强近期学生管理的紧急通知》等安全工作相关文件，对学校做好各项安全工作提出了明确要求。各学校以落实校园安全工作责任制为抓手，按要求积极开展校园安全隐患排查，食品卫生检查、校园流行病防控检查。各学校充分利用广播、板报等宣传阵地和通过悬挂横幅、设立警示牌等形式，向广大师生宣传安全法律法规和安全防范常识，开展安全主题班（队）会活动，举行应急避险演练90余场，有效地提高了师生的安全意识和防灾自救能力。县教育局在“三大节日”等组织开展系列民间体育活动及干部职工篮球赛、足球赛等体育赛事。各类学校认真落实阳光体育运动，组织学生每天锻炼一小时，召开校园运动会。各学校以推进素质教育为抓手，全面加强艺术教育工作，开齐开足艺术类课程，组建音乐、美术、舞蹈等兴趣班，全面加强学生艺术教育工作。

【**教育扶贫**】 坚持为民惠民，攻坚共建共享，坚定不移推进教育公平公正，切实保障特殊群体接受义务教育权利。积极开展关爱帮扶留守儿童和残疾儿童少年工作，制定出台《察雅县关爱留守儿童、残疾儿童工作实施方案》，对不能入学接受教育的残疾儿童实行送教上门，着力解决留守儿童、残疾儿童在亲情关爱、家庭教育、心理健康、社会保护等方面的实际困难，构建学校、家庭、社会三位一体的关爱工作体系，保证义务教育阶段外来务工子女与察雅户籍学生同等享受“三免一补”政策，保障进城务工人员随迁子女共享优质教育资源。努力倡导社会捐资助学，积极倡导行政、企事业单位与社会爱心人士开展慈善助学活动，汇集社会正能量，先后接受社会各界义工组织、爱心人士捐资达到10万多元，惠及学生1500余人。各级各类学校组织开展党员干部定点联系学校，学校领导班子和党员教师联系学生，开展结对帮扶活动，积极促进教育系统各民族党员干部、师生广泛交朋友，密切了师生、党群关系。学校和教师给予贫困生物资上的帮助和学习生活上的帮助，有效避免学生因贫失学现象，努力让教育公平惠及每一名学生。兑现了2019年建档立卡大学生免费教育补助资金415.148万元，受益学生390人次。

【**改善办学条件**】 2019年，全县共计投入学生“三包”经费2735.18万元，营养改善计划经费498.88万元。持续做好“三包”物资及经费的管理。“三包”大宗物资实行招标采购，各学校严格按照新“三包”标准，改善学生伙食。在使用过程中，公用经费根据各学校教师和实际在校生人数按标准预算到学校，教育局负责督导使用情况。学校“三包”菜、酥油等物资采购采取定点、定量、定价的“三定”原则。各学校广泛开展文体活动，丰富学生课余生活。大力实施义务教育学校标准化建设，将资金和项目重点安排在薄弱学校，逐步实现城乡之间、校级之间的均衡，大力解决学校校舍、教学辅助用房、运动场不足等问题，加强各类学校实验室、音体美卫、信息化设备配备，实施易地扶贫搬迁点学校建设，积极争取资金推进中小学、幼儿园的改扩建，各学校基础设施建设基本健全。投入高海拔义务教育学校集中供暖项目资金718万元，公共体育场馆建设资金850万元，全县各级各类学校办学条件进一步改善。

【**队伍建设**】 加快教师培训工作。2019年4月，县教育局组织了全县小学教师课堂教学技能大赛。为提高教师培训的水平，2019年4月、5月组织130多名教师赴重庆南岸区、綦江区参加了培训。同时组织10多名幼教教师参加了“粤藏同心”幼教教师和保育员培训。持续开展教师轮岗交流工作，进一步完善了校长、教师轮岗交流工作方案，2019年全县校长、教师交流人数达到54人次。

【**党风廉政建设**】 察雅县教育局以贯彻落实中共十九大精神为主线，坚持“围绕教育抓党建、抓好党建促教育”的宗旨，突出抓好教育系统基层组织建设，加强教育局机关、学校党风廉政建设。明确党建工作目标责任内容。认真组织党员、干部、教师学习《中国共产党章程》《中国共产党廉洁自律准则》《中国共产党纪律处分条例》等党风党纪廉政规定，进行廉政教育，继续充实和完善党建资料，创新党建工作，确保按时完成学校基层党组织标准化建设验收任务，按照上级要求，围绕保持党的先进性和纯洁性，发挥党员的先锋模范作用。加强师德师风建设，弘扬师德正能量，开展宣传教师好人好事活动，提升师德师风建设水平，建立和谐师生关系，促进学生健康全面发展。加强思想建设。坚持理论学习制度。全面深入开展“不忘初心、牢记使命”主题教育，做到了有计划、有落实、有记录、有笔记，加强学习型、服务型组织建设，进一步加强了广大教职工理想信念教育。加强班子建设。按照要求组织召开专题组织生活会，开展批评与自我批评，不断改进工作，提升学校领导解决问题的能力，建立健全党组织联系、帮扶制度，充分利用工会组织，为家庭困难的教职工、学生解决实际问题。深入推进结对帮扶各项工作。不断加强学校支部标准化建设。建立健全了学校支委会，使党建工作任务分工明确，积极做好党务公开工作，充分发扬党内民主。积极做好党费收缴工作。按照党费收缴办法，按时足额上缴党费。严格执行中央“八项规定”和教育部关于《严禁教师违规收受学生及家长礼品礼金等行为的规定》，全面落实教师廉洁从教等要求；坚决制止在教师招聘、职称评定、评优评先，公物采购、各类考试中的违规违纪行为，让所有公权力都在阳光下运行。

【“两大”考试】 在县委、县政府的正确领导下，县教育局认真组织了“两大”（高考、中考）考试，2019 年全县小升初考生 895 人，其中 374 人参加了其他省市西藏班初中招生考试，521 人参加了毕业班质量监测考试；参加 2019 年中考考生 309 人，其中报考其他省市高中班考生 41 人，县教育局严格按照相关要求，严肃考风考纪，严格“两大”考试各项环节。2019 年，察雅县其他省市西藏初中班上线 9 人，最终录取 9 人；其他省市西藏高中班上线 7 人，最终录取 7 人。

文　化

编　译

【概　况】 2019 年，察雅县藏语委办（编译局）紧紧围绕县委、县政府中心工作，服务于全县发展和稳定这一宏伟目标，遵守党的政治纪律，改进工作作风，使一年来藏语文编译事业方面取得了新的进展。

【社会用字检查整改】 2019 年是新中国成立 70 周年，为净化察雅县语言环境和提升城市文明程度，顺利开展庆祝活动，扩大了社会用字监督检查范围，在节日前专门组成社会用字检查整改工作领导小组，对察雅县的城区和烟多镇居委会所辖范围内的 512 户个体商铺的招牌和沿街的路标、路牌，33 个单位门牌，10 个便民警务站的门牌和 LED 电子显示屏等处的社会用字规范程度做了详细检查，着力解决社会用字不规范等问题。

【地名汇编】 根据上级工作安排，2019 年察雅县藏语委办积极协助西藏自治区藏语委办走遍 13 个乡镇和 78 座寺庙，搜集和登记完成了寺庙名称和历史简介等第一手资料，并且把登记记载出来的寺庙历史统一整理成电子文本，翻译成了汉语、藏语双语记录文本共有 80 余页，字数已达 42688 个字，圆满完成了上级安排的工作任务。

【地名汇编收尾】 按照市编译局有关领导的指示和工作要求，为了更加准确编撰好察雅县地名汇编内容，考虑到藏语、汉语对照地名汇编书的顺利出版具有较高的历史价值，把编纂完成的地名汇编书籍内容发放到各自所属乡镇和寺庙，要求各乡镇务必引起高度重视，认真对待核实工作。并一再强调核实过程中若发现各自辖区内的地名资料发现不妥之处，或书中记载的地名和由来等内容与实际不符或与实际偏差等现象存在的作出修改并注明原因。个别乡镇正在核实工作中，待报送完成后，准备重新编排出版。

【结对帮扶】 为了全县贫困群众能够顺利脱贫摘帽，察雅县藏语委办根据上级工作安排继续加大投入力度，全体干部们积极投身到扶贫工作开展当中，竭尽所能地帮助对口群众，并且由单位主要负责人带领干部们经常自发组织购买贫困户生活所需物资，深入帮扶户家中。对他们热情地嘘寒问暖，与他们唠家常，在谈话间当发现遇到困难和问题时，干部们毫不犹豫伸出援助之手，把贫困群众的困难和问题当成自己必须解决的事情，想方设法帮助他们走出困难境地。2019 年虽然帮扶对象莫日村里正在修路，但是察雅县藏语委办干部们不畏惧艰难，多次走村入户走访慰问，仅靠着摩托车运送生活物资发放给了贫困群众。想方设法帮助贫困户销售农畜产品来增加他们的现金收入，并且让群众切身感受到了党的关怀。与此同时，为了能够及时向农牧民群众宣传精准扶贫有关惠民政策，察雅县藏语委办协助各单位翻译了扶贫宣传材料和问卷调查表等有关扶贫领域的政策性文件，并且按照要求每个季度都集中在村里宣讲党的政策，叮嘱他们要懂得感恩。

充分发挥翻译工作在察雅县各领域中的重要作用。围绕全县中心工作，努力完成县四大班子交办的各种文字材料和“两会”材料等，共翻译完成了170余页，按字数算已达到8万余字。协助县直各单位及各乡镇翻译了各种文件和宣传材料、通知、公告等宣传用字120多份，横幅内容和公益广告用词、座签和宣传栏等共计4.5万余字。另外协助宣传部、文化局等单位翻译了澜沧江文化艺术节的主持词、领导讲话稿等各种材料15份，共计8000余字，致使能够顺利召开会议和开展有关活动等方面做出了贡献。

2019年顺利完成县四大班子交办的工作任务外，协助行政审批局翻译了全县各个领域的办事流程等相关资料共有20多页，字数已达到1万余字，为广大农牧民群众顺利办理户口登记和医疗费报销等方面提供了方便。

文艺文物和广电事业

【概　况】 2019年以来，察雅县文化、文物、广电工作始终坚持以习近平新时代中国特色社会主义思想为指导，深入贯彻落实全国宣传部长会议精神和全市文化（文物）暨广播电视工作会议精神。在县委、县政府的正确领导下，在市文化局、广电局等上级业务部门的指导和帮助下，文化、文物、广电等工作取得了一定的成绩，但同时也凸显出许多亟待解决的问题。

【文化演艺】 文艺演出情况：2019年以来，积极组织县艺术团开展“五下乡”文艺演出和春节藏历年期间“文艺进万家”，2019年度统战爱国人士和宗教界代表迎新年座谈会演出，2019年春节、藏历新年文艺会演，喜迎春节、藏历新年敬老院慰问演出，纪念西藏民主改革60周年文艺会演，察雅县第三届“四讲四爱”主题教育活动暨“五四”赏花节文艺演出，察雅县2019年“四讲四爱”群众教育实践文艺巡演、昌都市第四届三江茶马文化艺术节、类乌齐县第二届康巴花都艺术节、察雅县庆祝中华人民共和国成立70周年文艺演出活动及送文艺下乡、进校园等系列活动20场，创编舞蹈8部（《舞动时代》《激情燃烧》《厚重的察雅》《可爱的老头老太太》《阿热巴羌》《察雅县锅庄》《军民一家亲》《振奋人心》）。

参加培训情况：为加强艺术团演职人员的专业演出技能，积极派县艺术团的尼玛卓玛前往云南杨丽萍文化传播股份有限公司参加为期5个月演出培训，已返回。邀请自治区藏戏老师为艺术团人员教授藏戏。为丰富艺术团演出形式，在昌都市文化局的大力支持下，已派艺术团一男一女，前往昌都市参加为期两个月的话剧创作培训。

【队伍建设】 接市文化局通知，察雅县民间艺术团自2018年7月更名为察雅县艺术团。艺术团有团长1人（由县综合文化活动中心主任兼任），演职人员27人（女14人，男13人；其中，新增女演员2人、男演员5人）。根据《西藏自治区人民政府办公厅关于加强县（区）艺术团建设管理的意见》（藏政办发〔2019〕22号）文件精神，县艺术团实行团长负责制，团长、副团长在县文化局事业单位在编人员或艺术团人员中选拔任命。为更好地完成演出任务，服务基层群众，经向县委组织部请示，并经县文化局内部对拟任职人员考核后，正式任命察雅县艺术团原演职人员西加为艺术团副团长，协助德吉卓嘎做好艺术团各项工作。

【文化市场管理】 截至2019年年底，全县共有文化场所经营单位32家，其中：朗玛厅5家、KTV6家、网吧3家、经书店5家、书店3家、打字复印店10家。

娱乐经营许可证办理情况：为进一步规范文化娱乐市场管理秩序，2019年1月开始，对全县范围内的朗玛厅、KTV等16家娱乐场所重新进行娱乐经营许可证的办理、换新、备案登记工作。此外，为加强对娱乐经营场所演职人员的管理，还对全县5家朗玛厅的40名演员办理演员证，并对外来演出人员进行身份信息、演员证、演唱歌曲的备案登记，严防违法违禁信息的传播。

文化经营场所备案登记情况：切实加强对文化娱乐市场的监管力度，强化价值导向。2019年以来，县文化局陆续对全县的32家文化经营单位进行了工商营业执照等相关证件、法人身份信息、房屋租赁和使用信息等重新进行了备案登记，并对7家出版物发行单位、7家娱乐场所、2家互联网经营单位进行了年度核验登记。

目标责任认领情况：为深入贯彻落实市文化局关于做好安全生产工作的有关要求，确保察雅县文化市场的安全有序，为全县人民营造健康、安全、平安的文化娱乐环境。2019年以来，坚持“安全第一、预防为主、综合治理”的方针，加大对文化市场的监督检查力度，扎实开展文化市场安全大整治、大检查，同时与32家文化娱乐企业签订文化市场安全目标责任书，确保安全生产目标责任到人，文化市场安全形势稳定。

【“扫黄打非”】 一季度工作开展情况：自2018年区党委统筹部署开展扫黑除恶、打非治乱、扫黄打非“三个专项斗争”以来，联合县文化综合执法大队不断加强执法检查力度，确保了文化市场的和谐稳定。2019年以来，“扫黄打非”行动共计出动执法人员75人次，分别在“三大节日”期间、“3·28”等时期联合县工商局、公安局、县消防大队、县文化综合执法大队等进行执法检查30次，开展“网络通信领域违法犯罪打击整治”“扫黄打非·净网、护苗、固边”等专项行动6次。此外，在进行执法检查的同时，还向文化娱乐场所、各乡镇“扫黄打非”基层站点发放“扫黄打非”相关宣传手册和海报1000余份，在全县悬挂“扫黄打非”举报电话牌30个。

二季度工作开展情况：4月1日至5月5日，“扫黄打非”行动共计出动执法人员5人次，进行执法检查10次，开展专项行动1次，向文化娱乐场所、各乡镇“扫黄打非”基层站点发放“扫黄打非”相关宣传手册和海报200余份。

5月5日后，为全面贯彻落实《察雅县机构改革方案》，根据《中共察雅县委员会宣传部职能配置、内设机构和人员编制规定》（察党办〔2019〕59号）文件，由县委宣传部加挂县新闻出版局、县政府新闻办公室、县广播电视局牌子，组织指导协调全县“扫黄打非”工作。故“扫黄打非”工作在县委组织部的监督下，已于5月6日正式移交至察雅县委宣传部。

【非遗工作】 截至2019年年底，察雅县共有非遗传承项目20个，其中自治区级项目5个，市级项目1个；非遗传承人46个，其中自治区级传承人5个，市级传承人5个，县级传承人35个（其中有1人担任两个项目的传承人）。

传承人申报情况：为进一步做好全县非物质文化遗产传承工作，保护和发扬好非物质文化遗产，结合察雅县非遗项目实际情况，一是提交《关于请求公布察雅县6个非物质文化遗产项目县级传承人的请示》，经县政府会议研究决定，同意为自治区级非遗项目藏戏、烟多羌姆面具、麦堆金银加工、吉塘藏靴、烟多羌姆以及市级非遗项目藏香6个项目分别增加2名县级传承人；二是提交《关于将荣周村开渠仪式和“格萨尔铠甲颂”列入县级非遗保护项目及其传承人员列入县级传承人名录的请示》，经县政府会议研究决定，原则同意该请示，近期将下发正式文件。

项目申报情况：为了继承和弘扬中华民族优

秀传统文化，促进社会主义精神文明建设，加强非物质文化遗产保护和传承工作，根据《中华人民共和国非物质文化遗产法》和文化资源普查结果，申报察雅县荣周乡麦堆村嘎央齐民族手工艺品加工项目、嘎央齐民族木雕加工项目2项为县级非遗保护项目，因其缺少的申报材料仍未上交，项目仍在筹备中。提交《关于将荣周村开渠仪式和“格萨尔铠甲颂”列入县级非遗保护项目及其传承人员列入县级传承人名录的请示》，经县政府会议研究决定，原则同意该请示，近期将下发正式文件。根据市文化局要求，正在申报“格萨尔铠甲颂”和勉唐画派技艺为第二批市级非遗保护项目。

非遗展示展览：6月8日为中国第三个“文化和自然遗产日”，经市政府批准，于6月1—8日在昌都市茶马广场举办了2019年“文化和自然遗产日”活动，县文化局积极组织企业参与报名，最终参加活动的文化企业共5家，展出作品包括唐卡、藏香、颜料、金银器具、陶罐、刺绣、面具等10余种50多件，获得上级业务部门一致好评。此外，香堆藏戏还受邀参加了昌都市非遗藏戏巡演活动。

为响应市文化局号召，6月6日下午，在县新华书店楼下开展了以“非遗保护，中国实践”为主题的文化遗产、和谐之源系列宣传活动。活动主要以展示非遗佛像、唐卡、木雕、藏靴、藏香、颜料、藏饰和发放非遗宣传手册为主，同时还邀请相关4家文化企业人员现场进行讲解宣传。据统计，此次参展作品共有78件，现场发放宣传手册147册，吸引了前来观看的干部群众达450余人。此外，为进一步提高群众对非物质文化遗产保护工作的认识，营造良好的非物质文化遗产保护氛围，还发放了大量的非遗相关书籍，主要有格萨尔王传说、唐卡技艺讲解、藏戏传说等100余册书籍。

参加昌都市人民政府、天津市南开区人民政府联合主办的昌都市特色非遗文化产品展，央青唐卡公司等3家文化扶贫企业前往天津参展，向天津市民和广大游客推介了察雅文旅资源的特色，同时也为下一步扩大企业产品销路做出了良好的宣传。

为庆祝中华人民共和国成立70周年，昌都市举办了庆祝70周年非遗演出活动，香堆藏戏受邀参加演出，获得极大好评。

在察雅县举办的庆祝中华人民共和国成立70周年活动中，积极组织安排荣周乡“格萨尔铠甲颂”人员，在澜沧江广场进行展演，极大地提高了“格萨尔铠甲颂”的知名度。

【文物工作】 截至2019年年底，全县共有文物保护单位87处，其中自治区级文物保护单位10个，县级文物保护单位77个。

野外文物看管工作：为进一步做好察雅县野外文物保护工作，助力脱贫攻坚，解决建档立卡贫困群众转移就业问题。2019年3月，在与相关单位细致协调沟通并结合各文物点所在村实际情况筛选后，向县人民政府和昌都市文化局提出《关于调整野外文物看护人员的情况报告》，经县政府会议研究和昌都市文化局反馈，一致同意将未在建档立卡户名额中的5名野外文物看护人员更换为5名建档立卡户贫困群众。

2019年，全县共有野外文物看护人员9人。其中，自治区文物保护单位看护人员4人，县级文物保护单位看护人员5人。

文物保护单位申报：文物是历史文物信息的存储库，文物的发掘和保护具有较高的历史艺术价值和科学价值。位于察雅县吉塘镇的新石器时代遗址（比果遗址）和阿孜乡的9世纪吐蕃石刻（阿觉扎那石刻群）是察雅县极具特色的人文旅游资源。2019年3月，向县政府提出将以上两处遗址列入县级文物保护单位名录，经政府会议研究决定，同意该请示。提交《关于香堆镇达多寺申报为县级文物保护单位的请示》，正等待政府常务会议研究。

文物考古发掘工作：察雅县江钦遗址2007年5月被正式列为第四批自治区级文物保护单位。江钦遗址和比果遗址的发现对于研究察雅乃至整个青藏高原人类早期文明的发展具有重要的历史文化价值。为提升改善遗址区域整体环境，加强对遗址的深入研究，于3月19日向市文化局提出申请，希望通过考古发掘，了解察雅县的发展历史，同时也为今后江钦遗址和比果遗址的保护提供重要的基础资料，正等待批复中。

文物保护点“三铁”建设：为加强对察雅县文物保护单位内部文物的保管，经与县统战部协商，由县民宗局从县级文物保护单位喇寺、德松寺、察雅寺、萨嘎日追、宗沙寺、班觉寺、帮嘎寺、塘妥寺、夏林寺9个寺庙中选出6个寺庙，配发铁门、铁窗、铁柜，以便更好地对寺庙文物进行妥善保，但仍未得到回复。

文物保护建设地带的划分：为全面贯彻落实自治区文物局关于6月全面完成第七批自治区级文物保护单位保护范围和建设控制地带划定工作的要求，根据《关于开展第七批自治区级文物保护单位保护范围和建设控制地带划定工作的通知》（昌市文发〔2019〕71号）文件，经请示副县长四郎江村，建议联合县住建、国土部门开展划定工作。同时，向县人民政府提交了《关于划定绘制文物保护范围和建设控制地带卫星图的经费请示》，以确保文保单位的保护范围和建设控制地带内文物建设的原有格局、环境景观和风貌不被破坏，等待批复中。近期，将联合以上两个部门下乡开展划定工作，确保该工作按时完成。

文物安全目标责任的认领：为认真贯彻执行国家、自治区有关文物保护法律、法规，结合察雅县实际情况，制定《察雅县关于切实做好今冬明春及节日期间文物建筑火灾防控专项治理工作的实施方案》《察雅县文化文物系统“防风险保平安迎大庆”消防安全执法检查专项行动工作方案》，及防范化解重大文物安全事故预案，并将其转发至13个乡镇及各文物保护单位。同时，完成与13个乡镇及10个自治区级文物保护单位签订察雅县2019年文物安全工作目标责任书工作，与野外文物看管人员签订野外文物看管人员协议，层层落实文物安全管理责任。

文物保护单位的修缮：一直以来，坚持履行文物保护和监管职责，积极市文物局对接，通过上报《关于解决香堆镇仁达拉康排水系统抢修经费的报告》《关于向康寺外围修建酥油灯供放房及搬迁燃灯殿的请示》《关于解决巴日寺文物保护资金的请示》《关于察雅县吉塘镇诺扎寺经堂维修保护经费的请示》《关于维修察雅县烟多镇嘎多寺经堂和壁画的请示》，已解决了香堆镇仁达拉康排水系统维修和吉塘镇诺扎寺经堂维修问题，且仁达拉康于6月初已正式开始修缮工作。

【文化产业项目】 为贯彻落实中共十九大报告中提出的关于“进一步完善公共文化服务体系，深入实施文化惠民工程，丰富群众性文化活动”目标要求，制定《察雅县公共文化服务体系建设实施方案》，并向市文化局提交，推进落实“十三五”时期文化产业发展项目。此外，根据察雅县文化产业项目发展瓶颈，向市文化局提交《察雅县6家文化企业扶贫资金申请》《察雅县2019年拟向市文化局推荐的4个文化产业扶贫项目》，为察雅县重点发展的7家文化产业项目提供资金扶持。为加大对唐卡产业的扶持力度，经2018年向市文化局申请，已取得市文化局下拨的“十三五”唐卡产业扶贫专项资金240万元（“昌都市百幅精品唐卡工程”资金，2019年7月30日到账）。为确保该项资金保值增值、安全有效、专款专用，及时通知全县8家唐卡企业上报项目实施方案和扶贫效益分析等资料，并一一入企调研，最终制定《察雅县文化局（文物局）关于落实文化产业扶贫项目“百幅精品唐卡工程”资金的实施方案》，已呈报县分管领导阅示，待研究确定后，将尽快落实该项资金。

【“十项提升” 工程】 广电网建设情况：为配合做好察雅县易地扶贫搬迁安置点“十项提升”工程各项工作，准确掌握各安置点广电基础设施配套建设情况及进度。3月初至4月，对全县22个易地扶贫搬迁安置点（唐琼孜安置点、荣周居委会安置点、香堆镇居委会安置点、王卡乡居委会4个安置点经与察雅县中国移动协商，将于近期进行电视网络覆盖）的广播电视卫星直播接收设备覆盖及使用情况开展实地调研，并进行现场登记造册，调研数据显示，22个安置点的“户户通”基本达到全覆盖。由于搬迁点的人员来自全县不同乡镇、村居，为进一步核实察雅县全县“户户通”设备发放的覆盖情况，对2012年以来所有发放的“户户通”设备数量、户口信息及人员信息进行了一一核对。数据显示，全县近6年为农牧民累计发放的“户户通”设备共11409套，缺少的设备，正在与市广电局沟通，拟使用“村村通”专项经费购置缺少设备。

文化室设备配发情况：为确保察雅县已建成的82个村委会（包括易地扶贫搬迁安置点）村级文化活动室的正常使用，2019年以来，已陆续为全县26个易地扶贫搬迁安置点全部配备文化活动设施。

此外，在县委、县政府的大力支持下，在市文化的关心关注下，还为全县新建的12个村居配备了村级文化活动设备，已发放到位。

【公共文化设施配套】 截至2019年年底，13个乡镇文化站基本实现了基础公共文化设施全覆盖，覆盖率达100%；全县138个行政村（新建82个），已有38个村居配备了基础文化设施，未配备文化设备行政村100个，设备配备率为27.54%。后期，将根据全县村级文化活动室的建设进度，通过公共文化建设专项经费资金统筹为剩余100个村居配套基础文化设施。

卫生　气象

卫生健康

【概　况】 为贯彻落实自治区卫生健康工作会议、全市卫生健康工作会议、全市经济工作会议，加快全县卫生健康工作快速发展，按照全县卫生健康工作目标任务，在区、市、县党委、政府的正确领导下，在行业主管部门的关心指导下，在援藏省市和援藏医疗专家的帮助支持下，察雅县卫生健康部门抢抓机遇、攻坚克难、奋力拼搏，扎实开展全县卫生健康各项工作。

【妇幼健康】 2019 年以来，不断加大政策宣传力度，通过开展健康教育强化农牧民群众自觉加强住院分娩的意识，努力实现“两下降，双提高”工作目标。全县产妇数 816 人，新生儿活产数 813 人（含 6 对双胞胎），死胎/死产数 9 人，孕产妇死亡数 0 人，新生儿死亡数 10 人，新生儿死亡率 12.30‰，同比下降 7.77‰，孕产妇住院分娩活产数 662 人，家中分娩数 151 人，孕产妇住院分娩率 81.43%，同比增长 9.09%。

【免疫接种】 根据国家免疫规划预防疫苗接种要求，全县免疫规划接种率达 93%。其中：乙肝疫苗应种针次 1574 针，实种针次 1450 针，接种率 92.12%；卡介苗应种针次 225 针，实种针次 206 针，接种率 91.56%；脊灰针剂应种针次 699 针，实种针次 645 针，接种率 92.27%；脊灰口服应种针次 1528 针，实种针次 1427 针，接种率 93.39%；百白破应种针次 2205 针，实种针次 2054 针，接种率 93.15%；麻风应种针次 576 针，实种针次 537 针，接种率 93.23%；麻腮风应种针次 654 针，实种针次 608 针，接种率 92.91%；A 群疫苗应种针次 978 针，实种针次 916 针，接种率 93.66%；“A+C”疫苗应种针次 710 针，实种针次 667 针，接种率 93.94%；甲肝疫苗应种针次 548 针，实种针次 507 针，接种率 92.52%。由于 2019 年各种疫苗曾出现断货情况，导致接种率较低。且对于未及时接种疫苗的儿童，各接种点在查漏后尽快补种，加强对各接种点进行督导检查，确保不会出现小孩漏种情况，提高儿童预防接种率。

【三级医院对口帮扶】 察雅县人民医院自 2016 年 6 月起，获重庆、上海、广东等省市组团式援藏对口帮扶。医疗援藏工作开展以来，援藏队员视察雅县人民医院为自家，全方位、各层级促进医院管理、人才、学科、技术全面发展。察雅县人民医院视援藏队员为亲人，打造良好工作环境，搭建优质帮扶平台。积极支持协调三级对口帮扶工作，按照三级医院对口帮扶贫困县县级医院责任书落实年度帮扶任务。

解决一项医疗急需。为切实贯彻西藏自治区“两降一升”政策，推动医院发展，实现健康扶贫，帮助藏区孕产妇赴院舒适、安全生产，降低孕产妇、婴儿死亡率，提高住院分娩率，拟开展无痛分娩等先进技术。因医院新建的住院综合大楼投用之初，急需购置大量的物资和设备。同时，医院正值爬坡上坎、创建等级医院的关键时期，资金压力极大。重庆市綦江区人民医院向县人民医院捐赠一台“镇痛分娩仪”，以助力藏区妇幼卫生，帮助藏区共同迈入健康中国。

突破一个薄弱环节。重庆市大足区人民医院到察雅开始援藏工作后，根据等级医院评审标准的要求结合医院实际，整理了院级医疗制度112条，科级制度80多条。汇编了医疗、院感相关应知应会。下临床检查医疗质量6次，院感质量7次。形成质量通报9份。组织召开了第二季度医院医疗、院感、病案质量与安全管理委员会，组织科室一级质控会7次。组织全院培训13次，科级培训16次。组织全院性的应急演练3次，科级应急演练13次。突破了之前医院感染控制的薄弱环节，逐步形成了院科两级管理体系。

带出一支技术团队。察雅县人民医院消化内镜室是复旦大学附属中山医院精准援藏的重点建设科室之一。2018年年底，察雅县人民医院选派骨干医护各一人前往中山医院学习消化内镜的操作与管理。2019年3月复旦大学附属中山医院第六批援藏队员入藏，按照国内最高标准、最新理念设计建设消化内镜室洗消室，以确保消化内镜诊疗的安全性。截至2019年年底已完成肠镜20例（肠镜息肉咬除术2例），胃镜61人（胃镜息肉咬除术4例，胃镜HP10例，胃镜取异物1例，其中无痛胃镜54例），填补了医院微创技术的空白。同时，重视培养当地医护人员，基本掌握了胃镜的操作，规范胃镜检查的观察顺序和观察重点。内镜室护士经过培训和考核后，获得“软式内镜清洗消毒技术规范培训考试合格证书”。

新增一个服务项目。重庆市大足区人民医院到察后，梳理了全院的技术目录，规范了技术授权标准及流程。并结合察雅县的实际情况，逐步开展了膀胱镜下双J管置入术、“下肢静脉曲张高位接扎+剥脱术”、结核分枝杆菌检测、早孕期胎儿NT检查、超声引导下腹腔穿刺术等新技术新项目共20项（其中检验新技术新项目11项、外科7项、超声2项）。同时，提倡舒适化医疗，大力开展了无痛胃肠镜、无痛人流、无痛分娩技术，缓解了患者在整个诊疗过程中的疼痛感觉，也缓解了患者的焦虑心理。

【包虫病综合防治】 包虫病患者得到有效治疗。在圆满完成全县57475人的包虫合手术病筛查任务的基础上，确诊所需救治患者共计373人，其中符治疗的131人，符合药物治疗242人。全县符合手术的包虫病患者已全部完成手术治疗。药物治疗工作全覆盖。持续做好包虫病术后治疗及随访工作，并进一步加强包虫病综合防治健康教育宣传工作，引导群众改变自身生活习惯，秉除陋习，提高个人卫生意识，自觉加强综合防治。

犬只登记挂牌得到全面落实。进一步强化家犬登记挂牌管理工作，从源头上降低甚至消除包虫病发病率。截至2019年年底，全县已抓捕流浪狗4710只，各乡镇派出所家养犬只登记管理共计2584只、挂牌2170只（公狗1957只、母狗213只），挂牌率达84%。

驱虫工作得到有序推进。犬只及家畜驱虫工作不断推进。犬只累计驱虫2125只，牛羊等家畜驱虫累计47471头（只）。

【能力建设】 县人民医院创建等级医院情况。自2016年12月12日正式启动等级医院创建工作以来，根据自治区《医院评价标准实施细则（2017年通用版）》，医院成立完善各项服务体系，召开推进会12次，制作创甲清单19份、标准模板76个，明确各级各部门职责，确定创建目标和完成时限，基本实现了千斤重担人人挑，人人肩上有指标。经过近三年努力，于2019年5月11日，昌都市二级综合医院评审工作专家组到县人民医院开展二级医院初评工作。通过查阅资料、模拟演练、现场操作、访谈追踪等形式，对医院进行全方位督查指导，县人民医院以高分顺利通过了初评，并提出了211条整改意见和建议，县人民医院针对专家组提出的指导意见和建议，对标对表，逐项梳理，逐一进行了整改完善。整改工作已全面完成并提交评审专家组。根据自治区关于二级综合医院评审工作安排，2019年11月将察雅县人民医院进行了终评。

【乡镇卫生院标准化建设】 基础建设项目稳步推进。按照昌都市“十三五”项目规划方案，结合察雅县乡镇卫生院规范化需求实际，察雅县乡镇卫生院基础建设项目共5项：吉塘镇区域中心卫生院工程、重庆援建巴日乡卫生院工程、重庆援建香堆镇区域中心卫生院工程、阿孜乡卫生院工程、重庆援建察雅县乡镇卫生院查漏补缺标准化建设工程。察雅县乡镇卫生院规范化基础建设项目总投资3200万元，截至2019年年底，完成投资约2900万元，已完成工程约90.63%。

医疗专技人才培训持续加强。充分发挥三级医院对口帮扶援藏医疗队的优势和医疗人才特长，请他们在乡镇卫生院示范从医活动，传授医疗技术，帮带乡镇卫生院医疗人才，并充分利用远程教育和远程诊疗系统，帮助乡镇卫生院培养一支高素质的医疗队伍。按照组团式卫生医疗援藏狠抓人才培养的工作要求，察雅县制定《2016—2018年察雅县卫生专业技术人员培训方案》，分批次派遣乡镇医务人员至重庆三级医院、昌都市人民医院进修学习、短期培训等。加强培训工作，为全县乡镇卫生院医疗卫生单位培养学科带头人和技术骨干，使乡镇卫生院医疗服务质量、服务水平和学科建设等方面有较大提高，努力满足广大人民群众的医疗保障需求。

设施设备和业务需求逐步改善。近几年来，乡镇卫生院从无到有，从小到大不断发展，积极推动规范化建设进程，各乡镇卫生院分别配备了心电图、血液分析仪、产床、诊断床、雾化机、尿液分析仪、氧气筒等。各种医疗器械、设施、设备基本能够满足目前医疗服务需求。2018年6月，在重庆援藏资助下，昌都市卫生健康委统一采购并下发乡镇卫生院业务用车13辆，2019年各乡镇按照《察雅县卫生系统车辆管理使用办法》都已正常投入使用。通过设施设备和业务需求逐步改善，缩小县城与乡镇人群享有卫生服务水平的差距。使得辖区病患群众就能够及时就医，就近就医，这不仅能够提高病人的救治率，还减轻病人看病的经济负担，农牧民群众“看病难、看病贵”的问题得到缓解。

管理体制和运营机制更加完善。乡镇卫生院的人员、经费都下拨至各乡镇财务统一管理。通过县卫健委、财政局和乡镇政府对加强乡镇卫生院的行政、业务、绩效、财务、规范服务等方面的统筹管理，制定了相应的管理体制和运营机制，调动了基层卫生人员积极性，增强了乡镇卫生院的活力，特别是使一批偏远的、以前运转较差的乡镇卫生院焕发了生机。各乡镇卫生院也加强了内部管理，严格内部纪律，强化了卫生服务人员的职业责任、职业道德、职业纪律教育，狠抓了医疗质量和医疗安全，诊疗水平和医护质量得到提高，医患纠纷得到减少。

提升基层服务能力。2019年6月，平安集团西藏昌都分公司为察雅县医疗卫生事业发展捐赠价值65万元的签约随访医疗箱共计13台。在13个乡镇卫生院已投入使用，结合健康扶贫家庭医生签约服务工作，切实减轻了医务人员走村入户时携带笨重医疗器械的负担，提升了为广大群众提供基本医疗、基本公共卫生、健康管理等服务，提高了群众的自我保健意识和健康水平。

【村医资金配套】 自2018年起，察雅县兑现村医绩效奖励补助，进一步激励察雅县村医的工作积极性，提高工资待遇水平。截至2019年年底，察雅县共计兑现资金10.23万元（其中：市级配套40.92万元、县级配到资金61.38万元）。

【乡镇卫生院藏医药配备】 察雅县13个乡镇卫

生院都配备了藏医药，如卡贡乡卫生院、香堆镇卫生院、荣周乡卫生院等7个卫生院分别设立了藏医管，配备了齐全相关设施设备及藏医药。138个村卫生室也配备了藏医药10种以上。

【健康扶贫“三个一批” 政策】 慢性病签约服务管理一批。主要是组建签约服务团队（县、乡、村三级医疗机构）对辖区患有慢性病的人群进行签约（登记造册）和随访管理（每季度随访1次，每年4次）。

落实情况：由县人民医院、乡镇卫生院、村卫生室采取“县包乡、乡包村、村包户和户”的方式，组建13支签约服务团队，扎实推进家庭签约服务工作；全县慢病患者签约服务全覆盖，建档立卡贫困户签约服务全覆盖，重点人群（老年人、五保户、残疾人等）签约服务全覆盖。

主要措施：

政策宣传。为全县每家每户印发《察雅县卫生计生惠农政策手册》，并通过五下乡宣传、乡镇卫生院医生宣传、村医宣传、乡镇政府及驻村工作队宣传等集多方力量加强和医疗卫生政策宣传，群众基本能够较好地了解掌握医疗卫生政策。

送医送药。通过县人民医院免费义诊、乡镇卫生院上门签约服务等方式为农牧民群众尤其是农牧区贫困患者提供医疗服务。结合城乡居民健康体检项目与合作医疗机构签订相关协议对辖区群众进行全面的健康体检。包括建立个人健康基本信息；问诊、视诊项目（健康状况、生活方式等；辅助检查：血压、呼吸、脉搏、心率、DR胸片、B超、乙肝表抗等）；定期随访及健康宣传、健康扶贫政策宣讲。

签约服务。专门成立了“1+1+2”模式的家庭医生签约服务团队，县人民医院一名医生作为技术指导，乡镇卫生院医生作为签约团队主力，负责全乡镇签约服务工作，每村两名村医作为辅助力量，按照每季度一次签约服务的工作要求，全面开展家庭医生签约服务工作，各乡镇卫生院一直都在走村入户签约服务的路上奔波，建档立卡及重点人群签约服务覆盖率达到100%。

大病集中救治一批。主要是对辖区患有大病的人群，集中送往县、市等合作医疗机构进行治疗和医疗卫生服务。

落实情况：大病专项集中救治是让建档立卡贫困人口“看得起病”的一项重要保障措施，察雅县严格按照《西藏自治区健康扶贫惠民政策》工作要求，贯彻落实大病专项集中救治和大病保险倾斜政策。采取确定定点医院、确定诊疗方案，加强质量管理，组织实施大病专项集中救治，做到“一人一档一方案”，确保所有患者得到救治。

主要措施：

确定救治对象及病种范围。建档立卡贫困户中罹患儿童白血病、儿童先天性心脏病、食管癌、胃癌、结肠癌、直肠癌、终末期肾病、包虫病、白内障9类15种疾病其中一项或以上的贫困人口。截至2019年年底，察雅县经筛查确定大病患者574人，其中建档立卡贫困人口221人。

定点救治医院。察雅县人民医院、昌都市人民医院、昌都市藏医院、昌都市协和医院、昌都市协和医院、昌都市955医院、昌都市民安医院以及援藏省市对口帮扶三级医院，都是察雅县大病患者救治医疗机构。长期以来，通过采取集中救治、分散救治等，达到大病患者救治全覆盖，治愈率达93.13%。

实行先诊疗后结算制度。察雅县建档立卡贫困户患者无需缴纳住院预付款，在定点医疗机构设立“一站式”贫困户绿色通道综合服务窗口，实现农牧区医疗制度保障、农牧民大病保险及医疗救助“一站式”即时结算。诊疗结束后，由定点医疗机构与县医疗保障局和大病保险承办机构直接结算。

重病兜底保障一批。主要是对患有重病群

众，医疗费用自费部分超过 2000 元的进行政府兜底保障。

落实情况：贫困户患者住院费用发生较大，超过农牧区医疗政策报销封顶线的由大病保险理赔和医疗救助后按照《昌都市建档立卡贫困农牧民疾病政策兜底保障资金实施办法（暂行）的通知》（昌脱贫指〔2018〕59 号），对 2017 年自付资金超过 5000 元的 7 名患者和 2018 年自付资金超过 2000 元的 23 名患者按照相关比例进行兜底，分别解决医疗救助 4.26 万元和 6.87 万元。2019 年以来，自付超过 2000 元的患者政策兜底 40 人兜底救助 24.7 万元，有效解决因病致贫、因病返贫问题。群众到医管办报销医疗费用时，工作人员根据费用报销情况对群众进行宣传和提供相应的政策服务，不会出现群众因为政策不明而得不到兜底的情况。

【四大目标责任】 按照年初签订的目标责任书，及时成立领导小组，积极制定相关计划方案，确定目标，明确责任，认真开展各项组织活动，逐条完成各项目标任务。

党建方面。严格贯彻执行“三会一课”制度，上半年共召开支部党员大会 2 次、支部委员会次、党小组会 6 次，党课 2 次。深入开展党员干部思想教育，以“主题活动日”为契机，结合年度学习计划，抓好党员干部的党风党性党纪和思想政治的教育学习，以提高党员干部队伍的理论水平、自身修养和行政履职能力，增强党员干部队伍的宗旨意识，提升服务群众的本领和能力。认真按照上级要求规范机关党组织工作，按照“三个一”的要求，建立和完善党员花名册、入党积极分子花名册、管理登记册等资料。重点对近年来入党的党员干部档案资料，进行自查和完善。扎实开展“智慧党建”、“不忘初心、牢记使命”主题教育等学习活动。依托基层党建，创新活动载体，构建和谐察雅，制定长效机制，进一步推进学习教育活动常态化制度化。

党风廉政方面。加强领导干部党性修养，树立和弘扬良好作风，进一步推进党员领导干部思想作风、学风、工作作风、领导作风和生活作风建设，上半年共开展廉政教育学习 8 次。进一步强化责任意识，带头落实责任，认真解决作风漂浮、敷衍塞责等问题。加强对领导干部作风状况的监督检查，及时发现和解决领导干部仔作风方面的苗头性、倾向性问题。继续开展主题教育活动，以党性党风党教育为重点，加强对党员干部的理想信念教育和廉洁从政教育。严格贯彻执行《中国共产党党员领导干部廉洁从政若干准则》、中央“八项规定”等规章制度以及廉洁自律各项规定的落实。强化责任意识。充分发挥“第一责任人”责任的作用。不断加强党风廉政建设，切实做到“一岗双责”。

综治方面。加强组织领导，年初成立了综治领导小组、安全领导小组，严格按照综合治理学习制度、组织纪律制度、工作制度等执行，切实做到“两手抓，两手都要硬”的工作作风。坚持节假日 24 小时值班制度和领导带班制度。检查值班巡逻制度，尤其是对重点部位不放松警惕，加大巡查力度。开展综合治理宣传活动。宣传有关综合治理的各项内容，主要有加强安全防范，加强防范意识等方面的宣传。积极开展宣传中央和自治区、地、县关于维护民族团结，宣传中共十九大关于综合治理工作的重要精神，及关于加强社会治安综合治理工作的重要精神，及有关政策法规等。深入开展“扫黑除恶，打非治乱”专项整治活动，在干部职工当中树立起扫除一切黑恶势力、打击一切非法行为的自觉意识。

精神文明方面。2019 年，精神文明建设工作在县委、县政府的正确领导下，认真贯彻落实中共十九大精神和习近平新时代中国特色社会主义思想，紧紧围绕中心工作，以建设求真务实、开拓创新、勤政高效、清正廉洁的局机关为宗旨，开展了扎实有效的创建工作，有力地推进了精神文明建设，提升了干部职工队伍的文明素质和机关的文明形象，促进了各项工作目标任务的完成。积极培育和践行社会主义核心价值观，树立崇尚文明、崇德向善、见贤思齐的道德观念。加强宣传教育，营造良好的创建氛围。为了深化干部职工对精神文明建设工作的主动意识，自觉投身到活动中去。通过理论学习、组织生活等形式，提要求，抓落实，形成了“人人重视，个个参与，全面受益”的工作局面，进一步激发了广大干部职工立足本职、爱岗敬业、无私奉献的精神。通过开展形式多样、切实有效的培训和宣传，提升了机关整体素质，提高了个人工作能力，有效强化了学习型机关建设。内强素质，外树形象，全面建设一支高素质干部职工队伍。坚持以人为本、求真务实，促进精神文明建设工作融入日常工作、学习和生活中去。着力加强班子自身建设，进一步增强创造力、凝聚力。转变作风，强化宗旨意识。引导党员干部明确岗位职责，认清权力风险，强化廉政意识，增强了反腐倡廉教育的针对性和有效性，提高了抵御风险的能力。

医疗保障

【概　况】 2019 年，在区、市、县各级党委、政府的正确领导下，在各级部门的关心指导下，察雅县医疗保障局认真贯彻落实自治区党委、区政府、市委、市政府和县委、县政府关于做好医疗保障工作的指示精神，进一步加强统筹协调和资源整合，采取有效措施提升察雅贫困人口医疗保障水平，全面提高农村贫困人口健康水平，为察雅贫困人口与全国人民一道迈入全面小康社会提供医疗保障。

察雅县医疗保障局于 2019 年 3 月 22 日挂牌，办公室设在察雅县人社局三楼，报账大厅设在察雅县行政服务中心，共 4 个服务窗口，其中新农合报销窗口 2 个，城镇居民报销窗口 1 个，医疗救助窗口 1 个，经办人员 4 名。开展城镇职工和城镇居民基本医疗保险、生育保险、医疗救助、新型农村合作医疗等全部工作。

【保障制度、政策执行和运行】 基本医保（含城镇职工医保、城镇居民医保、农牧区医疗制度、生育保险四项制度）、大病保险、医疗救助运行情况良好。城镇居民个人缴费标准 2019 年为 16 岁及以上为 60 元/人·年，16 岁以下为 30 元/人·年，财政补助标准为自治区 440 元、市 40 元、县 20 元。大病保险由自治区统一购买；对残疾人、低保户、五保户个人筹资进行县财政补贴。农牧区农牧民个人缴费标准为 20 元/人·年，2019 年财政补助标准为自治区 485.5 元、市 35 元、县 34.5 元，共计 555 元。2019 年城镇居民参保人数 3166 人，参保率为 84.02%。农牧民参保正在进行。

【医保扶贫】 建档立卡贫困人口新农合个人筹资金由政府代缴。自 2017 年开始，建档立卡贫困户新农合个人筹资由政府代缴，实现贫困人口基本医疗保险全覆盖。对建档立卡贫困户医疗报销比例自 2018 年 4 月起上浮 5%。与市人民医院、藏医院、妇幼保健院、民安医院、协和医院等 6 家医院签订了“先诊疗，后付费”和“一站式”即时结算协议，建档立卡贫困人口住院治疗费用，实行“零押金”即时结算政策。在县人民医院，察雅县农牧民均可享受“先诊疗，后付费”和“一站式”即时结算，住院治疗费用实行“零押金”即时结算政策，切实减轻患者的经济负担。建立医疗救助资金。严格按照《昌都市建档立卡贫困农牧民疾病政策兜底保障资金实施办法（暂行）的通知》要求，在农牧区医疗制度保障的基础上，全面实施建档立卡贫困农牧民疾病医疗救助制度，有效提高疾病医疗补偿比例，减轻农牧区建档立卡贫困农牧民患疾病的医疗费用负担，资金使用对象因疾病发生住院（或特殊门诊大病）医疗费用时，先经农牧区医疗制度、大病医疗保险、医疗救助（赔付），超出部分由建档立卡贫困农牧民疾病政策兜底保障资金按以下政策进行救助：患有疾病的建档立卡贫困农牧民，自负部分0.2万～3万元的按60%进行救助，3万～6万元的按70%救助，在6万～10万元按80%救助，10万元以上按90%救助；年度封顶线为50万元。2019年1—11月自付超2000元的建档立卡贫困户患者共计75名，报销金额26.91万元。严格执行市卫计委关于《简化建档立卡贫困户患者医疗报销程序的实施意见》，以及市医保局统一制定《昌都市农牧区群众医保报销“一站式、一单制”服务实施方案》和《昌都市农牧区医疗保障一单制结算清单》等相关简化报销手续文件精神，缩短群众医疗费用报销周期。全县农牧民群众在出院后携带转院证明、医疗费用清单、发票、医疗本等材料齐全后直接到医疗保障局便民服务窗口进行报销，无特殊情况当天就能报销。

【保障待遇】 农牧区医疗制度支付方面：察雅县不设起付标准，实行住院医疗费用报销。支付比例为：乡级医院住院按90%进行报销，建档立卡贫困群众提高5个百分点，即为95%；县级医院住院按85%进行报销，建档立卡贫困群众提高5个百分点，即为90%；市级及以上医院住院按70%进行报销，建档立卡贫困群众提高5个百分点，即为75%，封顶线为6万元。2019年共计报销5203人，3869.59万元，其中建档立卡贫困户报销1728人，1418.20万元。同时，根据《国务院办公厅关于印发深化医药卫生体制改革2017年重点工作任务的通知》（国办发〔2017〕37号）及《昌都市卫计委关于印发〈昌都市推进分级诊疗制度建设工作实施方案（试行）〉的通知》（藏昌卫〔2017〕400号）有关文件精神，结合实际，成立察雅县推进分级诊疗制度建设工作领导小组，制定《察雅县推进分级诊疗制度建设工作实施方案（试行）》，对不执行分级诊疗实施方案的患者（特殊情况除外），在新农合报销时降低20%的比例进行报销。严格执行“基层首诊、双向转诊、急慢分治、上下联动”的分级诊疗模式，基本建立符合县情的分级诊疗模式。

大病保险支付方面：对住院医疗费用超过新农合报销封顶线（6万元）的患者，超出部分由大病保险支付，由新农合办公室将资料收集齐后，由昌都大病保险公司，经审核后直接支付给大病患者，封顶线为7万元。2019年大病保险赔付21人，其中建档立卡贫困户10人，金额49.7万元；非建档立卡11人，金额79.7万元。

医疗救助方面：通过大病统筹和大病保险两种途径报销完后，还有剩下的费用，由民政医疗救助解决。建档立卡贫困户、低保户、五保户患者住院医疗费用100%报销；残疾一级二级和60岁低收入家庭住院医疗费用按70%报销；特殊病种如高血压、糖尿病、包虫病及传染性病人住院医疗费用按70%报销。普通医疗救助每人每年累计救助资金不超过10万元；重特大疾病医疗救助用药范围和诊疗项目参照大病保险相关规定，年救助标准最高不超过20万元。2019年，医疗救助2417人，676.77万元。

【定点医疗机构的监督】 加强对医保保障政策的宣传，开展打击医保基金欺诈行动。严格审核住院费用结算清单，特别是在区外就医的患者，采用严格审核、电话查询等方式，力争让每一分钱都花在农牧民需要的地方。对相互借用新农合医疗保障本、私自篡改新农合医疗本上参保人员姓名的欺诈医保基金的行为，医管办经办人员耐心讲解政策，严格执行相关规定，不予报销。对情况严重者，交相关部门处理。

根据《昌都市人民政府办公室关于印发〈昌都市行业乱象问题整改任务清单〉的通知》（昌政办发〔2019〕85号）文件要求，为进一步深化本县医保定点零售药店的问题整改，治理群众反映强烈的药店经营食品、生活用品、日用化妆品等乱象，严厉打击参保个人账户基金欺诈骗保行为，在全县范围内于9月9日、10月25日对察雅县范围内的惠民药房、黄山大药房、康慈大药房进行了集中检查和“飞行检查”。重点检查有无套取现金现象、是否存在刷社保卡（医疗保险卡）换购非医疗保险药或其他商品、是否将自费药申报为医保药记账等项目，促进医疗保障服务工作健康、有序发展。

【主题教育】 根据党中央“不忘初心、牢记使命”主题教育第一批总结暨第二批动员部署会、自治区党委第九届六次全会和市委第一次专题研讨会精神，按照自治区党委、市委、县委关于开展“不忘初心、牢记使命”主题教育的实施方案要求，深入学习宣传贯彻习近平新时代中国特色社会主义思想，引导党员干部“不忘初心、牢记使命”，进一步凝聚抢抓发展机遇、主动应对挑战、推动全面建成小康社会的精气神。围绕“守初心、担使命、找差距、抓落实”的总要求，聚焦医保局工作的着眼点、着力点、出发点和落脚点，大力弘扬“老西藏精神”“两路精神”，力戒形式主义、官僚主义，积极主动作为，勇于担当。以理论学习中心组学习、“三会一课”、组织生活会等制度为主要抓手，组织党员干部深入学习贯彻习近平新时代中国特色社会主义思想和中共十九大精神，锤炼忠诚干净担当的政治品格，教育引导全体党员干部牢记为人民谋幸福，为中华民族谋复兴的初心和使命，坚持弘扬马克思主义学风，用党的创新理论武装头脑，坚持以人民为中心，把群众观点和群众路线深深植根于思想中，达到了理论学习有收获、思想政治受洗礼、干事创业敢担当、为民服务解难题、清正廉洁作表率的具体目标。

【党风廉政建设】 严格遵守中央“八项规定”、自治区“约法十章”“九项要求”、市委“实施办法”，高度重视党风廉政建设和反腐纠风工作，把落实党风廉政建设责任制摆在局党支部中心工作的重要议事日程着力抓好落实。进一步明确了主要领导亲自抓，分管领导重点抓，纪检监督抓，业务处室具体抓的职责任务，将党风廉政建设责任目标分解细化，分解责任，做到责任明确，落实到位，确保事事有安排，件件有人抓。

气　象

【概　况】 2019年，在自治区气象局、市气象局和县委、县政府的正确领导下，学习贯彻中共十九大精神，按照全市气象局长精神和县委、县政府的工作部署，锐意进取，开拓创新，始终坚持以加强基础业务、提高气象预报预测、防灾减灾能力为标准，积极转变工作作风，提高工作效能，营造转型发展、追赶超越的浓厚氛围，在新形势、新常态下努力为县委、县政府和广大人民群众提供优质的气象服务。

【基础业务工作】 以稳定业务质量为根本，积极推进业务一体化工作，加大对基础业务的工作，组织职工学习多项气象业务和新技术培训，对察雅县气象自动站进行了多次维护，业务设备以及系统运转良好。预报服务做到准确、及时。上半年累计向县有关部门和乡镇发送各一类天气预报300余份。气象预报服务工作得到了政府的肯定。

同时为了进一步提升气象工作在防灾减灾，协调各项工作，统筹安排，预防和遏制重特大事故发生的能力，按照“安全第一、预防为主、综合治理”的方针，进一步强化红线意识，严格落实防灾减灾主体责任，加强防灾减灾基础和能力建设，加强防灾减灾风险管控，保障防灾减灾形势持续良好的运作。根据县应急管理部门的安排，做好气象服务领域的全面工作，努力推进防灾减灾救灾体制机制改革；强化自然灾害监测预警和应急处置，加强防灾减灾工程建设。

为全面做好2019年汛期气象预报预测服务各项工作，严格落实中国气象局局长刘雅鸣在2019年全国汛期气象服务动员电视电话电会议上的讲话精神和自治区气象局副局长扎西在2019年全区汛期气候趋势预测会商的讲话精神和根据《关于开展2019年汛期气象预报服务自查及汛期气象服务工作要求的通知》的要求，更好地完成察雅县2019年汛期气象服务工作，察雅县气象局全面落实汛期气象业务服务各项业务规范和规章制度，保证各类装备在汛期气象服务期间的正常运转，及时安排相关业务人员严格按照要求逐项检查、落实和整改，为做好2019年汛期气象业务和气象服务工作打下了坚实基础。

结合单位实际情况，积极与当地政府协调，在上级部门的安排和县委、县政府帮助下，在7月中旬，在察雅县剩下的未建设自动气象站的11个乡镇，成功建设了新区域气象自动站，达到察雅县13个乡镇气象自动站全覆盖，对察雅县今后气象数据采集的准确性打下了坚定的基础。

社会生活

民政和社会事务

【概　况】 2019年，察雅县民政局认真学习习近平总书记对民政工作作出重要指示，始终坚持"以民为本、为民解困"的工作宗旨，充分发挥民政工作"调压减震"的作用，以保障和改善民生为出发点和落脚点，积极推进社会救助工作，认真落实各项社会救助政策，社会救助工作开展有条不紊。

【农村低保】 为进一步加强城乡低保工作动态管理，第一、二季度对察雅县农村低保保障对象自然增减工作进行核实，核实后对保障家庭收入进行测算核对，确保做好农村低保动态管理。

第三季度根据各乡镇走村入户复核后，提出将部分重病重残人员，无劳力人员以及其他困难群众纳入农村低保，县民政局联合各乡镇对申请群众按照《西藏自治区城乡最低生活保障实施办法（试行）》《西藏自治区申请救助居民家庭经济状况核对办法（试行）》，按照程序进行了复核，同意将76户315人自2019年第三季度起纳入农村低保保障。

为进一步提升低保工作规范化管理水平，党组研究决定在全县范围内开展城镇低保专项整治工作，对已有保障对象进行了停保，开展了全面清查工作，并严格按照《西藏自治区城乡最低生活保障审核审批办法》执行。截至2019年年底，确定了第一批纳入城镇低保户12户23人，将继续做好其余城镇低保入户核查工作。

【节日慰问】 2019年"三大节日"期间向困难优抚对象、困难群众、受灾群众等发放慰问金33.44万元，切实让困难群众过上幸福祥和的节日，充分感受到党和政府的关怀。在新中国成立70周年大庆期间向9465名困难群众发放慰问金168.74万元，一如既往地做好困难群众、弱势群体的关心关怀工作。同时在2019年春节、藏历新年前夕安排临时救助资金80万元，对自发搬迁至拉萨的困难群众进行慰问。

【救急救难】 为切实做好"救急难"工作，2019年向乡镇下拨临时救助资金188万元，及时救助遭遇突发事件、意外伤害、重大疾病等导致基本生活陷入困境，其他社会救助制度暂时无法覆盖或救助之后基本生活暂时仍有严重困难的家庭。

【服务特殊人员】 近年来，在县委、县政府关心关怀下，察雅县民政局在特困人员集中供养中心的管理上抓思想、治环境，提效能，谋服务，设立"感党恩、听党话、跟党走"爱国主义教育基地，努力建设标准的供养场所。

持续抓好特困人员集中供养中心管理提升工作。精心组织开展好春节、藏历新年、"3·28"、端午节活动，让特困人员度过一个个欢乐、祥和、喜庆的节日，8月份，组织了全院老人过林卡，9月份，中心组织有意愿前往西西温泉疗养的老人前往西西温泉开展疗养活动，把党和政府的关怀和温暖及时送到了特困人员的心坎上。定期开展特困人员集中供养中心消防安全隐患大排查活动，确保每一位老人的生活环境安全。认真组织开展集中供养中心“学党史、感党恩、跟党走”主题教育活动。上半年组织老干部、老党员在中心宣讲1次，组织老年人集中观看《走向光明：纪念西藏民主改革60周年》专题片2场次，同时充分发挥中心“感党恩、听党话、跟党走”爱国主义教育基地作用，组织矫正人员在中心积极开展教育。

继续抓好加大儿童福利事业。2019年先后将烟多镇白久村3名孤儿、扩达乡1名孤儿送往昌都市第二福利院集中收养，香堆镇旺布村2名孤儿、巴日乡1名孤儿送往昌都市第一福利院集中收养。

【保障民生】 2019年向218人兑现了临时救助资金52.2万元，向1123人落实了医疗救助资金369.83万元，向7464人兑现了农村低保资金1393.17万元，向315人新申请识别农村低保兑现了资金21.45万元，向250人兑现了五保老人生活补贴资金193.57万元，向2348人兑现了“残疾人两项补贴”资金555.84万元，向710人兑现了寿星老人补贴资金24.39万元，向542人兑现了经济困难高龄失能老人补贴资金32.52万元，开展城镇低保专项整治工作后，向第一批纳入城镇低保23人兑现了资金16.56万元，向530名重度残疾人兑现了救助资金46万元，年初，经人民政府研究同意后采购大米20万千克、面粉20万千克，清油2万桶（每桶2.5千克），向各乡镇下拨，确保关键时候拿得出，用得上，切实做好了冬春救济工作。

【开展主题学习】 狠抓“不忘初心、牢记使命”主题教育工作。察雅县民政局高度重视，严格按照党中央、区、市、县对“不忘初心、牢记使命”主题教育工作要求，认真组织开展“不忘初心、牢记使命”主题教育第一批、第二批学习内容。

传达学习了中央、区委、市委、县委“不忘初心、牢记使命”主题教育工作会议精神，充分发挥领导班子和领导干部的表率作用，带动广大党员、干部的学习教育。

组织开展专题学习，通过集中学习、交流研讨、个人自学相结合，学习完后，每位干部撰写了学习心得。

开展课题讨论，结合民政工作的性质、职能职责进行讨论，每个课题安排党员干部轮流发言，谈感受。

进行实地调研，班子成员坚持问题导向，切实解决实际问题，分别深入宗沙、荣周等乡镇开展调研工作，主要结合民政工作实际，切实解决问题，形成调研报告。

确保“不忘初心、牢记使命”主义教育理论学习有收获、思想政治受洗礼，加强进一步推进主题教育落实工作，根据民政工作实际展开组织学习，积极问需于民、问计于民，认真落实社会保障工作，发挥民政社会救助功能。

【残联工作】 进一步做好残联工作，残疾人“两项补贴”人员录入系统工作已完成。

上半年协调察雅县3名残疾人意愿去自治区就业中心参加培训。下半年协调8名残疾人前往昌都市职业技术学院参加残疾人技能培训。

对参与康复治疗、有意愿参与康复矫正、治疗的残疾人，向上积极向自治区残联争取康复治疗名额，同时加大援藏康复诊断、治疗争取。联合卫健委、县医院继续抓还新增残疾人办证服务。

组织好残疾人辅助器具适配服务工作。根据摸底情况，优先将采购的轮椅、助听器、盲杖发放到困难残疾人手中。

开展好残疾人就业、创业服务工作。依托察

雅县福志商贸有限公司引导有技能、有劳动能力的残疾人积极参与到就业、创业工作中。

抓好办证服务工作。联合卫健委、县医院继续抓好新增残疾人办证服务。

【精神病人管理服务】 2019年累计将7名重度精神患者送往重庆市精神病院治疗，高度重视精神障碍患者的服务管理工作，成立专门组织，制定工作措施，多部门联动，强力推进工作开展。

【双拥和优抚】 “三大节日”期间，全县范围内开展拥军优属送温暖活动，慰问对象主要有各乡镇退役军人、现役军人家属、驻察雅部队，发放慰问资金11.2万元。

用好爱国主义教育基地。在清明节当天，察雅县组织县直机关干部、公安干警、部队官兵及县中小学学生300余人，在察雅县烈士陵园举行悼念革命先烈及扫墓活动。

抓好全国双拥模范城创建工作。严格按照《双拥模范城（县）命名管理办法》和《双拥模范城（县）考评标准》的具体要求，牵头抓好察雅县双拥模范城市创建工作。

【婚姻登记】 截至2019年，察雅县民政局受理结婚登记429对，离婚登记28对，工作严格按照政策开展。

【基层政权建设】 为贯彻习近平总书记对做好新时期民政工作的指示精神，根据《行政区划管理条例》（中华人民共和国国务院令第704号）、《中华人民共和国村民委员会组织法》、《中华人民共和国城市居民委员会组织法》，结合察雅实际，就察雅县6个大中型易地搬迁安置点增设村（居）民委员会事宜向县人民政府请示。县政府上会研究原则同意，相关材料已递交至昌都市民政局行地科审批。

【机构改革】 根据机构改革，优抚、医疗救助、救灾救济已实现平稳交接，切实配合好接手工作单位工作开展，老龄委涉及老年人福利工作由民政负责，其余老龄工作由卫健委负责，相关工作已完成梳理，正在交接。

【目标责任】 坚持党对民政工作的领导，把党支部党建工作摆在重要位置。及时将习近平总书记的讲话、中央、区、市、县有关脱贫攻坚的法律法规、政策、重大决策部署结合“三会一课”认真学习，提高政治站位和责任意识。深化新形势下做好党支部党建工作重要性的认识，以求真务实的工作作风和态度，扎实深入地推进党支部党的建设。建立健全党支部的战斗堡垒作用和党员的先锋模范作用，保证了党支部党建工作组织领导到位，思想认识到位，措施要求到位，推动了各项工作的健康顺利开展。

常敲警钟，将党风廉政建设和反腐败工作纳入日常工作。年初县民政局局长与县里签订2019年察雅县党风廉政建设目标责任书，与单位全体干部职工签订廉政目标责任书，在廉政建设上，一方面狠抓警示教育。及时将各类违规违纪通报在党支部会议上通报，起到警示教育作用。另一方面狠抓能力建设。从抓服务上抓廉政，加强干部能力作风建设，强化领导干部廉洁自律意识。

以健全制度、落实责任为切入点，加强对创建工作的组织领导。为使精神文明建设工作真正落到实处，从建立健全组织机构、落实精神文明目标责任制入手，把精神文明建设工作列入重要议事日程，召开精神文明建设领导小组会议，研究部署精神文明创建工作，把精神文明建设和业务工作同安排、同部署、同落实、同检查、同考核。开展深化民族精神和爱国主义精神主题教育活动。为深切缅怀革命先烈们的丰功伟绩，寄托对革命先烈的无限哀思，颂扬革命先烈的崇高精神，在4月5日、新中国成立70周年期间察雅县组织县直机关干部、公安干警、部队官兵及县中小学学生300余人，在县烈士陵园参加了扫墓活动。

认真落实安全责任工作。建立了消防安全一把手负责制，形成部门主要领导总体抓，分管领导具体抓，一级抓一级，层层抓落实的工作格局，增强了工作的实效性。定期检查县集中供养中心、县救灾仓库等电气线路有无老化、破损，宿舍电线有无私拉乱接现象；厨房用电安全；消防设施是否定期维护保养，并完好有效；疏散通道、安全出口是否存在占用、堵塞、封闭现象；集中供养老人在宿舍中是否使用电褥子、电暖气、热得快等大功率电气；是否存有危化品、易燃、易爆品，以及是否在宿舍内吸烟、使用明火。对发现的问题正在维修，明确提出整改时限，切实把工作落到实处。

扎实推进环境保护职责工作。在民政项目实施过程中，与有关部门密切配合，切实形成推进环境保护工作的合力。通过落实环境保护工作责任，促使我民政部门的环境保护工作决策更加科学、效率进一步提高、民政对象的合法权益得到进一步保障。立足于实际，从抓好卫生区环境卫生整治入手，切实尽好责。

为控辍保学工作提供强有力的组织保证。年初，在县委、县政府的正确领导下，县民政局协同教育、公安、医院等多家单位，深入巴日乡、宗沙乡、扩达乡开展入户调研控辍保学工作。为积极推进控辍保学工作，县民政局要与县医院携手鉴定适龄儿童体检工作，严格把关，进行体检，对符合条件儿童鉴定并评定残疾等级。

人力资源和社会保障

【概　况】 2019年以来，在县委、县政府的正确领导下，在市人社局的关心指导下，围绕全面建成小康社会总目标，坚持“民生为本、人才优先”工作主线，就业平稳增长，社会保障面进一步拓宽，人才队伍建设进一步加强，人事和工资分配稳慎推进，劳动保障能力进一步提高。其他各项工作均取得明显成效。

【工作指标】 2019年实现全县农牧民转移就业7000余人次，完成年度任务目标的50%，就业创收3500万元，完成年度任务目标的80%。对614人实施职业技能培训，培训合格率达到100%，完成年度任务目标的72%。完成察雅籍2019年应届高校毕业生295人实名制信息登记工作，实名登记率达到100%，已有233人就业，未就业62人，就业率约为79%，距离年度任务目标相差1%；扶持3名高校毕业生创业，发放创业启动资金15万元。实现新增就业390人，其中包括机关事业单位工作人员及公务员招考人数，超额完成年度目标任务的2%，确保了察雅县年内新增“零就业家庭”动态消零，城镇登记失业率有效控制在3%以内。

【工作措施】 加强培训就业，群众就业增收稳步提高。加强领导。成立了察雅县就业联席会议专班，形成了县、乡、村三级就业服务工作平台，制定了《察雅县精准扶贫转移就业工作实施方案》《察雅县农牧区劳动力转移就业增收工作实施方案》等就业工作实施方案。掌握供需关系。深入43家在察雅企业开展劳务用工需求调研6场次，通过乡镇就业服务所和村（居）就业服务站开展就业政策宣讲133场次，收集就业信息1.2万条、就业意愿1244个，完善了农牧民群众特别是贫困人口的转移就业信息。增强内生动力。持续扩大农牧民技能培训范围，努力提高贫困群众的就业能力和劳动价值，结合扶贫产业发展前景和劳务市场用工需求，以及重点工程项目的带动就业能力表现，对因缺技术致贫家庭和贫困边缘户实施应培尽培。通过开办保安、停车收费员、厨师烹饪、装挖机操作、金银器加工制作等就业率较高的技能培训班16期，对有就业意愿的614人实施技能培训，实现培训就业330余人，就业率达到53%。拓宽增收渠道。充分发挥就业联席会议作用，形成强大的就业扶贫合力，在开发岗位、拓宽渠道上下功夫。实施在建工程项目吸纳当地农牧民工30%硬性规定，不断促进全县建筑劳务市场用工均衡化发展；在唐琼孜易地搬迁安置点实施“短平快”项目，开设馒头加工店2个，直接带动2户搬迁贫困家庭实现稳定就业；在易地搬迁群众开发就业岗位541个，涉及工程建设、旅游文化、生产加工等就业岗位；举办室内外招聘会5场次，为2000余名有就业意向的求职人员搭建了良好的求职平台。发挥主体作用。组织召开高校毕业生座谈会3场次，开展就业意愿调研400余人次，就业跟踪回访500余人次，发放就业创业宣传资料600余份，提供职业介绍、技能培训、就业见习、社会实践等系列服务8场次，利用媒介向高校毕业生推送发布招聘信息11条，涉及就业岗位200余个。加快思想转变。为进一步促进农牧民群众增产增收，坚持在思想上“扶志”、在能力上“扶智”，把扶志、扶智贯穿于技能培训全过程，加快群众的就业观念转变，引导树立致富主体意识，发扬自力更生精神，激发自我改变贫困的干劲和决心，调动群众脱贫致富的主动性和积极性，扩大自主就业占比，不断提升内生动力发展。

【民生保障】 参保情况。城乡居民基本养老保险参保26377人、医疗保险参保2357人、养老保险参保2357人、失业保险参保1237人、生育保险参保2357人、工伤保险参保2357人，2019年新增参保56人，停保36人。待遇支出。2019年享受城乡居民基本养老保险60岁以上待遇51996人次，待遇支付9874955.9元。全民参保。加快推进全面参保登记发卡工作，全年发放社会保障卡43862张，全县参保覆盖面不断扩大，人民生活保障水平不断提高。

【工资福利】 严格执行各级关于干部职工工资福利相关政策，有效保障了干部职工切身利益。完成全县专技人员2018年7月工资调标及落实三支一扶、退伍军人工龄批复10份。落实工资调整批复21份，后事批复10份，各类岗位补贴批复9份。停发、恢复工资37人次，受理工资查询服务420余人次。全县工资系统录入初步完成待市工资福利科审核。通过落实一系列工资福利政策，全县干部职工切身利益得到了有效保障。

【人才队伍建设】 职称评定。完成2019年初级评聘9人工作，13人申报文化系列初级职称工作，完成中级职称评聘人数2人，高级职称评聘人数1人。退休办理。对符合规定提前退休3人和正常退休及病退8人进行申报，现已通过县常务会8人。公益性岗位续签。完成2019年全县公益性岗位人员的核对工作，完成公益性岗位劳动合同签订工作。请销假管理。完成全县公益性岗位、辅警、工人125人次请销假管理工作。

【劳动监察执法】 充分发挥劳动保障监察大队职能作用，切实维护农民工合法权益，确保实现欠薪案件清零、政府投资工程零欠薪目标，把治欠保支作为保障民工工资支付工作重要抓手，大力推进工资拖欠综合治理工作，有效维护劳动者的合法权益。加大欠薪源头治理。针对欠薪案件高发的工程领域，以预防为主，严厉打击工程建设领域违法发包、转包、分包等违法违规行为，严禁带资承包行为，严禁未批先建，并推行施工过程结算办法等规定办法，通过建立欠款、欠薪台账，有效控制工程领域欠薪案件发生率。落实支付保障制度。在建工地设立劳动维权公告牌130余块，实行用工实名制登记管理，登记民工3200余人次，政府投资工程项目劳动合同签订率现达到95%，按月足额支付工资正有序推进，民工劳动合法权益得到有效保障。加大违法打击力度。为提升企业守法自觉性和诚信意识，实行了工资保证金2%～8%差异化缴存办法，收取158个工程项目民工工资保证金2858万元，退还81个工程项目民工工资保证金2367万元。畅通投诉举报渠道。深入用人单位开展联合执法2场次，劳动监察执法15场次，巡察用人单位200余家。开展《中华人民共和国劳动法》《中华人民共和国劳动合同法》《工伤保险条例》等政策法规宣讲50余场次，发放宣传资料6000余份，受教育9000余人。受理投诉举报47起，结案42起，依法追回民工工资150余万元；受理劳动仲裁案件1件，已作出裁决。在有效的防控前提下，在有力的处置措施下，有效杜绝了群体性事件和极端事件的发生。

【法治建设】 进一步加强人社支部凝聚力，同时开启线下线上学习模式，严格落实“三会一课”、理论中心组学习、书记讲党课学习等线下学习12场次，同时开展“学习强国”APP线上学习，深入学习习近平新时代中国特色社会主义思想，全面学习党的政治纪律和党内法规，不断解放思想，锤炼党性，深化宗旨意识，用理论武装头脑，有效提高党员干部的政治敏锐性和鉴别力。结合“不忘初心、牢记使命”主题教育、“七五普法”、扫黑除恶打非治乱、民族团结进步建设等主题教育活动，加快推进法治人社建设，进一步完善行政执法规章制度，促使党员牢固树立“四个意识”，坚定“四个自信”，做到“两个维护”，在思想上、行动上始终与党中央、区党委、市委和县委保持高度一致。

行政审批和便民服务

【概　况】 察雅县行政审批和便民服务局自2019年3月成立以来，一直秉承“为群众办好事，让群众好办事”的工作方针，严格按照区党委、区政府，市委、市政府，县委、县政府的工作目标，严把《中共昌都市委员会办公室 昌都市人民政府办公室关于印发〈察雅县机构改革方案〉的通知》（昌委室〔2019〕23号）文件要求及职责。

【开拓创新服务群众】 多方谋划，统筹建成。根据《中共昌都市委员会办公室 昌都市人民政府办公室关于印发〈察雅县机构改革方案〉的通知》（昌委室〔2019〕23号）文件要求，察雅县行政审批和便民服务局挂牌成立于2019年3月22日，统筹负责县直相关部门行政审批、政务服务等职责。在县政府多方协调及各县直部门的支持下，察雅县政务服务中心于2019年5月完成建设，办公地点位于藏戏广场七号楼二层（县农业银行对面），于6月10日正式投入运行。

拓宽信息渠道，公示审批事项信息。利用服务大厅公示栏、LED显示屏、公开权力清单、服务指南、审批事项目录、申请条件、提交材料、办事程序、办理时限，做到审批事项公开透明，方便群众咨询办事。

积极协调，共同办公。为集中全县对外服务力量，方便服务群众办事，察雅县行政审批和便民服务局积极联系各相关服务部门协调入驻人员，并根据各部门特殊要求协调解决入驻前硬件、软件设施。截至2019年年底，共协调公安局、民政局、住建局、市场监督管理局、自然资源局、扶贫办、医保局、察雅水务8个部门18个服务窗口，涉及户政、婚姻登记、住房公积金提取、不动产登记、建档立卡户证明、“新农合”报销、个体工商户设立变更注销、水费收缴等48个服务事项；迁入公安、自然资源、卫生、人社、市场监管内网服务，电子政务外网、“12345”政务服务热线7条专线，基本满足了多数群众和企业生活生产办事需求。

【深化改革】 根据全国、全区深化“放管服”改革工作电视电话会议精神，积极深入贯彻落实自治区党委书记吴英杰、自治区政府主席齐扎拉的重要指示精神，加快构建全国一体化网上政务服务体系，努力实现企业和群众办事线上“一网通办”，线下“只进一扇门”，现场办理“最多跑一次”工作目标。按照市政府统一安排，分别于6月30日至7月30日，8月28日至9月21日组织全县32家县（中、区）直单位38名单位业务骨干赴昌都市完成852项事项清单认领、编辑、发布，实现网上可办件843项。截至2019年年底，网上累计业务量1688件。

【带头示范引领工作】 按照政务服务网络五级覆盖的要求，协同县经信局、县电信公司完成全县43家县（中、区）直单位及13个乡镇共56个点位覆盖保通工作。按照乡镇政务服务中心建设要求，2019年8—9月，已协调完善烟多、吉塘两地政务服务中心建设及其他11个乡镇选址、设计等工作，基本实现13个乡镇政务服务中心设立及使用。

【队伍建设】 根据《察雅县行政审批和便民服务局职能配置、内设机构、和人员编制规定》（察党办〔2019〕76号）文件要求，察雅县行政审批和便民服务局配有行政编制3名，领导职务3名，已全部到岗到位。根据基层党的建设工作要求，察雅县行政审批和便民服务局党支部正式成立于6月13日，配备1名支部书记，1名支部副书记。

乡　镇

烟多镇

【概　况】2019年以来，烟多镇深入学习习近平新时代中国特色社会主义思想和中共十九大精神，紧紧围绕县委、县政府中心工作，积极抢抓新机遇，有效应对新挑战，坚定不移谋发展，全心全意保民生，以基层党建、脱贫攻坚等为重点，强化目标考核，狠抓责任落实，完成了各项目标任务，经济建设和社会事业保持稳中有升的良好发展态势。

烟多镇地处察雅县西北部，北纬30°39′，东经97°33′，面积718.17平方千米。烟多镇地处横断山脉北段，昌都东部，为典型的高山峡谷地形，海拔2900～5600米，年降水量350毫米，气候干燥，居民多聚居在山谷台地。澜沧江、麦曲穿境而过，农业发达，农作物主要有青稞、小麦、各类蔬菜等。境内以农业为主，牧业为辅，牲畜以牦牛、绵羊、山羊为主，产虫草、麝香、鹿茸等。经过几次动态调整，有建档立卡贫困户767户、3650人，全镇辖28个基层党组织，共有党员622人，其中农牧民党员556人、机关党员66人。全镇共有干部78名，其中：行政编制干部33名（正科5名、副科8名）、事业编制干部44名、“三支一扶”1名。全镇有1所完小、3所教学点，教师14人、支教5人，镇卫生院1所，村级卫生室24个，27个党支部，27个远程教育点。全镇共有13座寺庙、编内僧尼328人、编外僧尼173人。低保286户1275人，五保户69户69人。

【经济实力增强】经济实力在结构优化中持续增强。坚持把发展作为第一要务，着力提升发展质量和效益，以提升产业发展水平和农民增收为重点，结合乡村振兴战略，开拓创新，大力推进农业供给侧结构性改革和一、二、三产融合发展，积极推动农业现代化进程，力促农业产业提质增效，增强现代农业发展活力，推动烟多镇经济持续健康发展。2019年，全镇各级抓住一系列政策机遇，加快推进农业现代化建设，坚持“调精种植业、做强林果业、做大养殖业”和“一村一品”发展思路，加快推进河谷经济建设，以公路沿线各村为重点，大力发展种植业、养殖业发展，促进农牧业产业结构优化、农牧业增效、农牧民增收。截至2019年年底经济林木种植共1340亩，蔬菜棚33个167亩，同时，大力扶持藏药种植，实现藏药温棚种植，实施科技良种试种，协助完成“喜拉22”青稞试种工作。二产取得较大突破，砂石开采、商混站、光伏电站等建设开发良好，帮嘎村光伏电站建设工作完成良好。同时，三产实现新突破，以旅游业为龙头的第三产业加快发展，河谷带各村充分利用区位优势，大力发展林卡、藏家乐等休闲旅游产业。

【改善城镇面貌】快速推进城镇化建设，以城镇规划为引领，加大对违法用地、违法建设行为的教育宣传力度，从根本上杜绝“私搭乱建”现象，全面做好城镇化建设工作，力争打造城镇建设样板工程。同时，加快推进偏远地区基础设施建设步伐，构建起交通运输、综合能源、现代通信、水利保障体系，努力推进通村桥梁道路建设，消除道路死角，提升广大农牧民的出行能力。积极协调做好嘎孜片区道路硬化建设工程，排查巩固人畜饮水工程建设，从根本上解决全镇群众用水用电问题。完善通信基础设施建设，以减少通信盲区、提高通信覆盖率、保障畅通为目标，认真统计通信覆盖情况，积极协调相关单位，加快通信覆盖率。积极协助县委、县政府全力做好汽配城经济圈及藏医院等新型功能场所的建设工作。

【优化生态环境】 坚持环境革命的高压态势，结合“七城同创”、“七边、三美、三化”等工作，统筹推进生态环境综合整治工作。始终坚持把环境整治工作作为发展中的重要环节，从规划引领、产业培育、环境整治、水源保护、宣传教育、体制机制等方面入手，加强生态文明建设，营造整洁有序、生态宜居的城镇环境，截至目前，先后整治公路沿线、县城范围内卫生死角96处，共计开展环境卫生整治71次，协调上级环保部门，积极组建公路沿线环保员。同时教育引导县城内住户加强牲畜管理，有效整治牲畜散养问题。加大土地及资源保护利用。认真组织砂石开采、运输依法有序开展，及时采取强有力措施，严防乱采、滥挖，蓄意哄抬砂石价格等，认真做好农村土地确权工作，组织人员深入各村开展土地确权公示工作，逐步健全完善全镇土地确权工作。全面推行河长制。紧紧围绕“五位一体”总体布局和协调推进“四个全面”战略布局，牢固树立创新、协调、绿色、开放、共享的发展理念，以保护水资源、防治水污染、改善水环境、修复水生态、严格执法监管为主要任务，全面推行河长制工作，将流经烟多镇范围内的3条河流，分段设立河长25名，明确责任，实施监控河流情况，开展日常巡河制度，先后开展河道垃圾清理20余次。

【改善社会民生】 坚持把教育优先发展作为经济社会发展的战略重点和基础性工作来抓，加快推进义务教育均衡发展工作，层层签订责任书，完善“四书制”，积极开展数据统计工作，加大对学校的关怀关爱力度。围绕提高城镇医疗保障水平，从制度上为农民提供基本医疗保障，减轻农民医疗费用负担，缓解农村因病致贫和因病返贫的问题，引导农民进行合理的健康投资，提高农民的健康水平，合理利用农村卫生资源，促进农村卫生事业发展，全面完成新农合缴费工作，协助完成“六病”筛查工作，积极做好新生儿出生证明核查办理工作；以提高文化发展能力，完善文化发展条件，增强文化发展动力，推动文化事业发展，广播、电视人口综合覆盖率分别达到94%和92%。扎实开展好农村集体资产清产核资工作。成立清产核资领导组，试点村清产核资工作已经全面开展，规范村级财务管理。积极应对防汛抗灾、气象减灾的工作，成立防汛抗旱领导小组，组建应急队伍，制定防汛预案，加强预报预警，做好值班备勤，确保安全度汛。开展全镇城市低保户和农村低保户全面核查；进一步推进武装工作。完成2019年度兵役登记和征兵工作，狠抓民兵工作，积极开展应急训练，其中参加县应急训练2次，认真落实征兵工作，把征兵工作当作政治任务来抓，召开专题会议，安排部署征兵工作，利用广播、宣传标语等多种形式，大力宣传，鼓励广大青年应征参军。

吉塘镇

【概　况】 为认真贯彻落实中共十九大精神、习近平新时代中国特色社会主义思想，确保中央大政方针、区党委、市委决策部署、县委工作要求和各项重点工作落到实处，2019 年以来，在县委、县政府的正确领导和各级各部门的大力支持下，吉塘镇党委、镇政府动员全镇上下精诚团结，抢抓机遇，推动了全镇经济社会和谐稳定发展。

吉塘镇地处察雅西部，北纬 30°44′，东经 97°20′。镇政府驻地吉塘居委会，面积 535.92 平方千米，距察雅县城 33 千米，平均海拔 3500 米，气候温和，光照充足，属典型的山地暖温带半干旱气候，年平均降水量 355 毫米，降水集中在 7—9 月。盛产苹果、梨、核桃等，适宜果蔬、青稞等作物生长，为典型的农业乡。牲畜以牦牛、绵羊、山羊为主，产虫草、麝香、贝母等。

吉塘镇森林覆盖率 5.8%，主要分布在西西、亚许等地。境内有铁、磷、镁、石膏等矿产资源及温泉地热资源。全镇共 14 个基层党组织，有党员 322 名，其中机关党员 55 名，农牧民党员 267 名。全镇共有 6 座寺庙，在编僧尼 86 人，划分 2 个“1 拖 N”寺庙片区。全镇有 1 座中心小学、2 个教学点，有教师 39 人、学生 314 人。

【经济发展】 经济发展势头良好。年初以来，吉塘镇始终坚持以发展为第一要务，以学习、宣传、贯彻党的各项方针政策为主线，坚持“稳中求快”的总基调，突出速度、效益、质量并举，经济运行呈现出“速度快、增幅大、后劲足”的好态势。2019 年年底，全镇地方国民生产总值完成 12078 元，较 2018 年同比增长 14%，其中农牧民人均纯收入达 10800 元，较 2018 年同期同比增长 6.2%。总体而言，全镇经济社会呈现出了良好的发展势头。

优化产业结构调整。结合县委二十四字发展战略，坚持以农牧民增收为目标，以产业结构调整为主线，大力实施经济林木、反季节蔬菜、优质油菜种植、科技良种试点种植工作，努力提升一产上水平，经过努力，全年全镇经济林木种植工作稳步推进，截至 2019 年年底共有蔬菜棚 50 个 92 亩，科技良种试种面积约 200 亩。同时，利用地理、气候等环境优势，加快发展以旅游业为龙头的第三产业，各村充分利用区位优势，大力发展酒列营地、藏家乐等休闲旅游产业。

【改善民生】 狠抓基础设施建设。按照“生产发展、生活宽裕、乡风文明、村容整洁、管理民主”的总体要求，坚持不懈地抓好偏远村（居）基础设施建设工作，加快实施十项提升工程。完成吉卡公路前期建设工作、雪谢村通村道路建设项目，7 个水源点保护项目。

教育文卫工作得到巩固。坚持把教育优先发展作为经济社会发展的战略重点和基础性工作来抓，大力巩固义务教育均衡发展成果，层层签订责任书，大力开展“控辍保学”工作，全面做好 23 名疑似失学儿童复学劝返工作，已全部复学，开展以《中华人民共和国义务教育法》《中华人民共和国未成年人保护法》，以及各种法律法规为重点的法律知识宣传，实施学生“三包”等政策，并要求各村（居）都依法送子女入学作为村规民约的一个重要内容。同时，积极做好 0 ~ 15 岁儿童摸排统计工作，全面掌握基础数据。围绕提高城镇医疗保障水平，从制度上为农民提供基本医疗保障，减轻农民医疗费用负担，缓解农村因病致贫和因病返贫的问题，引导农民进行合理的健康投资，提高农民的健康水平，合理利用农村卫生资源，促进农村卫生事业发展，提高文化发展能力，完善文化发展条件，增强文化发展动力，推动文化事业发展。

加大土地及其他资源保护利用。为确保工程建筑领域不出现矛盾纠纷，吉塘镇认真组织砂石开采、运输依法有序开展，及时采取强有力措施，严防乱采、滥挖，蓄意哄抬砂石价格等，组织综治办对各村进行政策法规宣传 6 次，覆盖群众 400 余人。

狠抓就业富民工作。按照“以发展促就业，靠项目增岗位，以创业促就业”的工作思路，积极开展就业再就业和农村劳动力输转工作。依托产业扶持政策，大力开发就业岗位，积极开展创业培训、创业指导、项目推荐等服务3场次，大力支持懂经营、会管理的能人带头创业，培育创业带头人，做好大学生就业工作，共有46名高校应届已做好就业去向进行录入，后期回访就业情况，有19名大学生已就业。

加大重点项目建设。吉塘镇党委、镇政府坚持以市场为导向，采用市场化运作模式积极推进吉塘特色小城镇建设，依托温泉资源，大力发展旅游、观光、休闲等服务为载体，围绕“一街、两区、三园、一中心”（一街：康巴风情商业步行街；两区：核心区、易地搬迁安置区；三园：藏东农牧科技示范园、生态果园及产业园；一中心：蔬菜物流中心），建好集现代航空港、现代农林业生态观光园及特色产品展销于一体的康巴特色新型温泉小镇。在县委、县政府的大力支持和关心关爱下，特色小城镇已投入运营，带动105户群众增收致富（其中建档立卡贫困贫困户21户69人）。招商引资入驻商铺30个。

【环境综合整治】 始终坚持把环境整治工作作为发展中的重要环节，结合“七边、四美、四化”工作，从规划引领、产业培育、环境整治、水源保护、宣传教育、体制机制等方面入手，加强生态文明建设。把整治的工作任务层层进行量化分解，把任务指标和工作责任落实到岗、落实到人，进一步提高村民卫生意识、健康素质和生活质量，营造整洁有序、生态宜居的城镇环境，组织干部群众650余人，分别对主干道、两侧商户、国道两边、金河周边、旅游厕所、沟道、农牧民群众房前屋后、特镇水系等、全镇范围内各卫生死角、盲区、辖区内的积存垃圾进行了全面清理，先后整治卫生死角158处，共计清理5条大沟道，30余吨垃圾。同时教育引导住户加强牲畜管理，有效整治牲畜散养问题。

【河长制工作】 紧紧围绕“五位一体”总体布局和协调推进“四个全面”战略布局，牢固树立创新、协调、绿色、开放、共享的发展理念，坚持节水优先、空间均衡、系统治理、两手发力，以保护水资源、防治水污染、改善水环境、修复水生态、严格执法监管为主要任务，全面推行河长制工作，管护好流经吉塘镇范围内的6条河流，明确责任，实施监控河流情况。

【脱贫攻坚】 抓好全面统筹，把握总体方向。加强领导，健全组织机构。年初，进一步充实脱贫攻坚工作领导小组、脱贫攻坚指挥部，同时，加大落实力度，组建包村指导组，分别指导9个行政村开展专项指导，协同配合，各司其职。层层落实，责任压茬推进。召开工作部署会，全面安排部署2019年脱贫摘帽工作。

优先发展产业，确保稳定增收。将发展产业作为实现贫困人口脱贫的长久之策，立足地理区位优势，建成色然西民族手工艺、亚许蔬菜大棚种植项目、雪通村康巴民族服装厂、居委会花卉鱼庄项目、莫东杂交构树等9个项目，以土地流转、分红、务工等形式使158户建档立卡贫困户收益，每户增收2000余元。

推进易地搬迁，确保住房安全。立足实际，聚焦深度贫困村，按照“六靠、五方便、两避让”的基本原则，在充分尊重群众意愿的基础上，按规划、分年度、有计划组织实施易地扶贫搬迁工作，为贫困户改善住房条件。实施易地搬迁137户661人入住，同时，完成98户危房改造工作。

推进教育发展，实现智志双扶。吉塘镇党委、镇政府积极协助推进义务教育均衡发展，加强义务教育学校标准建设，全面改善吉塘镇小学和各教学点的办学条件，保障了易地搬迁学生和贫困家庭适龄儿童就近入学，并积极落实控辍工作责任制，对全镇适龄儿童入学情况进行全面深入的摸底排查，并逐步推进学前儿童登记造册工作。同时，加大《中华人民共和国义务教育法》

的宣传力度，全镇适龄儿童全部实现入学，建档立卡学龄前儿童及学生共计335个。

生态扶贫工作，落实到户到人。严格遵循一人一岗，定岗定责并逐一签订岗位责任书的原则，覆盖了全部建档立卡户和边缘贫困户中有劳动能力的人口，采取各种宣传教育形式，加强对农牧民群众尤其岗位人员的政策解读及岗前职责培训。对生态岗位资金进行专款专用，严格落实考核制度，考核通过后及时兑现岗位工资，全镇共有岗位1691人，其中建档立卡享受岗位人员402人。2019年吉塘镇扶贫系统中生态岗位资金已兑现。

全力保障民生，实施社会兜底。吉塘镇将建档立卡户中，智障、残疾生活不能自理的、年老体弱丧失劳动力的等全部纳入兜底范畴，全镇共有低保530人，五保户31人。低保、五保资金均已兑现完毕。

采取多种方式，推进政策宣传。及时召开脱贫攻坚政策学习会，要求各村召开村民小组、党小组会议集中开展政策学习，要求结对帮扶干部利用慰问帮扶户同时，开展“一对一”“面对面”的思想教育工作，及时准确地宣传脱贫攻坚政策，全面提高贫困户对政策的知晓率和广大群众的参与率。同时，借助微信群等新媒体拓宽宣传渠道，用群众喜闻乐见、易于接受的宣传方式向老百姓宣传扶贫政策，让脱贫攻坚家喻户晓、深入人心。开展脱贫攻坚宣传30余场次。

提高思想认识，把握政策要求。全镇上下深入学习贯彻中央扶贫工作会议精神，贯彻落实习近平总书记关于精准扶贫、精准脱贫的一系列重要讲话精神，特别是治边稳藏重要论述，逐步实行定期学习制度，建立了每周学习日，开展定期学习20次。同时，加大脱贫攻坚工作宣传力度，要求干部“走村必抽问、入户必宣传”，改变群众观念，提升扶贫信心。

【综合治理】 平安创建工作开展情况。为持续推动全镇26个村（居）“平安创建”进程，深入村（居）、学校、商混站、砂石厂、砖厂开展法治宣传教育，讲解安全生产、社会综合治理等法律法规20余次，发放宣传资料800余份。与9个村（居）签订社会治安综合治理目标管理责任书、安全生产目标管理责任书等4个责任书。

综治宣传工作开展情况。3月综治宣传月期间，安排部署9个村（居）积极开展安全知识、打击有害信息传播、反传销等宣传教育20次，切实增强了广大农牧民群众法治意识。6月综治宣传周期间，组织9个村（居）认真开展“四讲四爱”主题教育实践活动，深入开展虫草采集及交易管理相关法律法规、安全生产法律法规宣传，进一步增强群众食品药品、道路交通安全生产意识。

虫草采挖工作开展情况。2个虫草采集点，采集自5月12日开始，于6月28日结束，采挖期间分别设立2个卡点，累计督导14次、巡逻120次，无违反“十六个不准”规定现象。

全面加强扫黑除恶。坚持“有黑扫黑、无黑除恶、无恶治乱”的原则，强化“扫黑除恶”工作纪律，落实各项工作部署，先后于2019年3月、5月召开专题会议研究部署，研究制定实施方案，签订责任书，以专题学习会、夜校等形式，学习传达习近平总书记重要指示精神和各级扫黑除恶专项斗争会议精神；撒好“群众网”，动员群众参与到专项斗争中，建立健全多元化的群众反映渠道，在全镇主要交通要道、显要位置、宣传栏、村级活动场所、商铺、LED等公共场所张贴《察雅县群众举报涉黑涉恶违法犯罪活动奖励办法的通知》海报12份，悬挂宣传横幅25幅，宣传彩旗100面、张贴宣传标语75张、车贴标语70张、设置线索举报箱10个，公开举报电话，畅通举报渠道；各村（居）分别制定了“扫黑除恶”专项斗争摸排台账，成立摸排小组，对辖区内是否存在沙霸、路霸、村霸等情况每月进行一次排查。截至2019年年底，全镇各级共开展线索摸排600余次，未发现涉黑涉恶问题线索。

【乡村振兴战略】 打好脱贫攻坚战，是全面建成小康社会的底线任务。而实施乡村振兴战略则是一项长期的艰巨任务，需要长短结合、分步推进、稳扎稳打、久久为功。吉塘镇党委、镇政府及时召开会议，结合实际，制定吉塘镇乡村振兴战略实施方案。

将立足实际，结合区域特色，以五大发展理念为基础，以乡村全面振兴为目标，以产业振兴、生态振兴、文化振兴为重点，坚持党建引领，发挥资源优势，突出吉塘文化特色，壮大支柱产业，全力推进新旧动能转换，推动农业农村农民共同进步、生产生活生态和谐共融、田园家园乐园全民共享的新农村。

香堆镇

【概　况】 2019年是全区脱贫摘帽之年，也是决胜全面建设小康社会的关键之年，香堆镇党委、镇政府严格按照县委、县政府的总体部署要求，始终坚持以习近平新时代中国特色社会主义思想为指导，以深入开展“不忘初心、牢记使命”主题教育活动为主线，以全面打赢脱贫攻坚战为中心任务，以牢固树立维定压倒一切的全局工作思想，理论联系实际，科学谋划部署，广泛动员参与，强化措施办法，建全规章制度，扎实推进各项工作，取得了可喜的成绩。

香堆镇地处察雅中部，北纬30°34′，东经97°58′。境内光照充足，适宜青稞、油菜等作物生长，为典型的半农半牧乡。镇政府驻地香堆居委会，距察雅县城66千米，面积1236.97平方千米，产虫草、麝香、鹿茸、贝母等。

全镇共有1808户9768人，耕地面积7764.45亩（其中人均耕地面积0.83亩），草场面积126.99亩，牲畜存栏30751头、只、匹。群众主要收入来源为种植黑青稞、饲养高原牦牛羊和采集虫草、贝姆等。

全镇建档立卡贫困户531户2634人，已全部实现脱贫摘帽，易地搬迁对象389户2268人，生态岗位人员2887人，五保户49人，低保1275人，慢性病等医疗签约服务281人，建档立卡户适龄儿童受教育808人（其中学前班150人、小学443人、初中129人、高中63人、大专及以上23人）。

镜内有13座寺庙，均属格鲁派，其中县级4座，科级2座，专职特派员机构7座，共610名僧尼。另外，境内还有向康大殿、觉克尼姑寺、仁达摩崖造像、弥沙溶洞、原始苯教寺庙喇寺古刹等众多旅游景点，其中向康大殿以天生弥勒佛像而闻名于康区，另外有传承民族文化香堆藏戏、锅庄。

【经济发展】 2019年，香堆镇党委、镇政府，始终以“四个全面”战略布局为统领，以“五大发展理念”为遵循，大力实施“狠抓河谷经济、破解瓶颈制约、扩大招商引资、统筹城乡发展”发展战略，狠抓落实了各项任务，在经济发展上取得了新的进展。年内，完成农作物播种面积497.76公顷，粮食产量2826.78吨，虫草等植物采集产量为109.1千克，蔬菜类产量22.5吨，其他青饲料类产量15.9吨；牲畜总数为30751头、只、匹，奶类产量198吨，肉类产量144吨。完成地方国民生产总值8297万元，农村居民人均可支配性收入达10756元。

【农牧业经济】 农业上，继续加大对农业结构调整，对大小水渠、水塘进行全面清淤和维修（其中新建维修水渠16.3千米），全镇使用农家肥1450吨，购买氮肥、复合肥54吨。同时，大力推广粮种改良和种植黑青稞工作。2019年，完成播种面积497.7公顷，种植青稞446.4公顷、薯类4.6公顷、豌豆4.1公顷、元根10.6公顷、蔬菜 1.53 公顷、油菜 30.4 公顷，粮食作物产量 2826.78 吨。

牧业上，香堆镇积极引导农牧民群众学科学、用科技，始终把科学养畜贯穿于全镇牧业生产中，深入开展“草补”工作，顺利通过了自查自验和县级验收。高度重视牲畜病防治工作，加强预防监测，一有疫情立即上报，并积极采取急救措施，成立了重大动物疫病防治工作领导小组，上年度完成接羔育幼 15043 头、只、匹。

【虫草采挖】 严格按照虫草采挖相关规定的要求，从实际出发，广泛调查研究，多方征求意见，采取科学有效的管理方式，通过全镇干部职工和广大牧民群众的共同努力，取得了显著的成效。虫草采挖期间，未发生一起群体性事件和刑事案件。2019 年，全镇有 3714 名（其中有 617 名群众在外采挖虫草）群众，历时 30 多天参与虫草采挖，共采挖到虫草约 109.1 千克，由于 2019 年虫草价格下跌，粗算群众现金收入约为 870 多万元。

【林业发展】 完成退耕还林面积达 1040.2 亩，植树 115462 株，植树存活率为 90% 以上。同时，加大对封山育林植树区的监管和保护力度，2019 年共开展森林防火宣讲 150 余场次，护林员、公路养护员、环境保洁员等岗位开展集中专项巡山、巡逻、打扫等活动 70 余次。

【劳务收入】 香堆镇党委、镇政府积极联系协调辖区内施工单位，组织安排农牧民群众工地进行劳务输出，实现劳务增收致富。年内共组织 469 人参与劳务输出，群众增收约 1680 万元。就业岗位和扶贫项目的对接。采取政府投资、企业出资、群众出力、利益分成的运作模式，充分利用香堆镇果日砂石厂、香堆惠民服务所、香堆镇旺布村扶贫到户绵羊养殖等扶贫项目，实现带动建档立卡贫困户 53 户 173 人。

【综合治理】 按照习近平总书记关于治边稳藏的重要论述和关于西藏工作的一系列重要指示批示精神，香堆镇党委、镇政府，坚持“稳定压倒一切”的思想，不断总结经验，强化措施，开创了香堆新局面。高度重视、及时传达相关会议文件精神，做到“思想必须警醒、人员必须在岗、信息必须通畅、防范必须到位、排查必须全面、调处必须及时、整治必须有力”，新中国成立 70 周年大庆期间，严格按照上级要求，切实做好值班带班、巡逻检查、防火防盗、矛盾纠纷排查化解工作。通过悬挂横幅、张贴标语、宣传栏、召开村民大会、走村入户等方式，加强了安全宣传教育等工作。年内，全镇共召开维稳会议累计 500 余次，制定应急预案 50 套，成立联防队、护村队、护校队等 21 支。深入开展扫黑除恶、打非治乱，结合实际，向群众广泛宣传扫黑除恶打非治乱专项斗争的有关法律常识及政策，鼓励群众积极踊跃揭发检举“村霸”“宗族恶势力”等黑恶势力违法犯罪线索。年内发放了宣传手册 500 余份，悬挂横幅 180 条，张贴标语 200 条，集中召开会议 42 场次，入户宣讲达 1700 余次，受教育人数达 1900 余人。坚持“预防为主、调解在前”的工作原则，加大对矛盾纠纷揸查化解调处力度。严格按照新修订的《宗教事务条例》、区党委宗教工作五项意见要求和市委、县委寺庙“1 托 N”管理模式和系列宗教事务工作部署要求，建立健全各项责任体系和职责任务机制，且通过落实“六个一”“九有”等工程，切实让广大僧尼感受到党和政策对西藏的特殊政策和对寺庙僧尼的关心、关怀。通过落实“遵行四格标准、争做先进僧尼”“四讲四爱”“加强民族团结，建设美丽西藏”等活动，教育引导广大僧尼遵纪守法、爱国爱教、专心修法。压制分裂邪气，做到维护祖国统一，民族团结，宗教和睦。防范辖区内打架、盗窃等事件的发生，自 2012 年开始全辖区实行每晚 9 时暂营、清场、巡逻制度，确保了辖区内无任何治安事件。充分发挥村干部、双联户户长的作用，组建宣讲队伍、联户巡逻队伍、环境清洁队伍等组织，开展辖区内卫生环境整治、脱贫攻坚政策宣讲等，全面促进基层堡垒作用。结合实际工作，大力开展值班巡逻、排查隐患、教育宣传等工作做到了“六个严防”“六个不发生”。

【脱贫攻坚】 加强组织领导，明确责任担当。成立了以镇党委书记为组长，镇党委副书记、镇长为副组长的脱贫攻坚工作领导小组，设立脱贫攻坚办公室，精配6名扶贫专干（其中上挂扶贫专干1名），形成强大的合力，并建立包村、包户督导帮扶机制和工作任务分工机制，明确专人专负工作职责。各村（居）也成立了相应的领导小组，配齐配强人员力量，下设立了扶贫办公室，详细制定了驻村干部任务分工机制，明确了责任。

落实主体责任，建立责任机制。建立了“一把手负总责、分管领导各负其责，谁管谁负责”的工作机制，实行领导责任制，自2016年以来每一年度香堆镇脱贫攻坚办公室与各村（居）签订脱贫攻坚目标责任书，明确攻坚目标任务和工作要求，同时印发脱贫攻坚工作任务分解文件、台账，提出具体目标和工作要求，将任务分解到人头，工作落到实处。建立脱贫攻坚工作与日常工作同安排、同部署、同推进的机制，做到党委书记安排部署，班子成员具体抓手的责任；建立了督导督查机制，由镇纪委牵头，党政办、扶贫办、强基办相关办公室配合的督导督查工作小组，深入各村（居）开展扶贫领域及综合性督查工作，对存在问题的村（居）、个人及时进行通报批评。建立脱贫攻坚周例会制度，及时研究解决推进工作当中遇到的困难和问题，确保各项工作扎实有效推进。

强化理论学习，转变工作作风。牢记习近平总书记“脱贫攻坚任务能否完成，关键在人，关键在干部队伍作风建设”的讲话精神，香堆镇党委、镇政府，严格按照全面从严治党的原则，通过理论中心集中学习和个人学习等多种方式，深入学习贯彻中共十八大、十九大、十九届二中、三中全会精神，习近平总书记关于扶贫开发工作系列重要讲话精神，习近平总书记在河南、江西、重庆等地6次考察调研时的重要讲话精神；深入学习贯彻区党委、市委、县委关于扶贫开发工作的系列重要会议精神和主要领导的指示精神，切实增强广大干部职工的理论政策、法律法规、业务能力的熟知运用能力。同时广泛开展“两学一做”“四讲四爱”“不忘初心、牢记使命”“扶贫领域作风建设”等主题教育活动，切实增强广大干部职工对学习、工作的积极性和主动性，切实转变了干部职工的工作作风，为打赢脱贫攻坚塑造了良好的干部队伍。

加强宣传力度，营造浓厚氛围。根据中央、区党委、市委、县委扶贫开发工作会议精神，香堆镇党委、镇政府先后召开了专题部署会、推进会等，进一步统一了广大干群的思想认识，坚定了信心、凝聚了力量。制定了脱贫攻坚政策理论知识宣传方案，明确了由镇党政办牵头，各村（居）、办公室密切配合的机制，并通过张贴宣传栏、悬挂横幅、开办培训班、印发宣传单、走村入户等多种方式，全方位、多层次、广角度地教育引导、宣传宣讲精准扶贫的政策理论知识，消除了贫困户“等、靠、要”思想。

严格标准程序，精准识别贫困户。严格按照建档立卡贫困户识别程序“一申请、二评议、两审核、三公示”，以及《昌都市委精准扶贫识别工作方案》要求，通过“六看”“四访”“三公”“二审”“一告”五步法，对全镇进行了“四识别”，做到应扶则扶，一户不漏、一人不落，2019年动态调整后，有531户2634人，已脱贫517户2571人，贫困发生率为0.01%。

“两不愁”方面。不愁吃。根据高原的饮食习惯，群众是通过自产青稞、自宰牛羊肉等方式，基本满足日常的口粮需求，同时近两年农村交通运输不断改善，大部分贫困群众一天内基本都能吃到鸡蛋、蔬菜等营养食物。易地搬迁点上完成修建户外便利取水点和户内自来取水点，群众饮水安全已经得到保障。各行政村自然组内都设有集中供水点和分散取水点，往返路程和时间都能达到政策标准，实现了“不愁吃”的目标。不愁穿。香堆历来是宗沙、阿孜、荣周等乡镇的商贸聚焦地，基本可以购买到日常生活用具和服饰。因此，贫困群众都是通过自主购买的方式基本实现四季都有衣换、有衣穿暖。另外，通过开展教育引导工作，群众对穿衣整洁和换衣、洗衣的习惯不断在转变，越来越多的群众不在穿旧、脏、破的服饰。实现了不愁穿。

“三保障”方面。基本医疗有保障。全镇所有群众都参与到基本医疗保险范畴内。建档立卡贫困人口通过纳入大病保险范畴，及时、有效地得到了就医和医疗补偿报销，积极开展家庭签约医疗服务工作，签约服务率达100%，覆盖率达100%。义务教育有保障。认真落实了义务教育阶段“三包”制和建档立卡贫困户大学生资助政策，通过建立制度、广泛宣传、教育引导等方式，认真开展适龄儿童劝返复学工作，已劝返复学193名学生。香堆镇第一小学共有1013名学生。住房有保障镇通过易地扶贫搬迁，确定香堆镇建档立卡贫困户389户2157人为搬迁对象，其中香堆一期84户691人，二期270户1274人，唐琼孜一期24户136人，唐琼孜二期8户44人，分散安置3户12人。群众搬迁入住率达到100%。同时，通过入户督查方式，每月至少开展一次入住督导督查工作。

落实“五个一批”措施情况。发展产业脱贫一批。坚持以自治区党委书记吴英杰在全区经济工作会议上提出的十三对关系，以精准扶贫、产业脱贫一批作为脱贫的核心和根本，积极探索研究带贫增收致富的有效脱贫路径，采取政府投资、企业出资、群众出力、利益分成的运作模式，打造了香堆镇果日砂石厂、香堆惠民服务所、香堆镇旺布村扶贫到户绵羊养殖等项目，实现带动建档立卡贫困户53户173人。果日砂石建材厂：项目总投资为963.43万元，带动建档立卡贫困户20户63人。香堆惠民服务所（含餐馆、宾馆、茶楼、浴室）：项目总投资141.56万元，带动建档立卡贫困户30户97人。旺布扶贫到户绵羊养殖项目：项目总投资35万元，带动建档立卡贫困户3户13人。

易地扶贫搬迁脱贫一批。香堆镇易地扶贫搬迁安置点位于镇政府旁（紧邻察芒公路），分两期建设，共搬迁群众404户2561人，其中阿孜乡、宗沙乡、巴日乡搬迁群众50户293人。项目总投资12821.91万元，用地面积109038.16平方米。通过入户、召开会议等方式，在督促群众入住和排查设施、设备损坏等情况的同时，广泛宣传以习近平同志为核心的党中央对西藏各族人民的亲切关怀和全国人民的深情厚谊，扶贫政策理论知识和有关法律法规，大力引导贫困群众树立“宁愿若干、不愿苦熬”的观念，改变“等、靠、要”的观念，用自己的勤劳实现脱贫致富。群众入住率达100%。认真对照各级巡视巡察督导反馈意见的问题，通过沟通上级相关部门，完成整改了安置点上的“十项提升工程”和安置点内外的造林绿化工作，已经实现了“五通”“五有”。按照人均面积不超过25平方米的要求，对108户群众进行政策引导，完成了产权分割相关协议的签约工作。通过农贸市场、洗车厂、民族特色产品、服装加工等短平快项目，解决安置点上19名贫困人口的就业岗位，带动19户贫困户增收致富。通过就近就业、外出转移等劳务输出方式，年内组织贫困户469名（已录入到实名制就业平台系统）劳动人口实现劳务增收。

生态补偿脱贫一批。按照习近平总书记“绿水青山是金山银山”的理念，把发展生态公益岗位作为治贫之举，2016年以来全镇共解决生态岗位2887人，其中建档立卡贫困群众1207人。为使群众熟知生态岗位职责作用，按照生态岗位合同协议内容，多次组织开展环境卫生整治、植树造林、巡山护林护草等活动，有效发挥了生态岗位职责作用。

社会保障兜底脱贫一批。对贫困人口中部分丧失劳力和完全丧失劳力给予最低生活保障兜底的要求。全镇共纳入低保户334户1275人（其中建档立贫困人268户1209人，寺庙僧尼66人），五保户44人，无劳力定向补贴人员1105人，享受残疾补贴人员252人（其中建档立卡贫困人82人），2016年以来群众医疗救治共274名，报销资金673879元。另外，通过全民参保工作，全镇全部纳入社会保障当中，极大地提升了民生保障。

发展教育脱贫一批。严格按照全县疑似失学儿童核查和劝返复学工作会议精神，采取走村入户一对一核查的方式，深入排查辖区内所有凝似失学辍学儿童的情况，并严格按照控缀保学“四书制”，与各村（居）签订责任书。全镇凝似失学儿童619名中已完成复学169名（其中小学生95名，中学生74名），已结业34人，完成上门送学17名，因户籍、因病因残、超龄、省内就读等特殊原因核减433名。通过流动式宣讲和走村入户宣讲的方式，大力宣讲《中华人民共和国义务教育法》《中华人民共和国未成年人保护法》等法律，全面提升了全镇义务教育控辍保学水平，全面转变了家长和监护人的陈旧思想。2019年，全镇建档立卡贫困户学生共613名，实现了适龄儿童全部入校就读。

落实危房改造方面。全镇危房改造对象共有70户，其中建档立卡贫困户16户，按照县委统一的六改要求，已完成改造。

结对帮扶开展情况。香堆镇党委、镇政府主要领导始终把结对帮扶工作作为脱贫攻坚工作的一项重要工作，年初把结对帮扶工作列入为党政重点工作，成立了以党委书记为组长的结对帮扶工作领导小组，成立了以镇纪委书记为组长的督导检查工作领导小组，明确了工作职责分工和主体责任，明确了结对帮扶工作的政治重要性。按照扶贫结对帮扶集中时间、集中力量工作要求，全镇52名人员按各自日常工作繁忙率，进行分批分组深入到村到户开展帮扶活动。通过开展慰问物资的方式帮扶贫困户。通过开展思想教育帮扶，进一步转变群众观念思想，重点以感党恩教育，政策补助、低保、医保、生态补偿、退耕还林、金融贷款、科技、法律法规、支农惠农和脱贫攻坚政策等方面进行宣传教育。针对建档立卡贫困户有无法自力更生或老弱病残的，开展家务帮扶。

健康扶贫开展情况。联合市协和医院、县医院、乡卫生院每年组织到村送医送药，开展政策宣传和免费诊断，4年累计完成大病救助36人，已救助32人，慢性病311人，包虫病99人。精准实施医疗救助274人，报销资金673879元，有效遏制了因病致贫、因病返贫。

转移就业开展情况。积极与县人社局等单位沟通协调，2019年举办了种养殖、汽摩修理、机动车驾驶等技术技能培训班，且依托果日砂石场、香堆惠民服务所等解决长期就业岗位34名，与此同时，在就近各施工地、饭店等企事业单位组织就业的469人（已录入到实名制就业平台系统）。

基础设施改善方面。积极协调县委、县政府各部门持续做好香堆镇12个行政村及香堆居委会易地扶贫搬迁安置点基础设施完善工作。全镇水、电、路、信、网、科、教、文、卫、保已全覆盖，下步将进一步完善提升科学文化事业发展水平。

【主体责任】 落实党委主体责任。香堆镇党委将党风廉政建设、脱贫攻坚、廉政主题学习、突出问题整治、监督执纪问责等列为落实主体责任的重点工作，并根据实际情况，健全“一把手负总责、分管领导各负其责，谁管谁负责”的工作机制。重视主题学习和廉政教育。积极组织班子成员，坚持以身作则，率先垂范，带头学习中共十九大会议精神，带头学习习近平总书记党风廉政建设重要论述和系列讲话精神。仔细开展任务部署。党委书记对重点工作和突出问题整治上做到亲自部署，提出要求，同时与班子成员做到责任分工，明确责任。加强监督执纪问责。始终把纪律挺在前面，积极落实监督执纪“四种形态”，与镇纪委积极开展问题预警工作，做到了维护干部健康成长。

【党组织建设】 持续深化推“两学一做”学习教育，扎实组织开展“不忘初心、牢记使命”主题教育，不断增强“四个意识”，坚定“四个自信”，做到“两个维护”。严格落实“三重一大”决策会议制度，提高领导班子决策的科学化、民主化。严格落实班子成员抓党建工作“一岗双责”制度，明确责任分工，造就一支具有铁一般信仰、信念、纪律、担当的干部队伍。严格落实“三会一课”、民主生活会、组织生活会、谈心谈话、民主评议等基本制度，进一步规范组织生活。

【教育发展】 建立健全控缀保学相关工作机制。在群众当中广泛宣传《中华人民共和国义务教育法》《中华人民共和国未成年人保护法》等有关法律法规，消除辍学失学的现象，巩固控辍保学工作成效。落实“党政同责、一岗双责、齐抓共管”制度，每学期至少召开 1 次校园安全工作联席会议。

【卫生工作】 全面落实社会医疗参保工作，全镇医疗参保率达 100%。积极配合上级医疗部门对辖区群众的疾病筛查工作。积极开展签约卫生医疗服务工作，全面提升贫困户患者就医保障工作。积极配合医疗部门，加大宣传“两降一升”政策宣传工作，确保孕妇住院分娩率不低于 85%，死亡率不高于 140/10 万；婴儿死亡畜不高于 14%。

【人社工作】 配合县人社部门，做好建档立卡贫困户就业技能培训和转移就业工作。做好城乡居民社会养老保险、医疗保险、生育保险等工作。建立解决拖欠民工工资联席会议制度，治理工作机制，做到全年无上访案件。做好辖区内高校毕业生创业政策的宣讲工作。

【安全生产】 健全完善“党政同责、一岗双责、齐抓共管”制度和全生产组织体系和责任体系。认真贯彻落实了中央、自治区、市、县关于安全生产方面的会议精神，年内未出现任何安全事故。通过走村入户、召开会议、张贴标语等方式，大力宣传安全生产防范相关常识，全面提高了群众安全生产防范能力。

【环境保护】 按照习近平总书记“青山绿水就是金山银山”的指示要求，充分发挥全镇 2887 名生态岗位人员的作用。定期组织开展巡山护草、护林活动，制止非法盗伐、滥伐等现象。定期开展交通沿线、重点区域等的环境卫生综合治理工作，全面改善农村人居环境。

【主题教育学习】 香堆镇党委将“四讲四爱”“加强民族团结、建设美丽西藏”等教育学习活动作为践行习近平新时代中国特色社会主义思想来抓。采取多种学习和宣传方式，将“三个离不开”“五个维护”“四个有利于”“两个共同”等民族政策深入人心，让广大群众知党恩、感党恩，自觉维护祖国统一、维护民族团结。

【强基惠民】 紧紧围绕新时代驻村工作七项任务，狠抓落实“传、帮、带”工作，全力培养、培育村干部在基层的工作能力和业务水平。大力宣传宣讲中共十九大精神、习近平总书记系列重要讲话精神和精准扶贫政策知识，确保群众及时了解、掌握国家扶贫政策、法律法规、事实新闻。狠抓主题教育，通过开展“四讲四爱”“新旧西藏对比”等活动，让群众更加坚定了牢记历史、饮水思源，坚定不移跟党走的思想自觉和行动自觉。

卡贡乡

【概　况】 2019 年，卡贡乡紧紧围绕全县经济、农村暨脱贫攻坚工作会议精神、政府工作报告各项目标任务及全乡各项重点工作，紧抓发展机遇，团结带领全乡广大党员干部和群众，立足实际，真抓实干，锐意进取。在广大干部职工和人民群众的努力下，在县委、县政府的正确领导和各级各部门的大力支持下，卡贡乡各项事业持续、快速、健康、协调发展。

卡贡乡地处北纬 30°38′，东经 97°31′，位于察雅县南部，面积 534.6 平方千米，距离察雅县城 22 千米，是全区 393 个重点扶持乡镇之一。平均海拔 2900 米，年平均气温 11℃，年降雨量 350～450 毫米，无霜期达 150 天，乡政府驻地村帮村，澜沧江、金河贯穿全乡，为半干旱地区，属农林并举的农业区，经济林果园和散生经济林木（核桃）等较为发达。

卡贡乡有党员 336 人，村两委班子成员 45 人，低保户 77 户 309 人，五保户 26 人。2019 年 9 月，全乡通过自治区聘请的第三方评估验收，顺利实现脱贫摘帽任务。

【经济发展】 2019 年以来，卡贡乡按照“一手抓稳定、一手抓发展”和“两促进、两不误”的工作要求，乡党委、乡政府始终坚持以科学发展为统领，把改善农牧民生产生活条件、增加农牧民收入作为经济社会发展首要任务。2019 年，全乡国民生产总值 4293.5 万元，同比增长 9.7%；农村居民可支配收入 7589.8 元，同比增长 12.8%。

产业方面。2019 年，村帮村砂场和种植协会带动 36 名群众增收，平均每人增收 1 万元，其中涉及建档立卡群众 12 户；卡贡村苗圃土地流转费 100 余万元，兑现苗圃务工工资 130 余万元，带动 50 余人实现就近就业；依然村温室大棚协会实现户均增收 2300 元；邓学村苗圃土地流转费用 30.9 万元，兑现劳务费 10 余万元，带动建档立卡群众 21 户 100 人增收致富，户均增收 1.1 万元。

畜牧业方面。全乡共有 28.57 万亩的天然草场，2019 年，卡贡乡共接羔育幼崽畜 242 头（只、匹），存活 238 头（只、匹），存活率 98.35%，出栏 186 头（只、匹），存栏 3066（只、匹），并全部完成了牧畜春季疫苗注射和犬只驱虫工作。

农业方面。全面推进种植业发展。2019 年，全乡完成总播种面积 3645 亩，全乡农作物总产量 729000 千克，其中青稞、小麦 717150 千克。积极准备农业物资。2019 年以来全乡订购化肥 4.6 万千克为农牧业生产的各项环节提供充足的物资保障。

财税金融工作平稳运行。2019 年，全乡认真贯彻落实中央“八项规定”，紧缩开支，开源节流，加大财务管理力度，严肃财经纪律，规范财务运行，对全乡各村财务以及生态岗位资金进行了审计。对种粮直补进行了规范，调动了种粮农民的积极性。

落实好惠民资金兑现工作。及时兑现各类民生资金，将党和国家的惠民政策落到实处。其中发放农村最低生活保障金 77 户 311 人 66046 元；发放农村五保金 16 人 123888 元；共 178 人享受残疾人补贴，发放残疾人补贴 456000 元；为 69 名寿星老人发放生活补贴 26700 元。

政务信息工作。卡贡乡严格按照县委要求，积极做好政务信息上传下达，2019 年以来，及时报送工作简报信息共计 110 期。

【脱贫攻坚】 2019 年以来，卡贡乡多措并举，狠抓脱贫攻坚。于 2019 年 9 月底，全乡通过自治区聘请的第三方评估验收，取得了阶段性的成效。

加强扶贫资料规范化建设。卡贡乡高度重视建档立卡等基础工作，确保逻辑严谨、数据准确、标准规范。严格对照昌都市脱贫攻坚指挥部下发的相关文件要求归档，对精准扶贫资料进行自查，及时查漏补缺，做到“户有卡、村有册、乡有簿、县有档”。成立了脱贫攻坚领导小组，制定了《卡贡乡脱贫攻坚工作方案》《五个一批工作方案》，细化工作任务，明确责任人，各级之间签订责任书。同时为更好地了解卡贡乡贫困人口的分布情况和难易情况，还绘制了“卡贡乡贫困分布图”和卡贡乡精准扶贫专栏，建设精准扶贫档案室，便于机关干部和广大群众更为直观、准确地了解扶贫工作状况。为进一步提高全乡精准识别工作成效，确保因村施策、因户施策、因人施策工作的精准，卡贡乡开展了精准识别工作“回头看”，采取直接检查、交叉检查等方式对全乡建档立卡户进行了检查，确保了识别对象不错位、不缺位，为2019年全面脱贫奠定了坚实的数据支撑。

加强宣讲，确保入脑入心。年初组织召开精准扶贫政策宣讲动员部署会，抽调精干力量13人，成立乡党委书记为组长精准扶贫政策宣讲队，采取以卡贡乡金多村为试点，分别对8个村的建档立卡户和边缘户进行了入户政策宣讲，特别是2019年第一批脱贫摘帽的3个村（村帮村、卡贡村、依然村）进一步汇总了工作经验、难点、疑点。同时，乡党委每月听取村两委、驻村工作队关于精准扶贫政策宣讲的进展情况和问题，为全面脱贫摘帽打下坚实基础。

因地制宜，发展产业促脱贫。卡贡乡依托海拔较低，气候温和的天然地理环境优势，大力发展苗圃、苹果、核桃、辣椒种植等产业，依靠产业带动群众增收。苗圃产业稳步增收。全乡有苗圃种植基地2个（卡贡村、邓学村）共1074亩，以土地流转的形式出租给昌都市林业局和察雅县吉祥农林有限责任公司，每亩土地租金1000元。同时群众还可在苗圃务工，实现就近就业，2019年以来，卡贡村苗圃共兑现农牧民群众务工工资130万元，带动建档立卡群众50余人就近就业。邓学村兑现务工费10余万元，带动建档立卡21户100人增收，户均增收1.1万元。积极打造卡贡苹果品牌，以已有苹果产业为基础，打造核心苹果产业链，持续提升卡贡“金帅苹果”品牌，增加群众现金收入。持续推广村帮村“支部+协会+企业”砂厂模式，通过招商引资，村帮村砂厂生产规模进一步扩大，管理更加规范有序，为卡贡乡打造了良好的产业模式样本，成功带动建档立卡12户群众增收，实现会员每人增收1万元。

抓好易地搬迁入住，改善生活条件。全乡易地搬迁建档立卡户35户167人，其中唐琼孜一期4户13人、二期9户35人，小规模安置22户119人，已全部成功入住，正在开展易地搬迁户房前屋后的绿化工作，动员群众美化家园环境，确保群众搬得出、留得住、能致富。

做好危房改造工作。全乡共有危房80户，其中卡贡村4户、村帮村5户、金多村19户、宾果村16户、莫日村18户、索赤村16户、依然村2户。80户危房主要存在年久失修墙体开裂、屋顶漏雨、门窗损坏和简易楼梯的情况。已全部完成改造工作，群众住房安全得到了保障。

【民生改善】 教育工作。高度重视教育工作，严格按照上级工作要求，将教育工作与精准扶贫工作协调衔接，继续深化教育体制改革，巩固“两基”成果，全面推行义务教育均衡发展工作，全乡入学率、巩固率不断提高。及时召开2019年秋季招生及控辍保学工作会，研究部署小学秋季招生相关事宜并对控辍保学工作作进一步安排。同时根据要求，建立健全全乡0～15岁少年儿童动态管理花名册进行跟踪管理，共计1120人，其中学龄期儿童508人，幼儿园104人，小学至初中阶段486人，初中毕业22人。严格落实县委、县政府控辍保学工作要求，对64名疑似辍学学生进行了核查，经核查后确定了42名在校生；13名因户籍原因核减学生；5名超龄离校生；2名因残送教上门学生；其余2名学生因其他原因不能入学的佐证材料已上报县教育局，无失学辍学儿童。

卫生工作。2019年以来，卡贡乡卫生院共接诊门诊922人（次），门诊金额108523.83元。深入开展家庭医生签约服务及随访工作。全乡家庭医生签约316户，覆盖全部人口，签约率100%。及时开展家庭医生签约随访工作，对大病、慢病、包虫病病人救治情况进行动态跟踪，建立健全相关工作台账，密切掌握全乡人口健康状况，为全乡群众的健康保驾护航。开展入户宣讲工作。3月起，卡贡乡卫生院逐一对8个行政村开展医疗卫生服务到村到户、健康扶贫相关政策宣讲工作，确保各类卫生政策深入人心。积极开展村医培训工作。2019年，共开展各类医集中培训2场次，切实提高基层健康守门员的专业技术能力，为全乡群众提供更好的医疗服务。

水利工作。全乡实施了农村安全饮水巩固提升工程项目，涉及6个村，索赤村仲堆自然村、莫日村西瓦自然村、索赤村日美自然村、宾果村宾果自然村、邓学村、村帮村曲瓦自然村等6个安全饮水巩固工程建设已全部完工并投入正常使用。

交通方面。昌都市交通局为莫日村、索赤村、宾果村、金多村实施村级公路硬化建设项目，总投资5000余万元。莫日村、金多村村级公路已全部硬化完成并投入使用，剩余2019年年底使用。亚卡公路建设项目，投资2500万元。

环境保护方面。严格落实县委、县政府“七边四美四化”文件要求，定期组织干部群众开展环境卫生集中整治工作，对乡机关、学校、村周边环境、房前屋后卫生死角、公路河道、沿线白色垃圾进行了全面清理。积极开展村居、道路绿化美化工作，植树节期间，组织全乡干部、群众、学生开展植树护绿行动，栽种各类树种420株，成活率达80%以上，进一步美化了乡村环境。通过中心组的形式加强对习近平生态文明建设重要战略思想的学习，同时加大宣传力度，引导群众树立环境保护理念，营造干净、整洁、卫生、文明、祥和、美丽的乡村环境。

民族团结创建工作。组织召开专题部署会1场次、推进会2场次，制定印发《卡贡乡民族团结创建工作实施方案》《卡贡乡民族团结进村居工作实施方案》。成立卡贡乡民族团结创建工作领导小组及办公室，专人负责创建工作的推进、先进事迹的推广，在全乡创造了良好的民族团结氛围。

宣传教育工作。充分利用“3月综治宣传月”、“全民国家安全日”、党风廉政建设宣传月和扫黑除恶专项斗争宣传活动，积极开展各类普法普纪教育，主要宣讲了习近平新时代中国特色社会主义思想、《中国共产党纪律处分条例》、《中华人民共和国刑法》、《中华人民共和国村民委员会组织法》、《中华人民共和国治安管理处罚法》、《中华人民共和国网络安全法》、《中华人民共和国国家安全法》、《中华人民共和国反间谍法》、《中华人民共和国反恐怖主义法》、《草原防火条例》、《农牧民以案释例读本》，以及扫黑除恶打击重点，扫黑除恶、打非治乱专项斗争举报内容与奖励机制等与群众切实利益相关的法律知识，全乡共开展法治宣传教育活动13次，覆盖所有村居、学校，共计发放宣传资料1000余份，切实做到了法治宣传进村居、进学校，大大增强了全乡群众的法治意识和遵纪守法意识，法治观念进一步提升。

【综合治理】 统一思想，加强组织领导。制定了2019年卡贡乡突发事件和重大矛盾纠纷总体应急处置方案和相关预案，进一步明确了工作责任，与8个行政村签订目标管理责任书，严格压实责任，确保工作落实到位，具体到人。

全力做好社会面防控工作。在重要节点和新中国成立70周年大庆期间，卡贡乡严格按照县委要求，实行日报告制度和24小时值班带班制度，成立了12组巡逻队，坚持每2个小时巡逻。加强宣传和督导力度，结合“四讲四爱”群众教育实践活动，以“3·28百万农奴解放纪念日”“4·15全民国家安全教育日”为契机，乡综治办会同乡派出所、驻村工作队通过悬挂条幅、图片展示、法治宣讲、发放资料等多种形式，广泛宣传了《中华人民共和国国家安全法》、扫黑除恶等内容，将安全法治知识带到群众身边。同时乡督导组不定期对人员在岗情况，工作履职情况进行督导检查。正确处理上访事件，防止矛盾升级。对待不同性质的上访问题，采取不同措施应对，切实做到关心群众、解决群众困难、化解矛盾纠纷。

【虫草采集交易管理】 全乡共有9处虫草采集点，上山采集虫草人数约611人，驻村工作队、村两委干部和双联户户长利用10天时间，在各采集点开展矛盾纠纷大排查大梳理和政策法规宣讲工作。卡贡乡9处虫草采集点无矛盾纠纷现象和隐患，同时乡综治办每天统计当日新增采集人数、累计采集人数、采集点、组建工作组、工作组人数、有无矛盾纠纷等冬虫夏草采集信息，实行日报告制度。

【扫黑除恶】 2019年以来，组织召开扫黑除恶打非治乱专项工作部署会5场次，认真传达学习党中央、区党委、市委、县委关于“扫黑除恶”专项斗争文件精神以及各级领导讲话精神，同时不定期听取乡扫黑办、乡派出所工作推进情况，时刻掌握工作动向，确保工作同步推进。加强理论学习。全乡通过党委理论中心组学习、专题会议学习等学习形式共计开展扫黑除恶打非治乱相关知识集中学习3场次。由乡综治办牵头、乡派出所配合共同开展涉黑涉恶调查摸排10次。加大宣传力度。充分利用“和谐卡贡”微信公众号平台，及时发布扫黑除恶知识，同时结合“四讲四爱”群众教育实践活动、法治宣传月、扫黑除恶专项巡回宣讲活动等方式大力开展扫黑除恶打非治乱知识的学习与宣讲，切实营造了扫黑除恶人人有责的良好氛围。2019年以来，共计开展扫黑除恶打非治乱专项宣传15场次，发放各类宣传资料1200余份，张贴宣传海报20张，悬挂横幅3条，受教育人次1800余人次。

【安全生产】 坚持“安全第一、预防为主、综合治理”方针，牢固树立“发展是第一要务，安全是第一责任”意识，严格贯彻落实领导干部安全生产“一岗双责”，创新安全生产工作思路，建立健全安全生产管理机制，扎实开展宣传教育。以“安全生产月”、“四讲四爱”群众教育实践活动为契机，通过悬挂横幅、发放宣传资料、集中观看警示教育片等形式大力宣传安全生产相关法律法规知识，增强群众安全生产意识。认真开展汛期隐患排查。按照县委、县政府对汛期防汛减灾工作的部署要求，在主汛期来临之前，乡安监办及各村委对各区域地质灾害隐患点和桥溪河两岸山洪隐患点、交通线路、学校、砂石场、道路桥梁等进行一次全面排查，对各点的现状及发展趋势作出了分析和防范准备，提出了具体的防范意见和可行的防灾减灾措施，有效预防了安全事故的发生。认真开展专项检查。严格按照上级行业部门要求，重大节点期间积极开展安全生产整治行动，特别是火灾隐患、交通安全、食品安全等隐患的摸底排查工作，对辖区内所有食品经营商家、学校餐饮、砂石场生产等安全大检查。进一步规范辖区内商户的经营行为，提高从业人员的消防及食品安全意识，为广大居民群众的生命财产安全提供有力保障。

【党的建设】 落实工作主体责任。成立了由乡党委书记任组长，乡党委副书记、乡长和组织委员任副组长，副科级以上党员领导干部为成员的党建领导小组，与各村及乡属单位签订卡贡乡2019年基层党建工作目标责任书，确定党建工作目标责任。全面落实党组织书记抓党建第一责任人工作职责，2019年党委会研究党建4次，召开党组织书记抓党建工作述职评议会议1次，开展党员谈心谈话3次，开展村干部培训2期、培训各级各类党员干部200余人次。

加强思想政治教育。通过个人自学、集体学习、理论中心组学习等方式，不断深化理论学习。充分利用“和谐卡贡”微信公众号平台，及时发布精准扶贫政策、党务知识、宣传信息、扫黑除恶等学习资料50余期。成立政策宣讲团3个，积极推动习近平新时代中国特色社会主义思想和支农惠农政策进村庄、进农家、进学校、进企业，先后开展宣传教育活动20余场次，教育群众达1000余人次。

严肃党内政治生活。认真落实民主生活会、组织生活会、民主评议党员、谈心谈话等制度。2月25日，乡党委组织召开了专题民主生活会，提出意见建议99条，其中涉及领导班子12条，班子成员87条。进一步规范党费收缴管理，以党支部为单位，实行每月一收制度，截至9月共收缴党费7092元。大力实施发展党员精品工程，严格发展党员要求，确定入党积极分子26人（其中农牧民22人、机关干部4人），发展党员24人（其中农牧民13人、机关干部11人）。

加强党员干部队伍建设。建立“一村一档”，按照村正职1∶2，其他干部1∶1.5的要求分别建立后备队伍库，共从大学毕业生、返乡创业青年、致富带头人中建立储备了144名的高素质后备干部。发挥党员先锋模范作用，鼓励引导党员带领困难群众脱贫致富。2019年年底，全乡共培养党员致富带头人39人，新确立帮扶项目3个，实现劳务输出1200余人次，农牧民增收60余万元。深入开展党内激励关怀帮扶工作、在职党员报到服务等工作，安排机关党员干部到联系村报到，与联系村党员共同组建了30个党员志愿服务队。

推进基层党组织标准化建设。通过责任书考核和民主评议，确定排名靠后的索赤村党支部为软弱涣散党组织，要求在年内进行整顿提升。严格按照《昌都市村级组织活动场所标准化建设2018—2019年推进方案》《昌都市村级组织活动场所标准化建设管理使用办法（试行）》，对村级活动场所标准化建设实行全天候动态督促指导，并进一步规范村级活动场所管理使用。全乡8个行政村，6个已建成并投入使用。

荣周乡

【概　况】 2019年以来，在县委、县政府和乡党委的坚强领导下，在全体干部群众的共同努力下，全乡上下认真贯彻中共十九大及十九届三中、四中全会和习近平总书记系列重要讲话，特别是中央第六次西藏工作座谈会精神，紧紧围绕全乡2019年度政府工作会议确定的目标任务，主动适应把握发展新常态，积极顺应满足农牧民群众新期盼，较好地完成了县委、县政府下达的各项工作任务。

荣周乡地处察雅中部，北纬30°34′，东经97°47′。平均海拔3400米，地势平坦、土壤肥沃，四季分明、雨热同步，光照充足。乡政府驻地荣周村，面积601.24平方千米，距县城40千米。经济以农业为主，牧业为辅，种植青稞、小麦、油菜等作物，牲畜以牦牛、绵羊、山羊为主，产虫草、麝香、贝母等。

【经济发展】 2019年，荣周乡始终坚持以发展为第一要务，贯彻市委提出的“强工重镇、带动两翼、东西发展、创建基地”的发展思路，按照县委“扩大招商引资、发展河谷经济、破解瓶颈制约”的要求，结合实际，确定了以“稳定牧业，改善农业，多种经营，科学发展”为导向，坚持以“农牧业增效、农牧民增收”为目标，以产业结构调整为主线，发展现代灌溉农业，推广“藏青2000”等良种，积极推动荣周灌渠建设开工，大力实施农业综合开发，大力发展林果业，努力提升一产上水平。经济社会实现了快速、平稳、健康发展，截至11月份，地区生产总值2763676.2元，农牧民人均收入8689元，其中现金收入4294元，粮食总产量1562500千克；分别比2016年的增长了39.4%、41.8%、40.9%和41.7%。

【社会事业发展】 按照“生产发展、生活宽裕、乡风文明、村容整洁、管理民主”的总体要求，坚持不懈地抓好新农村建设，切实将实施农牧民安居工程纳入重要工作。大力推进农牧区安居工程建设，加快实施行政村人居环境建设和环境综合整治工作，完成3个村级组织活动场所维修建设和5个行政村人居环境建设及环境综合整治建设任务，加快实施水、电、路、气、信、邮政、广播电视、优美环境“八到农家”工程。截至2019年年底，荣周乡5个村749户实现通电；5个村780户实现通信；新修维修公路6条28.4千米；农村面貌得到了很大的改善和提升。

【脱贫攻坚】 2019年，荣周乡主动适应经济新常态，紧扣精准扶贫，面对困难，迎难而上，促进乡域经济平稳健康发展，重点项目持续推进全乡顺利完成脱贫摘帽。把项目建设作为推动乡域经济发展的主抓手，把完善项目建设推进机制作为推动乡产业扶贫促发展的有效手段，围绕年度建设目标，责任到人，狠抓落实。护航察香公路、荣周灌渠、易地搬迁、银器加工厂、糌粑加工厂、藏青2000青稞种子基地等项目进展顺利。

加强组织领导。为扎实抓好脱贫攻坚工作，荣周乡专门成立了以县人大常委会副主任、乡党委书记为组长，乡党委副书记、乡长及其他班子成员为副组长，各科室负责人、各村选派支部书记为成员的工作领导小组的领导机制。切实加强对脱贫攻坚的领导，落实主管领导、分管领导、具体工作人员，明确工作职责。同时各村也成立脱贫攻坚领导小组，落实具体责任人，做到了明确分工。

明确脱贫攻坚责任定位。年初将脱贫攻坚纳入乡党委、乡政府重点工作计划，同时与各村签订2019年荣周乡全面脱贫攻坚责任书。明确定位脱贫攻坚目标，做到有计划、有措施，切实落实责任体系。

精准谋划，明确工作思路。摸清真情，精准识别。通过逐户走访，完善明白卡、帮扶手册、基本情况表等方式收集信息，严格根据实际情况制订“一户一策”帮扶计划，并完善“一户一档”信息资料，规范档案管理。

抓住关键，抓准路径。建立并严格执行结对帮扶和脱贫目标任务时限制、扶贫措施清单制度，制定脱贫作战图，挂图作战。确定工作重点，扎实推进脱贫攻坚工作。根据中央、自治区、市、县各级关于脱贫攻坚文件精神和重要指示，结合实际情况研究制定《荣周乡2019年脱贫攻坚实施方案》。

产业扶贫措施落实。根据实际，制定产业发展规划。年初，乡组织召开贫困村产业扶贫、脱贫规划专题讨论会，研究制定了以现代畜牧业为主，结合高原特色旅游环线促进全乡经济社会发展的贫困村“十三五”产业扶贫和脱贫规划。实施产业到户项目发展生产，按项目实施程序步骤，由乡政府牵头，为全乡126户498人落实脱贫攻坚产业到户项目资金298.8万元，购买牦牛796头，扶持小卖部、饭店等个体户11家。

就业扶贫措施落实。通过群众大会大力宣传动员贫困户转移就业，深入摸底了解贫困户就业意愿。同时通过县就业局联系帮扶单位等多方渠道寻求就业岗位及技能培训机会。直接提供公益性岗位、草管员、护林员等工作岗位，解决20人就业，通过宣传动员、技能培训、介绍工作等途径间接解决40余人就业，极大保障了贫困户增收脱贫。

教育扶贫措施落实。2019年年底，全乡享受“一免一补”政策在校建档立卡贫困学生23人（学前教育）；享受“三免两补”政策在校建档立卡贫困学生130人（小学、初中）；享受“两免一助”在校建档立卡贫困学生9人（高中），享受中职及以上的国家教育扶持的建档立卡贫困学生8人。同时，在乡党委、乡政府和村两委的共同努力下全乡入学适龄儿童入学率达100%。

健康扶贫措施落实。加强对于贫困户中因病致贫家庭给予医疗救助，并全面覆盖全乡408户贫困户政府资助兜底购买人均10元/年的医保，并办理健康扶贫联系卡，使所有贫困户实现县内住院治疗自费不超过10%支付，县外治疗报保率提高5%的优惠政策。

易地搬迁扶贫措施落实。2019年为25户68人实施了易地搬迁修房项目。在乡党委、乡政府的协作监督下，已于8月10日前全面完成验收及搬迁入住工作。

保障住房扶贫措施落实。由县住建局牵头在荣周乡共实施危房改造维修工程。用于解决10户32人无房户住房安全问题。已全面建设完成。

小额信贷扶贫措施落实。积极配合农行荣周营业点完成小额贷款工作，前后共召集贫困户召开数次宣传动员会议，协助核查贷款条件、收集贷款资料。截至2019年年底已有11户贫困户贷款以发展生产，贷款金额33万元。

巩固脱贫防止返贫措施落实。为进一步巩固脱贫成果，采取低保兜底和医疗救助、草原奖补继续扶持、提供就业技能培训“三举措”持续发力脱贫攻坚，防止返贫并争取社会保障扶贫巩固脱贫。

扶贫政策宣传落实。依托群众大会、微信公众号、宣传标语、入户宣讲等多种途径宣传脱贫攻坚相关法律法规、解读扶贫惠民政策。做到依法扶贫贫、依法脱贫，营造人人关心扶贫、人人重视扶贫、人人支持扶贫的良好氛围。

【贫困人口减贫成效及贫困村退出】“十三五”期间建档立卡贫困人口435户2059人，经2016—2018年动态调整后，全乡建档立卡贫困人口414户2302人。2019年第一批脱贫49户247人，第二批脱贫251户1545人。截至2019年年底，全乡贫困人口全部脱贫退出，5个贫困村全部脱贫退出，贫困率低于1%。

“两不愁”工作方面。全乡所有饮水点已全部通过安全检测，达到安全饮水标准。各自然村都建有饮水点，易地扶贫集中安置点水源充足，完全满足群众生活用水，群众家中通水率达到100%；在荣周乡全面推广“藏青2000”后，每亩增产100千克左右，同时部分群众外出务工，补贴家用，全乡达到群众“家家有余粮，人人有饭吃”。群众基本保障一年四季基本都有衣服穿，有棉被盖，每一名群众每一季都用三套以上换洗衣物，每一季都用两床棉被以上，家中基本家电设施齐全。

“三保障”工作方面。住房保障：危房改造工作进展有序，全乡共有危房户202户，危房整改工作于6月底已全面完成，全乡群众住房已全部保障到位。

教育保障：通过走访学校和调查摸底及上级反馈，党委、政府及时开展适龄儿童“劝、复、返”工作，全乡6～15岁适龄儿童全部入校接受教育，部分因为身体等各种原因导致无法入学。乡党委、乡政府依托荣周乡第一小学和第二小学，结合上级教育部门相关政策，开展上门送教工作。

医疗保障：通过多方努力，将所有人口全部纳入医疗保险范畴，积极落实各项减免待遇，并通过医疗报销政策实现因病致贫人口，全部脱贫退出，确保了每户都有家庭医生签约服务保障，同时将家庭中患有大病、重病的人员都纳入大病统筹医疗保险。

【五个一批】 发展产业脱贫。开展安全生产和食品安全培训，指导加工厂开展日常设备维修，定期对加工厂运营生产及销售情况进行分析评估，对存在不足由乡政府牵头进行整改，确保提高产品质量、产量，积极开拓市场，增大销量，促进加工厂整体经济增收。加快推进农贸市场和旅游接待中心扶贫产业项目投入运营，确保项目按时产生经济效益，带动建档立卡群众，实现就业和效益分红。开展产业宣传，引导群众自主发展产业项目，2019 年已在全乡范围内全面推广“藏青 2000”种子培育种植。

异地搬迁脱贫。佐通村易地扶贫集中安置点入住率达 100%，配套商业门面出租率达 85%，已开门运营门面达 40 间，后续门面正在加紧装修，将逐步进行开门运营。各村小规模搬迁点入住率达到了 100%，基本的生活用电、用水已达到标准。对于住房面积超标搬迁户，已全部整改完毕，逐户签订产权分割协议。

发展教育脱贫。及时建立义务教育阶段儿童及高校学生跟踪上学情况统计台账，依托学校、村两委、驻村工作队及上级教育部门统计反馈。全乡 3 ~ 5 岁儿童入校接受学前教育 80% 以上；6 ~ 15 岁儿童，已全部入校接受教育，学前教育、义务教育及高中阶段学生全部享受 15 年义务教育“三包”政策，建档立卡大学生 30 人全部享受大学生资助。全乡无因贫困导致学生辍学或大学生因贫困无法继续接受教育的情况。

生态补偿脱贫。根据文件精神，全面对“十三五”期间生态补偿脱贫转移就业岗位进行认真核查。结合上级部门反馈，对生态岗位人员名单进行多次核查，完成 2019 年生态补偿岗位 1731 人及中央森林绩效岗位 283 人的上报工作，同时开展生态岗位职责宣传，教育引导生态岗位享受人员认真履职尽责。

社会兜底保障脱贫。对全乡社会兜底保障对象进行核查，严格按照上级关于兜底相关政策，对全乡特困供养户，残疾一级、残疾二级、非在校生、无劳动力人员进行统计，对符合条件的人员全部纳入社会兜底保障范围。

【党的建设】 深化“两学一做”学习教育活动成果，继续深入开展“不忘初心、牢记使命”主题教育活动，学习中共十九届三中、四中全会和习近平总书记系列讲话精神，进一步提高理论知识和科学发展的能力和水平。

强化干部队伍管理。抓好“两学一做”学习教育常态化制度化和基层党组织标准化建设，优化《村、社区两委目标管理责任制考核办法》，制定《机关工作人员绩效考核办法》《荣周乡机关内部管理制度》，强化日常监管，推行绩效管理。严把党员入口关、出口关，新发展党员 17 名。

狠抓党政廉政建设。严格执行《中国共产党廉洁自律准则》和《中国共产党纪律处分条例》，坚持“标本兼治、综合治理、惩防并举、注重预防”方针，加大对违纪违法行为的查处力度，全面推进惩治和预防腐败体系建设，努力做到干部清正、政府清廉、政治清明。

加快行政机制改革。不断完善重大事项决策程序规则，严格规范行使行政裁量权。全面贯彻落实党代会和人代会决策部署，严格依照法定权限和程序履行职责，加快推进政府职能转变和管理创新。自觉接受人大法律监督和政协民主监督，密切与工会、共青团、妇联等人民团体的联系，主动听取社会各界人士的意见建议，推进决策科学化、民主化、法治化。

新卡乡

【概　况】 2019 年以来，在县委、县政府、乡党委的正确领导下，新卡乡紧紧围绕中共十九大、十九届二中、三中、四中全会和自治区、市、县各级会议精神，深入贯彻落实习近平新时代中国特色社会主义思想，以“保稳定、促发展、促脱贫”为工作思路，采取有力措施，强力推进全乡脱贫攻坚、党建等各项工作有序开展。

新卡乡地处察雅北部，北纬30°47′，东经97°39′，平均海拔3800米，面积457.26平方千米，乡政府驻地王吉村，距察雅县城47千米，经济以农业为主，牧业为辅，种植青稞、小麦、油菜等作物，牲畜以牦牛、绵羊、山羊为主，产虫草、麝香、贝母等。

【综合治理】 不断完善工作机制，提供强有力的保障。及时成立了以乡党委书记为组长、乡领导班子成员、各村负责人为成员的乡村各级工作领导小组，制定完善了年度、“三大节日”、虫草采集期间、国庆工作、扫黑除恶工作等各类方案16份、预案16份，同时制定完善并严格执行领导带班值班巡逻制度。通过及时完善相关工作机制，为全乡各项工作的开展提供了坚强的组织保障和制度保障。

层层压实工作责任，提升工作积极主动性。乡党委先后34次将中央、区党委、市委、县委各级会议精神和各级领导重要讲话精神，及时向全乡干部传达学习，及时对各项工作进行安排部署。年初，乡党委与各村等签订各类目标责任书11项、216份，进一步明确各类人员的目标要求和具体工作任务，及时将目标任务明确人，责任落实到人，确保全乡干部以更加坚决的态度，积极主动完成上级交办的各项工作任务，努力构建全乡社会的和谐。

强化督导排查调处，力争及时有效解决。2019年以来，乡党委书记率领干部以分组分片区的方式先后40次深入各村，对各领域工作贯彻落实情况进行督导检查，对检查中发现的各类问题，督促各领域立即进行整改。同时为及时将各类矛盾纠纷、各类隐患解决在萌芽状态、解决在最基层，为全乡各项事业的发展营造良好的社会环境，乡党委与各驻村工作队、村两委干部先后40次深入各村各户，积极开展矛盾纠纷排查调处工作，及时消除各类纠纷和隐患。一年来，共计排查出项目建设、民工工资兑现等各类隐患11起，均已成功调处。

强化宣传教育引导，积极营造良好氛围。主要领导不定期的方式深入各村及群众家中，向全乡广大农牧民群众开展“扫黑除恶、打非治乱”28项内容、爱国主义、中共十九大、中共十九届四中全会精神宣传、反分裂教育等相关政策法规知识的宣讲，教育引导全乡群众进一步坚定理想信念跟党走。

【脱贫攻坚】 狠抓各类问题整改，力保数据准确无误。2019年以来，为确保中央、自治区、市、县各级检查组、巡视巡查组检查发现的各类问题得到及时有效整改，力保全乡脱贫攻坚各类数据信息的准确无误，乡党委、乡政府高度重视，乡党委书记带头抓整改、抓落实。中央专项巡视组从全国扶贫系统发现新卡乡存在的36个问题、反馈全区的32个问题、市督导组反馈的11个问题、市审计发现的210个问题、国家审计发现的10个问题及县级部门日常督导检查中发现的分类问题，均已整改。

有序推进“五个一批”，不断增强脱贫成效。全乡45户、181人享受易地搬迁政策（其中：唐琼孜14户、53人，乡小规模搬迁点31户、128人）已全部分到房并入住。2019年全乡共有90户农牧民群众实施了危房改造，其中：自建10户、危房改造80户，已全部完成。县水利局分两批次对新卡乡10个自然村实施安全饮用水建设，其中，第一批为热龙、扎嘎、江达和新卡4个自然村，第二批为瓦江、达热、果嘎那、巴多、拉从和帕益6个自然村，全部完工，并投入使用。年初县教育局反馈新卡乡疑似辍学的21名适龄儿童已全部复学，新卡乡无适龄儿童辍学，已全部入学。新卡乡已实施的产业有达也村、乃帕村共计占地3000余亩的经济林种植和新卡村800亩的优质饲草料种植，瓦江村和克琼村因气候、可用地等因素影响，尚未实施任何产业。同时结合新卡乡建档立卡贫困户群众的意愿和全乡产业发展实际，实施了传统手工业、摩托车维修和藏餐馆三个短平快项目，经营效果良好，群众收入可观。新卡乡对全乡259名低保户2018年人均收入进行核算，对人均收入超过4450的14户58人低保户进行了清退，现全乡低保人员201名。按照年初市审计反馈的问题和县林草局文件的要求，及时对全乡生态岗位人员信息进行了核实，对不符合招录要求的人员予以清退。截至2019年年底，全乡共有生态岗位人员641名。

多渠道抓宣传工作，不断提升内生动力。自2019年以来，乡党委、乡政府以集中和入户的方式，先后28次深入各村、各丛草采集点等全乡各领域开展政策宣讲，帮助全乡群众对相关政策，特别是自身所享受的政策及资金有了较深的认识。同时在抓好政策宣传工作的前提下，又积极协调鼓励116名群众，以务工、材料运输的方式，参与乡境内经济林种植、达也村至克琼村道路建设等相关项目建设，协调3名群众参与唐琼孜搬迁点项目建设，在实现群众稳步增收的同时不断提升全乡群众的内生动力。

严格按照工作程序，力保有序脱贫与退出。为实现全乡109户402人（2017年脱贫8户、2018年脱贫4户）建档立卡贫困户群众中余下97户、341人的有序脱贫和5个行政村的整村退出，2019年4月，根据上级要求和全乡建档立卡贫困户“两不愁、三保障”达标情况，按照贫困户脱贫和贫困村退出的各项程序，对达也村、克琼村53户、228人和两村实施了脱贫退出，6月，完成了乃怕村、新卡村、瓦江村44户、113人脱贫和三个村整村退出的相关手续。于9月23日顺利完成了自治区聘请的第三方评估组的评估验收。

【党的建设】 明确党建工作职责，层层签订目标责任书。2019年3月召开全乡基层党建工作会议，对2019年党建工作进行了安排部署，乡党委与各驻村工作队、乡完小共签订2019年基层党建目标责任书7份，其余各类责任书13类91份，明确了各级党组织和党组书记的党建工作责任。

建立“四个清单”，推进党建责任落实。2019年以来，乡党建工作领导小组建立了“问题清单”“责任清单”“任务清单”“成绩清单”，“四个清单”有力推动了乡村党建责任的有效落实，全乡共建立问题清单3类，发放任务清单54份，开展党建任务落实专项督导12次，对8个党组织进行了按月督导检查。

认真抓好学习教育。充分利用周五学习列会，在全乡党员中深入开展中共十九大、十九届二中、三中、四中全会、习近平总书记十一讲话精神、习近平新时代中国特色社会主义思想、《习近平谈治国理政》的学习教育活动24次，通过深入学习，有效提高了全乡干部的理论知识水平，帮助全乡干部更为准确有效地开展好各项工作。

积极协调配合，确保村级活动场所建设的有序进行。自2018年全乡实施村级活动场所标准化建设以来，乡党委高度重视，乡党委书记抓协调、抓督促、抓配合、抓落实，努力确保了各项建设的正常有序进行，保证按时交付使用。乃帕村委、达也村、新卡村和克琼村四个村村委会已完工，并交付使用，极大地改善了各村村级活动场所条件，为各驻村工作队、村两级开展各项工作提供了有效保障，同时因其他原因，瓦江村村委会建设尚未实施。

深入开展集中整顿软弱涣散基层党组织工作。乡党委认真研究分析全乡各村党支部、班子成员实际作用发挥情况和存在的问题，确定了新卡村为乡2019年软弱涣散党组织，及时制定整顿方案、成立整改工作领导小组，建立问题清单、工作进度表和整改责任人。在开展具体整改工作中，严格按照问题清单，进行及时性地督导检查，确保每个问题、每项进度得以有序实施。通过有效整改，新卡村干部开展基层工作和为民服务的效率和质量明显好转，基层组织的作用发挥更加明显。

积极开展结对帮扶活动。结合“党员干部走村入户、结对认亲交朋友”和“54321”结对帮扶活动，乡干部、团委、工商局、商务局职工与全乡及烟多镇如给村、察俄村、拉叶村建档立卡户结成一对一帮扶关系，通过宣讲脱贫攻坚相关政策、鼓励参与技能培训、给予物资帮扶等方式，不仅缓解了困难群众在取暖、衣被、资金、就业、脱贫等方面的困难，拓宽了生活来源渠道，增强了造血功能，而且使广大农牧民群众充分感受了各级党委政府对群众的关心。响应县委号召，全乡干部以宣讲政策、引导转变观念、物资帮扶等方式，积极开展干部职工与新卡乡瓦江村、建档立卡贫困户进行结对帮扶。

加强基层党风廉政建设。继续落实党风廉政建设责任制，坚持标本兼治、综合治理、惩防并举、注重预防，特别是要求广大党员干部大兴求真务实之风，进一步改进工作作风，加大违纪违法案件的查办力度，着力构建教育、制度、监督并重的惩治和预防腐败体系。

【改善民生】 农林牧业生产得到合理调整，经济平稳增长。按照“稳粮、增收、调结构”的总体方针，2019年完成1633.14亩青稞种植，良种覆盖率达95%以上。共建设温室大棚31座，由农牧民群众自主经营，促进了增收，提升了群众种植积极性。积极落实全乡9.42亩草场承包到户工作，进一步完善了草场属地管理，为新卡乡畜牧、草场向合理化承载和有机循环的良好局面发展打下了坚实的基础。经统计，全乡大小牲畜累积达6588头（只、匹），新生仔畜成活率达92.5%，综合出栏牲畜率达32%，通过系列措施的落实，有效提高了全乡牧业质量，也拓宽了群众增收渠道。2019年以来，进一步加强了对全乡林业资源的保护和新生林木的管理，为全面加强林业管护，促进生态环境建设，着力开展了护林员培训、多次植树造林工作，并向群众进行了多次林业法规的宣传教育，把重点放在林业法规宣传和紧抓护林员职责上，近年来森林防火宣传及生态保护工作措施得力，无一起人为或自然火灾发生。有效地保证了历年植树造林的存活率，全乡历年来所进行的植树存活率都保持在87%以上。

基础设施明显改善，群众“安居”有望，“乐业”有方向。结合“十项提升工程”的全面实施，积极支持配合各级各部门实施通路、通电、通水、通信等项目，使全乡农牧业生产和农牧民群众生产生活条件得到进一步改善。2019年待县水利局分两批次为10个自然村实施的安全饮用水项目建设，实现了全乡5个行政村、17个自然村人畜饮水困难问题得到解决，饮水安全有了保障。全乡已实现了用电全覆盖，全乡农牧民群众生产生活的无电历史已经结束。县电信局为瓦江村新建了通信基站，进一步提高了全乡通信覆盖率，使全乡群众在投入市场经济、商品经营等领域受益匪浅。村村通广播电视工程设备已全覆盖，群众每天都能收听收看社会时事、了解社会发展趋势，文化生活得到进一步丰富。

【社会各项事业】 按照优先发展教育和科技创新以及急需发展文化建设的要求，加快发展各项社会事业，全乡人民的思想道德素质、科学文化素质和健康素质不断提高。群众观念也有了转变。更多的家长深刻认识到读书才有出息、学习才能进步，主动将子女送往学校接受教育。全乡适龄儿童入学率达到100%。

医疗卫生保障体系进一步完善，农牧区合作

医疗制度全面落实，覆盖面达100%，群众自筹率达95%以上，兑现率为100%。卫生医疗救治体系和卫生服务体系已基本建成，医疗保健、医疗卫生服务覆盖率已达到100%，基本实现了人人享有初级卫生保健，各类重大疾病预防控制取得明显进展。村卫生室人员和设备更加到位，每个行政村保证了各有两名医务人员，发放了诊疗台、血压计、血糖监测仪、恒温箱、急救包等设备，看病更加方便。同时，乡党委、乡政府和乡卫生院利用多种形式和渠道，加强对健康脱贫重大意义、政策措施和工作成效的宣传；通过走村入户加强了贫困人口疾病筛查，筛查率100%；启动了农村家庭医生签约服务以签约医生为代表，以农村建档立卡贫困人口、最低生活保障家庭成员为对象，以家庭为单位签订家庭医生签约服务协议书，签约率100%。

对新农保政策进行了大力宣传，发放传单、手册600余份，在全乡干部的共同努力和群众的积极配合下，全乡16～59周岁人群全部参加了养老保险，年满60周岁以上群众全部领到了养老保险金，参保率和领取率达到了100%，实现了应保尽保。

坚持科教兴国战略，科技工作成效明显。累计培训农牧民160余人次，开展了科技、驾训班、蔬菜种植、果树管理等技能培训，提高农牧民知识水平，不断增加农牧民创收渠道，培养了一批运用科技投入生产的骨干力量。

始终坚持“安全第一，预防为主，综合治理”的方针，加强安全生产教育和培训，适时地进行安全生产检查，涉及防火、防盗窃、车辆交通、农房建筑等各方面，积极组织乡干部分组分点地对农房建筑中的安全工作进行现场监督、指导。高度的重视和有效的防范，确保了全乡各项事业建设发展的安全有序进行。

积极督促全乡水管员、护林员、草监员等八大岗位人员，严格按照每月至少履职5天的要求，经常性地对各村公路沿线车窗垃圾、群众居住区生活垃圾、河道等各领域开展卫生环境整治，通过不断整治，全乡卫生环境有了明显的改善。

结合“3·28”、七一、“四讲四爱”、“七城同创”、庆祝十一等相关活动，新卡乡广泛开展群众精神文明创建活动，满足人民群众日益增长的精神文化需求和对美好生活的向往。高度重视统一战线工作，做好党管武装、民族宗教等各项工作，切实加强对工青妇等人民团体的领导。统筹发展其他社会事业，团结调动一切力量，全面加强精神文明建设，推进全乡民主政治进程。

察拉乡

【概　况】 2019年，察拉乡在县委、县政府的正确领导下，在县级联系点领导的具体指导帮助及全乡干部群众的共同努力下，紧紧围绕县委、县政府提出的各项目标任务，坚持紧扣全县工作大局，采取措施，进一步解放思想、凝聚力量、攻坚克难，统筹推进，较好地完成了各项工作阶段性任务，保持了经济社会各项事业稳定健康发展。

察拉乡地处察雅西南部，北纬30°18′，东经97°38′，面积404.82平方千米，距察雅县城69千米，平均海拔4010米，年降水量440毫米，无霜期140天，毗邻左贡县美玉乡、察雅县卡贡乡。乡政府驻地卡达村，辖区内多山，以农业为主、牧业为辅，属半农半牧乡，农作物主要有青稞、小麦、油菜等，产虫草、麝香、贝母等。

【经济建设】 察拉乡政府根据上级安排部署及时召开经济工作安排部署会。成立以乡党委副书记、乡长为组长的领导小组，分解指标签订经济社会发展目标责任书共计10份，指定责任人，确保责任到位、目标明确。基建项目建设助推乡村振兴。成立了以乡党委书记为组长，乡长为副组长的基建项目领导小组，制定了方案层层落实责任。已开动施工工程项目大大提高了乡村振兴潜力，同时为察拉乡20余名农牧民群众带来务工机会，人均增收5750元。察拉乡至卡贡乡的道路完成了泥青铺设；通往美玉乡道路、乡政府通往察拉村道路施工有序进行，为乡辖区及周边群众出行来往带来便利，为经济交流增加动力，学达村村级公路已经完成。察拉乡夏达村“最后一千米”村级公路已经完工，将结束察拉乡夏达村不通路的历史，彻底解决农牧民群众出行难的问题。三州三区农网改造工程已经开始，将大大改善农牧民群众生产生活水平。大力发展一村一品产业项目，特别是发展“龙头产业”花岗岩招商引资项目，带动卡达村35人就业，年收入可达6000元。依靠运输业带动卡达村7人就业，年均收入2.2万元。这些项目为全乡农牧民群众增收创造了很大的优势，让全乡经济有了很大发展。

【基层党建】 察拉乡党委召开基层党建动员部署会，层层签订目标责任书，制定方案，成立了以党委书记为组长的领导小组，建立完善党务工作者数据库。高度重视基层党建工作，安排部署成立虫草采挖点临时党支部，为虫草采挖工作打下基层。以“支部主题党日”为载体，全面落实“三会一课”制度，开展党员大会3次，支部会议9次，党小组会议9次，党课学习3次。对基层软弱涣散党组织（察拉村党支部），及时开展问题整改工作并建立台账、整改方案、细化整改措施、明确整改时限，加强对软弱涣散党组织的指导督促，整改工作已经完成并通过验收。制定藏语、汉语双语学习方案及结对名单，积极组织学习中共十九大精神。积极做好党员干部、农牧民党员的清查、统计工作，不断完善党员信息库，确保各项数据真实有效。全面贯彻落实结对帮扶工作，帮扶实现建档立卡户全覆盖，切实实行每月帮扶制度。结合党委书记抓基层党建项目化管理工作方案，稳步推进各阶段工作。严格按照发展党员程序开展发展党员工作，2019年，乡机关党支部转正党员5名，发展预备党员4名，发展积极分子6名，均已提交请示至县委组织部。9名农牧民预备党员如期转正，发展农牧民预备党员2名，发展农牧民积极分子11名并已提交县委组织部党建办报备。

【综治“三项重点工作”】 综治办为积极有效应对各项工作，主动、提前制定了各项工作方案15份，应急预案11份，并制定了“三大节日”、虫草采挖工作期间安保各类专项方案、预案11份。由综治办带头组织，制定各类突发事件演练方案，2019年共开展消防演练7次，联合乡派出所开展反恐防暴演练4次。由建立了察拉乡护乡队、护村队、护校队，充分发挥了安保的重要作用。全乡没有发生重大群体性事件和有影响的越级上访，破获刑事案件1起，在新中国成立70周年大庆期间，每天组织定时、不定次地对所属辖区单位进行巡逻、检查，确保了察拉乡2019年无一起治安事件、无一起暴恐事件、无一起公共安全事件，维护了察拉乡社会治安的长期、持续、全面和谐稳定，群众平安建设知晓率和社会治安满意度得到新的提升。制定双联户培训计划，组织双联户户长及成员参与各项培训工作次数10次，为民办好事、实事17件。察拉乡综治办严格落实县委、县政府指示要求以及县综治委相关工作部署，将网格化工作列入日常工作范畴，严格实行“一巡查、两走访、三必到、四必访、五必报”的工作方法。定期分析研究矛盾纠纷，及时化解排查矛盾纠纷，共发生大小矛盾纠纷1起，成功调处1起。提前安排虫草采挖工作，创新举措，高效管理，2019年虫草采集交易管理工作已经全面结束，未发现隐患存在。

【脱贫攻坚】 加强组织领导，提高政治站位。脱贫攻坚工作开展以来，察雅乡始终坚持以习近平新时代中国特色社会主义思想为统领，坚持树牢“四个意识”，坚定“四个自信”，做到“两个维护”，全面深入贯彻落实中共十九大精神和中央第六次西藏工作座谈会精神，深入学习贯彻习近平总书记关于扶贫工作的系列重要论述，把脱贫攻坚作为一项重要政治任务和第一民生工程，紧紧围绕习近平总书记在重庆解决“两不愁、三保障”突出问题座谈会上的重要讲话精神为指导，科学分析形势，积极应对挑战，加强组织领导，狠抓责任落实。

精准识别标准，严格退出程序。严格按照昌都市脱贫攻坚精准识别工作方案精神和昌都市脱贫攻坚建档立卡贫困户信息卡填写要求，组成工作专班，通过“六看、四访、三公、二审、一告”五步工作法，全面开展精准识别工作，确保了识别精准、客观、公正，准确掌握了全乡各村贫困对象的基本情况，做到了底数清、情况明。并及时按照“人有名、户有卡、村有册、乡有簿、县有电子档案”的工作要求，扎实做好基础资料收集整理归档工作，建立翔实的建档立卡档案，详细记录了察拉乡贫困户家庭人口、生产资料、致贫原因、脱贫措施等信息，提高了全乡脱贫攻坚各项措施落实的精准度，做到了因人施策、因情施策、精准施策。在开展建档立卡贫困户退出工作时，严格按照“两不愁、三保障”“三率一度”标准，执行“一申请、一评议、二审核、三公示、县区审定”的工作程序，由贫困户申请脱贫，村民代表大会评议，村两委和乡党委、政府审核，村、乡、县三级公示，县扶贫开发领导小组审定。在开展贫困村退出工作时，坚持以贫困发生率降至3%以下为主要衡量标准，统筹考虑村内基础设施、基本公共服务、产业发展、集体经济收入等综合因素，严格履行乡、村两级审核公示程序，坚决防止和杜绝了“假脱贫”“数字脱贫”“被脱贫”，做到了识别精准，退出严格，群众认可。

注重分类施策，推进“五个一批”。始终坚持以项目推动为抓手，以促进贫困群众脱贫增收为核心，以“六个精准”为指导，扎实推进“五个一批”工程。坚持把发展产业作为主攻方向。在产业扶持方面察拉乡通过实地调研，采取成立合作社管理经营的方式，成功落地实施并取得经济成效，成为察拉乡众多脱贫措施的主干。全乡共有5个产业项目，分别是卡达村及金巴村纯天然油菜花加工项目、卡达村绵羊养殖到户项目、察拉村藏白酒加工项目、学达村林下资源采集加工项目、夏达村藏鸡养殖项目，国家总共投资26.6万元，可直接带动建档立卡户16户。卡达村、金巴村纯天然油菜花加工厂房占地面积近600平方米，已建设完工，联系厂家购置了榨油机、烘干机等设备，设备已安装完成。坚持把易地扶贫搬迁作为重要补充。实施易地搬迁唐琼孜二期集中安置4户25人，卡达村小规模适度集中安置12户98人，全乡易地扶贫搬迁总计16户123人。卡达村小规模易地搬迁户已全部搬迁并入住使用。4户25人按照全县集中安置工作要求已搬迁至察雅县烟多镇唐琼孜集中安置点进行安置。易地搬迁小规模安置点的“十项提升工程”已配套实施，加强小规模安置点的水、电、路、信、网等基础设施建设工作，积极协调人畜饮水工程，小规模安置点的道路全程通达油路，完善标杆化村级活动场所的同时配齐配全文化娱乐设备。充分利用安置点的门面房为搬迁点群众配套了藏餐馆产业项目、摩托车产业项目、台球室产业项目、小卖部产业项目、招待所产业项目等5个“短平快”项目，借以实现长期增收，正处于采购审批阶段，采购金额控制在65995元以内。坚持把生态补偿作为双赢之策。严格按照“定岗定员、定岗定责、定岗定酬、一人一岗”的原则，进一步核实确认了生态岗位人员的基本条件，2019年全乡生态岗位已做到建档立卡户有劳动力全部覆盖，全乡生态岗位共计745人，其中护林员322人，野生动物疫源疫病监测员113人，湿地生态管护员4人，草原监督员60人，水生态保护和村级水管员177人，农村公路养护员27人，旅游厕所保洁员10人，城镇保洁员和农村级环境监督员20人，地质灾害群防群测员12人。察拉乡生态岗位人员履职情况良好，各村对每位生态岗位人员进行填写生态岗位管理台账并为人员发放上岗证，要求每月定人定期安排生态岗位人员进行巡山、巡河、巡草场等地，每月不少于5次，并填写出勤考勤表和出勤日志。坚持把发展教育扶贫作为治本之计。严格按照“控辍保学”的要求，在乡与乡中心小学的高度重视下，2018年乡中心小学已经开始扩建教学楼、宿舍楼、操场等基础设施建设，2019年已全部施工完毕，确保了乡小学的硬件设备达到均衡教育发展的标准。2019年全乡共计191名学生，其中学前教育35人，小学生112人，初中生33人，高中生4人，大学生7人。同时，对2019年疑似辍学儿童15人进行劝学复学，已全部完成劝返，确保适龄儿童100%入学。坚持把社会保障兜底作为基本防线。2019年根据县民政局的要求，再次对各村的低保户、五保户和社会兜底人员进行全面的大排查，对建档立卡家中存在科技特派员、村医、兽医、村两委、环卫工等不符合低保政策的人员，察拉乡立即统计上报，不符合低保政策的共计清退5户29人，死亡1人，五保户清退2户2人，2019年有低保户32户191人，五保户10户10人，社会兜底65人。

【强基础惠民生】 紧紧围绕新形势下的“七项任务”抓落实，主要从以下几点入手开展：健全组织机构，制定方案，做到了有人负责、有据可依；加强驻村工作队员的管理，认真落实考勤制度，采取电话、实地查岗办法，确保在岗率；制定并落实乡党政班子成员督导工作制度，认真做好台账，共计督导13次；落实关心驻村工作队制度，定期询问健康状况，节假日组织开展慰问活动；认真开展“七项任务”常规工作。

【农牧综合】 组织开展了全乡草奖工作。在乡党委、乡政府的领导下、和各驻村工作队的积极配合下，年初完成全乡五个行政村，275户、1787人。完成2018年年末牲畜出栏与2019年牲畜存栏数据统计工作，并及时下发《察拉乡牲畜清点工作方案》。组织开展了察拉乡新型城乡居民社会养老保险工作。组织开展了察拉乡新型城乡居民社会养老保险工作，主要有筛查全乡从16~60岁人员的身份信息、系统上线、积极宣传政策、建立健全农牧民群众个人档案等工作，以及全乡60岁以上人员是否在享受新型城乡居民社会养老保险政策的删查工作。同时建立60岁204人银行账户信息数据库。2019年年底，全乡16~60岁参保人数为853人，其中享受建档立卡政策人数为161人。60岁以上享受参保政策人数为204人。全乡参保率达100%。

【党风廉政】 召开专题会议，制订年度工作计划，党委书记与班子成员签订2019年度党风廉政建设一岗双责目标责任书。每月按时召开党风廉政工作例会，党政主要领导以普通党员身份按时参加“三会一课”，严格执行民主集中制和“三重一大”制度，做到事前、事中、事后公开。加强对精准扶贫领域资金使用情况的监管。落实廉政责任制，听取村党支部书记廉政工作开展情况。每一笔惠民资金在乡纪委的监督下及时足额兑现。定期召开全乡干部职工廉政警示通报会和学习上级纪委的重要会议精神。组织党委理论中心组学习9次，认真做好学习记录12篇，个人笔记20余篇，撰写发言材料9篇。

【主题教育】 认真开展学习“不忘初心、牢记使命”主题教育。积极制定学习方案、学习计划，开展“不忘初心、牢记使命”主题教育宣传宣讲活动，宣传宣讲人次达300余人次。开展班子专题研讨6次，撰写调研报告6篇，集中学习6次，撰写学习笔记20余篇。根据上级的安排部署，组织全乡干部、驻村干部、派出所干警、学校、卫生院代表等30余人参加“不忘初心、牢记使命”主题教育知识测试。

学习宣传贯彻中共十九大精神。积极开展“党的十九大和习近平总书记系列重要讲话精神进万家”活动。截至2019年年底，察拉乡组织中共十九大宣讲共计6场，受众人次共计200人次。认真撰写组织部下发的中共十九大精神学习笔记本。

“两学一做”学习教育常态化制度化。在2018年的基础上，2019年，继续在干部群众中开展“两学一做”学习教育，精心安排学习内容，引导党员干部做到“四个合格”，把“两学一做”学习教育纳入党支部“三会一课”。

“四讲四爱”群众教育实践活动。成立了以乡党委书记为组长的领导小组、制定实施方案、成立宣讲队，召开启动仪式。集中宣讲紧扣主线，集中宣讲和学习次数17场次，共计2200余人次。乡党委把教育实践活动贯穿到了农牧民群众的日常工作、学习、生活中，从生产经营、劳动就业、子女入学、权益保障、法律援助等方面给予群众切实帮助。

【社会事业】 疑似失学儿童复学工作。按照县政府关于疑似失学儿童复学工作的要求，县政府“控辍保学”工作领导小组，指派专人前往各村排查失学儿童并劝其入学接受教育，取得了良好的效果。为做好控辍保学，实行与惠民资金直接挂钩奖惩制度，确保了适龄儿童就学率达到100%。认真贯彻落实“四书制”，签订“双线”目标责任书。

“河长制”工作。组建机构，制定方案，确保践行河长制。乡党政班子成员包河流任河长，细分河段，责任落实到村两委班子成员、驻村工作队员。定期对河流进行“大扫除”，还河流清澈干净。河岸醒目位置建立公示牌，做到监督举报电话畅通。

卫生医疗工作。指派一名副乡长负责医疗卫生工作，主要协助开展家庭医生签约率，包虫病患者建档率。定期检查药品是否过期，对过期药品进行科学合理销毁工作。每月对学校进行巡检。医疗保险参保率达到100%，乡、村两级卫生院、卫生室正常发挥作用，医务人员宣传医疗救助政策走村入户，建档立卡户实现全覆盖。已经开展为农牧民群众打疫苗工作。乡政府联合派出所、卫生院对校园周边商铺食品安全进行不定期检查。

环境整治，污染防治。组建机构，制定方案，成立了以乡长为组长的领导小组，确保践行环境污染防治工作。察拉乡加大了环境卫生综合整治工作力度，取得了较好的成绩，得到了干部群众的认可，农牧民群众用心配合，达到了预期的效果。集中环境卫生整治6次，河道垃圾清理4次。加大了环境保护宣传力度。按照上级的要求整治行业乱象，针对砂石厂乱采乱开，破坏生态环境的行为，积极与上级相关部门沟通协调，已对砂石厂进行关停处理，确保了环境不被污染破坏。

扩达乡

【概　况】 2019年以来，扩达乡党委、乡政府在县委、县政府的正确领导下，以中共十九大精神为指导，以习近平总书记关于扶贫工作的重要论述和中央脱贫攻坚重大决策部署统领，全面贯彻落实中共十九大、十九届一中、二中、三中全会精神和中央第六次西藏工作座谈会精神，进一步解放思想、更新观念，以增加农牧民群众收入和提高人民生活水平为出发点，以打赢脱贫攻坚工作统揽各项工作，从实际出发，充分发挥广大干部群众的积极性、创造性，保持了全乡经济快速发展、社会稳定的良好势头，各项工作进展顺利。

扩达乡位于察雅县东南部，地处北纬30°43′，东经97°52′，距离察雅县城57.4千米，面积894.83平方千米，平均海拔4500米。乡政府驻地孔曼多村，经济以牧业为主，农业为辅，种植青稞、小麦、油菜等作物，牲畜以牦牛、绵羊、山羊为主，产虫草、贝母等。

辖区内17个行政村实现了道路硬化，乡村公路通车里程达到230千米；21个行政村通通电，多庆、邦热行政村不通电；21个行政村通移动（电信）信号，多庆、邦热村不通信号；19个行政村通宽带，4个行政村不通宽带。全乡草场面积110.7万亩，可利用草场面积107.57万亩；森林面积49.16平方千米；共有耕地总面积2831亩（其中旱地1948亩，水浇地883亩），粮食总产量845.66吨；2019年采挖到虫草约605千克，群众现金收入约6050万元。

2019年7月15日，272户1136人已经全部脱贫，18个村实现整村脱贫，已实现整乡脱贫。全乡低保110户448人、五保51人、残疾人225人、八大岗位1708人。全乡异地搬迁户177户850人；小规模分散安置57户260人（其中：果巴村27户，伍巴村7户，岗卡村2户，孔曼多村8户，旺达村3户，然达牧区5个村10户）；危房改造213户。全乡小额信贷187户515.7万元；外出打工442人，其中建档立卡户转移就业210人。

【农牧业发展】 积极引导农牧民群众学科学、用科技，始终把科学养畜贯穿于全乡牧业生产中，树立正确的养畜观念，大力发展全乡畜牧业。乡党委、乡政府按照《中华人民共和国农业技术推广法》规定，将农产品质量安全监管职能纳入职责范围，由乡长任组长，分管领导副乡长任副组长，农牧综合服务中心干部为成员，以上人员切实担负起乡农产品质量安全监管职责。制度上墙。建立健全乡农牧各项工作管理制度，按照文件要求，已将《乡镇农牧综合服务中心工作职责》上墙。努力建设基层农技推广工作制度，建立建立健全农技人员培训，下一步将定期组织农技人员对业务能力和专业知识进行培训，以及积极参加县农牧局组织的相关培训。

【林业发展】 加大对2019年封山育林植树区的监管和保护力度，及时对林区进行补植补造。4—5月，扩达乡组织驻村工作队开展了2019年植树活动。驻村工作队和村两委成员身先士卒、奋勇当先、干劲十足，起到了表率作用，260人种下了500棵树苗。通过此次植树活动，提高了广大干部群众的植树造林和保护生态环境的意识，而且进一步强化了保护生态平衡和绿化家园的责任感，并且增强了村干部和群众的活力、凝聚力及团队精神和服务社会、回报社会的意识。

【虫草采挖工作】 扩达乡党委、乡政府召集全乡干部、派出所干警、23个驻村工作队队长、村两委班子对2019虫草采集前期的相关工作进行了具体安排部署。乡党委、乡政府和乡派出所、驻村工作队组成了联合工作组，分别对扩达乡6个大的虫草采挖点和40个小的虫草采挖点的所在村进行了走访排查，对发现的先期矛盾隐患已解决。为加强管理、落实责任，与谷驻村工作队、村两委、采集点负责人签订了目标责任书，同时建立了虫草采挖点、边界点临时党支部。县级联系点领导和乡党委书记陈强多次深入边界设卡点对工作开展情况进行督导检查，并进行了慰问，送去了肉、蔬菜、大米、棉被等。在采集前、采集中，各驻村工作队、蹲点干部、巡山干部深入群众中开展虫草采集交易管理宣传工作，通过入户家访或集中学习、发放资料（《中华人民共和国草原法》《治安管理条例》《西藏自治区冬虫夏草交易管理暂行办法》）等多种渠道宣传虫草采挖相关法律法规。按照乡党委、乡政府要求，各蹲点干部、巡山干部在看到白色垃圾时，都要主动清理，引导群众虫草采挖期间不能破坏环境，始终保持美丽乡村、绿色扩达的形象。大的采挖点色嘎普采集点与贡觉县相皮乡交界处，由乡长带队驻色嘎普采集点（色嘎普虫草采集点属全乡集中重点虫草采集点且人数最多的采集点，人数达2400余人），县公安局、乡派出所干警及乡干部人员组成工作队深入各采挖点开展管理监督和宣传工作，40个小的采挖点由各驻村工作队负责进行蹲点，达50天。截至虫草采挖工作结束，未发生一起群体性事件和刑事案件。2019年虫草采挖期约有3952名群众上山，历时近50天，共采挖到虫草约605千克，群众收入约6050万元。

【经济产业发展】 2019年以来，扩达乡带动经济产业发展。极协助农牧局、住建局、国土局做好嘎益牧场的扩建工作，前期预计投资300万元左右，带动全村57户脱贫致富，以及带动周边知达大村、孔曼多村、多庆村等，于2019年5月开工，修建5个牛棚、5间综合用房，主体已完工，等待验收，在县加油站旁边已有1个出售牛肉、奶渣等成品的商铺，2018年效益35万元，每户分红700元（建档立卡800元）。在县委、县政府以及各部门的支持下，扩达乡列尼村在2018年5月成立了察雅县珠扎种养殖农牧民专业合作社，吸收了23户贫困户入社。该合作社按照“政府+合作社+贫困户”的经营模式，建设了察雅县珠扎种养殖农牧民专业合作社（奶牛养殖场），截至2019年年底，该奶牛养殖场存栏68头，通过细心经营和管理，2018年奶渣收益8495元，酥油收益4118元，分红大会发放分红3749元，惠及23户贫困户。果巴村蔬菜大棚项目，分别种植了大白菜、小白菜、南瓜、土豆、白萝卜、大葱、青菜、青椒等，下一步打算推到县市场售出，按照当前蔬菜种植情况来看，蔬菜大棚将成为果巴村村民脱贫致富奔小康的部分产业。果巴村果巴村罗派农牧民专业养殖合作社，于2019年8月开工修建，总投资50.4万元，其中基建投资8万元，已完工，牦牛存栏数84头，吸纳38户建档立卡贫困户参与其中。

【脱贫攻坚】 2019年7月15日，扩达乡272户1136人全部脱贫，18个村实现整村脱贫。实现整乡脱贫。

加强宣传引导，坚持精准扶贫、精准脱贫基本方略，按照扶贫标准，落实义务教育、基本医疗、住房安全“三保障”要求。

加大对教育工作的重视力度，由乡党委书记和乡长亲自抓，靠前指挥，整合资源。3月初，召开了乡党委专题会议对扩达乡教育工作进行深入分析研究，逐村逐户核查失学辍学儿童家庭情况，全面准确掌握适龄儿童未接受义务教育的真实情况，积极向未上学适龄儿童家长宣传《中华人民共和国义务教育法》和《中华人民共和国未成年人保护法》，增强家长法律意识并切实履责任，加大教育执法力度，强制监护人履行义务，与学生家长签订儿童入学保证书。乡党委、乡政府举全乡之力，发挥全乡干部能动性，落实驻村工作队责任，如期完成失学辍学儿童复学工作。乡党委书记陈强和乡长登巴实地到乡第一小学、乡第二小学实地察看食堂、宿舍、教室等情况，确保达到标准，并要求学校多组织学生的文化娱乐活动，让学生们来了就不想家、不辍学。加强各教学点教师的职业道德教育和业务培训，提高教师专业化水平，积极向县教育局沟通协调，选派骨干教师到扩达乡教学点支教，提升学校的师资队伍整体水平。

提升乡卫生院整体医疗条件。在县委、县政府关心支持下，扩达乡2018年到2019年年初顺利完成乡卫生院的维修改建，已协调上级有关部门解决了乡卫生院公务用车，进一步改善了基层医疗服务条件。从2018年到2019年上半年乡卫生院积极采取多种措施开展辖区健康扶贫服务工作，由家庭医生上门服务，开展家庭医生签约服务，助力精准扶贫。为加强扩达乡村医的管理，及时对村医存在的一些问题进行指导，切实提升扩达乡村医为民服务的水平，扩达乡卫生院分别对全乡23个村46名村医，采取答试卷考试和现场问答的形式进行了督导考核。乡卫生院藏医馆已建成，正等待上级单位发放医疗器材，积极打造乡卫生院标准化建设，统一配备相关设备和人员，大力提高乡卫生院服务能力。进一步实施村卫生室规范化建设，配齐村级卫生人员，积极发挥村卫生室工作职能。

做好贫困户信息数据及时更新和扶贫工作整改。已向各村进一步明确建档立卡户户表填写要求，遇到不清楚的填写范围的时候及时与县脱贫攻坚指挥部办公室各个专项组进行沟通。在市委第九轮专项巡查和自治区、市委、县委巡查督察发现问题基础上，全面深入开展自查，针对问题逐项逐条建立整改台账，明确整改时限，扎实推进整改落实，做到“一村一盒台账，一条一项措施”。实行跟踪销号管理，针对发现问题建立对应方面的整改方案和政策落实办法。整改工作“一日一汇报，三天一调度，一周一通报”，严格责任追究倒查制，中央第三巡组视发现32个问题，中央巡视检查发现102个问题和昌都市发现8个个性问题现已整改137个，其中包括3个需要长期整改（理论学习、基础设施、政策宣传、群众饮水），2016—2018年生态岗位存在问题226个、定向补助问题69个已全部整改完毕。

实地勘察危房户改造，住房安全得到保障。2019年以来乡党委、乡政府组织驻村工作队一同实地勘察危房户，对贫困家庭危房改造户进行实地勘察情况登记造册共计213户（其中A类0户、B类100户、C类92户、D类21户），并上报县住建局。对房屋改造的竣工情况、安全质量、入住情况等进行了实地检查，危房改造工作已基本完成。

异地搬迁工作。全乡易地扶贫搬迁安置点共3个（其中乡级开工建设点2个，果巴村搬迁点有建档立卡户27户113人，孔曼多村搬迁点有建档立卡户30户142人，县级唐琼孜搬迁安置点共有建档立卡户177户877人）。扩达乡党委、乡政府按照上级易地搬迁工作要求，进一步增进工作责任心，加强监管督导，积极与县住建局沟通，定期督察，催促施工方保质保量及时完工，2个小规模搬迁安置点，已全部完工。乡党委、乡政府积极配合县人社局，认真做好易地扶贫搬迁安置点劳动力转移就业工作，对各安置点产业发展不能覆盖的贫困户实施转移就业，确保培训一人转移就业一人。搬迁人口入住方面，由乡党委书记、乡长、乡扶贫办干部等组成的工作组到易地搬迁建档立卡户家走访了解，以“不漏一户”的原则，到每户家里实地核查入住情况，询问生活困难、就业收入情况等，并一一登记。加强宣传教育工作。由乡党委政府、各驻村工作队组成的宣讲队伍，开展“精准扶贫政策巡回宣讲活动”、“四讲四爱”暨扶贫惠民政策宣讲活动等，以集中宣传、入户宣讲相结合的形式帮助群众了解搬迁政策，支持政府工作。

【基础设施建设】 因扩达乡地处偏僻，海拔较高且交通不便，“十项提升工程”难度大，通水、通电、通宽带、主干道硬化工程需要建设周期，短时间内难以完成。辖区内23个村已全部完成通水；17个行政村实现了道路硬化，乡村公路通车里程达到230千米；21个行政村通电，多庆、邦热行政村不通电；21个行政村通移动（电信）信号，多庆、邦热村不通信号；19个行政村通宽带，4个行政村不通宽带。与县交通、水利、电力、电信等相关部门的沟通协调，加快部分行政村主干道路硬化、通电、通宽带等基础设施建设力度，解决与群众生活息息相关的实际困难和问题。

【综治工作】 3月初，因易地搬迁户、自发搬迁户等原因，为进一步完善双联户服务管理工作，对扩达乡双联户联户单位重新调整，全乡132个联户单位、132个户长、涉及1221户、平均每个联户单位9人，共涉及5770人，扩达乡2019年双联户档案以全部调整完。严格实行双联户户长月考评和乡季度考评和村双联户工作凭星定绩考核制度，严格落实监督管理职责。3 月和 10 月，为进一步发挥乡综治办作用，对每次摸底排查的情况进行详细记录、落实责任，对于发现的隐患，制定了跟踪制度，防止反弹。组织各驻村工作队、民兵、护林员和党员等成立了 23 个工作小组，从点到面实现了全覆盖、无缝隙、无盲点。

积极开展扫黑除恶打非治乱专项斗争工作。成立以乡党委书记陈强为组长、乡党委副书记、乡长为副组长的工作领导小组。每月定时召开“扫黑除恶、打非治乱”专项斗争工作例会，已召开 9 次，听取了当前社会治安局势及“扫黑除恶、打非治乱”专项斗争开展情况乡扫黑办积极组织各村两委班子签订扩达乡“扫黑除恶、打非治乱”专项斗争责任书 32 份，落实通知到位，责任到人。深入开展宣传摸排工作，组织各驻村工作队和全乡双联户户长、村两委班子、村民群众开展扫黑除恶、打非治乱专项斗争宣传摸排工 23 次，收集线索 2 条，群众反映线索 1 条。以开展扫黑除恶、打非治乱专项斗争专项斗争为契机，在各行政村开展入户法律宣传活动。

【政策宣传】 扩达乡党委、乡政府以提高群众满意度为工作出发点，创新方式方法，安排部署各村利用集中宣传和入户宣传的方式，针对建档立卡户、非建档立卡户、贫困边缘户分类进行了政策宣传，提高了他们对精准扶贫工作的知晓率和满意度，在主要道路、交通路口、显著位置张贴悬挂喷绘、标语横幅 26 条，以贴近农牧民群众、易于接受的方式广泛宣传扶贫政策，党委班子成员，各包片、包村小组先后深入 23 个村，采取集中宣讲与分散入户宣讲的方式宣传政策。截至 2019 年年底参与群众 5800 余人次，包括建档立卡户 272 户，1136 人。防止扶贫政策宣讲流于形式。每月乡党委、乡纪委深入各村对“八大岗位”人员、贫困户、群众等通过谈话及知识测试等方式考核驻村工作队政策宣讲的成效，并做好台账登记，对成效不明显的村进行通报批评，并将该项工作纳入年底驻村工作队评优评先的重要考核内容。在全乡营造了人人关心扶贫政策，人人了解扶贫政策，人人支持扶贫、人人参与扶贫的良好氛围。激发和调动全乡群众参与精准扶贫的热情和积极性，形成政府、社会、农牧民群众协同参与的大扶贫格局。

【党建工作】 强化党建党组织建设，增强基层党组织的凝聚力、号召力和战斗力。2019 年以来，在驻村工作队的协助下，党委班子召开会议 15 次，传达上级党委文件 60 余份。加强党员队伍建设，提高广大农牧民党员的服务意识。同时加强后备干部队伍建设。完善党务村务制度，推动党务工作建设制度化建设。已完善村两委完善党务村务制度 12 项，建立健全党支部议事规划 21 项，健全完善村规民约 18 条。贯彻落实“三会一课”制度，2019 年以来党支部召开“三会一课”9 次，上党课 29 个学时。继续做好党建“标杆工程”，党建工作规范化建设加快推进。按照县委组织部关于做好党建“标杆工程”的安排部署，在驻村工作队的协助下，严格标准和要求，扎实推进扩达乡党委党建“标杆工程”建设稳步推进。按照县委、县政府的要求，扩达乡所有的村级活动场所将全部重修或扩建，7 个已全完工。各村党支部结合“不忘初心、牢记使命”主题教育，着力推进基层服务型党组织建设，同时把党建促脱贫作为重点工作，不断增强村党支部引领和服务群众发展致富的能力。

【强基础惠民生】 年初召开了第七批驻村工作总结暨第八批驻村工作安排部署会，制订了工作计划，调整充实了领导小组，组织完交接工作的有 9 个村，轮换 24 名干部。乡强基办将“传帮带”结对帮带及时更新，驻村干部有 92 人，被帮带的村两委干部、村务监督委员有 185 人，积极组织各驻村工作队开展相关工作。乡强基办严格落实属地管理制度，2019年将驻村干部在岗情况作为重点工作，一经发现无故脱岗人员，从严处理；做好“春节、藏历新年”等节假日纪律工作。将驻村干部包户帮扶及时更新，帮扶干部有82人，包户帮扶户主有82户，积极组织各驻村工作队开展相关工作。乡强基办认真贯彻落实区、市、县关于深化干部驻村工作的部署要求，指导各驻村工作队完成好七项任务的同时，近一步规范民情日记、驻村日记撰写工作。完成了上级交办的各项工作任务。

宗沙乡

【概　况】 2019年以来，宗沙乡在县委、县政府的正确领导和有关部门的大力支持下，积极谋划宗沙乡经济社会发展的重点工作，认真贯彻落实中央、自治区、市、县一系列决策部署，紧紧围绕县委、县政府提出的2019年经济社会发展目标任务，积极采取措施，进一步解放思想、转变经济发展方式，加大工作力度，加快发展速度，使全乡经济和社会事业稳步发展，人民群众生活水平日益提高。

宗沙乡地处察雅东部，北纬30°29′，东经97°39′。距县城125千米，面积1077.99平方千米，平均海拔4100米，乡政府驻地宗沙村。属半农半牧乡，种植青稞、小麦、油菜等作物，牲畜以牦牛、绵羊、山羊为主，产虫草、大黄等。

【脱贫攻坚】 扎实开展精准核查、精准退出工作，解决好“扶持谁”的问题。

精准核查。强力抓实“回头看”，先后多次对建档立卡户进行反复核查，动态调整，确保精准识别万无一失，并建立动态管理和实时跟踪机制，实现扶贫对象能进能出，做到“应进则进、应保尽保、应退则退”。2015年识别建档立卡贫困户217户849人，经动态调整后，截至2019年年底全乡共有建档立卡贫困户223户1147人。

精准退出。宗沙乡党委、乡政府按照“两不愁、三保障”要求，严格退出标准和程序，采取“一申请、一评议、两审核、三公示、一审定”的方式，有序推进贫困人口退出工作。经四年的不断努力，实现整乡脱贫退出，建档立卡贫困群众的人均收入3841元以上，达到国家脱贫标准，贫困发生率也从2015年16.2%降至零。

易地搬迁一批。宗沙乡党委、乡政府把贫困群众实现住房保障作为一项重大民生工程，采取走村入户、集中商讨等方式排查无房贫困群众，避免出现漏报、误报情况、并将符合政策条件的105户646人纳入易地搬迁，实现住房保障，并按照群众个人意愿，搬迁至唐琼孜8户50人，已全部入住；搬迁至香堆镇13户82人，已全部入住；拉松村集中安置点25户200人，已全部入住；察姆村集中安置点37户228人，已全部入住；搬迁至吉塘镇2户11人，已全部入住；热觉村及宗沙村分散式安置20户75人，已全部入住。

生态补偿一批。践行“绿水青山就是金山银山”的理念，注重生态、改善环境。在推进项目建设过程中，始终严守生态安全红线，坚持生态保护第一，尊重自然、顺应自然、保护自然。坚持绿色发展、生态富民的可持续发展道路，让有劳动能力的贫困人口实现生态就业，既加强生态环境，又增加贫困人口就业收入，安排生态岗位2450个，严格岗位人员招收标准，按照“定人定职、定职定责”原则和“一人一岗、设岗定责”要求，与符合条件的岗位人员一一签订合同，凭证上岗。

产业扶持一批。利用宗沙乡区位优势和气候优势，将发展产业作为全乡经济社会发展的重要途径和脱贫攻坚长久之策、治本之举，已实施产业项目：一是热觉村绵羊扶贫到户养殖项目，带动建档立卡户33户171人，该项目是购买一岁左右的羊羔330只，分给热觉村33户建档立卡贫困户饲养，每户10只，并饲养两年育肥羊羔后大绵羊即可出栏或者出售羊毛，市场价为每只1500元，预计年人均增收超过1300元，该项目为扶贫到户养殖项目，所得收益全部归实施项目的建档立卡贫困户所有。通过绵羊养殖项目给当地群众带来更多的科技就业和致富的机会，同时帮助农牧民群众走向市场，改善生产、生活水平发挥积极作用。二是察姆村桑岗民族服装加工合作社项目，带动建档立卡贫困户7户39人。2019年一季度，察雅县政府投入40万元扶贫资金，帮助桑岗民族服饰加工合作社改善经营条件、扩大经营规模，进一步带动更多贫困户走上自力更生的脱贫道路。为满足扩大合作社经营规模的需求，经乡党委、乡政府和驻村工作队协调，合作社租下原村委会房屋。县政府投入的资金中30万元用于房屋改造、装修，10万元用于购买生产设备及原材料。截至2019年年底，桑岗民族服饰加工合作社生产的产品包括藏装、羊毛毯、帐篷等，预计年销售额超过15万元，净利润近8万元，为全体社员带来人均收入近9000元，成为察姆村各项脱贫攻坚措施的有效补充，对察姆村脱贫攻坚工作和村民实现小康目标具有十分重要的意义。三是宗沙村牦牛育肥项目，预计带动建档立卡贫困户92户489人。由于工程量大，购买牦牛数量较多，正在实施后续阶段。

发展教育一批。教育工作是第一民生工程，为确保适龄儿童义务教育有保障，严格按照“扶贫先扶智、治贫先治愚”的工作思路，紧扣发展教育脱贫，做到在精准施策上出实招，在精准推进上下实功，全面落实发展教育脱贫工作，加大扶智工作力度，并由宗沙乡主要领导带队深入四个行政村，严格按照“四书”合同与家长签订控辍保学责任书，压实责任，确保每个适龄儿童按期入学，通过深入农牧民家中进行宣传教育引导，切实做好控辍保学工作，做到180名适龄失学儿童按照年龄分配送往小学、中学，得到教育保障。

社会兜底一批。认真摸底调查，对特困人员及重度残疾人员等做到应保尽保，确保实现“老有所养、老有所医、老有所乐”，有效解决了困难群众的后顾之忧，用社会保障兜住完全失去劳动能力及部分丧失劳动能力的群众，让其享受兜底政策，保障他们的基本生活，2019年年底宗沙乡社会兜底共96人。

转移就业脱贫一批。认真按照县委、县政府有关转移就业指示精神，加大推进转移就业培训及对接市场就业工作，并结合全乡劳力人员，积极协调上级部门，让有志愿群众到县城，加强培训驾驶汽车、挖掘机、餐饮等技能学习。通过聘请县有关专业人员到组织摩托车维修、建筑施工等培训，有效利用培训力量，有计划、分阶段地对建档立卡贫困户劳动力开展实用技能培训，并通过推荐就业、外出务工、自主创业、生态岗位以及产业吸纳等形式实现转移就业、提高家庭经济收入，2019年年底宗沙乡转移就业群众共510人。

转换观念促脱贫。始终本着“扶贫先扶志”的原则，坚持以增强贫困户内生动力为主，加强落实包村包户制度，明确责任，由县联系点领导、科级包村干部、乡党委、乡政府牵头的宣讲队，坚持不定期深入四个行政村召开群众大会，进行集中宣讲党的惠农支农等政策共103场次，发放宣传资料595份，张贴海报45张，由包户干部及驻村工作队通过入户一对一进行新旧西藏对比、政策宣讲及讲解家庭收支情况等，提高群众的政策知晓率，转换群众“等靠要”的思想观念，树立勤劳致富的理念，增强贫困群众的感恩意识及脱贫摘帽的决心。

抓党建促脱贫。坚持“用责任制管责任人，以责任人带一班人，以一班人活一盘棋”的党建工作理念。抓好带头人队伍建设，加强对选派第一书记、村党支部书记的培训力度，提高带领群众脱贫致富能力。制定包村包户制度，每个村安排一名乡领导班子成员驻点负责相关工作，建立了党政领导干部直接联系贫困村、贫困户制度，各级党组织和广大党员干部“沉下身”，到村到户开展扶贫工作，通过包村包户推动脱贫攻坚工作。集中举办选派支部书记、村党支部书记、村两委班子专题培训班，开展以精准扶贫、支农惠农政策、党风廉政建设等为主要内容的培训，提升带头致富能力和履职水平，提升党员干部队伍服务脱贫攻坚能力。充分发挥党员在脱贫攻坚工作中的示范带动作用，让党员成为贫困群众增收致富的“领路人”，政策宣讲的“解说员”。

结对帮扶促脱贫。自结对帮扶工作开展以来，干部职工采取走村入户、通信联络等方式对群众进行政策宣传、转换观念、物资帮扶、发放宣传资料等，在帮扶过程中本着扶志扶智的目的，长期向贫困户宣传“戴帽可耻、脱贫光荣”的思想，引导贫困户完成了从“要我脱贫”到“我要脱贫”的转变，激发了内生动力。市公安局、县直单位及干部职工89人对全乡223户建档立卡户进行结对帮扶，实现帮扶全覆盖，为强化帮扶责任落实制度，将干部职工帮扶工作开展情况由宗沙乡党委进行督导，填写帮扶手册和帮扶台账，并留存帮扶照片。

【“两不愁三保障” 落实情况】 全乡建档立卡户全部已达到了“两不愁”的要求，其中饮水方面：宗沙乡4个行政村、28个自然村，由县水利局牵头分批实施安全饮水工程，2019年已完工，针对个别自然村存在季节性通水问题，采取打水井的方式，解决了群众冬季饮水问题，确保群众安全饮水。“三保障”中一是完善四个行政村的村卫生室建设，配备常用药品，加大家庭医生签约服务力度，全面贯彻落实全国健康扶贫工作会议精神，发挥好健康扶贫在脱贫攻坚工作中的积极作用，减少因病致贫、因病返贫，保障全民身体健康，严格落实健康扶贫“三个一批”工作，实现医疗保障；二是除105户参与易地搬迁户外，对住房存在安全隐患的纳入危房改造，共实施71户危房改造，实现住房安全保障；三是义务教育保障工作，加大宣传教育引导工作，推进义务教育均衡发展，提升改造三所学校的基础设施，确保适龄儿童不辍学、有学上、上好学，对因病因残的适龄儿童落实送教上门，实现义务教育保障。

【党建工作】 2019年，牢牢把握坚持和加强党的全面领导这个根本原则，坚持党要管党、全面从严治党这个指导方针，全面落实新时代党的建设总要求，以党的政治建设为统领，开展“不忘初心、牢记使命”主题教育、“四讲四爱”群众教育实践活动，统筹推进领导班子和干部队伍建设、基层党组织和党员队伍建设、人才队伍建设，着力推动组织工作高质量发展。

健全制度，增强党建工作合力。健全各项工作制度是党建创先工作顺利开展的根本保证，通过建立健全党建责任制，形成上下联动，一级抓一级，一级促一级，层层抓落实的良好格局。首先把党建目标任务进一步细化、量化，制定详细的党建目标责任书，并就党建工作履行情况做出公开承诺，广泛接受广大群众的监督。完善两个例会制度，即基层党建例会制度，每月召开一次，共召开12场次，探索党建工作的新思路，好举措；基层党建协调会制度，每季召开一次，共召开4场次，每次会议着重解决一两个问题，并明确包村领导亲自抓落实。建立领导包村制度。针对各村具体情况，制定《包村工作量化考核实施细则》，要求包村领导定期走村入户，开展调查研究，帮助驻村工作、选派第一书记及村两委理清工作思路，制定党建工作计划，协调解决具体困难和问题。建立分级负责的责任体系。乡党委与党建负责专干、各支部书记层层签订目标责任书，立下组织工作“军令状”，逐级明确职责，分解任务，严格奖惩，构筑了一个上下配套，团结协作的组织网络。

加强学习教育，不断强化政治引领。不断加强党员干部思想政治教育，引导全体党员干部坚定理想信念，树立正确的世界观、人生观、价值观和权力观，始终保持清醒的政治头脑。突出学习重点。深入学习贯彻中共十九大精神、习近平新时代中国特色社会主义思想，牢固树立“四个意识”，坚定“四个自信”，做到“两个维护”。以“不忘初心、牢记使命”主题教育、“四讲四爱”群众教育实践活动为主要内容，抓好学习教育。截至2019年年底，宗沙乡第一批“不忘初心、牢记使命”主题教育共开展15场次，第二批“不忘初心、牢记使命”主题教育共开展18场次；“四讲四爱”群众教育实践活动集中宣讲549场次。创新学习方式。利用好“学习强国”APP，抓好干部职工零散时间学习。结合宗沙乡工作实际，利用每周星期五下午开展集中学习，主要以习近平新时代中国特色社会主义思想，重点学习《习近平谈治国理政（第二卷）》《习近平新时代中国特色社会主义思想三十讲》。提高学习成效。宗沙乡机关党支部坚持每季度组织召开一次交流讨论，组织党员干部围绕党建新知识、新理念或者热点话题开展讨论，加深理解、学以致用。每半年围绕党建基础知识和应知应会内容组织开展一次知识竞赛或者有奖问答，确保党员干部牢记党建相关内容。加强“两学一做”学习教育常态化。以宗沙乡工作交流微信群为平台开展党员学习活动；公开“两学一做”承诺书，接受群众监督；在全乡开展党员学习党章内容，丰富了党员干部的理论知识。开展村夜校培训工作，提升党员整体素质。针对个别农牧民党员存在对理论知识不够重视，文化水平较低等方面的现状，全乡各村通过夜校培训，向党员群众教授基础知识、党的基本知识，进行党员先进性教育，不断推进党员的素质提升工作。

围绕目标，夯实党建基础。为了更好地提高党员干部的思想政治素质，宗沙乡以“提高素质，增强党性”为目标，采取行之有效的措施，力求取得实效。加强班子建设，全面提高党员干部整体素质。宗沙乡按照“五个好”支部和党委的标准，把加强基层组织建设作为工作的重点，在乡村干部中定制度、签责任，党委成员包村、支部成员包组、建立党建责任制，采取一定的措施，从抓组织建设硬件入手，逐步完善软件。各种制度规范上墙，各种表册齐全，文字档案材料齐全，实现了规范化管理。认真推广和开展相关党建工作机制，进一步完善了村党支部的各项规章制度，真正协调了村两委班子的关系，增强了村两委班子凝聚力、战斗力。注重乡村干部政治理论学习和思想道德教育，定时组织全乡党员干部学习，每位包村领导为学习辅导员，每月至少组织村干部学习一次，领导干部带头要有学习笔记、心得体会，并严格督促乡村干部坚持学习制度，使干部掌握更多的政治理论、法律、科学技术等知识，以便指导基层党建工作的开展。

突出工作重点，切实加强党员队伍日常管理。认真开展组织生活。以“三会一课”和“主题党日”为主要内容，定期组织集中学习、党员民主评议、按期缴纳党费等，加强党员考核管理，提高党性修养，教育引导党员干部发挥好示范引领作用。推行“履职承诺”制度。要求党员干部立足本职岗位，每月确定承诺事项，自觉接受分管领导及群众监督，促使党员干部不断增强宗旨意识，改进工作作风，提升服务效能。健全党内关怀机制。对机关党员和村党员情况进行摸底，开展重要节日期间对村老党员、贫困党员的慰问活动。2019年以来，在元旦、藏历新年、七一等重大节日期间，共走访慰问困难党员16人、老党员25人、老干部2人。

强化廉洁教育，正风肃纪推进党风廉政建设。乡党委高度重视党风廉政建设工作，年初召开了专题会议，研究部署年度党风廉政建设和反腐败工作，提出年度工作要点，结合工作实际制订党风廉政建设和反腐败工作计划，并把党风廉政建设和反腐败工作责任分解到人，做到有部署、有检查、有整改，形成一把手负总责，其他班子成员各司其职，一级抓一级，层层抓落实的工作局面。严格按照一岗双责的要求，加强干部职工监督管理，提高其拒腐防变的意识和能力。坚决贯彻落实民主集中制原则，进一步健全和完善党内监督制度，加强对重点领域的管理监督，凡属“三重一大”事项，均由乡党委会议集体讨论决定，保证了决策过程的科学民主和结果的公正合理；严肃财经纪律，在财务收支管理，财务领报手续上，严格实行财务管理制度。2019 年以来采取以会代训、专题培训等形式开展廉政教育 5 次，组织观看警示教育片 4 次，使干部职工的责任意识、廉政守纪意识进一步增强，促进了各项工作的顺利开展。

【综治工作】 加强组织领导，夯实综治工作责任。始终把社会治安综合治理工作作为重要工作来抓，不断加强基层组织建设，完善综治规章制度，明确职责、落实责任，形成大综治格局，加强了组织领导。成立了以乡党委书记为组长，派出所、4 个行政村负责人为成员的领导小组，负责开展综治维稳工作，为深入开展和谐平安社会提供了有力的组织保证。搭建法治宣传载体，在乡主要道路入口搭建宣传牌 3 张，乡政府、派出所、学校等周边，行政村内悬挂横幅 14 条。以宣传、培训的形式，向各村发放的宣传资料 670 余份。与各村委会、派出所、卫生院、学校签订了目标责任书，共计签订 7 份，进一步深入开展和谐平安社会营造浓厚氛围。

依法调处，化解矛盾。要求各驻村工作队及村两委密切联系群众，时刻了解群众的生活情况，及时调节村民纠纷，并将村一级无法解决的矛盾纠纷报于乡党委、乡政府及乡派出所，共计排查调处矛盾纠纷 1 件，努力创造安定祥和的生活环境。积极开展争创“无黄赌毒”工作。建立健全了乡、村二级禁毒和创建“无毒社区”工作方案，下发了相关工作计划，与各行政村签订工作责任书，深入村、组、学校等场所进行广泛宣传，增强全民的禁毒意识，积极开展重点单位和重点场所排查工作。

【流动人口管理】 确保春节等重大节日期间全乡社会稳定，保证流动人口和外来人员的良性发展，为实现宗沙乡群众生活和谐、平安、有秩序，采取内外同抓，松紧有度措施，对公共场所和治安混乱地段采取切实有效的办法加以整治，不允许有影响社会稳定的现象发生。并配合乡派出所实行 24 小时值班制度，加强巡逻，加大外来人员的排查力度，确保群众生命财产安全。

【宗教领域工作】 健全完善宗教领域工作领导小组，按照片区管理制度，派出所、行政村、寺管会参与的方式，扎实做好邪教组织的防范和处置工作。由于强化责任制度、加强法律法规的宣讲，2019 年未发生邪教活动。

【信访工作】 建立健全相关信访制度，保证信访渠道依法有序，确保案结事了。坚持一周排查一次，专题研究解决信访问题的办法，坚持每周有领导带班接访，对处理信访工作给予充分保障，全年共接待处理信访案件 5 件，并及时对上访事件妥善处理，依法解决，做到了件件有答复，事事有回音。

【双联户服务管理】 为进一步做深做细宗沙乡双联户服务管理工作，始终把双联户服务管理工作、“先进双联户”创建评选工作放在重要位置，充分发挥领导干部在工作中的组织带头作用，坚持一把手工程，党政主要领导带头抓，分管领导亲自抓，具体工作有人干，进一步加强组织，强化领导。2019 年宗沙乡按照自治区、市、县综治委关于优化、整合“双联户”联户单位的要求和指示，乡党委、乡政府按照“住户相邻、邻里守望”和“属地管理”原则，对 80 个联户单位进行了再次调整、优化、完善，更换了部分双联户户长，开展了一次双联户户长培训工作，受培训率达到95%。

【农牧工作】 全面做好虫草采集各项工作。领导班子召开虫草采集前期工作研讨部署会议。5月2日，宗沙乡召开了虫草采集前期工作研讨部署会议，成立了相应的领导机构，全面落实领导责任制，按照四个行政村四个蹲点，指定专门的负责人员，随时掌握各村的虫草采挖情况，进一步强化工作力度，完善健全操作性强的工作方案和应急预案，并组织各村群众召开虫草采挖部署会议。包村领导深入各行政村，召开虫草采挖期间的工作部署会，并与各村村两委签订虫草采集目标管理责任书。充分发挥由县公安局下派干警、乡干部、驻村工作队及村两委组成的蹲点人员作用，加强对处于边界采挖点的巡逻力度，对存在的矛盾纠纷及时上报、妥善处理。虫草采集期间人员比较集中，有利于开展集中宣讲活动。2019年在虫草采集期间开展法律法规、各项支农惠农政策为主要内容的宣讲活动，四个采挖点共开展30场次，参与人数达3500余人。深入开展督导检查，确保虫草采集安全。为确保在虫草采挖期间社会稳定和治安管理工作有序进行，在继续加强前期有关工作部署落实力度的基础上，结合实际，狠抓“广、实、快”三个环节，包乡领导及乡主要领导陆续赴四个蹲点处督导检查采挖工作开展情况及对蹲点干部进行慰问。

积极应对灾情，做好2018年冬季、2019年春季抗灾各项工作。应对突发灾情，做好减灾工作。为切实做好2018年冬季、2019年春季防抗灾各项工作，宗沙乡成立了派出所教导员荆迎军为组长的防抗灾领导小组，制定了相应方案及应急预案。各驻村工作队深入各户查看防抗灾衣物、粮食、燃料、饲草料储备情况。做好草场转移工作，避免出现越界放牧等草场纠纷。驻村工作队及村两委班子做好受灾统计工作，确保上报数据的及时性、真实性。

全面完成草原生态保护补助奖励机制各项工作。加强组织领导，健全工作机构。按照“生态立区，民生为本”的原则，全面推进国家补奖机制政策的落实。签订目标责任书，明确责任主体。乡党委、乡政府从牧区实际出发，狠抓责任落实，按照“谁禁牧、谁受益、谁管护”的原则，由乡、村与牧户逐级签订责任书，把禁牧与草畜平衡管护责任落实到户。认真落实国家补奖机制政策要求，确保草原“禁得住”，牲畜“减得下”，监管“抓得实”，资金“用得好”。透明公开，公平公正，实行村级公示制度，充分增强落实政策的透明度，体现政策的公开、公平和公正性；强化资金管理，兑现补奖资金。

狠抓动物防疫工作，保障畜牧业健康发展。在开展五号病防疫过程中，乡兽防站坚持做到乡不漏村、村不漏户、户不漏畜。狠抓其他各类牲畜疾病的防控工作。由村两委及村兽医牵头开展疫苗注射及疾病防控工作，确保了畜牧业的安全健康发展，防疫工作开展顺利。加强村级防疫员业务知识与现场技能培训，提高综合防治水平。有针对性举办村级防疫员知识培训班。积极开展《重大动物疫情应急条例》的宣传、贯彻活动。

【扫黑除恶】 加强组织领导，迅速安排部署。组织召开了乡党委领导、村两委班子成员、派出所、驻村工作队、双联户户长参加的动员大会，传达上级会议精神，对扫黑除恶作出按排部署。迅速成立了由扫黑除恶领导小组，领导小组由乡党委书记兼派出所教导员荆迎军担任组长。宗沙乡扫黑办结合实际，制定出台了《宗沙乡扫黑除恶打非治乱实施方案》，同时制定相关工作制度。

强化舆论宣传，形成强大声势。在乡、村居主要街道、出入口，张贴《关于依法打击黑恶势力违法犯罪的通告》12张，张贴标语20条，悬挂横幅7条。全乡共书写张贴“扫黑除恶，打非治乱”内容的宣传标语80条，召开各级各类会议20余次，张贴宣传海报200余份。发放宣传资料1000余份。

【强基惠民】 完善保障机制。为加强对驻村干部队伍管理，切实发挥驻村干部队伍作用，建立健全驻村考核管理机制。建立季度考核机制。考核根据驻村工作队工作实绩、日常业务、紧扣“驻村八项任务”尽职履责情况、群众知晓率等严格考核，确保公正、公平。同时，宗沙乡还专门对村党支部第一书记进行考核，考核结果纳入驻村干部、第一书记年终考核中，直接同驻村干部、第一书记评先选优挂钩，以提高驻村干部工作的主动性和积极性。

强化交流培训工作。为进一步加强驻村工作队干事创业精神，熟悉驻村工作，宗沙乡强基办定期不定期地召开交流会议、业务培训会议以及学习会议，不断提高驻村工作水平。营造良好驻村干部工作氛围。组织驻村干部参加乡强基办举办的每月工作交流会，邀请工作出色的驻村干部谈驻村心得，交流基层工作方式方法，在驻村干部当中形成互相学习，共同进步的良好氛围。协调乡纪检、乡财政所，开展驻村工作队、村两委财务培训，进一步规范村居各类资金使用和管理，做到村务、财务及时公开，从而不断夯实基层党风廉政建设和反腐败工作。针对新形势下基层改革和发展的方针政策，基层党组织建设理论知识等，切实加强政治理论、业务知识、群众工作经验等的学习，提高驻村干部综合素养，促使驻村干部能更好更快地进入角色。

明确目标任务。明确驻村干部职责和任务。落实责任到人，干部驻村期间，以“三项重点工作”为突破口，认真落实驻村“八项任务”。做好政策宣传。通过各种方式向群众宣传党的路线、方针、政策，提高群众对当前国家政策方针的认识。积极开展扶贫工作。帮助村级组织和群众寻找致富门路、理清发展思路，积极向上级争取各种支持，促进群众增收和集体经济发展壮大。指导好党建工作。改善村文化室办公条件，帮助村两委成员提高基层党组织建设理论知识水平，指导村级开展好党建工作，加强基层党组织建设。

加强监督工作。进一步加强驻村干部管理、监督工作。要求驻村干部在所驻村公开栏中张贴照片、个人信息、“八项任务”落实情况，接受群众监督。要求驻村干部写好工作日记、民情日记，及时反映每天的工作开展情况。由乡强基办不定期对驻村干部到岗到位、日常业务开展情况进行督查，对工作积极、群众认可度高的驻村干部及时表扬，对消极应付、推诿扯皮的驻村干部进行批评。实行乡领导包村制度、增加驻村工作效率。实行领导干部包村，帮助、指导驻村工作队、村两委宣讲政策、解决群众的实际困难，并及时掌握驻村工作队工作动态，进一步督促指导好驻村工作队开展好各项工作。

肯通乡

【概　况】 肯通乡地处北纬30°54′，东经97°43′，位于察雅县西南部，面积559.08平方千米，距离察雅县城73千米，平均海拔4080米，与昌都县埃西乡、妥巴乡接壤，与县内扩达乡、王卡乡相邻。乡政府驻地多雄村，为牧业乡，牲畜以牦牛、绵羊、山羊为主，产虫草、麝香、贝母等。

自2015年深入开展精准扶贫工作以来，乡党委、乡政府高度重视，走村入户深入调研，确定了122户309人精准扶贫对象，后经2017年、2018年三次建档立卡户动态调整，2019年肯通乡实际建档立卡户98户315人。三年里通过精准施策、广泛宣传、教育转化、落实政策、技能培训、转移就业、结对帮扶、强化稳定等工作措施分别实现2016年11户28人、2017年40户131人、2018年6户16人、2019年46户137人脱贫。

【经济发展】 在国家政策帮扶下，在政府积极引导下，在脱贫攻坚的大好形势下，在虫草资源优势下，肯通乡群众努力转变陈旧观念，摆脱“等、靠、要”思想，利用勤劳智慧、惠民政策实现双增收。据统计，仅靠地方虫草资源肯通乡群众人均收入可达1万元左右，除五保户外最困难建档立卡群众家庭也能从虫草资源中至少获取人均5000元的收入。加上牲畜养殖、林下资源采集、转移就业、自主创业、岗位设置、政策保障等，肯通乡人均纯收入已实现万元的突破。

【农牧业发展】 近年来，肯通乡积极调整牧业产业结构，引导农牧民群众学科学用科技始终把科学养畜贯穿于全乡牧业生产中，一方面改良畜牧品种，帮助群众引进优质牦牛进行配种培育；另一方面改变养畜方式，由原先各自分散养殖变为现在的联户集中养殖，既促使草畜平衡、保护生态，也转移了剩余劳动力。全乡大小牲畜共计9789头（只、匹），新生仔畜成活率达90%以上。

【林业发展】 肯通乡地处高海拔地区，属于纯牧业乡，全乡草场面积39万亩，森林面积约25万亩，由于其特殊地理位置，群山内埋有铁矿、铜矿等矿产资源，冬虫夏草、人参果、贝母等林下资源，以及各类草药和菌类等；野生动物品种有雪豹（国家一级保护动物）、鹿、狼、盘羊、熊、穴猪、狐狸等。肯通乡党政班子立足“生态保护、生态发展”，积极开展严禁猎杀野生动物、严禁乱砍滥伐、严禁污染水源地、垃圾治理、防火防灾等专项整治行动。

全乡共有373名护林员，以7名护林员为一组不定期地对各村管辖的森林进行巡山，有效制止乱砍滥伐现象的发生。

【教育工作】 从2016年开始，肯通乡党委、乡政府把教育摆到涉及未来发展、攻坚脱贫的高度予以重视，确立了“巩固成果、扩大覆盖、提高质量、提升四率”的工作要求，理清了肯通乡中心完小教育发展思路，乡党政主要领导亲自抓教育，一方面主抓学生入学率和学校教学质量提升。同时，上级教育部门不断加大对基层教学资金的投入，办学条件日益改善，先后为肯通乡中心完小实施了校舍改扩建、新建教职工宿舍、食堂翻修、学生操场规范化建设等项目。在高度重视和大力推动下，肯通乡中心完小实际在校学生111人、教职工25人，随着政策不断扩大覆盖，加上本地资源优势，肯通乡群众人均收入较高于其他农业乡镇，具有一定的经济基础和经济实力，全乡各村群众已开始清醒地认识到学生接受教育的重要性，转变观念积极主动送子女入学，但在追求更优质教育的思想推动下和大量搬迁户的原因，送往察雅县、昌都市、拉萨市的学生达194人。虽然出现了乡中心完小收学生难的局面，但总体来说肯通乡适龄学生入学率能达到100%。

【宗教领域】 肯通乡共有4座寺庙，在编僧尼59人，分别是沙龙日追、在编僧尼16人；拉穷日追、在编僧尼9人；孜中日追、在编僧尼14人；措加日追、在编僧尼20人。有3座寺庙属宁玛派，措加日追属噶举派。设置正科级寺管会1个（措加日追寺管会），特派员机构3个，沙龙、拉穷、孜中各有1名驻寺特派员。

【综合治理】 深入开展矛盾纠纷排查，妥善处置各类突发性事件。2019年以来，肯通乡坚持“打防结合、预防为主、标本兼治、重在治本”的方针，按照属地管理原则，以发现得早、化解得了、处置得好为目标，深入分析研判可能出现的问题，与邻县、邻乡再沟通再协调，明确好群众的管理工作，及时把纠纷隐患解决在萌芽状态，严防群体性事件、刑事案件再度发生。分别在2019年的3月、5月、6月每月都集中开展了一次矛盾纠纷隐患大排查工作。

切实加强社会治安治理工作，配足配强警力，加强与辖区双联户、护村人员的密切协作，形成严密防控网络，加大对重要节点、重点区域的巡查，积极协同派出所打击现行违法犯罪活动。

实施“一岗双责、党政同责”，加大安全生产工作的宣传检查、整改力度，提高群众自防自救意识，对检查中发现的一般性隐患做到立整立改不过夜；对一时难以整改到位的隐患，落实专人负责，限时整改，确保无重特大安全事故的发生。2019年以来，整改治理食品药品安全检查6次、清理清查道路安全隐患3次、组织各村护林员和抗灾队伍实施森林防火汛期防灾巡查100余次。

【社会事业】 教育事业。乡完小有教师25名，在校生111名，生源来自肯通乡5个行政村（多雄村、堆热村、吉孜村、达如村、爱如村），乡完小主要负责小学一至六年级的教学任务，2019年入学率100%。协堆村由于地处偏远，因此根据实际情况设置了一个村级幼儿园，村级幼儿园学生8名，配备代课教师1名，主要负责一至三年级的教学任务。

医疗卫生。在乡党委、乡政府和上级业务部门的指导下，肯通乡卫生院医疗工作稳步推进，包虫病防治、下村体检、群众健康档案、妇女分娩、出生证明办理、日常出诊等工作均有成效，基本满足辖区内群众小病的救治。院内规章制度、人员分工已形成机制。

【精神文明建设】 为了深入开展精神文明建设工作，积极组织乡干部下村，每季度进行2次先进文化、先进典型教育，大力宣传，引导群众从单一思想中摆脱出来，以提高群众的社会公德，家庭美德、大力倡导“爱国守法、明礼诚信、团结友善、勤俭自强、敬业奉献”的基本道德规范，提高了群众对思想道德建设的认识。

【社会保障工作】 2019年在群众自主择业的前提下，依靠政府导向，通过在农牧民群众中间开展科技技能培训、技能传帮带等活动，积极拓宽农牧民增收渠道。

【脱贫攻坚】 宣讲扶贫知识和政策，检查“三率一度”情况。扶贫先扶智，做好扶贫攻坚工作政策宣讲，提高贫困户对扶贫政策知晓度是关键。由乡党委、乡政府主要领导亲自组织，各村各部门抽调专干人员组成工作组进行精准扶贫知识集中宣讲，主要就产业扶贫、易地搬迁扶贫、生态补偿、教育扶贫、健康扶贫、社保兜底、转移就业、结对帮扶、金融扶贫等知识普及到群众中去，让群众最大化、最深入地了解各方面的政策知识，让群众清楚每一项政策、明白每一个知识点、搞懂每一个问题，做实扶贫政策知识进村、进社、进户，党的政策家喻户晓、人人皆知。近年来接受培训教育群众1万多人次。

强化扶贫领域作风问题专项治理工作。在全乡范围开展了扶贫领域作风问题专项治理行动，对肯通乡脱贫攻坚工作进行“全面体检”，通过“六查六看六解决”对自身扶贫领域作风问题进行自查自纠，共发现问题9项，如干部群众政策不清、岗位责任落实不到位、资金兑现不及时、制定扶贫措施不准确、培训就业不主动、村级扶贫资料不健全、产业经济发展滞后等。乡党委、乡政府剖析根源、举一反三，进行了全面整改。集中力量解决了“人干事、会干事、干好事”的突出问题。主要领导亲自带队入村入户调研，面对面宣讲，强化观念的转变和责任担当。联合纪委深入开展资金落实大检查工作，杜绝一切惠民资金挤占、挪用、兑现不及时、优亲厚友的问题，兑现情况在乡、村、组进行了公示。根据动态调整工作要求，将自然增加、减少和清退名单和原因进行了公示，无群众提出异议和上访。

【扶贫成效落实】 产业项目顺利落地。经反复调研、推敲研究后，肯通乡第一个产业项目牦牛育肥于2018年6月份正式在多雄村落地，该项目总投资267万元，计划把牦牛育肥场打造成全乡牦牛养殖基地，把项目培育成全乡牦牛殖龙头企业，引导、支持该合作社采取“合作社+农户”

的经营模式，计划带动23户35人。

整顿社会保障机制，实现“应保尽保、应退尽退”。

培训率、就业率明显提升。根据县人社局工作安排，2016—2019年，肯通乡共有28人参加了县组织的技能培训，其中驾驶技能培训3人、民族手工艺培训3人、机械驾驶6人、建筑施工培训5人、汽车清洁2人、电焊培训1人、村医培训6人、保安员培训1人、美容美发培训1人，实现3人自主就业、10人临时就业。乡党委、乡政府积极鼓励普通群众珍惜机会、积极参与，以全面提升全乡的生产能力、发展能力、经济能力。另外在政策扶持下，2019年有个3个建档立卡群众获得卫生保洁员岗位。

借助基建发展形势，乡党委、乡政府在近年的各大基建项目实施时期，组织各施工单位就贫困户进行劳务输出进行商谈，要求各施工单位要充分发挥带动作用，帮助提供贫困户劳务输出渠道，以增加群众收入和当地经济增长，共实现劳务输出200余人次（包括运输），其中建档立卡有59人，群众直接创收共计100万余元。

【结对帮扶】 为扎实有效推进“54321”结对帮扶工作，肯通乡党委、乡政府每年共组织2次集中性入户帮扶工作，在入户走访慰问的同时，重点就户调研、“三率一度”情况、政策宣讲引导、解决困难等方面进行了相关工作落实，并帮助贫困户制定整体发展规划，引导他们因地制宜自主发展、自主创业，解决好帮扶“最后一千米”问题，切实提高精准扶贫的精准性、科学性和实效性。2016—2019年累计结对帮扶工作1200余人次，帮助社会临时就业69人，帮助自主创业6人，落实帮扶资金10多万元，解决贫困群众困难300余件，政策宣讲、扶志教育510次。

【基建发展】 借助全国精准扶贫之力，近年大力实施基层建设项目：校园基础设施提升建设、防洪堤建设、6个村级活动场所建设、4条村级道路建设、肯通—妥坝省级道路建设、牦牛育肥产业项目建设。肯通村级道路通达率达100%、电力覆盖达95%、信号覆盖达90%，部分项目建设完成后，公共服务体系基本健全。

【生态意识】 全乡共有981个生态岗位，岗位政策的实施，责任的强化，切实让我乡群众在提高自身的环境保护意识的同时，又能通过吃上“生态饭”增加政策性收入，实现稳步脱贫。2016—2019年在乡党委、乡政府的号召下，在各村自发组织下，共实现植树造林1.5万株，另外通过岗位的责任担当，打击森林盗伐盗运案件2起，防范森林火灾2起，打击野生动物盗猎行为5起，落实环境大整治工作6次，处理处罚生态破坏案件1起。全民生态意识逐步建立，生态建设持续健康发展。

【干群思想】 在乡党委、乡政府的主导下，肯通乡每年至少组织一次扶贫领域“大调研、大走访、大宣讲、大帮扶”工作，乡扶贫办依据乡扶贫实际制定了扶贫情况调查问卷、收入登记表、支出登记表、健康登记表、培训登记表、就业登记表、“两不愁、三保障”调查表、帮扶手册、学生就学情况登记表等，目的在于全面提升干部、群众对扶贫工作的思想认识，为2019年全县脱贫退出创建良好的社会扶贫氛围和环境。在走村入户中，积极发挥“传、帮、带”作用，带领村两委干部、双联户长共同参与入户工作。经走访，群众对近年来扶贫工作成效普遍认可度高，政策、资金全部落实到位，扶贫责任和认识强化到了全乡各村各户。

巴日乡

【概　况】 2019年，巴日乡坚持以习近平新时代中国特色社会主义思想为指导，深入贯彻中共十九大、十九届二中、三中、四中全会精神，突出工作重点，强化工作举措，严格按照“精心部署、落实要求、严格标准、落实责任”的工作原则不折不扣地完成各项工作。

巴日乡地处察雅县南部，北纬30°12′，东经97°57′，位于澜沧江东岸，面积443.68平方千米，距察雅县城114千米，平均海拔3900米，乡政府驻地白西村，东与阿孜乡比邻，南与芒康县接壤，西与八宿县隔江相望，北与荣周乡、香堆镇接壤。辖区内山高谷深、沟壑纵横，地形多为陡坡山麓，耕地有限，且牧草场分布稀少，经济以农业为主，牧业为辅，种植青稞、小麦、油菜等作物，牲畜以牦牛、绵羊、山羊为主，产虫草、麝香、贝母等。

全乡共计724户5173人，劳动力2682人，农牧民党员190人。全乡牲畜总头数17130头（只、匹）（牦牛5813头、犏牛2737头、黄牛3218头、绵羊1891只、山羊3051只、马420匹）。全乡天然草场面积57.9万亩、可利用草场面积为55.47万亩；耕地面积4210.4亩（水浇地1558.4亩、旱地2652亩）；粮食总产量632.85吨。乡政府现共有工作人员50人（卫生院3人，借调、挂职9人，驻村19人。班子成员平均年龄37岁，乡干部平均年龄31岁），机关党员23人。全乡共计有6座寺庙，共270名僧尼。

【综合治理】 巴日乡牢记“稳定压倒一切”工作指示，为认真贯彻落实区委、区政府、市委、市政府、县委、县政府的安排、部署及指示精神，专门成立了以乡党委书记为组长，乡党委副书记兼乡长，副乡长兼派出所副所长为副组长的巴日乡工作领导小组。加强对全乡辖区内公共复杂场所隐患的排查，坚持杜绝各类安全事故发生。强化巡逻防范的力度。把巡逻、巡防、巡查工作作为社会面防控的基本勤务模式。由乡主要领导、派出所干警、驻村工作队、各村支部书记、村主任带头组织村两委班子成员、双联户户长、护村队对乡政府周边、各村周边在重要节点及重大活动日严格按照市委、县委要求实行24小时值班巡逻，有力地震慑和打击违法犯罪分子，增强群众的安全感。扎实有效开展扫黑除各项工作。

【主题教育】 自“不忘初心、牢记使命”主题教育启动以来，为确保主题教育取得实效，巴日乡通过对主题教育工作方式进行创新，坚定地将初心与使命延伸至“最后一千米”。

压实领导责任，率先垂范做表率。开展好主题教育，核心在组织领导，为确保工作有序开展，乡党委第一时间召开专项党委会议，研究成立了领导机构和工作机构，明确领导小组和领导干部务必切实担负起领导责任，认真履职，靠前指挥，加强对包村的指导督促。党员领导干部以注重抓好自身教育发挥带头作用，以上率下，防止只抓下级、不抓自身，通过上级带下级，一级带一级，层层抓落实，示范推动全乡主题教育深入开展，以雷厉风行的带头效应，迅速打开主题教育新篇章。

接地气寻初心，牢记使命激斗志。在乡党委的统一安排下，各党支部迅速掀起开展主题教育的热潮，将主题教育充分与夜校相结合，大力宣传“不忘初心、牢记使命”主题教育的重大意义及先进典型，以每日一学营造比学赶超的良好氛围。在党支部开展为党员过“政治生日”活动，赠送政治生日贺卡，提醒党员时刻牢记党员身份，时刻牢记党的宗旨和使命。在党支部开展“讲一个革命故事，为困难群众办一件实事”活动，引导广大党员干部在为民服务中明初心，在革命故事中记使命。支部推选一名先进个人，在党员大会上分享工作照片和先进事迹，让大家学有榜样、做有标杆。

各党支部自“不忘初心、牢记使命”主题教育启动以来，累计开展80余次主题教育活动，受教育群众达1560余人。

【民生工作】 成立组织，加强领导。为切实把民生工程落到实处，真正让群众受益、得到实惠，乡党委、乡政府高度重视，及时召开会议研究部署全乡民生工作。成立了由乡党委书记、乡长及分管副职为副组长的民生工程领导小组，具体负责全乡民生工作的统筹安排、政策指导、工作督查。

落实任务，明确责任。乡班子立足工作抓早、抓主动，坚持早研究、早安排、早实施的思路，积极与县委、县政府及分管单位协调沟通，使项目能够尽早实施完工群众受益。

广泛宣传，积极营造良好的工作氛围。为促进广大人民群众积极、主动参与民生工程实施，加大宣传力度，通过召开会议、培训多形式、多层面地将乡党委、乡政府实施民生工程的理念、内容、政策措施等进行广泛宣传，营造良好的氛围。

强化措施，确保工作落到实处。将民生工作作为党委、乡政府的重要工作来抓，与脱贫攻坚工作有机结合。强化督导，定期召开工作通报会，及时研究处理在工作推进中存在的问题，改进工作方法，做到运筹帷幄，有的放矢。建立工作制度，严明工作纪律。严格各项民生工程资金管理，积极主动与县职能部门协调沟通，保证工程资金及时足额到位，同时加强对民生工程资金管理使用监督，提高资金使用效率。

【工作进展情况】 就业促进工程：针对“零就业”家庭，全乡对建档立卡户里有需要报名参加转移就业培训的贫困户进行了统计，人数达448人。技能培训包括实用技术、就业技能培训、创业等。在县社保局的大力支持和帮助下，建档立卡贫困户积极进行技能培训，争取掌握一技之长，早日脱贫致富，“十三五”期间计划转移就业脱贫350人，2019年建档立卡户通过培训完成转移就业有156人。

社会保障工程：全乡低保户共有145户933人，五保户23人。及时严格落实惠民政策，所有民生资金均及时兑现，不截留、挪用、挤占一分一厘，有效保障了群众权利，满足了基本生活需求。2019年共计发放低保资金142.6万余元，发放五保资金16.26万元。经核查全乡残疾人84人，乡党委、乡政府积极加强业务跑办，实现大病统筹和医疗救助全覆盖。截至2019年年底已发放残疾人补贴38.11万元。针对困难贫困群众的实际需求和切实存在的困难县民政局共计下拨16万元临时救助资金，乡党委、乡政府通过广泛调研，驻村工作队实际走访，共计发放临时救助资金13万元，切实解决了81户困难群众生产、生活困难。

医疗卫生工程：通过广泛宣传、动员，充分调动群众参加农村合作医疗政策的积极性，截至2019年年底全乡5173人均已参加新农合，参合率达100%，检查出患有大病4人，长期慢性病225人，包虫病人7例（其中4人已进行手术治疗，3人服药治疗）。截至2019年年底共计发放医疗救助资金29.47万元。60%以上的农村孕产妇享受住院分娩，保证了妇女身心健康。

住房保障工程：按照“住房安全保障”指示要求，乡党委、乡政府积极与县住建局衔接，配合县住建局工作，核查全乡共有危房改造78户，其中含建档立卡37户和非建档立卡41户，已完成全部危房改造工作，并发放资金73万余元。乡党委、乡政府及村两委班子、驻村工作队充分调研，广泛征求群众意见、意愿大力实施易地搬迁工作共计实施229户1618名建档立卡户参与易地扶贫，其中搬迁至唐琼孜易地扶贫搬迁121户807人；搬迁至巴西村易地扶贫搬迁集中安置点21户151人；搬迁香堆镇易地扶贫搬迁集中安置点为24户161人；搬迁至岗孜卡28户230人，搬迁至巴日乡白西村小规模安置的35户269人。全部达到入住标准。

教育助学工程：教育脱贫是阻断代际贫困的根本方法，全乡共有学生1226名（其中小学845名，初中196名，高中127名，大学58名）。乡所在地有464名学生（其中乡中心小学447名学生，尼珠教学点有17名学生），464名学生均享受“三包”政策。乡完小有正式教师17名，公益性岗位教师4名，临时工12名。全乡入学率为100%，巩固率达到了100%。

【脱贫攻坚】 自精准扶贫、精准脱贫工作以来，巴日乡党委、乡政府按照县委、县政府及脱贫攻坚指挥部的统一安排、部署，把精准扶贫工作作为今后一个时期的中心工作，高度重视，作为总抓手来推动其他各项工作。认真按照“两不愁、三保障”、“五个一批”和区、市、县制订的各项工作措施，结合“六个精准”科学制定精准扶贫、精准脱贫计划。在确保稳定的基础上大力实施基础设施建设，改善生产生活条件，提高公共服务能力，加快经济发展。

精准识别扶贫对象，为脱贫攻坚定好“靶”。强化组织。按照县委、县政府和上级脱贫指挥中心的要求，巴日乡成立了精准扶贫攻坚工作领导小组，由乡党委书记任组长、乡长任副组长；下设领导小组办公室，由乡长兼任办公室主任，负责综合协调、宣传报道、业务指导、督查等工作，办公室工作人员10名，专职专干1名，乡专干6名，同时要求各行政村结合各自实际成立相应的工作领导小组。加强宣传。利用走村入户、张贴标语、横幅、深入田间地头等多种方法方式，将精准扶贫政策传到每家每户，主动接受群众和社会的监督。规范程序。按照“村民提交申请、村两委审议、村民代表大会表决、群众评议、乡政府和扶贫办审查、进行公示”的顺序确定扶贫对象，2015年识别446户2802名贫困群众，通过动态管理不断完善和开展“回头看”工作把不符合要求的群众及时清退出去，截至2019年年底精准识别434户3038名困难群众。

精准制定扶贫措施，为脱贫攻坚举好“纲”。精心组织。合理利用驻村工作队、包片干部，开展大走访、大调研活动，耐心询问每户家庭情况，深挖致贫根源，逐户走访建档。找准路子。认真倾听贫困群众诉求，与贫困户交心谈心、算账对比，按照“一户一策”要求，制订帮扶计划，谋划布局产业项目，推进精准扶贫。强化责任。按照市、县制订的帮扶计划，将精准扶贫工作责任细化到个人，与贫困群众建立结对联系，实行包村、包户、包人的责任机制，因人、因户施策。

精准配置扶贫资源，为脱贫攻坚张好“目”。以建档立卡为依据，按照市、县规划的“一乡一特色、一村一品”的要求，广泛调研，结合实际开展工作。稳慎推进易地搬迁。巴日乡地处偏僻，位于泥石流高发带，也是全县唯一一个生产资料严重短缺，水质安全隐患突出、大骨节病多发区，属于典型的“一方水土养不活一方人”区域。针对现状，县委、县政府和乡党委、乡政府抓住精准扶贫易地搬迁难得机遇，充分征求群众意见，229户1618人进行易地搬迁。大力发展生产。巴日乡已有蜂蜜养殖、拉麦色如砂石场和獐子菌黄菌烘干三个产业项目。蜂蜜养殖加工厂投资37.5万元，预计该产业带动50户286人实现增收，截至2019年年底已经收购蜂蜜1000余千克，给养殖户直接增收10万余元。由拉麦和帕拉村村民组建的拉麦砂石厂，国家投资50万元，该产业能够使拉麦和帕拉村50户增收。獐子菌、黄菌烘干产业，惠及6户15人，人均年增收1000元。积极落实生态补偿政策。协调到八大类生态岗位2682个，其中建档立卡户1569人，非建档立卡1113人，包括护林员980人，草监员576人，水管员634人，公路养护员120人，野保员179人，湿地保护员129人，群防群策员30人，环境监测员24人，厕所保洁员10人。截至2019年年底已兑现完成2019年全部资金937.8万元。加强社会保障兜底。经深入调研，完成农村低保、五保登记工作，重新分配了低保等指标，均纳入建档立卡户，实现了低保户和建档立卡户的“双轨”衔接。据统计，全乡建档立卡低保户共有145户933人，五保户23人。转移就业脱贫。针对“零就业”家庭，巴日乡对建档立卡户里有需要报名参加转移就业培训的贫困户进行了统计，人数达298人。技能培训包括实用技术、就业技能培训、创业等。在县社保局的大力支持和帮助下，巴日乡建档立卡贫困户积极进行技能培训，争取掌握一技之长，早日脱贫致富，“十三五”期间计划转移就业脱贫350人，2019年完成培训228人，其中建档立卡户通过培训完成转移就业有156人。

王卡乡

【概　况】 2019年，王卡乡坚持以习近平新时代中国特色社会主义思想为指导，全面贯彻中共十九大精神，在县委、县政府的正确领导下，着力抓好党的基层组织建设、脱贫攻坚、经济发展等重点工作，全乡呈现出社会持续和谐稳定、经济健康快速发展、脱贫攻坚稳步推进的良好局势，较好地完成了全年的各项目标任务。

王卡乡地处察雅北部，北纬30°47′，东经97°39′，平均海拔3800米，面积457.26平方千米，乡政府驻地王吉村，距察雅县城47千米，经济以农业为主，牧业为辅，种植青稞、小麦、油菜等作物，牲畜以牦牛、绵羊、山羊为主，产虫草、麝香、贝母等。

【党建工作】 抓书记，增强党建责任意识。乡党委书记作为抓基层党建工作的第一责任人，严格履行“书记抓、抓书记”的党建责任制，首先，做到了领导带头亲自抓。与各基层党组织书记签订党建工作目标责任书。重点做到“三抓”：抓住思想不能散。村党支部是党在农村全部工作和战斗力的基础，支部书记是“排头兵”和“领头雁”，无论开会还是培训，首先把思想政治教育放在首位，要求支部书记严明政治纪律，严格遵守党章，在思想上、政治上、行动上与乡党委保持高度一致，做到思想上同心。抓住方向不能偏。要求各支部书记要坚定理想信念，不仅要有实现“两个百年”奋斗目标的坚定信心，而且要有办好两件大事的使命担当，要维护大局，凝心聚力，做到目标上同向。抓住工作不能乱。2019年全县的大局是脱贫增收、经济转型、城乡统筹、民生改善、项目建设等，这些既是全县的工作重点，也是农村的工作重点，王卡乡党委要求各支部书记严肃工作纪律，严格执行中央“八项规定”要求，抓好每一项工作。

抓培训，增强干部队伍素质。基层党建的核心是干部队伍建设。为此，按照建立学习型党组织的要求，结合先进性和纯洁性建设，坚持每月两次的党委理论中心组的学习。利用远程教育站点，提高党员干部的政策法规水平和实用技术技能。以选好训强农村基层党组织书记为重点，认真实施了农村培训计划，对全乡12名选派村支部书记和骨干党员进行集中培训3次，增强了农村党员干部宗旨意识、发展意识和法纪意识，提高了他们带头致富、带领致富、带动和谐的能力。

抓制度，增强组织创新活力。创新活动载体，才能推进基层组织建设管理规范、活力四射。继续抓好从场所建设、硬件完善、软件规范，党员活动、服务群众、工作业绩、群众评价等方面全方位推进，充分发挥基层党组织推动发展、服务群众、凝聚人心、促进和谐的积极作用。

【综合治理】 严格执行24小时值班制度，加强治安巡逻。自年初以来王卡乡成立值班领导小组，将任务落实到每名干部身上，特别是敏感时期做到全警全时在岗，组织联防队25名队员24小时不间断巡逻，通过这一系列工作有力的为王卡经济社会保驾护航筑起铜墙铁壁，也让涉黑涉恶人员不敢轻易露头挑事。

自扫黑专项斗争开展以来，组织在乡干部、各村驻村工作队、派出所辅警共同学习上级文件精神12次、共同研究辖区内当前社会形势6次、悬挂横幅6条、发放宣传资料270余份、走村入户宣传12次、受理群众咨询3000余次，签订责任书870余份，受教育群众达3000余人。深入排查辖区内村霸、路霸、车霸、涉黄等黑恶势力情况，经排查辖区无相关黑恶势力人员，辖区社会面总体稳体。按照县扫黑办要求积极上报王卡乡在每个阶段开展工作情况。通过以上工作将专项斗争深入辖区内每一名群众心中，确保工作不走样，确保辖区平安稳定。

抓治安管理，促辖区安全。加强治安管理，是确保社会大局稳定的重要手段。健全治保调解组织。在各辖区内，各村委都建立了2～3人组成的治安会和调解会。经常性地同派出所到各村指导日常工作。平时各治安会、调解会负责各辖区的治安信息的收集反馈和初步调解工作，有效地促进了辖区的治安管理工作。加强特种行业和外来人口的管理。特种行业、娱乐场所以及外来人员聚居地，向来是治安复杂的场所，加上辖区易地搬迁工程，王卡乡政府至巴公村、巴努村、则努村道路硬化工程，新修12个村委会工程、救灾物资仓库工程等工程建设给王卡乡带来了巨大改变，同时外来务工人员也相应增加。因此，对外来人口，特别是到辖区打工的外来人员的管理特别重视，乡派出所将不定期地组织民警对出租屋、烧烤店、各类饭店、台球场所等治安复杂场所进行常规检查，并对外来人员和出租屋进行造册登记，做到“五个一”规范管理。2019年，辖区共登记外来务工人口431人，出租屋7间。

开展虫草采挖工作。采挖前期到群众家去排查、化解虫草纠纷，督促村两委与群众签订虫草采挖安全责任书等。与肯通乡共同协商解决王卡乡群众前往肯通乡虫草采挖收取虫草资源费事项，并提前登记前往肯通采挖人员，凡没有登记人员一律不得前往采挖。虫草采挖期间对乡采挖点和在肯通乡采挖人员进行动态实时巡逻，积极引导群众有序采挖，同时保好生态环境。

抓排查、强防控，全力维护王卡社会和谐。在扫黑除恶工作中，切实抓好矛盾纠纷排查调处工作，并且将其作为扫黑除恶的重点，做到预防为主，及时化解。2019年，乡党委、乡政府同派出所共排查出各类矛盾纠纷45宗，辖区矛盾纠纷排查调处工作组，积极协调联合纠纷牵涉到的部门，运用经济、行政和法律手段，并妥善处理群体性事件突发事件，没有造成不良后果，矛盾纠纷调处率达100%。由于各类矛盾纠纷在萌芽状态中已组织进行了化解，避免了因矛盾激化而带来的不稳定因素。此外，在抓矛盾的排查化解的同时，也注重对各村（居）关于扫黑除恶的信息进行摸排，每逢重要节点期间，都按要求做好辖区内社会治安动态，并实行零报告制度，以便出现问题能及时处理。

抓普法教育，促依法治理。为了提高全民法治观念，增强人们的法治意识，深入推动依法治理工作，在全乡范围内开展扫黑除恶法治宣传教育，特别抓好青少年法治教育，把学校、家庭、社会教育紧密结合起来，2019年来分别组织党委书记联合派出所民警到学校讲法治课3次，2019年开展扫黑除恶宣讲达12次。没有发生群体性越级上访现象，没有发生影响社会稳定的突发事件，也没有发现涉及扫黑除恶专项斗争的异常情况。一些群众内部矛盾的纠纷，得到及时的调解，调解成功率达100%，依法治理效果得到进一步巩固。

【精神文明建设】 狠抓教育建设，打造学习型干部队伍。2019年，坚持全员参与、整体推出、学用结合、与时俱进为原则，健全精神文明建设学习机制，构建以素质教育为核心，以知识更新为重点，以组织集中学习为重要措施，以自我学习为主要形式的学习体系，以建立高素质机关干部队伍为目标，认真组织学习了中共十九大、十九届一中、二中、三中全会、中央第六次西藏工作座谈会会议精神，使党员干部的学习能力、创新能力、实践能力得到最大程度地激发，全面提升了领导干部的现代化知识水平，促进各项工作有效落实。

狠抓政治建设。坚持政治建设，狠抓队伍干部的思想、组织作风、纪律建设，不断提高忠于党、忠于祖国、忠于人民、忠于法律的自觉性，提高与中央、区党委和地委、县委保持高度一致的坚定性。按照学习进度，深入学习了中共十九大以来的一系列会议精神，严格落实《党政领导干部选拔任用工作条例》要求，严格执行“八个坚持、八个反对”和“四大纪律、八项要求”的规定，加强思想作风、学风工作作风、领导作风和生活作风建设，加强单位领导班子自身建设。

新农村建设扎实推进。建立健全乡、村卫生服务点，极大地方便了农牧民群众就医买药。积极推行初级卫生保健制度，狠抓了流行性疾病的预防，农民计划免疫接种率达到了96%。认真落实新型农村合作医疗制度，并为住院病人和慢性病人搞好补偿服务，连续五年来农民入合率逐年增多，已达到100%。深入开展了以“清洁、美化家园”为主题的农村环境卫生综合大整治，全年开展卫生整治活动36次，全乡及各村建立了垃圾填埋场，实行了垃圾不落地，极大地改善了村民的居住环境，提高了生活质量。

广泛开展“谋发展、讲卫生、促和谐”为主题的精神文明创建活动，全面树立崇尚科学、和谐稳定、民主文明的乡村风貌。以繁荣农村文化、构建和谐王卡为宗旨，深入开展了文化创建，民间石雕、藏香、唐卡等传统手工艺品正在逐步走向市场，向文化产业发展。从2019年开始，充分发挥综合文化站的作用，利用十一、藏族小年、藏历年等重大节日，开展了群众喜闻乐见、丰富多彩的节日文化活动，满足群众文化生活需求。

【安全生产】 2019年牢固树立安全理念，认真落实各行各业安全生产责任制，扎实开展隐患排查，认真消除安全隐患。全方位落实安全生产责任制，横向到边，纵向到底，建立了责任、监管、考核、处罚、安全环境和长效安全机制六大服务管理体系，确保了安全生产。同时明确了各村支部书记、村委会主任的监管责任，乡政府同执法人员、各村主要干部签订监管责任书。在森林防火上，采取多种形式，加大宣传力度，使全乡人民都牢固树立“森林防火、人人有责”的责任意识、安全意识、防范意识。加强对护林员队伍的管理，对工作不负责任的护林员坚决辞退，绝不手软。加大宣传力度，在易发生火灾期间，乡政府相关人员及驻村工作队组织逐村进行宣传，发现隐患及时排除。在学校安全上，为每个学校都配备了保安，安装了监控设施。同时，还扎实抓好道路交通、危化行业、人员聚集场所、建筑施工、牲畜防疫、民爆物品等各行各业的安全生产。

【脱贫攻坚】 加强组织领导，健全组织机构。强化领导。成立了以乡党委书记为组长，乡党委副书记、乡长为副组长，党政班子成员、扶贫专干以及各村支部书记、驻村工作队队长为成员的脱贫攻坚领导小组，下设1个办公室负责工作的沟通衔接、汇报对接、督导检查等，为坚决打赢脱贫攻坚战提供了强有力的组织保障。建立制度。建立了扶贫例会制度，于每月27日前定期总结王卡乡扶贫工作成效，查找不足、分析原因，安排下步工作。制定了扶贫专干集中办公制度，并选派一名专干在县脱贫攻坚指挥部办公室上挂办公，实现了工作无缝衔接，沟通顺畅。压实责任。按照“五级书记”抓扶贫的要求，乡村层层签订目标责任书，压实工作责任。形成了党委班子成员包村，驻村干部、村两委班子成员包户责任制。

摸底调查，精准识别。通过逐户走访，摸底调查，收集基础信息、对建档立卡户中姓名、身份证错误尽心核对、对自然增加和自然减少人员及建档立卡信息卡进行完善和更新，对检查中出现的错误问题进行了再整改，确保建档立卡信息卡致贫原因精准、脱贫措施精准、脱贫人口精准。并按上级要求填写了昌都市脱贫攻坚建档立卡贫困户信息卡，做到了户有卡、村有册、乡有簿，采取“一村一策、一户一法”等精准扶贫措施。

【落实“5+N” 扶贫】 优先发展产业，确保稳定增收。乡党委、乡政府将发展产业作为实现贫困人口脱贫的长久之策，立足乡实际，全乡产业扶贫项目主要有王吉村油菜加工厂、则曲村藏药种植基地、娘曲村獐嘎玉泽藏香加工厂等一批小型产业项目，带动建档立卡户 112 户 569 人，共计分红 180223 元。

有序推进易地搬迁，确保住房安全。乡党委、乡政府立足实际，聚焦深度贫困村，按照“六靠、五方便、两避让”的基本原则，在充分尊重群众意愿的基础上，按规划、分年度、有计划组织实施易地扶贫搬迁工作，为贫困户改善住房条件。王卡乡夺巴村莫多易地搬迁点已入住 24 户 107 人，王卡乡王吉村易地搬迁点 194 户 924 人，唐琼孜易地搬迁点 108 户 526 人，巴西村安置点 3 户 13 人。王卡乡危房改造户共计 100 户，建档立卡户 34 户，非建档立卡户 66 户，已全部改造完成，群众满意度极高。

大力推进教育事业发展，扶贫先扶智。以提升教育均衡化发展水平为契机，以控辍保学为抓手，在上级相关部门的大力支持下，通过走访学校和调查摸底，全乡建档立卡户学生 720 人，学龄前 114 人，小学 317 人，中学生 176 人，高中生 54 人，大学生 59 人。严格落实各类资助政策，积极协调争取各类资助资金，实现了无一人因学致贫的目标任务。

生态扶贫，落实到人。严格遵循一人一岗，定岗定责并逐一签订岗位责任书的原则，覆盖了全部建档立卡户和边缘贫困户中有劳动能力的人口，就地为群众解决生态保护转移就业岗位。全乡共有生态保护转移就业岗位 1972 个，其中，护林员 672 人，野生动物疫病监测岗位 129 人，湿地生态保护管护岗位 9 人，草原监督员岗位 367 人，水生态保护和村级水管员岗位 630 人，农村公路养护岗位 20 人，旅游厕所保洁员岗位 20 人，城乡保洁员和村级环境监督员岗位 110 人，地质灾害群防群测岗位 15 人。

全力保障民生，实施社会兜底。聚焦贫困人口中完全或部分丧失劳动力的困难群体由社会保障来兜底，全力保障民生。王卡乡针对建档立卡户中智障残疾生活不能自理的，年老体弱丧失劳动力的，大病大灾造成生活困难而无力翻身的。全部纳入低保范围。据统计，全乡建档立卡低保户共有 144 户 532 人，五保户 28 户 28 人。

加大技能培训，就近转移就业。在充分征求群众意愿的基础上，针对“零就业”家庭，王卡乡对建档立卡户里有劳动能力的有意愿就业的农牧民群众进行了统计，并与县人社局联系，由人社局组织用工单位负责培训，2019 年全乡有 78 人完成了相关培训。

阿孜乡

【概　况】 2019，正值全县上下深入贯彻中共十九大精神，奋力推进发展、稳定、党建、精准扶贫、精准脱贫等各项工作的关键节点。自精准扶贫工作开展以来，阿孜乡党委、乡政府始终坚持以精准扶贫统揽全乡经济社会发展大局，紧紧围绕区、市、县关于做好精准扶贫工作系列重要安排部署，立足全乡实际，瞄准县委、县政府各项目标任务，扎实抓好落实五级书记抓扶贫的责任制，以实现贫困人口“两不愁”“三保障”工作为抓手，抢抓机遇、团结共事、戮力前行，精准扶贫工作取得显著成效。

阿孜乡地处察雅县东南部，北纬30°14′，东经98°10′，面积625.11平方千米，距离察雅县城138千米，平均海拔4334米，与芒康县错瓦乡、贡觉县拉多乡接壤，乡政府驻地邓普村。

2019年脱贫107户556人。全乡有低保户50户258人，五保户10户10人。全乡耕地总面积499亩，全乡境内气候温和，农作物以青稞为主。全乡共有学校2所，其中阿孜乡中心小学（包括幼儿园）共有学生204人，扎拉牧区教学点（包括幼儿园）42人，中学在校生127人，其中超过义务教育阶段年龄学生已结业31人，其中残疾儿童8人为送教上门。

【脱贫攻坚】 核准底数，做好精准识别。按照国家制定的统一的扶贫对象识别办法，在摸清底数的基础上，根据致贫原因和发展需求，科学划分“扶贫开发户、扶贫低保户、纯低保户、五保户”四种贫困户类型。完善规模控制、精准识别、动态管理机制，采取按收入倒排、公示公告的方式，逐村逐户开展拉网式摸底排查和精确复核，以收入为依据，设置排除指标。

完善措施，六个精准。按照国家统一的贫困户识别标准，完善贫困村、贫困户等建档立卡信息资料，按照“五个一批”进行分类造册，力求做到扶贫对象精准、项目安排精准、资金使用精准、措施到位精准、因户施策精准、脱贫成效精准。

动态监测，分级管理。按照脱贫出、返贫进的原则，以年度为节点，以脱贫目标为依据，逐村逐户建立贫困户帮扶档案，及时进行数据更新，做到有进有出、逐年更新、分级管理、动态监测。

因地制宜发展特色产业。由于邓普村属于大骨节病重灾区，乡政府特别是乡农牧综合服务中心积极下村指导各村按照县委、县政府的规定和要求，坚持宜农则农、宜游则游、宜商则商，依托察芒公路的竣工、区位和地理的优势大力推进“牧家乐”“阿孜绵羊扶贫到户”“阿孜绵羊育肥”“阿孜乡人参果精包装”“阿孜乡旅游服务接待中心”项目，培育主导产品，提高特色产业开发效益，带动全乡经济发展，主要依托“阿孜绵羊育肥”产业项目实现全乡8个行政村经济发展。

探索建立产业发展带动机制。积极引导推动当地致富带头人通过“帮、带”的形式，带领村富余劳动力自主创业，抓住察芒公路建设契机，主动投劳投工，既增加了现金收入也掌握了一门实用技术，也提高了贫困户的组织化水平，让贫困户从基础设施建设中获得更多利益。

优先支持贫困村教育发展事业。加强阿孜乡中心小学和扎拉牧区教学点的师资管理，不断完善硬件设施，提高教学质量，主动做好“控辍保学”工作。

加大贫困生资助力度。对建档立卡贫困户的贫困生要直接落实享受国家济困助学政策，逐步提高贫困生资助标准。落实好义务教育阶段“两免一补”政策，积极开展校内“一对一”帮扶贫困学生活动，减少因学返贫现象。

完善最低生活保障制度。严格低保、五保审核标准，杜绝浑水摸鱼，扩大低保覆盖面，按照要求对符合农村低保条件的贫困群众做到“应保尽保”。

完善城乡居民社会养老保险制度。全面推进城乡居民社会养老保险，逐步将建档立卡贫困人口纳入代缴范围，让贫困对象实现“老有所养”，扎实开展全民参保工作宣传引导。

完善临时救助制度。积极推进“救急难”工作，落实临时救助配套资金，对因病、因灾、因残等支出型特殊原因致贫的困难家庭实施临时特别救助，并引导社会力量加大帮扶救助力度，帮助渡过难关。逐步建立完善重度残疾人生活补贴和护理补贴制度。进一步加大对农村孤儿和事实无人抚养儿童的保障力度。

实行驻村帮扶贫困村制度。继续抓好整村帮扶工作。乡党委、乡政府采取领导包片、干部包村扶贫，并结合县委“54321”帮扶方案，根据“一村一策”的原则，结合实际，帮扶贫困村发展优势产业，发展壮大集体经济，带动贫困人口增收。

易地搬迁工作放在重要位置。阿孜乡易地搬迁共计3个点，分别为玛嘎通小规模安置点、唐琼孜二期、香堆居委会二期，共计受益户数57户335人，其中易地搬迁小规模安置点受益户数人数分别为31户187人，唐琼孜二期为13户72人，香堆居委会为13户76人。阿孜乡的易地搬迁工作在县委、县政府的大力支持下和在乡联系点领导副县长次仁顿珠进行实地勘察并要求进一步加快易地搬迁进度，组织协调好农牧、林业、水利、电力、通信等部门做好产业配套，严格把好工程质量关，让群众搬得放心，住得舒心；3个易地搬迁点已达到100%的入住率。

【村级活动场所建设】 按照“1+N”综合服务建设相关要求已完成全乡3个村级活动场所的建设工程。在县委、县政府及各部门的支持下，乡党委、乡政府本着把好质量关，确保房屋质量，把群众的安全放在首位，阿孜乡3个村级活动场所建设已竣工并已投入使用。随着基础设施条件的逐步改善和乡村振兴战略的全面启动，阿孜乡将继续在“十项提升”工程上下功夫，让群众享受到更为均衡的基本公共服务。

【健康扶贫】 坚持“健康扶贫是脱贫攻坚的重要杠杆”的思想，抓好健康扶贫。开展卫生教育活动，开展健康扶贫工程“三个一批”活动，落实基本医疗保障制度等。各村集中开展卫生教育活动6次以上，全乡重病兜底6人，慢性病签约服务34人，包虫病治疗患者14人，手术3人。以干部结对帮扶、学校教育引导、医院宣讲宣传为契机，进行卫生帮扶。乡卫生院到各村开展日常疾病预防宣讲工作已全面完成，并印发了“包虫病手册”200册和“卫生小常识”海报100张等相关宣传手册。通过上述措施，实现了基本医疗保障全覆盖。

【基层组织建设】 在县委、县政府的正确领导下，基本完成村（居）两委换届工作。依法依章起用了一批“能干事、肯干事、干成事”的村（居）干部，大力化解选举工作中的各类信访案件和矛盾纠纷。充分挖掘现有人力资源，请求老同志发挥余热，鼓励年轻干部多岗锻炼。部分科级老同志主动承担了事情多、任务重、责任大等许多干部避之不及的工作岗位。一批中层年轻干部都同时兼任多份工作，他们毫不懈怠、毫无怨言。加强党员队伍建设，加大党员培训教育力度。慰问贫困党员和离退休干部47人次。组织机关党员干部和支部书记集中上党课8次。

在完善了机关干部管理制度，严格请销假制度，极大地规范了干部工作、学习和生活行为。在工作运行上按条块管理、分级负责的原则，将县委、县政府的各项工作目标分解到各村（居）、各单位。明确职责、分值量化、斗硬考核。实行重点督察、定期督察，关键时候、关键的工作由党委书记、乡长亲临一线、亲自督察，全乡环境综合整治、项目工作等重点难点工作由党委成员一线挂帅。积极推行民主管理、民主决策、依法行政。在班子成员的分工上，因人制宜，各尽所长，提倡能者多劳、智者多思、勇者多闯，按照“谁主管、谁负责、谁分管、谁协调，分工合作，和谐共事”的原则，形成“责权事上分、成效群众评”的工作局面。

大力倡导干部以宽广的胸怀包容、团结和激励社会各界，以创先争优等活动为契机，大力开展“正党风、促政风、纯民风”为主题的思想作风教育活动。为了打击工作中不负责任、行动迟缓、推诿扯皮、流于形式者，有效地推动了重点

工作和常规 工作齐头并进。

【改善民生】 乡党委、乡政府发扬“宁愿苦干，不愿苦熬”的优良作风，全面协调、统筹兼顾，进一步转变政府职能，全面推进依法行政和科学民主决策，切实加强团结协作。坚持政务公开，村财乡管的财务管理体制，着力解决各项民生事务。

在项目建设方面，分别争取到上级资金和群众集资、社会筹资40余万元，成立阿孜乡“民兴”有限公司，筹集“人参果精包装与种植”短平快项目资金45万元。

全乡各项基础工作扎实开展，各项扶贫政策落实到位，技术服务工作规范化建设取得明显成效。进一步扩大农村和城镇医保覆盖面，全面启动了农村社会养老保险机制，其中新型农村合作医疗保险入保率达到100%。完善弱势困难群体救助体系，加大五保、孤儿、退伍军人、医疗救助对象帮扶救助力度。加快发展社会福利事业，解决好弱势群体的生产生活问题。扶贫开发和劳务输出方面，加快培育畜牧等优势产业，察芒工路修建期间劳务输出176人，农民人均纯收入达到4725元。

【强基惠民活动】 阿孜乡党委调整充实了乡“强基惠民活动”领导小组，建立健全机构，并制订了“强基惠民活动”工作计划，确保了有计划、有措施、有目标、有专人负责。充分将阿孜乡基层党建工作与“强基惠民活动”相结合，按照“新七项任务”的要求为群众办实事、解难题，切实加强了我乡基层基础建设工作。

通过加强基层党组织建设，有力地促进了全乡经济建设、社会稳定和各项事业持续、快速、健康、协调发展，使产业结构调整初具规模，农牧民收入不断增长，群众生活质量得到大大提高，小康建设成效日见凸显。

附　录

察雅县人民法院工作报告

——在察雅县第十二届人民代表大会第六次会议上

（2020 年 4 月 2 日）

察雅县人民法院副院长　高红亮

2019 年主要工作

2019 年，察雅县人民法院始终坚持以习近平新时代中国特色社会主义思想为指导，坚持党对法院工作的绝对领导，坚持以人民为中心的发展思想，紧紧围绕发展、稳定、生态三件大事，全面贯彻依法治国、依法治藏方略，在县委的坚强领导、人大有力监督、市中院正确指导和政府、政协及社会各界大力支持下，充分发挥审判职能作用，深入推进司法体制改革，认真履行管党治党责任，切实加强法院队伍建设，不断提高司法能力和司法公信力，为全县经济社会长足发展和长治久安提供更加坚强有力的司法服务和保障。截至 2019 年 12 月 25 日，我院共受理案件 324 件，审执结 305 件，综合结案率 94%。

一、坚持党对人民法院工作的绝对领导，抓党建带队建促审判

认真贯彻习近平总书记关于治边稳藏重要论述，践行"努力让人民群众在每一个司法案件中感受到公平正义"重要指示，始终坚持抓党建带队建促审判，把党的政治建设摆在首位，以落实"三会一课"为抓手，以学习强国等平台为载体，开展重温入党誓词、政治理论测试、公文写作培训等主题活动，特别是以"不忘初心、牢记使命"主题教育为重要抓手，采取党组理论中心组学习会、支部书记讲党课、支部学习会、专题研讨会、撰写学习笔记、领导干部主题教育专项调研等方式，着力以实际行动践行"不忘初心、牢记使命"，积极为民办实事解难题，落实司法审判职责，持续增强干警贯彻落实的自觉性和坚定性。2019 年以来，我院主动向县委、县委政法委请示、报告重点工作、重大事项、重要案件 15 次。

二、全力抓好审判执行，服务察雅经济社会长足发展和长治久安

一是依法严惩刑事犯罪，全力维护国家政治安全。认真贯彻落实第七次全国刑事审判工作会议精神，始终把维护国家政治安全特别是政权安全、制度安全放在首位，结合推进"扫黑除恶打非治乱"专项斗争，严惩各类涉恶和严重暴力犯罪、侵财犯罪以及盗抢骗等犯罪。2019 年，受理刑事案件 24 件，审结 23 件，结案率 89%。召开扫黑除恶打非治乱专项斗争各类会议 10 次，研究制定《察雅县人民法院扫黑除恶专项斗争实施方案》等工作方案、制度4个；开展专项斗争法治宣传3次，受理涉恶案件0件。

二是妥善审理民商事案件，切实保障人民群众合法权益。坚决贯彻落实习近平新时代中国特色社会主义思想，牢牢抓住社会主要矛盾变化，立足察雅经济社会发展阶段性特征，依法审理经济社会发展领域案件，加大对婚姻家庭、邻里纠纷等案件的调解力度，强化对务工人员、老弱妇幼等弱势群体的司法保护，加强对当事人的回访工作，提高案件的服判息诉率。2019年，受理民事案件167件，审结161件，结案率96%。

三是健全完善执行机制，不断提升执行工作效率。认真落实“巩固基本解决执行难成果专项执行行动”，进一步提升执行工作能力和水平。持续完善网络查控体系、用好用活失信被执行人联合信用惩戒机制，积极协调公安、工商、金融等相关部门，以限制高消费、限制出境、限制投资置产和罚款、拘留、拒执罪的“三限三惩”措施为抓手，千方百计查人找物，织密信用惩戒网，让“老赖”无处遁形，对有能力执行而拒不执行判决裁定的坚决依法拘留、判处刑罚。2019年，受理执行案件191件，执结181件，综合结案率94.76%。累计公开失信被执行人信息10条；发布限制高消费9人，通过公安机关布控失信被执行人8人次，抓捕失联被执行人1人，拘留6人。

四是立案、信访工作。2019年以来共处理群众来访15件，21人（次），一次性告知当事人补正材料35次，未出现应当受理而没受理、不应当受理而违法受理等现象，立案准确率达到100%，信访回复率达到100%。

三、坚持以人民为中心，主动延伸司法服务

一是依法参与社会综治工作。按照县委统一部署，积极参加督导检查、巡逻、执勤等中心工作。顺利完成综治各项工作任务。

二是以务实的司法服务，推动精准扶贫工作。一是为困难当事人放宽甄别认定程序。当事人只要出具精准扶贫建档立卡证明和村居开具的困难证明，便可认定其为困难当事人。二是为困难当事人减免诉讼费。充分发挥司法审判服务职能，及时为困难当事人做好减免诉讼费审核审批手续，减少困难当事人诉累。截至目前我院为困难当事人减免诉讼费共计340090.75元，启动司法救助1件，救助金10000元。三是为困难当事人开通绿色通道。为保证精准扶贫困户和其他困难当事人能够及时实现自身合法权益，我院积极为困难群体开通绿色通道，实施“一站式”服务，实现了涉及精准扶贫案件的立审立执。四是为困难当事人开展“送法下乡”活动。为引导精准扶贫困难户依法维权、依法办事，解决精准扶贫困难户不懂法律、不擅维权的困境，依托“法治宣传千里行”活动，积极组织干警开展“送法下乡”活动，为精准扶贫困难户普及法律、提供咨询。全年进行各类法制宣传20场次，发放藏汉双语宣传资料1600余份、受教育群众1500余人。五是积极组织开展“65432”结对帮扶活动。2019年全院24名干警结对帮扶38名建档立卡户，共计帮扶6万余元的茶、米、油、面等日常生活必需品。

三是继续深入开展“法治宣传千里行”活动。深入学校、乡镇村居、田间地头、牧场草场等，邀请人民陪审员参与审理案件、调解纠纷，随案普法、以案释法，宣传“扫黑除恶打非治乱”专项斗争、《草原法》《土地承包法》等法律规定，预防家庭犯罪、防范电信网络诈骗等，配合县预青工作，开展少年模拟法庭，开展法治宣传进学校等各类法治宣传50场次，发放藏汉双语宣传资料4000余份，受教育群众6000余人。

四是推进司法利民便民措施，树立法院威信。2019年法院充分发挥司法职能，不断创新司法便民利民举措，既方便广大群众诉讼，又不断

满足人民群众日益增长的诉讼需求，为构建和谐社会提供了优质高效的法律服务和法律保障。

2019年，法院继续加大巡回审判、巡回办案力度，充分发挥“车载流动法庭”方便、快捷的优势，深入田间地头，深入农村社区，把法庭搬到离老百姓最近的地方，有效解决了群众诉讼难的问题。截至2019年年底我院车载流动法庭行程8000余公里，巡回办案15件，已结15件。在3月综治宣传月、虫草采集期间，我院“女子巡回法庭”深入乡村、虫草采集点进行巡回法治宣传及政策宣讲。共进行法治宣传30次，发放宣传资料2500余份，受教育群众达3500余人次。

四、不断加强审判管理，落实司法体制改革任务

一是推进智慧法院建设。定期检查案件信息录入质量，核查有关案件信息，发现问题及时督促整改；加强案件流程管理，查询临期在办案件，对距审限10天以内的，及时发出催办通知，坚决杜绝超审限现象。新收各类案件实行网上同步办案，做到从立案、审判与网上同步，做到了收一案、录一案，立案录入同步进行，截至2019年年底，制作电子卷宗324件，在中国裁判文书网公开汉语文书97篇、藏语文书10篇、案件信息195条，在中国庭审公开网公开庭审3次。同时开展了自建院以来至2010年的历史卷宗补录工作，共计补录卷宗698卷，15000余页。进一步推进了我院信息化建设，完善审判监督管理工作，提高案件审判效率，促使全院干警尽快适应网上办案需求。

二是司法审判成效较好。司法体制改革后，在案件数量持续大幅增长的情况下，我院近三年来始终保持90%以上的综合结案率。入额法官人均办案数量逐年上升。截至2019年年底，人均结案42件，同比增长21.2%。院庭长参与了全部案件的审理，案件主审率达到了100%，其中，院庭长担任审判长并主审案件的比例达到了100%。

五、主动报告法院工作，持续推进联络监督

紧紧围绕代表委员关心关注的问题，充分运用网络、微信等新媒体资源，着力加大联络监督工作宣传力度，加强和改进审判执行，积极营造良好舆论氛围。邀请代表旁听案件、观摩庭审、参与调解，推动解决人大代表和人民群众关注的司法难点热点问题，促进代表委员献计献策，帮助改进法院工作，支持提升司法形象，确保法院工作始终置于人大和代表的监督之下。2019年以来，我院向人大汇报工作4次，报送信息97篇，邀请代表委员旁听庭审等6人次。

各位代表，2019年法院工作所取得的成绩，根本在于以习近平总书记为核心的党中央英明领导，根本在于习近平新时代中国特色社会主义思想和治边稳藏重要论述的科学引领，是县委坚强领导、县人大及其常委会有力监督、市中院正确指导的结果，是县政府及相关部门大力支持、政协民主监督的结果，是全体人大代表和政协委员建言献策、真诚帮助的结果。在此，我代表察雅县人民法院表示衷心的感谢，致以崇高的敬意！

在看到成绩的同时，我们也清醒地认识到，工作中还存在一些突出问题：1. 学习贯彻习近平新时代中国特色社会主义思想的系统性不强，立足本职抓落实的措施尚需进一步强化；2. 廉政制度浮于表面，监督机制浮于形式，廉政教育引导不够深入，止于泛泛的案件传达；3. 个别干警司法能力不强、职业修养不高、审判作风不实甚至违纪违法等问题仍未根治。对此，我院将紧紧依靠党的领导，进一步落实党风廉政建设主体责任，严格遵守制度，狠抓落实，切实采取有效措施，认真加以解决。

2020年工作安排

2020年我院将始终高举习近平新时代中国特色社会主义思想伟大旗帜，深入贯彻落实党的十九大、十九届二中、三中、四中全会和中央第六次西藏工作座谈会精神，深入贯彻落实总书记关于治边稳藏重要论述和系列重要批示指示精神，贯彻落实区党委九届五次、六次全会及市委一届七次、八次全会精神，紧紧围绕发展稳定生态三件大事，贯彻全面依法治国、依法治藏方略，坚持狠抓政治建院不动摇、依法履职不懈怠，努力让人民群众在每一个司法案件中感受到公平正义。

一是始终坚持以习近平新时代中国特色社会主义思想武装头脑、指导实践、推动工作。深入学习领会贯彻十九届四中全会精神、习近平总书记重要讲话精神，增强“四个意识”，坚定“四个自信”，做到“两个维护”，始终在思想上政治上行动上同以习近平同志为核心的党中央保持高度一致。认真贯彻《中共中央关于坚持和完善中国特色社会主义制度 推进国家治理体系和治理能力现代化若干重大问题的决定》，坚持党对人民法院工作的绝对领导，坚定不移走中国特色社会主义法治道路。准确把握新时代新要求，紧密联系法院工作实际，创造性贯彻落实党的方针政策和工作部署。

二是进一步开展好党风廉政建设工作。做到廉政建设、反腐败工作与各项工作同部署、同落实，坚持用制度管权、管事、管人，建立行之有效的制度规范，真正让制度内化于心，外化于行，成为规范和约束全院干警履职尽责、干净干事、廉洁从政的行为准则。

三是加强审判和执行工作，充分发挥审判职能作用。从审判管理规范化入手，从人民群众意见最大、最不满意的地方着眼，保护人民群众生命财产安全；妥善审理好发展过程中各类矛盾纠纷，为察雅社会经济发展创造宽松有序公正高效的社会环境；进一步加大执行工作力度，努力解决“执行难”问题，确保当事人的合法权益得到及时解决。

四是加强队伍建设，提高法院干警的整体素质。重点解决目前我院存在的“司法文书质量粗糙，办案程序欠规范”等问题，建立或完善审判流程监督体制，确保案件在实体和程序上经得起时间的经验。同时，继续加强制定符合我院院情的规章制度，加强教育培训工作，坚持从严治警、从优待警，加强司法廉政建设，树立人民法院公正、文明、高效的良好形象。

五是紧贴中心工作，服务全县工作大局。进一步将我院各项工作融入全县工作大局，充分发挥人民法院服务经济社会发展的审判职能作用，紧扣县委和上级法院决策部署，加强对新情况、新问题的司法应对，切实增强服务改革发展的前瞻性、主动性和针对性。努力构建阳光司法体系，以公开促公正，以公开提公信，务求取得新实效、新进展，为全县各项工作的开展提供优质的司法环境。

各位代表，做好新时代法院工作，使命光荣、责任重大。我院将牢固“四个意识”，继续高举习近平新时代中国特色社会主义思想伟大旗帜，坚决贯彻执行县委各项部署和本次大会决议，忠实履行宪法法律赋予的司法审判职责，把“德化于自身、德化于本职、德化于社会”，作为增强为人民司法事业不懈奋斗的自觉性和坚定性，为蒸蒸日上美丽察雅建设提供更加坚强有力的司法保障和服务。

察雅县人民检察院工作报告

——在察雅县第十二届人民代表大会第六次会议上

（2020 年 4 月 2 日）

察雅县人民检察院检察长　冯天让

2019 年工作回顾

2019 年，县人民检察院在县委和上级检察机关的领导下，在县人大及其常委会的监督下，在县政府、县政协和社会各界的关心支持下，坚持以习近平新时代中国特色社会主义思想为指导，坚持党对检察工作的绝对领导，坚持以人民为中心的工作思路，坚持以“讲政治、顾大局、谋发展、重自强”为总要求，按照县十二届人大五次会议的决策部署，不断强化法律监督和队伍建设，各项检察工作有力有序推进。

一、紧扣服务大局，依法发挥检察职能，服务经济社会发展

2019 年以来，我院党组认真贯彻落实区、市、县各级党委制定的各项措施，积极组织干警开展风险隐患排查、矛盾纠纷化解、社会治安综合治理和扫黑除恶打非治乱专项整治工作，持续做好“三大节日”、新中国成立 70 周年、西藏民主改革 60 周年等重点敏感期及虫草采挖期间的工作。2019 年我院有 2 名驻村干警及 1 名选派村党支部书记，驻守 3 个村开展强基工作。

二、聚焦检察监督主责主业，运用法治思维和法治方式服务保障我县经济社会发展和局势稳定

（一）强化检察职能，推进平安察雅建设，服务全县经济社会和谐稳定发展。全年共受理公安机关移送审查批捕案件 20 件 29 人，批准逮捕 23 人，不批准逮捕 6 人；共受理县公安局、监委、森林公安局移送审查起诉案件 31 件 54 人，提起公诉 22 件 36 人，报送市院审查起诉 2 件 2 人，不起诉 4 件 7 人，正在审查办理 4 件 8 人，退回公安机关补充侦查 3 件 6 人，县法院已判决 16 件 26 人。审查逮捕案件准确率、有罪判决率均达 100%。

1. 依法妥善办理涉及正当防卫案件。检察院在办理一起故意伤害案件时，承办检察官仔细审查并反复对全案证据进行核实，经院检委会讨论决定，认定嫌疑人自卫还击的行为属于正当防卫，作出了绝对不起诉的决定，这也是我县首例因正当防卫绝对不起诉的案件。正当防卫的认定，保障了公民的合法权益，震慑了违法犯罪行为，体现了检察机关公正办案的理念，让人民群众在司法案件中感受到了公平正义，为建设法治社会起到了积极意义。

2. 成功办理全区首例适用禁止令刑事案件。在办理一起故意伤害案时，我院首次针对可能被宣告缓刑的被告人主动向法院提出适用禁止令建议并被依法采纳。本案对于进一步贯彻宽严相济刑事政策，积累公诉工作经验，推动社区矫正工作深入开展以及有效惩治犯罪方面具有重要的意义。

3. 依法审慎办理监委移送职务犯罪案件。监检衔接配合顺畅，互相制约原则有效落实。全年受理监委移送职务犯罪 2 件 2 人，分别为贪污案、挪用公款案，已起诉并判决。

4. 依法严厉惩治破坏野生动物犯罪。就一起非法猎捕、杀害珍贵、濒危野生动物案造成的生态损害，向法院提起刑事附带民事公益诉讼，提起要求两名被告人赔礼道歉、赔偿损失的诉求均获得法院判决支持，维护了国家和社会公共利益。

5. 适用刑事和解化解矛盾。检察院在一起轻伤害案件中首次适用刑事和解诉讼程序，犯罪嫌疑人与被害人达成赔偿协议取得谅解，签订了认罪认罚具结书。鉴于其认罪、悔罪态度较好，犯罪情节轻微，对其作出相对不起诉决定，有效地化解社会矛盾，极大地节约司法成本，促进了社会和谐稳定。

（二）认真贯彻落实检察官法，强化对侦查活动、审判活动、刑事执行、民事诉讼、行政活动的检察监督。

1. 加强诉讼活动检察监督，通过查看判决书、调解书、检察长列席审委会等方式对法院的审判活动进行监督，重点审查劳动争议、婚姻家庭纠纷等案件。对县法院发出量刑建议书 22 份，严格审查县法院作出的刑事判决，发现问题及时提出意见。

2. 深入推进刑事执行和监管活动监督，开展刑事案件财产刑执行检察工作 4 次，开展社区矫正检察监督 12 次，针对档案不规范问题向社区矫正机构制发检察建议 1 份，获采纳并整改。

3. 深入开展公益诉讼工作。受理公益诉讼案件线索 5 件，均为涉及生态环境和资源保护类案件。发出诉前检察建议 2 件，均获得整改回复，维护了国家和社会的公共利益。推动了公益诉讼检察工作，促进了行政机关依法履职，得到县委、县府高度重视和大力支持，并联合印发了《关于支持检察机关依法开展公益诉讼工作的意见》。

（三）深入开展扫黑除恶打非治乱专项斗争活动。院党组及时谋划部署，统一思想认识，加强线索排查工作，积极组织业务干警深入学习研究涉黑涉恶相关法律法规，严把事实关、证据关、程序关和法律适用关，确保准确把握法律政策界限，确保依法打击，不枉不纵。

全年召开 4 次专题工作推进会，筛查 63 件案件，未发现相关涉黑涉恶线索。开展宣传 10 余次，发放宣传材料 2000 余份，受教育群众 1200 余人，并抽调 1 名干警全脱产在县扫黑办开展工作。

（四）加强普法宣传工作力度。全面落实“谁执法谁普法”责任制，推行检察官以案释法、检察文书说理等制度，持续开展“三月综治宣传月”“检察开放日”“宪法宣传日”等活动，讲好下乡普法法治故事，传播检察声音。认真落实最高人民检察院“一号检察建议”精神，充分保障未成年犯罪嫌疑人诉讼权利，慎重处理未成年人犯罪案件，院党组书记、检察长担任县中学、小学法制副校长，开展“送法进校园”活动，以点带面提高未成年人法治意识。

三、紧扣司法体制改革工作，不断完善检察职能，积极推进检务公开

（一）不断完善检察职能，努力提升司法质量、效率和公信力。

1. 以落实司法责任制为重点，完善相关配套机制改革，健全以随机分案为主、指定分案为辅的案件承办机制，坚持员额检察官办案，健全检察官办案责任制，严格依照检察机关办案职权清单行使权力。

2. 全面落实“捕诉一体”办案机制，刑事检察机构实现人员整合和职能优化，办案效能有效增强。

3. 切实转变思维方式和执法理念，建立值班律师参与诉讼的便捷机制，稳步推进认罪认罚从宽制度全面施行。对犯罪嫌疑人自愿认罪认罚的案件百分百适用从宽制度。依法提出量刑建议，均获法院采纳，有效提升了办案效率，节约了司法资源，工作获得区检院领导表扬。

4. 认真贯彻证据裁判规则，排除非法证据，依法保障律师执业权利，注意听取辩护律师提出的无罪或罪轻的意见，依法审查和核实处理，

2019 年我院受理并办理律师阅卷会见 1 人次。

5. 深入贯彻落实《关于人民检察院检察长列席人民法院审判委员会会议的实施意见》的精神。今年我院检察长列席同级人民法院审判委员会 1 次，凝聚了我县法检两院共同维护公平正义、提升司法公信力的合力。

（二）主动公开检务工作，接受各界监督。

1. 加大检务公开力度。在劳动节、儿童节等时间节点，先后举办两次检察开放日活动，共邀请察雅县人大代表、政协委员、共青团、妇联、教育局、小学、幼儿园等单位负责同志及劳模、行业普通劳动者代表 26 人，促进了各行业对检察工作的进一步了解与关注。

2. 健全内部监督管理机制。依托统一业务应用系统，进一步规范受案标准、严格案件审查、加强结果运用，构建全程动态监管体系，推进司法规范化建设。

3. 自觉接受社会各界监督。坚持以公开促公正，充分利用微博、微信、门户网站等宣传阵地，主动向社会各界公开展示检察工作，虚心接受社会各界群众的广泛监督。

四、持续强化思想引领，注重忠诚干净担当培育，全面加强检察队伍建设

检察院始终把检察队伍建设作为事关检察工作长远发展的根本任务抓紧抓好，全面提高检察队伍整体素质。一是深入学习习近平新时代中国特色社会主义思想，紧跟党的理论创新步伐，抓好党的理论创新成果的学习；二是根据区党委、市委、县委主题教育办要求，开展了“不忘初心、牢记使命”主题教育活动，共召开部署推进会 4 次，集中学习 24 次，上党课 5 次，组织观看专题影片 7 部，撰写心得体会 60 余篇，组织召开专题民主生活会；三是开展警示教育廉政讲堂，观看警示教育片 4 部，强化了党员干警党纪政务观念，提升党性意识和廉洁意识；四是在全院范围内开展政治建检专项教育整顿活动，以全面加强政治建检、打造过硬检察队伍为总目标，集中开展学习教育 10 余次，查摆问题并制作自查自纠工作台账 10 份，提出整改落实意见 20 余条；五是严格落实党组会、支部会、检察长办公会制度，不断提高干警的政治理想信念和立检为公、执法为民思想，不断提高干警遵守制度、执行纪律的能力；六是强化制度建设，严格队伍管理。院内发文进一步明确了各分管领导及干警的职责分工，规范了上下班、请销假、人财物管理等相关制度，促进日常工作有序开展；七是进一步坚定忠诚、公正、清廉、文明为核心的检察职业道德，并与检察队伍执法能力建设、纪律作风建设、党风廉政建设结合起来，树立恪守检察职业道德的先进典型，弘扬检察职业精神；八是今年来共选派 7 人次分别参加昌都市院、林芝检察官学院、井冈山检察官学院的学习培训工作。

五、全面从严治党、从严治检，落实各项目标责任管理，积极配合县中心工作

年初，检察院领导与全院干警层层签订了目标责任书，把党建、党风廉政建设、精神文明建设、社会治安综合治理目标责任等任务分解、量化到每一个干警身上，成立了专门的领导小组，形成了以检察长负总责，分管领导齐抓共管的工作格局。2019 年荣获察雅县党风廉政建设第一名、民族团结先进集体等荣誉称号。

（一）坚决贯彻落实全面从严治党要求。坚持把纪律挺在前面，严格执行党的政治纪律和政治规矩，坚决维护党中央权威和党的领导。深入学习党规党纪，组织全院干警系统学习《中国共产党廉洁自律准则》《中国共产党纪律处分条例》，通过多种形式不断增强全院干警的遵规守纪意识。加大对中央和自治区决策部署、重点工作的宣传力度，以“察雅检察”微信公众平台为依托，及时发布我院党风廉政建设及反腐败工作动态，不断传播廉政文化正能量，全年共计发布

动态 25 条。

（二） 严格贯彻落实县委脱贫攻坚工作要求，落实帮扶责任，助力我县精准脱贫。 一是积极开展党员干部精准扶贫结对帮扶工作。多次深入王卡乡走村入户，现场解读当前党和国家的精准扶贫政策，开展感恩教育。二是院科级干部深入 9 户结对帮扶五保老人家中，关心关爱老人家庭情况、生活情况、身体状况等，并向五保老人讲解了党的好政策。

全年共为 26 户结对帮扶户、9 户结对帮扶老人送去了砖茶、牛奶、糌粑、大米、食用油等帮扶物资合计 14040 元，发放宣传资料 200 余份，受教育群众达 100 余人。

（三） 积极配合县中心工作。 根据县委、县政府安排：一是深入联系点肯通乡开展脱贫攻坚、虫草采挖的督导检查蹲点工作 20 余次；二是深入肯通乡开展正科级干部精准扶贫包村督导工作 3 人；三是抽调 1 名干警配合县第五轮巡察工作 3 个月。

2020 年工作安排

2020 年是昌都解放 70 周年，是昌都全面建成小康社会的关键之年，是检察机关推进新时代检察工作高质量发展的深化之年。做好 2020 年检察工作，最根本的是在县委和上级检察院党组的正确领导下，在县人大常委会的有力监督下，坚持以习近平新时代中国特色社会主义思想为指导，坚持党对检察工作的绝对领导，坚决维护习近平总书记的核心地位，坚决维护党中央权威和集中统一领导，自觉在思想上政治上行动上同以习近平同志为核心的党中央保持高度一致。忠实履行宪法法律赋予的法律监督职责，强化底线思维，着力防范化解重大风险，推动检察工作全面协调充分发展，全面履行各项检察职能，为全面建设幸福美丽新察雅提供有力的法治保障。着重抓好以下五个方面工作：

（一） 忠诚担当，以习近平新时代中国特色社会主义思想为指引推动全面从严治党。 以党的政治建设统领检察机关党的建设，继续深入学习贯彻党的十九大精神，学深悟透习近平新时代中国特色社会主义思想，以高度的政治自觉和饱满的工作热情投身各项专题警示教育。

（二） 充分履职，为加快察雅法治建设提供更加有力的司法保障。 坚持以办案为中心，聚焦关键环节，紧盯重点领域，强力推进扫黑除恶专项斗争，坚决打击严重暴力违法犯罪活动，着力夯实社会稳定、发展基础，用实际行动担当起服务大局的政治责任。

（三） 积极作为，以更加奋发向上的精神面貌做好监督主责主业。 巩固双赢多赢共赢监督理念，运用政治智慧、法律智慧履行好法律监督职责，提升监督能力，更好满足人民群众在民主、法治、公平、正义、安全、环境等方面的新需求。

（四） 鼓足干劲，以更加务实的工作作风推动检察队伍正规化专业化职业化建设。 保持改革定力，继续激发改革促进队伍成长的强大动力。进一步规范人员分类管理，突出抓好员额检察官的教育、培养、管理。

（五） 压实责任，以更高标准更严要求抓好党组自身建设。 切实担负起关键责任，充分发挥好关键作用，不断增强落实“两个责任”的自觉性和坚定性，持续强化监督执纪问责，深入推动正风肃纪，带领全体检察干警在新的起点上实现检察事业新发展。

关于察雅县2019年预算执行情况和2020年预算草案的报告

——在察雅县第十二届人民代表大会第六次会议上

(2020年4月1日)

察雅县财政局局长　曲　拉

一、 2019年财政预算执行情况

2019年，在县委、县政府的正确领导下，在上级财政部门的大力支持下，财政工作坚持以习近平新时代中国特色社会主义思想为指导，全面贯彻党的十九大和十九届三中、四中全会精神，认真贯彻自治区党委经济工作会议、市委经济暨农村脱贫攻坚工作会议精神以及十二届人民代表大会第五次会议预算决议，坚持稳中求进、进中求好、补齐短板工作总基调，贯彻新发展理念，全面落实中央减税降费政策，切实保障“三保”，着力打好防范化解重大风险、精准脱贫、污染防治三大攻坚战，全力稳增长、促改革、调结构、惠民生、防风险，落实积极财政政策，较好完成了各项财政工作任务，现将2019年预算执行情况汇报。

（一） 收入完成情况

2019年一般公共预算收入完成6180万元，增长18.5%。其中税收收入完成4057万元，非税收入完成2123万元。

（二） 财政支出执行情况

2019年全县一般公共预算支出完成263362万元，同比增加89673万元，增长51.6%。重点保障了以下支出：

——一般公共服务支出13977万元；

——公共安全支出10299万元；

——文化体育与传媒支出7610万元；

——教育支出28005万元；

——社会保障与就业支出7639万元；

——卫生健康支出10939万元；

——节能环保支出3481万元；

——城乡社区支出13613万元；

——农林水支出127290万元；

——资源勘探信息等支出291万元；

——交通运输支出19309万元；

——住房保障支出16032万元。

（三） 政府性基金预算执行情况

2019年，全县政府性基金收入为3583万元，减少44%。支出为3583万元，收支平衡。

（四） 2019年重点支出和政策落实情况

根据中央全面落实减税降费政策、保障“三保”、进一步防范和化解金融风险的相关要求，按照全市统一部署，围绕中心工作，统筹各方财力，切实保障和改善民生，积极推动各项社会事业全面进步，确保2019年重点支出和政策有效落实。

1. 切实保障和改善民生

坚持以人民为中心的发展思想，调整优化支出结构，加大社会事业投入，着力保障和改善民生，贯彻“发展为了人民，发展依靠人民，发展成果由人民共享”的理念，为群众解难事、办实事、做好事，以实实在在的发展变化增进群众获得感，不断提升民生保障水平，2019年累计直接兑现惠民资金25010.27万元。其中：“三大节日”慰问金71.57万元；残疾人两项补贴555.84万元；农村最低生活保障1414.62万元；城镇低保142.41万元；五保户生活补贴392.26万元；寿星老人补贴24.93万元；经济困难高龄老人补贴32.52万元；临时救助526万元；医疗救助

748.95 万元；村医工资 327.6 万元；村兽医工资 165.6 万元；2019 年新型农村合作医疗补助资金 3273.99 万元；草原生态保护补贴奖励 2158.84 万元；森林生态效益补偿金 1776.14 万元；双联户户长工资 274.66 万元、表彰资金 103.49 万元；离任村干部生活补助 27.06 万元；村干部基本报酬及绩效 1252.39 万元；三老人员生活补助 176.36 万元；村民监督委员报酬 753.06 万元，生态脱贫就业岗位资金 7582.75 万元；落实教育“三包”资金 3584.79 万元。

2. 着力支持打好三大攻坚战

一是切实将地方政府性债务清理核查作为防范和化解地方政府性债务的重点，推进地方政府性债务领域问题整改工作，不断加强和规范地方政府性债务管理，严控地方政府性债务增量，坚决遏制各类违法违规或变相举债行为，坚决防止政府债务无序增长。2019 年，我县地方性政府债务余额为 13.02 亿元，债务率为 49%（本年债务/本年一般公共预算收入）。二是全力支持脱贫攻坚。继续深化统筹整合财政涉农资金，完善实施细则和管理办法，按照“六个精准”和“八个到位”的总体要求，充分发挥财政职能，全面推进精准扶贫和精准脱贫。2019 年脱贫攻坚统筹整合财政涉农资金共整合 112803 万元，其中：产业扶贫资金 5380 万元，生态保护岗位资金 8283.1 万元，生产扶持及基础设施建设资金 84963.96 万元，农牧民技能培训 156 万元，建房补助 12226 万元，贷款贴息 1794.79 万元。三是加大污染防治力度，落实生态环保相关资金 3481 万元。

3. 确保社会稳定向好

坚持以习近平总书记“做神圣国土的守护者，幸福家园的建设者”重要战略思想为指导，牢固树立稳定压倒一切的大局意识，2019 年公共安全累计支出 10299 万元。不断加大民族团结工作开展，民族事务支出 142 万元，宗教事务支出 3402 万元。

4. 建立健全财务制度

严格财经法规，持之以恒贯彻落实中央“八项规定”、区党委约法十章、市委实施办法和县委相关规定精神和党员干部作风“十不准”。一是压缩县本级行政经费预算，特别是“三公经费”预算。二是严格执行接待费、会议费、差旅费管理办法，严格控制会议标准、规模、预算，降低行政运行成本。三是采取不定期巡查方式，联合相关单位对乡镇惠民资金落实情况进行监督、检查。四是继续严格执行《察雅县财政专户管理办法》《察雅县关于规范行政事业单位干部职工津贴补贴发放标准（暂行）办法》《察雅县精准扶贫资金财务管理暂行办法》《察雅县精准扶贫整合资金管理办法》等制度，为财政资金安全运行提供制度保障。

5. 推进深化改革工作

一是加快“一卡通”改革工作，实现了 13 个乡镇所有惠民资金通过一卡通兑现。二是坚持实行预决算公开制度。2019 年，向社会公开了全县 109 个单位和部门（除保密部门外）2018 年决算和 2019 年预算情况。三是不断推进国库集中支付改革。2019 年实现国库集中支付达 4583 笔，涉及 179941.75 万元，占总支出的 68%。四是推进乡镇财务改革。自 2018 年起 13 个乡镇都启用 U8 财务软件，实现了会计电算化，并于 2019 年起得到了进一步的巩固和提升。五是严格执行政府采购制度。六是严格落实政府会计制度。2019 年，各乡镇及全县所有单位均严格按照《新政府会计制度》进行记账和核算，并编制了 2019 年政府财务报告。七是强化财政专项扶贫资金绩效管理，不断提高自评质量，大力推进绩效信息公开。八是积极落实减税降费政策，规范涉企收费，2019 年，减税降费金额 642 万元，惠及企业 372 户、700 余人。

二、2020年财政预算（草案）

2020年是贯彻落实党的十九大精神的重要之年，是决胜全面建成小康社会、实施“十三五”规划的收官之年，是推进供给侧结构性改革的深化之年，也是西藏深化改革开放、推进创新转型的关键之年，也是我县巩固脱贫攻坚成果之年。我们要牢固树立过紧日子的思想，重点解决发展不平衡不充分的突出问题，着力支持脱贫攻坚、乡村振兴和改善民生，推动我县经济社会发展再上新台阶。

（一）预算编制指导思想

贯彻落实习近平新时代中国特色社会主义思想及党的十九届四中全会精神，按照“五位一体”总体布局和“四个全面”战略布局，适应把握经济发展新常态，牢固树立和贯彻落实新发展理念，坚持稳中求进工作总基调，紧紧围绕限时打赢脱贫攻坚、加快全面建成小康社会，贯彻落实《预算法》要求，坚持厉行节约、精打细算、反对浪费，加大财政资金统筹力度。

（二）预算编制基本原则

2020年预算收支安排按照“量入为出、量力而行、尽力而为、精打细算、收支平衡”的要求，体现以下原则：

一是实事求是，积极稳妥。收入预算遵照全区经济跨越式发展和稳中求进的要求，综合考虑收入执行情况，既保证一定增幅，又确保预算安排与我县的经济发展实际相适应。

二是依法理财，规范管理。严格遵循《预算法》等法律法规和预算编制制度的相关规定，增强预算刚性约束，坚持“先有预算，后有执行”，严禁无预算支出和超范围、超标准开支。坚持以公开为常态、不公开为例外，不断拓展预决算公开的内容和范围，全面提高预决算透明度。

三是突出重点，压缩一般。适度扩大支出规模，提高支出精准度，改变支出项目只增不减的固化格局，集中财力办大事，着力支持国家、自治区和市级重点发展战略、重点领域改革，特别是支持防范化解重大风险、精准脱贫、污染防治、乡村振兴等。继续压减机关事业单位的一般性支出，严格控制“三公”经费，压缩会议费等非刚性支出。

四是统筹整合，提高绩效。加强专项资金清理整合，盘活财政存量资金，重点用在扶贫领域、乡村振兴。完善财政绩效制度体系，科学设定绩效目标，强化绩效运行监控，扩大绩效评价范围，适度压减绩效较差的资金安排。遵循市场规律，充分发挥市场作用，切实扩大财政资金引导作用。

（三）2020年预算收支安排情况

根据市财政下达的文件精神，2020年我县总财力为128782.81万元，其中：税收返还1091万元，一般性转移支付103822.97万元，专项转移支付12730.41万元，市级配套2420.13万元，基金收入1342.3万元，本级财政收入6489万元，动用预算稳定调节基金887万元。我们将进一步加强税收征管，增收节支，开源节流，把我县的资源优势转变为经济优势，力争完成财政收入任务。

1. 重点支出方面

一般公共服务支出14025万元

国防支出53万元；

公共安全支出11739万元；

教育支出24383万元；

科学技术支出162万元；

文化体育与传媒支出5828万元；

社会保障与就业支出6383万元；

卫生健康支出8037万元；

节能环保支出255万元；

农林水支出45003万元；

城乡社区支出9492万元；

交通运输支出283万元。

2. 惠农支出方面。一是加大农业科技投入。

安排资金 162 万元，保障科技特派员生活补助。二是加大涉农投入。安排资金 165.6 万元，保障兽医工资。安排资金 400.53 万元落实涉农商业保险补贴政策。三是深入推进脱贫攻坚成果巩固工作。年初安排扶贫资金共计 29200 万元，全力支持落实精准扶贫、精准脱贫基本方略和实施脱贫攻坚工程。

3. 社会保障方面。一是安排农村税改资金 2679.37 万元，用于保障村干部基本工资、绩效考核、村级党组织工作经费；二是强化政府政策兜底。安排资金 1852.84 万元用于城乡低保；三是关爱老弱病残。安排资金 1114 万元，用于残疾人两项支出、残疾人事业发展、寿星老人健康补贴、经济困难高龄失能老人补贴、特困人员生活补助；四是做好优抚安置工作。安排资金 107 万元，用于死亡抚恤、优抚对象补贴。五是保障就业。安排资金 1901.83 万元，保证公益性岗位工资及就业保障的资金需求，动态消除零就业家庭。

4. 社会事业投入方面。一是坚持教育事业优先发展。预算安排教育资金 24191.19 万元，其中转移支付 22955.19 万元，县级配套 1236 万元。加快学前教育和职业教育发展，继续实施“三包”等教育优惠政策，完善义务教育学生营养改善计划政策。二是努力推动文化繁荣发展。安排文化事业发展资金 499.99 万元，加快文化产业发展，加大对重点文物、寺庙和非物质文化遗产的保护投入。三是支持医药卫生体制改革，促进基本公共卫生服务均等化。安排卫生事业发展资金 4430.36 万元，加大重大公共卫生项目投入，提高医疗卫生经费保障标准，保障基层卫生室医疗条件。安排 545.04 万元继续实施城镇居民和在编僧尼免费健康体检。

5. 基层组织建设方面。安排基层组织建设资金 338.44 万元，用于基层党组织建设、三老人员补助、党内激励帮扶、退休支部经费等。不断夯实基层政权建设，提高党的基层执政能力。

6. 维护稳定方面。一是加强政法队伍建设。安排资金 1830.23 万元保障政法工作开展，其中安排 1605.14 万元，用于公检法司部门的办案业务能力和装备配备水平，安排 225.09 万元用于“双联户”户长补助及奖励资金，确保基层稳定；二是安排资金 233.87 万元支持国防及消防建设，切实保障察雅的和谐稳定

7. 基层政权建设方面。安排资金 260 万元，用于乡镇“四小工程”建设。

三、2020 年推进财政改革与管理的主要工作措施

我们将认真贯彻自治区党委、市委和县委决策部署，坚持稳中求进工作总基调。实施积极的财政政策，提高政策的前瞻性、灵活性、有效性，在扩大内需和结构调整上发挥更大作用。

（一）加强收入组织协调，努力培植税源。紧紧围绕县委、县政府提出的经济目标，采取积极有效的财税增收措施，深挖税收增长潜力。

（二）发挥财政职能，优化支出结构。提前谋划，主动作为，进一步认清我县经济社会发展的新情况、新问题、新特点。优化财政支出结构，坚持“尽力而为，量力而行”，做好稳增长、促改革、调结构、惠民生、防风险各项工作，将有限的财力用于重点领域和重大事项支出。

（三）加强预算编制管理，提高预算执行效率。强化预算执行约束，严格执行经人大审查批准的预算，从严控制预算调剂事项，依法依规办理预算追加和调整事项。

（四）强化扶贫资金管理，巩固脱贫攻坚成果。做好农牧民减支政策资金保障工作，保持财政资金投入力度不减，严格按照《察雅县财政专项扶贫资金监管及责任追究办法》，强化扶贫资金监管和绩效评价，不断提升扶贫资金管

理使用水平。

（五）全面实施绩效管理，加强财政资金监管。 健全以结果为导向配置公共资源的绩效管理机制，推进绩效管理与预算管理紧密结合，将绩效理念和方法贯穿于预算编制、执行、监督各个环节，覆盖部门所有预算资金。

（六）加强资金监管，防范财政风险。 严格执行中央"八项规定"实施细则，从严控制"三公经费"等一般性支出，努力增收节支；切实加强专项资金审批、使用、监管，定期对专项资金使用情况进行专项检查，确保专项资金的使用和管理更加规范；加大财政资金监管力度，规范财政资金使用；继续加强对全县行政事业单位国有资产监管，继续推进财政内控制度体系建设，规范财政工作运行，有效防范各类风险。

察雅县2019年国民经济和社会发展计划执行情况与2020年国民经济和社会发展计划草案的报告

——在察雅县第十二届人民代表大会第六次会上

（2020年4月1日）

察雅县发展和改革委员会主任　廖绍华

一、2019年国民经济和社会发展计划执行情况

2019年是新中国成立70周年、西藏民主改革60周年。一年来，在县委、县政府的正确领导下，在县人大、政协的监督和支持下，全县上下坚持以习近平新时代中国特色社会主义思想为指导，认真贯彻党的十九大、十九届二中、三中、四中全会和中央经济工作会议、中央第六次西藏工作座谈会精神，深入贯彻习近平总书记关于治边稳藏的重要论述和系列重要指示批示精神，贯彻落实自治区第九次党代会和区党委九届三次、四次、五次、六次全会、区党委经济工作会议以及市委一届六次、七次、八次全会精神，紧紧围绕县委九届四次全会、全县经济、农村暨脱贫攻坚工作会议及县十二届人大五次会议精神，统筹推进"五位一体"总体布局，协调推进"四个全面"战略布局，坚持以人民为中心的发展思想，坚持稳中求进、进中求好、补齐短板、提高质量、改善民生的工作总基调，坚持新发展理念，坚持推进高质量发展，坚持以供给侧结构性改革为主线，坚持落实"巩固、增强、提升、畅通"八字方针和"稳就业、稳金融、稳外贸、稳外资、稳投资、稳预期"六稳工作要求，以处理好"十三对关系"为根本方法，认真执行县第十二届人大五次会议审议批准的政府工作报告及2019年国民经济和社会发展计划，大力推进乡村振兴战略实施，全力打好"三大攻坚战"，稳步推进稳增长、促改革、调结构、惠民生、防风险各项工作，圆满完成了县十二届人民代表大会第五次会议确定的各项目标任务，计划执行情况总体良好。

经初步预计，全县生产总值达到147482万元，较去年同期增加13481万元，同比增长8.2%，其中第一产业完成21933万元，较去年同期增加2083万元，同比增长10.5%，第二产业完成73983万元，较去年同期增加4882万元，同比增长7%，第三产业完成51566万元，较去年同期增加6516万元，同比增长14.5%。全县经

济社会发展总体呈现出“经济增速稳定、投资稳步增长、居民收入持续增长”的特点。

——经济增速稳定。今年以来，全国、全区经济下行压力持续加大，对我县经济运行产生了较大的传导性影响，全县上下坚定信心、保持定力、主动作为，县人大代表和政协委员就稳增长工作积极建言献策，我们坚持按月对经济运行情况进行调度分析，积极采取强有力的工作措施，特别是在稳控主要经济指标、推动项目建设、加快产业发展、保障改善民生等方面做了大量卓有成效的工作，确保了全县经济运行稳定，GDP 增速达到 8.2%，符合预期。

——投资稳步增长。去年 3 月开始，在面临着投资减少、政策趋紧等大环境影响下，我们沉着应对，加强项目工作力度，坚持每月对基本建设项目进展情况进行调度，认真研究项目建设过程中存在的困难和问题并予以解决，取得了积极的成效，全年开复工项目共 13 个大项 208 个子项（续建 105 个子项，新开工 103 个子项），总投资 38.73 亿元，2019 年计划完成投资 14.75 亿元，实际完成投资 14.5 亿元，基本完成年度目标任务。

——居民收入持续增长。为促进农牧民收入增长，制定了《察雅县关于促进农牧民“十大增收措施”的实施方案》，积极推进农牧民增收各项工作落实和各项政策落地；同时城乡居民低保标准进一步提高，农村低保标准提高至 4450 元/人/年，城镇低保标准提高至 800 元/人/月。农村居民人均可支配收入达到 11245 元，同比增长 13.6%；城镇居民人均可支配收入达到 31521 元，同比增长 10.8%。

从重点工作完成情况来看：

（一）三大攻坚战深入实施。按照县第十二届人大五次会议审议批准的《政府工作报告》和计划报告关于着力打好打赢“三大攻坚战”的要求，继续坚持打好“三大攻坚战”。一是脱贫攻坚战成效显著。全县 26 个易地扶贫搬迁安置点已全部建成并实现入住，涉及贫困人口 2406 户 12751 人，“十三五”期间易地扶贫搬迁任务全面完成；全县生态岗位达到 21665 个，落实生态岗位补助资金 7582.75 万元；落实各项社会救助政策，积极推进社会救助工作，兑现低保资金、救助资金、补贴资金分别为 1573.58 万元、500.9335 万元、588.36 万元，惠及 8023 人、1987 人、2890 人。全年减贫 3273 户 16408 人、贫困村退出 121 个，按计划如期实现脱贫摘帽，全县基本消除绝对贫困。二是污染防治攻坚战进展良好。紧守项目准入关，严格环评审批，备案建设项目环境影响登记表 124 份，总投资 4.5155 亿元，其中环保投资 310 万元。狠抓环境保护整改工作，中央环保督察组和自治区环保督察组反馈问题整改工作扎实推进，按时限完成了反馈问题整改销号并通过了市级现场核查。按照“七边、四美、四化”环保工作要求，积极开展城乡环境卫生综合治理，办理生态环境行政处罚案件 8 件，罚款 26 万元，企业的生态环保意识进一步增强。村（居）环境持续优化，大力加强生态村（居）创建，申报自治区级生态村（居）11 个。稳步推进生态保护红线划定工作。全面开启全国第二次污染源普查。造林绿化工程积极推进，累计种植经济林木面积 1.17 万亩。三是防范化解金融风险攻坚战进展良好。坚持把防范化解政府债务摆在突出位置，精准施策，严控债务增量，坚决遏制违法违规或变相举债行为，妥善化解存量，有效杜绝了政府新增债务，同时多渠道化解存量隐性债务。全县金融机构各项存款余额 22.9721 亿元，年增量 3.299 亿元；各项贷款余额 5.2119 亿元，全县未发生一起金融风险事件。金融服务实体经济能力不断提升，小微企业贷款余额 1.1708 亿元；水电、建筑等重点项目贷款余额1.1282亿元，占各项贷款余额的21.6%。

（二）民生福祉不断改善。按照县第十二届人大五次会议审议批准的《政府工作报告》和计划报告关于着力补齐社会民生领域短板的要求，千方百计保障改善民生，人民群众获得感、幸福感、安全感更加充实。一是社会保险工作稳步推进。继续深入实施全民参保计划，建立完善参保登记数据库，全县城乡居民基本养老保险参保人数达1.91万人，60岁以上享受城乡居民基本养老保险待遇支出1334.58万元。发放社会保障卡43674张，全县参保覆盖面不断扩大，人民生活保障水平不断提高。二是社会事业全面进步。严格落实“十五年”免费教育政策，分别落实“三包”经费和营养改善计划经费3031.88万元、552.28万元。实施了唐琼孜幼儿园、第二小学工程等教育项目，办学条件得到进一步改善。狠抓控辍保学工作，幼儿园、小学、初中适龄儿童入学率分别达到72.16%、99.84%、99.22%，全县疑似失学儿童劝返复学完成率达到100%。全面推进教育扶贫工作，兑现2019年建档立卡大学生免费教育补助资金415.188万元，受益学生390人次。紧紧围绕实现“三不出”和“两下降、双提升”的目标，全县农牧区医疗制度继续保持全覆盖，圆满完成全县57475人的包虫病筛查，救治患者373人，手术治愈112人。妇幼保健工作有效实施，住院分娩率达到87.67%，较去年提升15.3%，孕产妇死亡率0，新生儿死亡率11.28‰，同比下降9.7%。县医院新大楼及附属设施落成启用，完成县人民医院二级乙等综合正审现场评审工作，13个乡镇卫生院建设标准化稳步推进，138个村卫生室藏医药配备齐全。全力推进文化事业发展，各类文化场所经营单位达16家，组织开展各类文艺演出60余场次，创编舞蹈8部，组织非遗展示展览4次，申报自治区级非遗项目5个、传承人5人，市级非遗项目3个，传承人5人，组织5家文化企业前往昌都进行非遗文化展示展览和央青唐卡公司等3家文化扶贫企业前往天津参展，推介了察雅文旅资源的特色，极大地提高了我县非遗文化的知名度，拓宽了文化企业产品销路。三是促进就业成效显著。2019年实现全县农牧民转移就业1.41万人次，人均年收入增长3958元以上。实施职业技能培训852人，实现培训就业414人。依托产业发展、“短平快”项目建设，拓宽增收渠道，累计带动1420余人就业增收，涉及工程建设、文化旅游、生产加工等就业岗位。举办室内外招聘会11场次，为396名有就业意向的求职人员搭建了良好的求职平台。完成察雅籍2019年应届高校毕业生296人实名制信息登记工作，现有295人就业，就业率为99%。发放创业启动资金20万元，城镇登记失业率有效控制在3%以内。四是重点行业领域安全治理有力有效。狠抓安全生产各项措施落实，突出“三节”、“两会”、复工复产期、虫草采挖期等重要时间节点，加大道路交通、建筑施工、消防、工企商贸等重点行业领域安全生产隐患排查治理，2019年开展检查执法行动301次，检查企事业单位685家次，排除隐患467处，检查车辆7500余辆，纠正各类交通违法107起，全年未发生重大及以上安全生产事故，确保了安全生产形势稳定。五是市场物资供应充足。健全市场价格监测制度，加强市场调度，全力规范超市和农贸市场蔬菜、肉类、粮油等生活必需品销售监测工作，确保了老百姓的“菜篮子”保持正常供应。2019年社会消费品零售总额达到37355万元，同比增长10.3%。

（三）产业发展提质增效。按照县第十二届人大五次会议审议批准的政府工作报告和计划报告关于着力抓好抓实产业发展的要求，加快推进特色优势产业发展，产业转型升级取得显著成效。一是园区经济不断壮大。双创产业园基础设施不断完善，扶贫产业园“双创孵化池”共入驻企业25家，带动扶贫建档立卡户186人就业，润丰伟业农牧科技有限公司获得农牧科技项目发明专利，西藏易和健康科技有限责任公司正在申请专利，这两项专利彰显了我县在农业和医药科技上有了新发展、新进步。二是绿色工业加快发展。全年供电量、购电量分别完成3765.75万千瓦时、2982.48万千瓦时，售电量完成2712.96万千瓦时，同比增长87.57%，综合线损为27.96%，同比降低9.72个百分点，应收电费1575.59万元，实收电费1553.16万元，电费回收率98.58%，同比增长5.36个百分点。三是特色种养殖业再获丰收。全县粮食产量完成2298.5万斤，蔬菜产量完成2695.1万斤，肉产量完成0.93万吨，奶产量完成0.93万吨。2016年以来实施经济林、杂交构树、牦牛育肥、绵羊扩繁、苗圃培育等种植业、养殖业、加工业产业扶贫项目85个，总投资4.8亿元，带动建档立卡贫困群众5431人。四是文化旅游业蓬勃发展。《察雅县全域旅游总体规划》编制完成，实施了香堆旅游景区基础设施和荣周乡旅游接待中心装饰装修建设，吉塘镇卓玛温泉和吉塘镇酒咧营地顺利运营，吉塘温泉度假酒店投入运营，成功举办第三届“四讲四爱”主题教育活动暨“五四”赏花节。预计全年接待各类游客5.77万人次，同比增长1.4%，实现旅游综合收入968.5万元，同比增长3.8%。

（四）**改革开放持续深化。**按照县第十二届人大五次会议审议批准的政府工作报告和计划报告关于着力统筹推进重领域改革和深化拓展对口援藏工作的要求，积极推进改革开放，提升经济内生增长动力。一是重点领域改革顺利推进。按照《察雅县机构改革方案》要求，全面完成县级党政机构改革和涉改部门挂牌工作。在人流量大的藏戏广场设立了政务服务中心，入驻9个部门开设了18个服务窗口，把方便实惠送给群众，群众满意度不断提升。“互联网+政务服务”体系加快建设，政务服务“一网、一门、一次”改革和登记注册便利化制度改革有序推进。按照政务服务网络五级覆盖的要求，完成全县37家县（中、区）直单位及13个乡（镇）共50个点位覆盖保通工作。农村土地制度改革深入实施，共受理各类不动产登记505件，发放不动产登记证书483本、不动产登记证明22本。土地不动产权籍调查成果不断深化，投入132.35万元用于我县城区4.3平方公里的不动产权籍测量工作，共计调查2053宗地的权籍。二是减税降费力度加大。认真贯彻中央、自治区关于实施更大规模减税降费政策的决策部署，预计全年减税4874.93万元，全年税收收入完成4057万元，同比增长1.4%，全县一般公共预算收入完成6180万元，同比增长18%；一般公共预算支出完成263362万元，同比增长51.62%，公共安全、教育、医疗卫生、社会保障等民生领域重点支出占比达到84.49%以上。三是非公有制经济实力增强。2019年我县共有各类市场主体1859户，注册资金20.7亿元，同比增长39%、42%；其中：国有企业34家，注册资金3.44亿元；私营企业230家，注册资金14.4亿元；个体1550户，注册资金1.9亿元；农牧民合作社45家，注册资金0.68亿元；办理食品经营许可证65家、健康证200人。四是经济合作有序推进。今年我县招商引资项目10项，已完工建设7项，累计到位招商引资资金3.62亿元，超额完成市下达目标任务。接待考察企业58个，涉及建材、矿泉水、冷链物流等领域，目前正在洽谈的项目2个，此外2个风力发电项目正在测风收集数据阶段。充分发挥对口援藏优势，主动加强与重庆市、广东省、中国铝业公司沟通衔接，实施吉塘镇、香堆镇中心区域卫生院、香堆镇扶贫产业园汽修厂等援藏项目7个，进一步补齐经济、教育、卫生发展基础设施短板。

（五）重点项目扎实推进。 按照县第十二届人大五次会议审议批准的政府工作报告和计划报告关于着力改善提升基础设施条件的要求，大力推进重点项目建设。2019年新续建交通项目115个，总投资13.77亿元，其中整合精准扶贫资金2.12万元实施交通项目67个。察芒公路、荣周灌区、投资5991.42万元的农村饮水安全巩固提升工程、农村危房改造、藏医院、吉塘镇中心区域卫生院、广东援建察雅县卫生服务中心综合楼、唐琼孜卡易地扶贫搬迁幼儿园、乡级农牧业防抗灾物资储备库项目、村办集体经济建设项目建设完成并投入使用，易地扶贫搬迁集中安置点、阿孜乡、王卡乡王吉村和荣周乡佐通村安置点生活垃圾无害化处理设施项目完成招投标工作进入施工阶段，旧城（棚户区）改造松德卡片区项目、察雅县经济林（二期）、阿孜乡阿旺绵羊养殖基地建设、宗沙乡牦牛育肥场建设进展顺利，2019年高标准农田建设、2019年第一批公租房、第二小学、重庆援建小康示范村（察雅县香堆镇新建市政道路一期）、阿孜乡等三个乡镇派出所项目加快推进。

在当前全国、全区经济运行下行压力持续加大的背景下，我县经济运行总体良好，民生保障坚强有力，这些成绩的取得，是习近平新时代中国特色社会主义思想和习近平总书记关于治边稳藏的重要论述成功实践的结果；是区党委、政府、市委、市政府特殊关怀和援藏省（市）企业无私援助的结果；是县委坚强领导、县人大有效监督和县政协全力支持的结果；是全县各族人民群众共同努力的结果。但我们也要清醒地认识到当前经济社会发展面临的一些困难和问题。一是经济下行压力大。近年来，我县经济发展取得了长足进步，但产业发展层次仍然较低，内生增长动力不足，经济增长仍主要靠国家、自治区投资拉动，国家和全区经济增速放缓对我县有传导性影响。2020年世界经济形势依然错综复杂，全国、全区经济仍处在转型升级的关键阶段，加之受疫情影响，我县经济运行存在一定的压力。二是财政收支矛盾凸显。受诸多因素制约，我县经济发展仍然比较落后，产业仍处于起步阶段，一产弱、二产支撑能力不强、三产水平低，财政收入难以保持大幅度增长，且收入结构不合理，非税收入占比过大，今年在国家将实施更大规模减税降费政策后，财税收入保持快速增长压力较大，而保障改善民生刚性支出大，收支矛盾凸显。三是固定资产投资增长压力较大。近年来，国家投资政策不断收紧，特别是随着国家和自治区防范化解重大金融风险、严控地方债务等一系列政策的出台，申请项目贷款困难，加之我县市场发育不健全，社会投资和民间投资有限，本级财力匮乏，地方增加投资的难度很大，投资规模难以扩大，投资持续增长乏力、后劲不足。四是脱贫攻坚巩固提升任务艰巨。虽然去年我县已基本消除绝对贫困，但因资源贫瘠，基础设施落后，生产资料匮乏，公共保障能力不足，贫困人口呈现出分布广、分布散的特点，群众自我发展能力弱，内生动力不足，农牧民参与副业及多种经营增收渠道少，集体经济基本处于起步阶段，带动农牧民群众持续增收能力不强。

二、2020年经济社会发展的总体目标和主要要求

2020年是我国实现第一个百年目标，全面建成小康社会决胜之年，也是“十三五”规划的收官和“十四五”规划谋篇布局之年，更是昌都解放70周年，做好今年的经济工作十分重要。

2020年经济社会发展的总体要求：高举习近平新时代中国特色社会主义思想伟大旗帜，全面贯彻党的十九大、十九届二中、三中、四中全会

和中央经济工作会议、中央第六次西藏工作座谈会精神，深入贯彻落实自治区第九次党代会、九届四次、五次、六次全会和市委一届六次、七次、八次全会精神，认真贯彻落实区、市、县经济工作会议精神，统筹推进“五位一体”总体布局和协调推进“四个全面”战略布局，坚持以人民为中心的发展思想，坚持推动高质量发展，坚持稳中求进、进中求好、补齐短板、提高质量、改善民生工作总基调，扎实做好“六稳”工作，正确处理好“十三对关系”，坚决打好三大攻坚战，全力巩固脱贫成果、全面实施乡村振兴战略，着眼保障改和善民生，着力推进供给侧结构性改革，保持经济社会持续健康稳步发展和社会大局和谐稳定。

2020 年全县经济社会发展主要预期目标：全县生产总值同比增长 8.2% 以上，一般预算收入同比增长 5%；社会固定资产同比增长 10%；农村居民人均可支配收入同比增长 13.6%；城镇居民人均可支配收入同比增长 10.8%；社会消费品零售总额同比增长 10.3%；城镇登记失业率控制在 3% 以内。

三、 2020 年经济社会发展主要任务和措施

（一）坚持稳重中求进总基调，“三大攻坚战”稳扎稳打

一是打赢脱贫攻坚战。贯彻落实汪洋主席关于脱贫攻坚工作的指示精神，突出精准、把握重点、积极作为，把工作重心从“管肚子”转移到“管脑子”上，持续打好脱贫成果巩固战，确实做到摘帽不摘责任，摘帽不摘政策，摘帽不摘监管；继续加强深度贫困地区基础设施建设，易地搬迁集中安置点公共服务设施建设；组织县乡村力量再次全面摸排“两不愁三保障”情况，切实做好精准扶贫普查工作和扶贫对象动态管理各项工作，确保脱贫成果经得起历史和人民检验。要建立健全防贫返贫机制，在托脱贫产业上下功夫，保证群众就近就便融入产业，稳定脱贫不返贫；要用好脱贫攻坚生动教材，扎实做好宣传教育，教育群众感恩奋进、自力更生，用勤劳双手创造今生幸福生活。

二是打赢污染防治攻坚战。认真落实中央、自治区环保督察反馈问题整改，长期坚持和巩固已完成整改事项。积极做好大气、水、土壤等污染防治，加快实施吉塘镇污水处理厂和县城易地扶贫搬迁安置点、王卡乡王吉村安置点等四个生活垃圾无害化处理设施、村居垃圾池建设。严格落实环境保护“党政同责、一岗双责”责任制和“一票否决”制，严格执行节能评估和环评审查制度，严把项目准入关、生态环境关、产业政策关、资源消耗关、节能减排关，严禁“三高”企业或项目进入。实施退耕还林、退牧还草工程和经济林建设，进一步巩固好国家生态安全屏障的战略定位。抓好森林防火、林业有害生物防治、野生动植物保护管理、公益林管护工作，让良好生态环境成为人民生活的增长点、经济社会持续健康发展的支撑点。

三是打赢防范化解重大风险攻坚战。要改革债务管理方式，建立政府债务管理体系，规范政府举债融资机制，控制地方政府性债务规模，进一步规范和限定地方政府举债程序和资金用途，并将地方政府债务分门别类纳入预算管理，建立健全地方政府性债务管理办法和地方政府性债务应急处置预案，切实防范化解财政金融风险。

（二）不断提高公共服务水平，持续提升民生保障水平

一是落实就业优先政策。把稳就业摆在突出位置，进一步拓宽就业渠道，创新就业方式，重点解决好高校毕业生、农民工、城镇困难家庭、退役军人等群体就业；完善政策相关配套措施，充分利用西藏公共就业服务信息管理系统，促进就业创业工作信息化、规范化；积极转变高校毕业生就业观念，鼓励高校毕业生多渠道就业、自主创业，到其他省区市就业、参军入伍、升学深

造等，提高市场就业比重；壮大产业带动就业，强化职业技能提升，解决好困难群体就业，动态消除“零就业”家庭。

二是努力办好人民满意的教育。加强乡镇义务教育学校和学前教育基础设施建设，实施扩达乡、巴日乡、阿孜乡、宗沙乡等五所学校供暖工程和香堆镇幼儿园工程建设，继续推进城乡义务教育均衡发展一体化发展。加强教师队伍建设，均衡化配置教师资源、深化教师能力提升。紧紧围绕培养什么样的人，怎么培养人、为谁培养人这一根本问题，把稳教育方向、立德树人，努力培养德智体美劳全面发展的社会主义建设者和接班人，不断提升教育服务经济社会发展的能力。

三是深入推进健康察雅建设。加强农牧区医疗保障工作，继续保持农牧区医疗制度全覆盖，继续实施城乡居民和在编僧尼免费健康体检工作，完善公共医疗卫生服务体系，做好大型安置点配套基本公共服务设施建设，推动实施唐琼孜卡社区医疗服务中心项目，加强乡镇卫生院、标准化村卫生室、基层医疗卫生队伍建设，推进城乡医疗服务均等化，提高基层医疗卫生服务质量和水平。

四是加强社会保障工作。进一步完善覆盖城乡居民的基本养老、基本医疗、失业、工伤、生育等保险制度，尽快完成机关事业单位养老保险清算工作；加大临时救助和困难残疾人救助工作力度，建立重度精神病患者帮扶机制，争取困难残疾人救助资金，充分发挥社会救助功能，保障贫困户和困难残疾人基本生活；抓好特困人员集中供养中心管理工作，加强对敬老院的规范化管理，不断提高服务质量，为特困人员营造良好的生活环境，提高老年人社会福利水平。

（三） 深化供给侧结构性改革，推动高质量发展

一是科学编制“十四五”规划。结合当前经济社会面临的新形势、新变化，紧紧围绕西藏关于昌都战略定位、昌都关于察雅县的战略定位，立足我县经济总量小、基础设施薄弱、生态环境脆弱、城乡发展不平衡等县情，坚持目标导向、问题导向，科学编制好“十四五”时期国民经济和社会发展规划。积极靠上沟通衔接，请求上级部门帮助指导我县编制好“十四五”项目规划方案，争取更多的支持和更大的资金投入。

二是实施乡村振兴战略。按照产业兴旺、生态宜居、乡风文明、治理有效、生活富裕的总要求，大力实施以“神圣国土守护者、幸福家园建设者”为主题的乡村振兴战略。深入推进农业供给侧结构性改革，认真落实粮食安全责任制，严守耕地红线，提高农牧业综合生产能力，在2019年建设1.9万亩高标准农田的基础上再实施1万亩。坚持人才下乡服务“三农”，进一步发展壮大科技特派员队伍，把创新的动能扩散到田间地头，加快培育适应市场发展趋势的现代市场化主体，为乡村振兴提供有力支撑。加快补齐脱贫攻坚、人居环境和公共服务各方面短板，加强农牧区道路交通、安全饮水、电力等基础设施建设，投资4100余万元实施10个村居基础设施改造提升工程，有效改善农牧区生产生活条件，促进农牧民增收。

三是全力推进项目建设。在相当长一段时间内经济发展主要靠国家投资拉动，担抓项目不是简单的推动经济增长，最终是要改善民生、凝聚人心，让群众得到实惠。要聚焦群众关心的关键领域和薄弱环节，进一步按完善基础设施和公共服务，提升基础设施供给质量，更好发挥有效投资对优化供给结构的关键作用。按照《察雅县2020年基本建设项目计划》和《察雅县“增减挂钩”及“三区三州”资金项目计划》，进一步明确责任、细化分工、倒排工期、抓好项目前期工作、做好汇报衔接，确保项目早开工、早建设、早受益。积极配合做好川藏铁路（雅安至林芝段）重大控制性工程和临时施工便道开工事

宜，积极配合昌都市加快 S303 线贡觉哈加至察雅宗沙工程和“三区三州”农网升级改造建设，完成松德卡片区棚户区改造、2019 年公租房、第二小学、易地搬迁垃圾填埋场项目建设并投入使用。加强项目管理，强化项目月调度，督促项目单位严格履行项目审批程序，确保投资项目开工符合法定审批程序和建设要求。

（四） 扩大改革开放， 激发经济发展活力动力

一是持续推进重点领域改革。深化“放管服”改革，紧紧抓住全区“互联网+政务服务”工作要求，努力实现 843 项审批事项 70% 网上三级办理，30% 网上二级办理，将“一网通办”政务服务网推广到每个群众手中。努力提高乡镇简政放权承接能力，加快推进 13 个乡（镇）完成政务服务中心标准化建设；积极推进项目审批制度改革，全面做好投资项目在线审批工作；深化商事制度改革，进一步推进注册登记便利化、简易注销登记、“证照合一”和电子营业执照改革，大幅提高营商便利度。深化财税体制改革，落实好减税降费政策。

二是强力推进招商引资工作。落实好招商引资优惠政策，创新招商引资工作的方式方法，充分利用援藏优势，借助渝洽会、三江茶马文化艺术节等活动，加大特色产品的宣传营销力度，争取更多有实力的区外企业到我县投资兴业。

三是进一步做好援藏工作。加大与援藏省（市）企业的沟通，争取规划内资金早日落实到位，积极争取更多规划外的资金和项目；加快援藏项目实施进度，确保项目早日见效；积极配合援藏省（市）企业做好“十四五”援藏规划编制工作；深入推进组团式教育和医疗援藏，不断提高察雅县社会公共服务的水平。

（五） 优化营商环境， 提升服务效能

一是坚持党对经济工作的领导。认真学习贯彻习近平新时代中国特色社会主义经济思想，进一步树牢“四个意识”，坚定“四个自信”，做到“两个维护”，坚持党的治藏方略和重要原则，始终做到“三个牢固树立”，切实把思想和行动统一到县委、县政府的决策部署上来，深化对做好新形势下经济工作的规律性认识，加强宏观经济调度、强化政策协调、有针对性主动引导市场预期，充分调动各方面积极性，形成做好经济工作强大合力，确保圆满完成各项目标任务。

二是抓好维护稳定工作。始终坚持稳定压倒一切，认真履行“一岗双责”，进一步压实维稳责任，落实维稳措施。深入开展反分裂斗争，加强民族团结，推进依法治藏，着力打造共建共治共享社会治理格局，确保社会长治久安和经济长足发展互促互进、良性循环。

三是强化安全生产监管。落实安全生产责任、管理制度和考核机制，严格监督执法；突出昌都解放 70 周年大庆节点，抓好道路交通、建筑施工、消防火灾、食品药品、非煤矿山、人员密集场所等重点领域的安全监管和应急管理，加强隐患排查治理，严防重特大安全事故发生，为全县社会大局持续稳定营良好的安全环境。

四是全力打好疫情防控人民战争。对疫情时刻保持如履薄冰的谨慎、见叶知秋的敏锐，毫不放松抓紧抓实抓细各项防控工作，做到慎终如始、严密防范，克服麻痹思想、厌战情绪、侥幸心理、松紧心态，绝不能让来之不易的疫情防控持续向好形势扭转；加快建立同疫情防控相适应的经济社会运行秩序，落实好“外防输入、内防反弹”的防控策略，进一步完善应急和常态化防控结合的措施与机制，在科学防控同时积极有序推动复工复产。

察雅县主要机构及其负责人

【中国共产党察雅县委员会】

县委书记　任厚明

县委副书记、县长　其珠多吉（藏）

县委副书记、常务副县长　覃波（重庆援藏）

县委副书记、政法委书记　巴桑扎西（藏）

【察雅县人民代表大会】

县委常委、县人大常委会主任　觉昂泽仁（藏）

副主任　美珠卓嘎（女、藏）

田杰

赵玉林

巴桑（藏）

【察雅县人民政府】

县委副书记、县长　其珠多吉（藏）

县委副书记、常务副县长　覃波（重庆援藏）

县委常委、常务副县长　田翠平

韩宝云（中铝援藏）

任建利

副县长　蔺锡峰（重庆援藏）

安显辉（藏）

四郎江村（藏）

古金蓉（女）

格列江村（藏）

次仁顿珠（藏）

廖小彬

【中国人民政治协商会议察雅县委员会】

主席　平措（纳西）

副主席　梅勇（女、藏）

马德光

格桑卓玛（女、藏）

达瓦扎巴（藏）

曲珠·洛松江村（藏）

【察雅县纪律检查委员会（监察委员会）】

书记、监委主任　刘春燕

副书记、监委副主任　杨琳

拉巴（女、藏）

先进名录

2019年察雅县考核综合评价好的乡镇以及脱贫成效显著的乡镇

（排名不分先后）

一、综合评价好的乡镇

1. 扩达乡党委、政府
2. 巴日乡党委、政府
3. 察拉乡党委、政府
4. 烟多镇党委、政府
5. 卡贡乡党委、政府
6. 肯通乡党委、政府
7. 吉塘镇党委、政府

二、脱贫攻坚专项奖

1. 产业发展脱贫成效显著奖：香堆镇党委、政府
2. 转移就业脱贫成效显著奖：荣周乡党委、政府
3. 社会保障兜底成效显著奖：王卡乡党委、

政府

4. 生态补偿脱贫成效显著奖：新卡乡党委、政府

5. 易地搬迁脱贫成效显著奖：阿孜乡党委、政府

6. 发展教育脱贫成效显著奖：宗沙乡党委、政府

2019 年度察雅县脱贫攻坚先进集体

（排名不分先后）

一、县直部门和单位（20 家）

1. 县委办公室
2. 县人民政府办公室
3. 县委组织部
4. 县纪律检查委员会、监察委员会
5. 县委宣传部
6. 县扶贫办（脱贫攻坚指挥部办公室）
7. 县住建局
8. 县林草局
9. 县民政局
10. 县农业农村局
11. 县教育局
12. 县发改委
13. 县人社局
14. 县卫健委
15. 县财政局
16. 县交通局
17. 县水利局
18. 电力公司
19. 中国农业银行察雅县支行
20. 唐琼孜管委会

二、自治区级派驻察雅县第八批驻村工作队（5 家）

1. 自治区国资委第八批驻村工作队
2. 自治区审计厅第八批驻村工作队
3. 自治区扶贫办第八批驻村工作队
4. 自治区交通厅第八批驻村工作队
5. 中国邮政西藏自治区分行第八批驻村工作队

2019 年度察雅县脱贫攻坚先进个人

（排名不分先后）

1. 加永措姆　吉塘镇上挂扶贫专干
2. 拉巴吉　巴日乡上挂扶贫专干
3. 四郎拉措　烟多镇上挂扶贫专干
4. 杨树森　卡贡乡扶贫专干
5. 旦增措姆　香堆镇上挂扶贫专干
6. 央金　阿孜乡上挂扶贫专干
7. 周强　肯通乡上挂扶贫专干
8. 刘锦培　察拉乡扶贫专干
9. 格桑顿珠　宗沙乡扶贫专干
10. 张池　新卡乡扶贫专干
11. 江雍罗珠　扩达乡上挂扶贫专干
12. 尼玛次仁　王卡乡扶贫专干
13. 旦增白玛　荣周乡扶贫专干
14. 拉巴泽仁　县人大常委会办公室主任
15. 何世刚　县政协委员会办公室主任
16. 靳晓军　县委统战部常务副部长
17. 刘冲　脱贫攻坚指挥部数据组副组长
18. 李靖　脱贫攻坚指挥部档案组副组长

19. 袁慧娟　县商务局局长
20. 次仁央宗　县扶贫办干部
21. 陈世军　县医保局局长
22. 西绕群堆　县审计局局长
23. 向巴登增　县国土资源局局长
24. 卓宗　县电信局局长
25. 向巴格桑　县国税局党委书记、局长
26. 李兴虎　县公安局党委委员、副局长
27. 龙桂珍　县移动公司经理
28. 卓玛拥宗　县市场监督管理局局长
29. 巴桑拉姆　县城市管理和综合执法局局长

2019年度察雅县先进乡镇、先进单位

一、2019年度乡镇年终考核名次

1. 经济社会发展名次

第一名：烟多镇

第二名：巴日乡

第三名：荣周乡

2. 党的建设名次

第一名：吉塘镇党委

第二名：卡贡乡党委、扩达乡党委

第三名：香堆镇党委、阿孜乡党委、新卡乡党委

3. 综合治理名次

第一名：卡贡乡

第二名：宗沙乡

第三名：新卡乡

4. 精神文明建设名次

第一名：肯通乡

第二名：察拉乡

第三名：王卡乡

6. 农牧民增收名次

第一名：烟多镇

第二名：香堆镇

第三名：吉塘镇

二、2019年度县（中、区）直部门年终考核名次

1. 党的建设名次

第一名：公安局第一党支部

第二名：检察院党支部、幼儿园党支部

第三名：县委办党支部、政府办党支部、水利局党支部

2. 综合治理名次

第一名：县公安局

第二名：县检察院、县应急管理局

第三名：县委组织部、县交通局、县市场监督管理局

3. 精神文明建设名次

第一名：县委组织部

第二名：团县委、县教育局

第三名：县纪委、县委宣传部、县委统战部

4. 农牧民增收名次

第一名：县人社局

第二名：县农业农村局、县发改委

第三名：县住建局、县交通局、县财政局

5. 服务基层先进单位（13个）

县消防救援大队、县人民医院、县邮政局、县国税局、县供电有限公司、县农行、县移动公司、县电信公司、县脱贫攻坚指挥部、县委办、政府办、县行政审批和便民服务局、县城市管理和综合执法局

2019年下半年察雅县县级“遵行四条标准 争做先进僧尼”教育实践活动模范寺庙及先进僧尼名单

一、和谐模范寺庙（23座）

烟多寺、向康寺、宗沙寺、香堆寺、曲瓦寺、措加日追、亚初日追、格顿寺、所岗寺、根巴日追、察多寺、色所日追、苏布寺、色多寺、夏林寺、帮嘎寺、古多日追、则中日追、东冲寺、喇寺、巴日尼姑寺、白娘寺、江嘎寺

二、爱国守法先进僧尼名单

市级100%（614名）

1. 烟多寺（231名）

洛松邓巴、阿旺巴邓、洛追、向巴平措、次仁久美、向巴曲邓、泽仁旺堆、阿旺向巴、昂村、达瓦、西热次仁、洛登、丁真旺堆、桑登、洛桑江村、洛桑多吉、阿邓、顿珠次仁、云丹、次成巴觉、登巴德勒、洛西、次仁、索朗热吉、邓加、土邓旺加、阿觉、云邓、丹增曲扎、朗加、洛嘎、泽仁尼玛、次多、斯朗罗布、土旦旺久、嘎玛成来、四郎多加、旺扎、土登、旦增洛松、向巴、曲嘎、旦桑、土登、四朗、顿嘎、洛松顿珠、嘎多、泽旺、尊贡、阿穷、泽多、加永扎巴、曲贡、西绕顿登、巴西、次嘎、曲加、扎西郎加、强嘎、洛尼、泽多、泽多、益西次仁、巴桑、旦增扎巴、珠嘎、洛松多吉、斯朗贡布、普布次仁、洛松江村、德东益西、扎旺、泽仁曲桑、白玛、贡觉次仁、巴觉、次仁洛桑、洛追次仁、尊珠西绕、洛松、洛觉、嘎玛西绕、曲觉、嘎泽、洛曲、泽多、布穷、多加、达瓦、洛松泽登、洛桑央培、泽仁登增、旦扎、洛松扎西、曲嘎、向巴曲扎、罗扎、邓增罗布、邓增达吉、扎西尼玛、顿曲、加永巴觉、赤列朗加、加永次平、次仁多加、阿亚、阿旺次仁、多吉、泽仁其美、邓巴曲扎、邓泽、四郎欧珠、加永巴顿、贡嘎江村、向巴曲登、洛桑桑邓、多杰、江村、阿布扎西、平措格来、伦珠、次巴、昂措、仁青、阿培、土邓达瓦、曲登、次旦罗布、次仁俊美、次仁洛追、格堆、西热江村、泽仁顿珠、桑邓扎巴、次珠、益旦、扎西格来、扎西央培、益西松布、土邓尼玛、洛珠曲培、平措次仁、泽仁顿珠、西绕多吉、格列、江永多吉、泽成旦巴、扎西尼玛、多旦、曲觉、旦增平措、洛松罗布、西让江村、强央克列、扎西达瓦、次旦、洛松西绕、桑丁扎巴、土邓达瓦、阿西、洛桑、普嘎、元邓、布嘎、登拉、曲增、尼玛扎巴、丁增扎巴、多加、江村热邓、向巴丁增、扎西拉达、洛松巴邓、洛桑格列、土邓登增、土邓尼玛、西绕多加、江央邓增、布央尼玛、丹增扎巴、次成多吉、加次、贡布、洛加、邓增扎巴、尼永、格列、阿达、西绕它西、伦珠、次多、次曲次仁、阿旺群珠、宗珠、索巴、青绕扎西、土登扎巴、阿西、邓达、阿西、嘎杨、其律、西让向巴、向巴次登、向巴多吉、布珠、东嘎、曲多、西绕云旦、扎勇、洛桑加才、嘎嘎、平措、次仁元旦、西热元旦、四郎旺加、宗追江措、尼玛扎巴、赤列维色、西巴次邓、向拉、江措、邓巴扎西、达瓦、扎西四郎、桑丁江措、达诺、四郎曲珠、康松德勒、泽仁扎西

2. 向康寺（65名）

阿赤、阿吉、阿旺加村、阿旺加村、阿旺江村、巴登、巴登曲登、白桑、次登班久、次仁白觉、次仁顿巴、次仁顿珠、次仁顿珠、次仁朗加、次仁罗布、次仁四郎、次旺次增、丹增曲加、丹增群培、旦巴加村、邓巴曲增、邓达、邓珠巴珠、多多、嘎桑、格顿培吉、加央罗布、江永达吉、洛桑边巴、洛桑旦增、洛桑邓增、洛桑平措、洛桑平措、洛桑曲达、洛桑曲培、洛桑旺

堆、洛松江巴、洛松江村、洛追、洛追江村、尼玛江村、努杰、其罗、曲达、曲邓、热丁扎西、仁青江才、仁青桑布、桑丁平措、斯朗维色、土邓次仁、土邓仁青、旺秋、西热多吉、向巴洛珠、向巴平措、向巴曲旦、益西顿珠、次仁吉美、泽旺群珠、扎加、扎西、扎西次仁、扎西次仁、扎西热旦

3. 香堆寺（55 名）

曲培、洛桑江村、洛桑吉美、益西多吉、顿邓、巴桑次仁、尼玛（大）、尼扎、洛桑桑邓、洛松达吉、仁青江村、达瓦江村、邓巴江村、巴旦次仁、拉巴次仁、德列次培、洛嘎、邓巴曲培、洛桑朗加、加措、益西顿珠、落松桑邓、次仁江措、扎西索廊、贡秋晋美、巴桑、益西鲁珠、曲桑、卓玛贡步、扎尼、益西扎巴、落桑曲邓、加永邓增、扎西泽仁、加央尼玛、扎西渠邓、拉巴、普布、四郎江措、贡秋次培、阿步穷穷、邓巴江村、赤列丹增、泽仁旺堆、次旺多加、扎加、土登泽任、巴邓桑布、曲噶顿珠、噶松顿珠、其美罗步、次旺群珠、嘎桑江村、洛桑次仁、西热达瓦

4. 宗沙寺（41 名）

察察、阿加、顿嘎、嘎松扎西、桑旦、珠拉、扎西尼玛、扎西多吉、扎西泽培、扎巴、琼琼、益西巴邓、金巴、贡秋邓达、热吉、强巴、普布、麦郎、洛松桑格、觉阿、加央扎西、嘎桑旺青、格桑朗加、顿巴、旦增曲扎、泽贡、泽仁邓如、白多、白扎、阿亚、阿嘎、阿布穷穷、扎西旦达、坚才郎加、索杰旦增、洛吉、斯朗旦增、热加、四郎松布、洛顿、索朗彭措

5. 曲瓦寺（27 名）

扎西加达、丹巴江村、普尼玛、扎多、布拉玛、四郎多加、洛措、贡布热邓、辛松、加央热旦、索朗罗布、泽珠、布登、云旦平措、次嘎、向巴洛布、邓增曲扎、曲拉、巴桑格、加央次旦、阿当、向穷、次仁多吉、扎西旺堆、达瓦次仁、洛松仁真、达瓦

6. 措加日追（17 名）

索巴、达瓦扎巴、仁增多吉、江嘎、次旺、尼玛加村、次仁洛布、斯泽、邓增泽邓、白玛多邓、切养多吉、泽西、伍登、日多、瓦穷、次旺江村、白玛江村

7. 亚初日追（25 名）

洛松平措、扎西郎加、格旦泽仁、索郎旺堆、江村、扎杰、扎西巴旦、金巴、布姆、永青拉姆、洛珠、洛珠、达珍、阿旺曲措、向巴拉措、贡央、白措、仁珍、次卓嘎、洛松巴姆、永青、土登玉珍、洛拉、仁青拉姆、次巴曲珍

8. 格顿寺（1 名）

曲达、洛桑、美庞晋美、丹培、洛次、次格、洛桑、强巴洛桑、洛松德青、成培、平措久旦

9. 所岗寺（10 名）

桑吉、银巴、拉鲁扎巴、顿珠次仁、洛松扎西、扎巴次仁、向巴朗加、丁曲培、洛松向巴、四郎仁丁

10. 根巴日追（8 名）

巴桑拉姆、陈列江措、拉姆曲宗、四郎巴姆、四郎措姆、四郎曲宗、四郎玉珍、卓嘎巴珍

11. 察多寺（21 名）

阿旺次成、白玛邓增、才旺仁增、次仁多加、次旺若措、担增曲扎、旦巴多吉、多吉登增、江永塔青、益西洛珠、平措次仁、西绕贡桑、向巴曲珠、益热顿珠、泽仁旦增、泽仁曲培、向巴、曲嘎、云邓江措、白玛旺堆、落松邓增

12. 色所日追（5 名）

加永、次仁巴姆、次曲、仓琼、阿旺绕玛

13. 苏布寺（5 名）

诺次、洛桑云邓、昂扎、泽央顿珠、曲增

14. 色多寺（9 名）

土登曲扎、昂旺平措、次仁顿珠、丹巴平

错、邓巴扎西、榔珠扎西、平错扎西、曲邓邓珠、西热旺

15. 夏林寺（11 名）

次仁洛亚、康松旺堆、西绕洛登、泽多、阿旺朗加、江次、平措洛布、洛桑旦增、扎顿、克珠、夏多次人

16. 帮嘎寺（6 名）

银巴、多嘎、西加、邓增伦珠、加扎、西加

17. 古多日追（4 名）

乌拉、泽旺邓增、巴桑、拉巴

18. 则中日追（17 名）

曲扎、平措、多吉次旦、泽伦珠、益西松布、阿旺朗加、扎西巴邓、伍金曲措、斯朗伦珠、巴桑扎西、白玛赤列、泽成、西增、次成、土登巴珍、加永巴珍、扎西

19. 东冲寺（9 名）

曲吉、白杰、西热塔益、顿珠泽仁、洛松旦增、西热尼扎、桑顿伦珠、洛桑顿珠、土邓罗布

20. 喇寺（7 名）

洛松旺扎、扎西、扎西曲加、贡嘎次仁、扎西江村、洛松曲达、洛松巴登

21. 巴日尼姑寺（15 名）

阿昂、姆姆、卓玛、阿旺布尺、洛达曲措、加永卓玛、洛桑卓嘎、次仁卓玛、洛雅卓玛、次仁央宗、白玛拉索、了阿卓玛、久阿布赤、阿姆、卓嘎

22. 白娘寺（6 名）

尼玛曲旦、觉比、觉央次仁、多吉次仁、西热土邓、晋美曲云

23. 江嘎寺（9 名）

洛珠加措、贡松央培、贡秋曲珍、德巴、洛追永宗、次拉姆、多珍、拉西次措、久美次邓

县级 30%（303 名）

1. 嘎多寺（6 名）

丹增旺扎、贡秋次仁、觉阿次仁、嘎松、强巴次仁、卓玛次仁

2. 约子寺（2 名）

曲来、洛珠扎西

3. 达江寺（1 名）

曲邓

4. 扎果寺（3 名）

旦扎、江措

5. 叶伍寺（2 名）

次仁曲登、洛桑达吉

6. 色卡寺（2 名）

欧珠坚才、群珠次仁

7. 益寺（2 名）

布格、旦增达瓦

8. 桑丁日追（4 名）

来桑、四郎拉珍、桑邓拉姆、嘎玛

9. 察雅寺（2 名）

赤列旺堆、伦珠泽培

10. 多瓦寺（3 名）

色多、伦珠、泽成次仁

11. 觉克寺（19 名）

向巴邓增、曲珠、阿旺罗布、向久、拉姆、索郎扎西、斯郎曲、益西加村、邓珠旺姆、桑旦、强久拉姆、斯朗曲珍、曲珍、达瓦拉姆、达瓦次西、索朗泽珍、平措拉西、阿旺曲措、斯朗拉姆

12. 拉西寺（6 名）

晋美曲加、扎西曲达、果尼、扎西尼玛、次仁索朗、扎巴次旦

13. 旺布寺（4 名）

次仁顿珠、四郎登巴、洛松扎西、洛松扎西

14. 日追达玛（4 名）

多阿尼玛、斯嘎、桑巴、达瓦扎西

15 坤达寺（5 名）

其美、向巴仁青、巴桑次仁、加永罗布、扎西

16 拉帕寺（6 名）

嘎松巴姆、向巴曲措、曲西拉姆、成列卓

玛、益西卓玛、仁措

17. 仁达拉康（1 名）

然嘎

18. 达多寺（7 名）

阿纳提、达瓦次仁、邓增扎西、洛松西巴、洛松扎西、旦真、次仁四郎

19. 左古寺（3 名）

次成、索朗次仁、扎西江村

20. 雪龙寺（14 名）

巴桑扎西、次成新巴、邓巴、洛桑克珠、斯朗仁青、索朗旺堆、达瓦坚才、次成巴旦、向巴次仁、次仁左追、次仁平措、次成、阿旺泽仁、巴登

21. 拉布寺（3 名）

达瓦、扎西次成、嘎松益西

22. 巴日寺（11 名）

次仁平措、达瓦、加央西然、邓珠、顿邓、洛松格列、多吉江村、次仁向巴、江村巴丁、洛桑达吉、洛桑向巴

23. 珠寺（6 名）

其美、强白、阿增、扎西边巴、索朗顿珠、曲培

24. 则松寺（15 名）

扎西邓珠、阿旺曲登、拉巴曲扎、顿珠四朗、扎西尼玛、布加、阿旺次仁、阿多、阿旺、阿桑、阿旺次仁、阿旺多吉、阿旺格列、阿旺晋美、巴桑扎西

25. 果德日追（3 名）

阿格、贡桑拉嘎、桑松拉姆

26. 德松寺（26 名）

土登新巴、罗西、达瓦、仁青次仁、洛加、郎卡、郎卡、巴登曲加、美拉、土登旺堆、扎西次旦、扎西泽平、欧金、贡桑旦曲、加措、加永尼玛、扎西尼玛、洛丹、洛加、土邓平吉、洛嘎、洛桑云旦、晋美、益西加措、洛桑巴登、泽旺晋美

27. 沙嘎日追（7 名）

洛次平、旦巴江村、仁青、洛嘎、扎西邓珠、达娃桑布、赤列朗吉

28. 班觉寺（8 名）

巴西、洛松曲西、巴姆、德西、白青、平措、旦巴曲措、达瓦卓玛（大）

29. 朗荣经堂（1 名）

扎多

30. 塘妥寺（7 名）

青热罗布、扎巴、扎西洛布、热邓、西绕多觉、巴邓平措、尼尼

31. 沙迦寺（1 名）

扎西罗布

32. 达热寺（4 名）

曲银江措、曲达、扎多、罗松

33. 吉奶寺（3 名）

旺绣、斯郎旺秀、加永江措

34. 诺扎寺（4 名）

次仁顿珠、斯郎次仁、多吉、多吉江村

35. 加热拉康（1 名）

登巴泽仁

36. 察益寺（3 名）

次成、洛松、洛松仁青

37. 卓玛日追（13 名）

阿旺顿珠、向巴丁嘎、西嘎、西绕曲措、布西、曲桑、玛永、向永、四朗央宗、向巴拉措、莫拉、央白、泽卓玛

38. 沙龙日追（5 名）

平措江邓、贡秋伟色、五杰次旦、白珠、扎多

39. 拉穷日追（3 名）

雪龙尼玛、扎多、斯加

40. 根妥寺（1 名）

嘎玛邓平

41. 遵桑寺（7 名）

洛松达瓦、加永扎西、洛桑次仁、次仁曲

培、洛松欧珠、丁真扎西、索朗欧珠

42. 日帮寺（3名）

次旦扎西、金阿泽仁、嘎德泽仁

43. 泽穷寺（9名）

加加、益西邓增、邓珠扎西、洛桑次成、洛松次成、朗加次旺、泽邓扎西、泽陈它西、西热次仁

44. 卓修寺（2名）

梅梅、洛松丁增

45. 夏桑寺（1名）

布拖

46. 布嘎寺（5名）

曲登、次成多吉、斯朗达吉、次仁平措、泽丁多吉

47. 扎宗寺（2名）

旦培、益西旺姆

48. 萨迦寺（6名）

加永加村、登巴平措、扎加、达真次旺、阿旺新巴、泽旺益西

49. 乃德寺（4名）

邓巴次嘎、斯朗江措、曲达、贡嘎美拉

50. 夏持卡日追（6名）

扎拥、谢旦、江村扎西、多堆、顿珠贡布、泽仁顿珠

51. 嘎吉寺（10名）

扎西曲加、白扎、次嘎、吉美江措、多吉旺邓、洛松次仁、洛桑曲邓、多吉扎西、卓嘎、邓真旺加

52. 岗美日追（6名）

扎巴江村、次巴拉加、加永巴邓、贡嘎巴松、土登多加、列西

53. 嘎姆日追（4名）

西绕云邓、益措、陈列曲珍、次仁永宗

54. 龙拉寺（14名）

巴邓多吉、扎西、土登热杰、洛欧、云登扎西、土登次仁、阿加、仁桑、加永巴登、扎多、土登扎西、西热江村、土登齐美、扎堆

55. 真嘎日追（3名）

洛珠加措、贡松央培、贡秋曲珍

统计数据

2019年察雅县经济发展情况表

表1

指标名称		单位	2019年	增长速度%
生产总值	生产总值	万元	147482	8.2
	第一产业	万元	21933	5.8
	第二产业	万元	73983	4.6
	第三产业	万元	51566	11.3
社会消费品零售总额		万元	37355	10.3
全社会固定资产投资额		万元		-6.3
农村居民人均可支配收入		元	11245	13.6
城镇居民人均可支配收入		元	31521	10.8

说明：此数据为市统计局和国家统计局昌都调查队反馈，对外提供数据时以此数据为准

2019 年察雅县农村非农行业总产值情况表

表 2

指标名称	代码	合计（万元）
农村非农行业产值合计	01	2513.00
一、农村工业总产值	02	620.00
1. 乡办工业产值	03	200.00
2. 村办工业产值	04	200.00
3. 村以下办工业产值	05	220.00
二、农村建筑总产值	06	543.00
1. 建筑安装工程产值	07	
（1）兴办房屋产值	08	
（2）农田水利工程产值	09	
（3）其他	10	
2. 其他	11	543.00
其中：开垦荒地	12	
三、农村运输业总产值	13	623.00
1. 乡办运输企业货运产值	14	
2. 村办运输企业货运产值	15	
3. 村以下办运输企业货运产值	16	623.00
四、农村批发零售贸易业、饮食业总产值	17	727.00
1. 批发零售贸易业产值	18	
其中：农村供销社	19	
2. 饮食业产值	20	727.00
其中：农村供销社	21	

2019 年察雅县人口情况表

表 3

指标名称	年初人口、户数（人、户）	出生人口（人）	出生率（‰）	迁入人口（含上户）（人）	死亡人口（人）	死亡率（‰）	迁出察雅人口（人）	2019 年新增数（人、户）	年减少数（人、户）	年末人口、户数（人、户）	人口自然增长率（‰）
人口合计	66080	1099	16.69		396	6.01	6200	1099	6596	65649	10.67
农业人口	47368	906	19.67		314	6.82	3207	906	3521	44753	12.85
牧业人口	14762	101	6.30		71	4.43	2533	101	2604	17325	1.87
非农牧业人口	3950	92	24.46		11	2.93	460	92	471	3571	21.54

续表3

指标名称	年初人口、户数（人、户）	出生人口（人）	出生率（‰）	迁入人口（含上户）（人）	死亡人口（人）	死亡率（‰）	迁出察雅人口（人）	2019 年新增数（人、户）	年减少数（人、户）	年末人口、户数（人、户）	人口自然增长率（‰）
户数合计	13735							358	538	13555	
农业户数	8988								538	8450	
牧业户数	2344							120		2464	
非农牧业户数	2403							238		2641	

2019 年察雅县各乡镇生产总值、社会消费品零售总额、全社会固定资产情况表

表 4

指标 / 乡镇名称	生总产值（万元）	增长速度（%）	第一产业（万元）	增长速度（%）	第二产业（万元）	增长速度（%）	第三产业（万元）	增长速度（%）	社会消费零售总额（万元）	增长速度（%）	全社会固定资产投资（万元）	增长速度（%）
肯通乡	11146	9.6	1585	6.7	6173	3.6	3388	6.7	774	12.4		
卡贡乡	12095	9.4	1837	7.6	6726	3.3	3532	12.2	658	13.6		
荣周乡	11250	10.2	1646	6.6	5945	3.5	3659	9.5	938	14.9		
阿孜乡	11277	8.2	1583	6.4	6157	3.6	3537	11.3	370	14.6		
扩达乡	12556	9.4	1776	6.4	6580	3.3	4200	15.6	1376	13.6		
吉塘镇	12263	11.5	1816	6.1	6862	3.2	3585	17.9	4089	13.6		
新卡乡	9819	8.3	1404	6.5	4276	3.3	4139	11.9	182	12.3		
宗沙乡	11706	9.7	1778	5.9	6405	4.1	3523	12.6	253	10.1		
巴日乡	10236	8.6	2028	5.1	4401	3.3	3807	10.9	184	9.6		
王卡乡	11163	11.3	1688	6.3	5186	3.6	4289	13.4	1284	13.6		
烟多镇	13350	12.3	1927	5.4	7185	3	4238	11.5	15117	12.2		
香堆镇	11214	11.6	1616	6.6	5721	3.6	3877	14.1	11993	10.6		
察拉乡	9407	6.9	1249	8.3	2366	4.3	5792	8.7	137	8.3		
合计	147482	8.2	21933	5.8	73983	4.6	51566	11.3	37355	10.3		-6.3